KB146916

아편과 깡통의 궁전

아편과 깡통의 궁전

The Palace of Opium and Tin:
Chinese Society and Peranakan Culture in Penang, Malaysia

: 동남아의 근대와 페낭 화교사회

강희정
지음

푸른역사

〈일러두기〉

1. 인명과 지명은 외래어표기법을 준거로 하되 최대한 현지 발음을 따른다.
2. 페낭 화인의 이름은 현지 발음으로 적고 영문과 한자를 병기한다. 구분을 위해 중국의 인명과 지명은 한자의 우리말 발음으로 표기한다.
3. 인도와 인도네시아의 지명은 예전 이름으로 표기하고 현재 지명을 병기한다.
4. 별도의 표기가 없는 한 화폐단위 '달러'는 1904년까지 '스페인달러', 이후는 '해협달러'를 가리킨다.
5. 사진의 출처는 저작권이 소멸된 것은 〈 〉, 저작권이 있는 것은 ©를 붙여 밝혔다. ©Kang은 필자가 촬영한 것이다. 〈KITLV〉는 네덜란드 왕립 동남아시아·카리브해 지역연구소와 라이덴대학도서관이 소장한 자료를 위키미디어 커먼스에 공개한 자료로, 'Royal Netherlands Institute of Southeast Asian and Caribbean Studies(KITLV) and Leiden University Library / Wikimedia Commons'를 줄인 것이다.

이 저서는 2015년 정부(교육부)의 재원으로 한국연구재단의 지원을 받아 수행된 연구임 (NRF-2015S1A6A4A01014660)

페라나칸 문화로 가는 여정

"랑카위? 푸켓을 봐야지!" 2013년 여름 페낭공항에서 조지타운으로 가는 중 이런저런 얘기 끝에 나온 택시 기사의 대꾸는 퉁명스러웠다. 다음 여행지를 묻는 그의 말에 건성으로 "랑카위"라고 말하자 나온 예기치 못한 반응이었다. 영락없는 중국인 외모에다 조상이 중국 복건성 출신이라는 중국계 말레이시아인인 그가 페낭에서 가까운 거리에 있는 랑카위 대신 아예 다른 나라, 페낭과는 국경을 달리하는 태국의 푸켓을 보라고 한 건 무슨 이유일까? 은연중에 물색없는 여행자라는 타박까지 담아서 말이다. 보이는 것은 드러난 것이면서 드러나지 않은 것의 거죽이다. 우연히 마주친 이 퉁명함의 거죽은 어떤 속내를 담고 있었을까?

'페라나칸 문화' 연구를 위해 페낭을 방문한 것은 어찌 보면 우연이었다. 2013년 국립중앙박물관에서 〈싱가포르의 혼합문화, 페라나칸〉이란 기획특별전시회가 열렸다. 전통적인 박물관의 유물과 달리 화려하고 독특한 페라나칸 전시는 눈길을 사로잡기에 부족함이 없었다. 마침 동남아시아에 정착한 중국계 이주민들의 21세기형 정체성으로서 '페라나칸' 논의가 활발하던 참이었다. 동남아 화인사회의 시각예술을 중심으로 페라나칸 문화를 들여다보고 싶다는 생각에 페낭부터 답사를 시작했던 것이다. 하지만 2008년 유네스코 세계문화유산에 등재된 페낭의 조지타운은 발길을 붙잡고 놓아주지 않았다. '페낭부터' 보려던 계획은 '페낭을' 보는 것으로 바뀌었고, 연구의 초점도 페라나칸 시각문화의 '드러난 것'에서 페낭 화인사회의 '드러나지 않은 것'으로 옮겨졌다. 이 책은 페낭 답사의 우연에 이끌린 미술사가의 외도外道인 셈이다.

미술사는 시각예술의 역사를 다룬다. 시각미술과 조형물이라는 실물 연구가 주류지만, 그것이 창작되고 향유된 시간과 공간의 맥락을 파악하기 위한 문헌 연구도 필수적이다. 역사가 과거와 현재의 대화라면, 미술사는 시각예술로 드러난 것과 드러나지 않은 것의 대화라 할 수 있을 것이다. 이 책이 미술사가의 외도라면 실물 연구를 유보하고 문헌 연구에 치중했다는 점에서 그렇다. 미술사의 학문적 외도라기보다 집필상의 외도라는 말이 더 적절할지 모르겠다. 처음 페라나칸 미술을 검토하겠다던 연구 목적은 복잡한 화인사회의 다층적 성격으로 인해 방향을 선회하게 됐다. 미술과 문화를 논의할 때는 이들의 창작자, 즉 예술가나 화가, 창작 배경과 맥락, 미술의 유통을 다루는 것이 보통이다. 하지만 페라나칸의 경우는 이와 달랐다. 부유한 페라나칸은 미술의 향유자이자 컬렉터이기는 했다. 유럽 귀족들처럼 자신들의 초상화를 그리게 해서 벽에 걸고, 취향에 맞는 도자기와 유리제품을 주문해서 사 모았으며, 영국제 가구를 사들였다. 그러나 그들이 스스로 예술가가 된 적도 없고, 예술가의 창작을 후원한 적도 없다. 화인의 후손들 가운데 일부는 모금을 해서 손문孫文과 국민당 정부를 도왔을지

언정 예술가를 후원했다는 기록은 찾을 수 없다. 중국식 건물을 짓고, 서구식 내부 장식을 하고 화인이자 현지인으로서 이중적 정체성과 글로벌 마인드를 갖췄을지언정 예술과 특별한 관계를 맺지 않았다. 따라서 페라나칸 미술이라는 개념을 설정하기가 어려웠다. 페라나칸의 취향, 컬렉션은 설명할 수 있으나 이를 페라나칸 미술이라고 부를 수 있는가는 전혀 다른 문제이다. 그들은 미술의 소비자였고, 단순한 향유자였을 뿐이다. 더욱이 스스로를 경계인으로 간주하고, 페라나칸으로서의 정체성을 과연 가지고 있었을까 하는 의문이 깊어졌다.

　페라나칸은 본디 동남아 현지에서 태어난 이주민의 후예를 가리키는 말레이어이며, 역사적 개념이라 할 수 있다. 현지인과 외지인이 명확하게 구분됐던 때 만든 말이며, 현재와 같은 글로벌 시대에는 별 의미가 없는 말이다. 현지인과 외부인의 후손, 즉 혼혈을 구분하여 달리 부르는 말이다. 가령 중남미에서는 메스티소Mestizo(유럽인과 미대륙 원주민의 혼혈), 물라토Mulatto(백인과 흑인 혼혈) 등으로 불렀고, 동남아의 말레이 세계에선 페라나칸으로 지칭한 것이다. 그러므로 페라나칸이 우리에게 생소할 뿐, 특별한 것은 없다고 말할 수도 있다. 하지만 메스티조나 물라토가 대개 백인과 원주민의 약탈적, 폭력적 혼혈이라는 뉘앙스를 가지고 있는데 비해 페라나칸은 훨씬 넓은 다양한 이주자들과의 혼혈을 뜻한다는 점에서 동남아 고유의 개념이라 해도 좋다. 페라나칸의 경우에 유럽인과의 혼혈은 별로 의미가 없고 대신 범아시아계 외부인과의 결합이 더 중요하다. 동남아에서 페라나칸은 대개 동남아 현지 원주민과 외부에서 이주한 이슬람인, 중국인, 일본인, 인도인과의 결합으로 태어난 후손을 말한다. 그러니 메스티조나 물라토와 비교할 수 없을 정도로 상당히 폭넓은 개념이다. 이 중에서 가장 비중이 높은 것은 중국계 페라나칸으로 이들이 압도적 다수를 차지한다. 이것이 싱가포르가 페라나칸을 주요 화두로 삼는 이유이다.

넓은 대륙과 무수한 섬으로 이뤄진 동남아라는 지리적 공간은 셀 수 없을 정도로 많은 종족이 사는 공간이다. 각양각색의 종족이 정주하는 다종족 사회에서 굳이 페라나칸이라는 명칭을 만들고 이들을 분류하는 이유가 무엇일까? 전혀 다른 이민족 간의 결합과 새로운 집단의 출현이란 점에서 분류의 필요성이 생겼겠지만 무엇보다 중요하게 여긴 것은 이질적인 문화의 결합이었을 것이다. 예컨대 베트남에는 국가가 공인한 소수민족만 53개이다. 그럼에도 불구하고 소수민족 간의 결합은 페라나칸이라고 부르지 않는다. 동남아의 소수민족들은 서로를 외부인이라고 생각하거나 이질적인 존재로 여기지 않았음을 의미한다. 그렇다면 결국 자신들과는 전혀 다른 문화와 생활양식을 소유하고 있었던 사람들을 진정한 외부인이라 여겼고, 외부인과의 혼인과 그 문화의 수용이라는 데서 페라나칸이라는 분류가 나왔다고 볼 수 있다. 현지인과 다른 생활양식은 삶의 방식과 문화의 차이에서 드러난다. 문화의 융합과 충돌, 변화라는 면에서 페라나칸 문화는 충분히 살펴볼 가치가 있다.

원래대로 따지면 현지 태생의 중국계는 '페라나칸 치나Peranakan Cina'라고 해야 마땅하다. 하지만 페라나칸이란 말만으로 그저 중국계를 지칭한다는 점이 동남아 화인사회의 특이성을 대변한다. 기존 동남아의 페라나칸 논의는 이주 중국인과 현지인과의 혼혈, 중국 문화와 현지 문화의 혼합이라는 혼종성의 관점이나, '중국인다움Chineseness'의 구심력과 현지화의 원심력이 공존하는 경계인이란 관점에서 그들의 문화적 정체성 논의를 중심으로 전개되어왔다. 여기에는 기존 동남아 화인사회에 관한 고정관념, 즉 식민지 시절 서양 제국과 현지 권력의 중개인이자 국민국가nation state 시대 민족 만들기nation building를 방해하는 종족 집단으로서의 중국인 이주민이란 도식이 혼재되어 있다. 하지만 문화적 정체성이나 중간자로서의 경제적 역할, 종족 정치학의 대상으로 동남아의 화인사회를 일반화해버린다면 각기 다른 지역에서 형성된 화인사회의 구체적 역사와 문화는 왜곡될 수밖에 없다. 페낭 화인사회의 역사는 '페라나칸' 개념도 역사적이고 동태적인 것임을 일러준다.

약 4년에 걸친 연구 성과라 하기에는 부족한 점이 많다. 동남아 근현대사와 중국인들의 이주의 역사에 대한 필자의 부족한 이해가 가장 큰 걸림돌이었다. 이주민들이 출신 지역에 따라 모여 공동체를 만들고 비밀결사를 맺었다는 점에 주목하고, 이주 방법과 과정에도 관심을 두었다. 그러나 역사학적 방법론의 부재는 둘째 치고, 가장 중요한 일차사료를 구하지 못했다. 이는 20세기 이전 중국에서 동남아로 이주한 사람들 대부분이 신분이 낮거나 문맹이었을 가능성이 매우 높았다는 데 기인한다. 오히려 영국인 행정관의 기록이 일차사료에 가까웠고 중국인 자신의 문헌은 찾기 어려웠다. 기존의 연구들은 단편적인 주제를 다루거나 특정한 시기를 대상으로 이뤄진 것들이라서 아직까지 이 책과 같이 종합적인 검토가 없었다는 점에서 출간의 의의를 찾을 수 있다. 화인 페라나칸이라는 사안 자체가 워낙 복잡하고 동남아시아 각 나라마다 다른 양상으로 전개되었기 때문에 비단 우리나라만이 아니고 다른 나라에서도 종합적, 체계적인 연구는 희소하다. 사료와 참고자료가 영어, 중국어, 말레이-인도네시아어, 일본어 등으로 다양하니, 쉽지 않은 주제임이 분명하다. 시간의 흐름에 따라 서술하는 방식을 취했으나 내용이 다소 난삽한 것은 전적으로 필자가 기민하지 못한 탓이다. 단편적·개별적인 주제에 집중한 선행연구를 종합해 페낭을 중심으로 말라카해협 북부를 하나의 권역으로 삼아 '페낭 화인권'의 윤곽을 그려본 것에서 외도의 의미를 찾을 수 있겠다.

페라나칸 미술을 살펴보겠다며 시작한 이 책의 집필이 가능했던 것은 필자가 연구소 소속으로 상대적으로 시간 여유가 있었기 때문이다. 논문과 달리 책은 일관된 하나의 주제를 끌어가야 한다는 점에서 긴 호흡이 필요하다. 한 번의 들숨과 날숨으로 이뤄지는 것이 아니라 마라톤을 뛰는 심정으로 차근차근 준비를 해야 한다. 중간에 흔들리거나, 호흡이 흐트러지면 성과를 내기 어렵다. 쉼 없이 일정한 분량을 쓰지 않으면 흐름을 놓치기 십상이다. 한 번 흐름을 놓치면 저술 마라톤이라는 제 궤도에 다시 진입하는 데 갑절의 시간과 노력이 든다. 그나마 때를 놓치지 않고 이 책을 내놓을 수 있게 되어 무척 다행이다. 많은 분들의 도움을 받았지만 특히 필자의 동남아 연구를 응원해주신 신윤환 선생님께 감사드린다. 한국외대 송승원 선생님은 이 복잡한 원고를 읽고 아낌없는 조언을 주셨다. 복건어, 광동어, 객가어 등 복잡한 방언을 어떻게 표기할지가 가장 큰 골칫거리였는데 그 발음은 수원대학교 소열녕 선생님이 알려주신 바를 따랐다. 페낭이 고향이신 소 선생님의 조언은 필자에게 큰 도움이 되었다. 지극히 제한적인 독자를 갖게 될 것이 자명한 이 책의 출간을 기꺼이 허락해주신 푸른역사 박혜숙 대표님과 편집진 여러분, 초고를 읽고 좋은 평가를 해주신 김성희 선생님께도 감사를 전한다.

contents

아편
권하는
사회

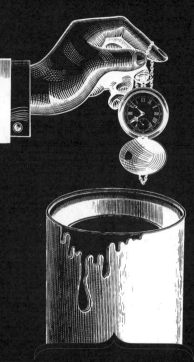

깡통과
거상의
시대

2

고무바퀴
아래의
페낭
화인사회

3

프롤로그

'페낭 화인권'

이 책은 1786년 영국 식민지 건설에서 제2차 세계대전 이전까지 150
여 년에 걸친 페낭 화인華人사회의 형성과 전개 과정을 '아편-주석-고
무'라는 열쇠말로 살폈다. 세계사의 전환기이자 동남아시아의 변형기
라는 시간과 말라카해협 북단의 영국 식민지라는 공간에서 페낭에 이
주한 중국인은 누구인지, 어떻게 살았는지, 어떤 화인사회를 구축했는
지, 그리고 말라카해협 북부 지역에서 무슨 역할을 했는지에 초점을
맞추었다.

"그들은 전 세계에서 왔다"는 페낭 주립박물관 현관의 현판처럼, 페
낭은 유럽인, 말레이인, 중국인, 인도인 등 다양한 이주자들에 의해 만
들어졌다. 영국의 국기가 걸려 있었지만, 어느 누구도 원주민의 권리
를 주장할 수 없는 특수한 환경에서 형성된 페낭의 화인사회는 다양

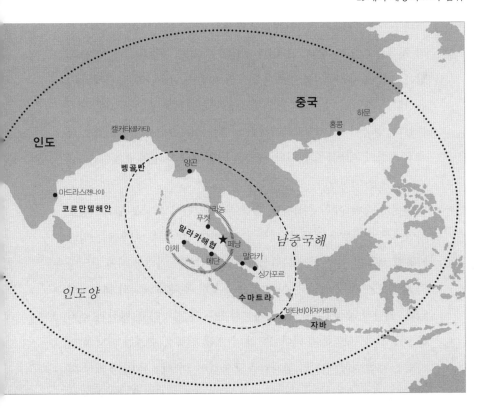

페낭은 동서 문명교류와 교역의 교차로이자 말라카해협 북부 지역의 중심이었다.
페낭을 중심으로 바깥 원(········)은 인도와 영국 제국의 일부로서 서양 시장의 국제 교역권,
중간 원(----)은 말라카해협과 인근 광역의 지역 교역권,
작은 원(ᴍᴍᴍᴍᴍ)은 말라카해협 북부 지역 '페낭 화인권'을 각각 가리킨다.
Loh(2009: 99) 참조 재구성.

한 종족과 말라카해협 북부 지역의 다양한 정치권력과 상호작용했다.

페낭은 상업자본주의의 세계화와 산업혁명의 세계화가 맞물린 곳이며, 서구와 동양의 중계무역항이자 두 시대가 겹치는 시간의 교차로이기도 하다. 18세기 후반 이래 동남아시아의 전환을 압축적으로 드러내주는 축도縮圖가 곧 페낭이다. 영국은 1786년 페낭을 '점거'함으로써 처음으로 인도-중국 교역로인 말라카해협에 거점을 확보했다. 페낭은 영국이 자유주의를 실험한 최초의 식민지 항구였다. 무관세의 자유항과 무제한의 자유이민을 표방하고 페낭으로 사람과 물자를 끌어들였다. 영국이 1819년 말라카해협 남단에 싱가포르를 확보하면서 국제 중계항의 지위를 잃었지만, 페낭은 해협 북부의 지역 중계항regional entrepot으로 번성했다.

19세기 중반 이후 주석광산 개발 붐이 일면서 페낭은 말레이반도 서안에서 수마트라 북동안, 태국 남부, 버마 남서부를 아우르는 말라카해협 북부의 지방 거점을 위성경제로 편입하는 거대한 지역 교역망의 중심으로 자리 잡았다. 이 과정을 주도한 주체가 페낭의 화인사회였다. 페낭의 중국인 거상들은 자본과 노동을 장악하고, 생산과 소비를 이끌었다. '교역하는 디아스포라'의 오랜 전통을 승계한 페낭 화인사회는 해협 북부에 지역 경제권을 구축했다. 이 책에서 이를 '페낭 화인권Penang Chinese Enclave'이라 했다. 페낭의 화인사회가 주도적으로 해협 북부에 구축하고 경영한 지리 경제적, 지리 정치적 권역이란 의미이다. 21세기 인도네시아-말레이시아-태국을 잇는 성장 삼각지대 IMT Growth Triangle 구상이 페낭을 중심축으로 삼고 있는 것도 이러한 역사적 경험과 무관하지 않다.

이 책은 유럽 중심주의나 국민국가의 서사를 벗어나 화인사회의 관점에서 페낭에서 살아간 중국인 이주자의 구체적인 삶을 다층적으로 재구성하고자 했다. 페낭 화인사회의 형성과 전개의 역사를 단순한 시간 배열이 아니라 아편-주석-고무를 키워드로 삼은 것도 이 때문이다. 이 책은 페낭의 화인을 대상화하는 정치의 역사도, 성공한 화상을 신화화하는 상업의 역사도 아니다. 세계 체계의 주변부인 페낭과 해협 북부에서, '민족nation'도 '국가state'도 틀이 잡히기 이전 페낭의 화인사회와 '페낭 화인권'이 아편과 주석과 고무의 시대를 어떻게 경험했는지를 동태적으로 살핀 것이다.

역사가 에릭 홉스봄Eric Hobsbawm은 《혁명의 시대 1789~1848》, 《자본의 시대 1848~1875》, 《제국의 시대 1875~1914》의 3부작으로 1789년의 프랑스혁명에서부터 1914년 제1차 세계대전까지 세계 자본주의의 역사를 '장기 19세기'라는 관점에서 재구성한 바 있다. 유럽에서 구시대를 녹여버린 이중혁명(영국의 산업혁명과 프랑스의 정치혁명)이 부르주아 자유주의의 깃발 아래 자본의 시대와 제국의 시대를 거치며 내부 모순에 의해 지구적 혁명으로 이어진 과정에 주목한 것이다. '장기 19세기' 관점은 페낭의 화인사회의 형성과 발전, 그리고 21세기의 페라나칸을 이해하는 데에도 중요한 이정표를 제공한다. 흥미로운 대목은 홉스봄의 시대구분이 페낭 화인사회의 전개와 절묘하게 겹쳐진다는 점이다.

이 책 1부에서 다룬 아편의 시대가 그렇다. 영국이 페낭을 점령한 1786년은 프랑스혁명이 발발하기 3년 전이다. '혁명의 시대'에 유럽의 부르주아가 낡은 체제를 부수고 자기들의 입맛대로 자유주의의 틀을 짰다면, 페낭의 화인사회 엘리트는 영국 식민지에서 식민지 경영 비용인 세금 걷는 일을 위탁한 징세청부제revenue farming system를 통해 자본을 축적하고, 비밀결사를 통해 자치권을 행사하는 이른바 '제국 속의 제국'을 구축했다. '아편'은 페낭 화인사회의 '혁명의 시대'를 상징한다.

2부의 주제인 '주석'은 페낭 화인사회의 '자본의 시대'에 해당한다. 1848년 프랑스 2월혁명은 역설적으로 혁명의 시대를 마감하는 혁명이었다. 혁명의 기대는 급속히 위축되고 부르주아의 자유주의가 정치, 경제, 제도는 물론 문화적으로 사회를 장악하게 되는 시발점이기도 했다. 유럽이 자본의 시대에 돌입한 것과 때를 같이해, 페낭 인근인 말레이반도 서안의 술탄국 페락에서 주석광산이 개발됐다. 페낭의 엘리트는 아편의 시대에 축적한 자본으로 주석을 좇는 '백색 러시'를 주도했다. 주석의 백색 러시는 중국 남부의 가난한 농민들이 페낭과 해협 북부에 '쿨리' 또는 '저자豬仔'라는 이름으로 팔려가는 노동자 대량 이주의 물결로 이어졌다. 예전 중국인 남양南洋 이주의 중심이 교역과 상인이었다면, '자본의 시대'에는 노동과 쿨리의 이주가 주를 이루었다. 아편과 비밀결사로 자본과 노동을 한손에 쥔 페낭의 엘리트는 거상巨商의 시대를 열었다. 페낭 화인사회의 영향력은 페낭을 중심으로 버마 남부에서 태국 남부, 수마트라 북동부, 말레이반도 북서부에 미쳤다. '자본의 시대'에 세계 체계의 주변부인 말라카해협 북부 지역에 '페낭 화인권'이 구축된 것이다.

3부의 주제 '고무'는 19세기 후반에서 일본 군정 이전까지 페낭 화인사회의 전환적 변화를 다룬다. 고무의 시대는 '제국의 시대'와 공명한다. 홉스봄은 1875년을 '제국의 시대'의 기점으로 잡았다. 자본주의 개막이래 가장 큰 공황의 시기가 처음으로 도래한 시점을 부르주아 자유주의의 부조리가 파국의 전조를 드러낸 사건으로 보았던 것이다. 1874년 영국은 '팡코르조약'을 맺고 말레이반도 전역으로 식민 지배를 확장했다.

영국이 식민지 직접지배를 강화하면서 100여 년에 걸친 페낭 화인 거상의 자유주의는 파국을 맞았다. 1880년대 후반 페낭 거상들이 쥐락펴락해온 '페낭 화인권'에 유럽 자본의 침투가 본격화했다. '제국의 시대'에 영국의 식민지 정책도 자유방임에서 개입주의로 바뀌었다. 영국 개입주의의 핵심은 화인사회 엘리트를 대중과 떨어뜨려 정치적, 사회적 영향력을 약화시킨 뒤 투항하게 만드는 것이었다. 자본과 제국의 협공에 '페낭 화인권'은 포획됐다. 19세기 아편과 주석으로 구축된 페낭 화인거상의 제국은 20세기 초 말라야에서 농원 개발이 본격화하면서 고무나무의 그늘에 묻히고 말았다.

'제국의 시대'가 어떤 사람들에게는 어려움과 두려움의 시대였지만, 부르주아가 만들어놓은 세계에 사는 대부분의 사람에게는 희망의 시대였다고 홉스봄은 말했다. 페낭 화인사회의 '고무의 시대'도 그러했다. 기존 거상의 시대는 막을 내렸지만 적수공권의 거부 신화는 이어졌다. 무엇보다 중국인 여성이 대거 이주하면서 화인사회는 질적으로 변모했다. 일확천금과 금의환향을 꿈꾸던 떠돌이 중국인 남성들로 불안정하고 불평등했던 테스토스테론 과잉사회는 생물학적 균형과 사회적 안정으로 방향을 선회했다. 해협에서 태어난 화인들은 스스로 정체성을 확인하며 다가올 민족주의의 시대를 준비했다.

'아편과 깡통의 궁전'

유네스코 세계문화유산으로 지정된 조지타운의 페라나칸 뮤지엄인 '페낭 페라나칸 맨션'에서 받은 첫인상은 실로 강렬했다. 페라나칸 문화를 상징하는 화려하고 호사스런 전시물이 빼곡했다. 하지만 전시관

●
무엇을 기억하는가?

'페낭 페라나칸 맨션 뮤지엄'의 2층 한쪽 벽면 장식장을 가득 메운
19세기 말~20세기 초의 유럽제 유리 공예품들.
ⓒKang

을 채 둘러보기도 전에 피로감이 밀려들었다. 페낭을 떠나면서 그 피로감의 정체를 따져보자 물음이 꼬리를 물었다. 이 의문들은 이 책의 출발점이자, 어쩌면 긴 여정의 간이역이기도 하다.

페낭 페라나칸 맨션의 전시 유물들은 무엇을 기억하고자 하는 것일까? 페낭의 페라나칸은 언제, 어디서 와서, 어떻게 살았을까? 페라나칸과 페낭의 화인사회는 어떤 관계일까? 동남아시아의 어디에서도 보기 힘든 장대한 종친회관인 조지타운의 쿠콩시는 페낭의 화인사회에서 무슨 역할을 한 것일까? 국경도 여권도 없던 시절, 페낭 화인들에게 국가는 무엇이었을까? 페낭에서 나고 자란 화인에게 민족주의는 어떻게 이해되었을까? 그리고 오늘날 중국계 말레이시아인은 소환된 페라나칸에서 어떤 기억을 환기할 수 있을까? 정체를 찾아가는 과정에서 페라나칸 맨션은 페낭 화인 엘리트의 '궁전palace'이란 이미지로 다가왔다. 근대로의 전환기에 '궁전'은 분명 시대착오인데도 말이다. 그들은 어떻게 궁전을 세웠을까? 이 가상의 궁전을 위해 희생된 것은 무엇이고, 누가 이들을 제물로 바쳤나? 중국에서 건너왔다는, 이주민으로서 핏줄이 같다는 이유로 묻혀버린 수많은 개인들을 페라나칸이라는 이름으로 동일시해도 좋은가? 이 모든 문제들을 정체성으로 환원시키기보다 일종의 계급적 관점에서 해부해야 하지 않을까?

아편과 깡통으로 지어진 19세기 말 주석광산 화인 거부의 저택과 지금은 아편도 깡통도 흔적을 찾아볼 수 없는 21세기의 '페낭 페라나칸 맨션', 그 사이 기억의 빈터에 '아편과 깡통의 궁전'이란 가상의 역사관을 세워본 것이 이 책이다. '페라나칸'은 그 궁전 어딘가에 있다.

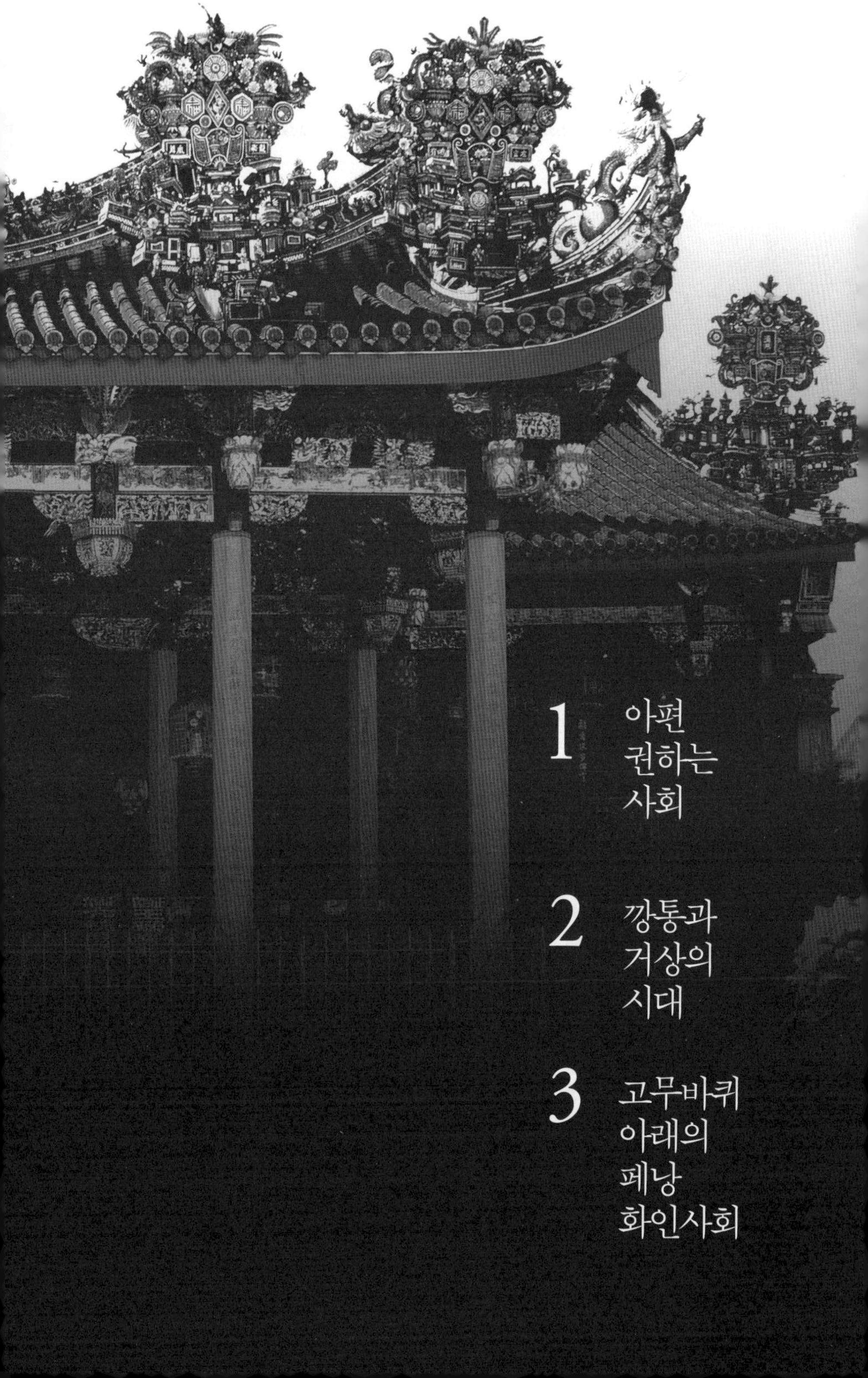

1 아편 권하는 사회

2 깡통과 거상의 시대

3 고무바퀴 아래의 페낭 화인사회

1

아편
권하는
사회

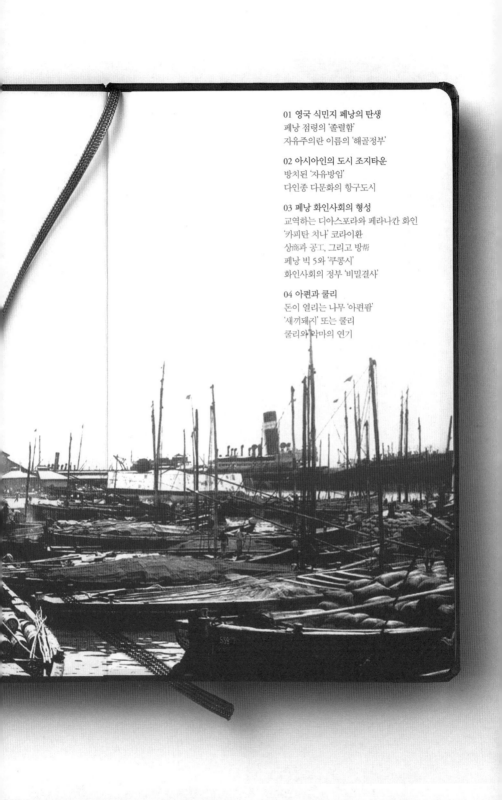

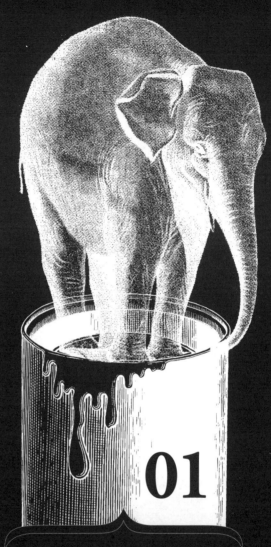

01

영국 식민지
페낭의
탄생

페낭 점령의
'졸렬함'

1786년 8월 11일 말라카해협 북단의 '사실상 무인도'인 페낭에 영국 국기가 게양됐다. 영국 동인도회사EIC를 대신해 말레이 술탄국 커다의 영지인 페낭에 영국 국기를 게양하면서 프랜시스 라이트Francis Light(1740~1794)는 "풀루 피낭이라는 섬을 차지해 '프린스 오브 웨일즈 섬'으로 명명한다"고 선언했다.

실질적인 영국의 페낭 점거는 이보다 약 한 달 이르다. 7월 16일 라이트는 동인도회사 소속 선박 3척을 이끌고 페낭에 상륙했다. 세포이로 구성된 인도인 군대를 상륙시키고, 무기와 보급품을 하역했다. 말레이인을 동원해 정글을 밀어내고, 땅을 고르고, 요새와 병영과 임시 숙소를 세우고, 깃대도 설치했다. 그 깃대 위에 말라카해협에서 처음으로 영국 국기가 내걸린 것이다. 영국 동인도회사를 대리해 라이트가 1771년부터 페낭을 할양하기 위해 커다kedah의 술탄과 협상을 벌인 지 15년 만의 일이다. 이렇게 태국 남부와 말레이반도 서안에서 활동

하던 동인도회사 소속 현지 무역상country trader 프랜시스 라이트는 '페낭의 건설자'이자 '영국의 말라야 진출 선구자'가 됐고, 영국은 말라카 해협에 처음으로 거점을 마련했다.

페낭 점령을 두고 당시 인도 캘커타(콜카타)에서 발행되던 영어신문은 "암본 학살의 복수"라고 흥분하기도 했다(Hussin, 2007: 115). 암본 학살은 네덜란드 동인도회사VOC가 정향丁香 무역을 독점하기 위해 1623년 말루쿠제도의 암본에 주재하던 영국 동인도회사 소속 상인 10명을 포함해 20명을 고문하고 처형한 사건을 가리킨다. 근대 주식회사의 원조로 꼽히는 영국과 네덜란드의 두 동인도회사는 당시 말루쿠제도에서만 나는 정향을 유럽에 팔아 주주들에게 이윤을 배당하는 구조였다. 당연히 향료 무역을 독점하려는 경쟁이 치열했다. 암본 사건 이후 네덜란드가 말라카해협에서 향료 군도에 이르는 해상교역을 지배했고, 영국은 인도 경영에 주력할 수밖에 없었다. 이 사건이 영국에는 오히려 득이 됐다는 해석도 있지만(주경철, 2008: 97~99), 나중의 평가일 뿐이다. 암본 사건에서 150년이 흐른 18세기 후반에도 영국 동인도회사로서는 인도-중국 해상교역을 방해하는 네덜란드의 말라카해협 제해권을 깨는 일이 전략적으로나 상업적으로 얼마나 중요한 일이었는지를 '복수'라는 말로 알 수 있다.

●

프랜시스 라이트의 동상
페낭의 건설자 프랜시스 라이트를 기려
조지타운의 콘월리스 요새가 보이는 곳에 세운 동상.
ⓒKang

그런데 라이트의 페낭 점거는 이상했다. 15년간 할양 협상은 있었지만, 조약도 없고 포성도 없었다. 라이트가 커다의 술탄에게서 할양 조약의 서명을 받은 것도 아니고, 당시 영국이 술탄을 함포로 위협하지도, 커다의 술탄이 강탈이라며 항쟁하지도 않았다. 그래서 1786년 프랜시스 라이트의 이상한 페낭 점거를 두고 말이 많았다. 라이트가 커다의 술탄에게서 페낭을 하사받았다는 소문이 돌았다. 1788년 영국 런던에서 출간된 라이트에 관한 책이 소문의 진원이었다.

이 책은 라이트가 커다의 공주와 결혼했고, 커다의 술탄에게서 지참금으로 하사받은 게 페낭이라고 설명했다. 라이트가 1772년부터 1794년 사망할 때까지 함께 산 마르티나 호젤스Martina Rozells가 커다의 왕족이라는 것이다. 저자가 영국 해군 소속 엔지니어로 라이트와 함께 페낭 점거에 동참했던 인물이라는 점에서 책의 주장은 신뢰를 얻었다(Clodd, 1948: 27~28). 하지만 라이트가 커다 왕가의 사위라는 주장은 '이상한 점거'의 불법성이란 문제를 해소했지만 더 심각한 문제를 낳았다. 커다의 하사품이라면 페낭은 라이트 개인의 것이지 영국과 동인도회사와는 무관해진다. 게다가 마르티나 호젤스는 커다 공주가 아니라 태국 출신의 포르투갈인 혼혈이며, 태국의 가톨릭 박해를 피해 커다로 피난해온 종교 난민으로 확인됐다.

이상한 점거는 오늘날까지도 조약이 없었다는 점에서 국제법상으로나 상도의상으로 "명백한 불법"(Tan, 2009: 7)이란 해석과 "협상을 대리한 라이트가 영국 왕 조지 3세의 이름으로 공식 접수"(Andaya & Andaya, 2001: 110)한 것이란 상황론적 평가로 나뉜다. 전자는 영국의 페낭 식민지화가 첫 단추부터 잘못 채워졌다는 관점이라면, 후자는 페낭이 성공한 핵심은 어쨌거나 영국의 식민지로 건설됐기 때문이 아니냐는 견해

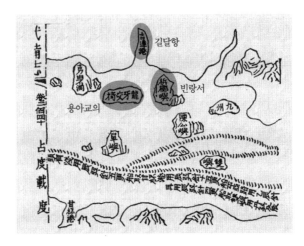

페낭섬이 '빈랑서檳榔嶼'로 표기된 〈무비지武備志〉의 말라카해협 북부 해도.
명대 모원의茅元儀(1594~1640?)가 1621년에 편찬해 1628년 발행한 〈무비지〉의 해도는 15세기 초
정화鄭和의 대원정 당시 항해지도鄭和航海圖를 바탕으로 한 것으로 알려졌다.
'용아교의龍牙交椅'는 랑카위, 그 위의 '길달항吉達港'은
커다주의 머르복강Sungai Merbok 하구를 각각 가리킨다.
〈WikiVisually〉

머르복강 유역의 부장계곡 유적 조감도.
부장계곡은 일찍이 인도 고대문화가 유입된 지역이다.
ⓒKang

다. 1786년 라이트의 페낭 점거를 어떻게 볼 것인가는 페낭의 역사를 누구의 어깨 너머로 볼 것이냐는 역사적 전망historical perspective의 문제와 무관하지 않다.

페낭의 이상한 점거에 관한 또 다른 '교묘한 해석'이 있다. 말레이국연방FMS 초대 총주재관과 해협식민지 총독을 지낸 프랭크 스웨트넘 Frank A. Swettenham(1850~1946)의 주장이 그렇다. 1786년 페낭 점령은 영국이 말라카해협의 주도권을 장악하게 되는 1819년 싱가포르 점령 이전에 있었던 일 가운데 '가장 중요한 사건'이지만, 동시에 영국의 말레이반도 지배에 걸림돌이 되고 말레이인에게 불신과 숱한 고통을 안겨준 '뜻하지 않은 사건의 시작'이었다는 것이다. 그리고 그는 그 불행의 원인이 "영국 동인도회사의 졸렬함cowardice"에서 비롯했다고 단언했다(Swettenham, 1907: 37). 그는 자신의 주장을 뒷받침하기 위해 페낭 할양 협상 과정에서 주고받은 인도총독과 커다의 술탄, 프랜시스 라이트의 서한을 제시한다.[1]

영국 동인도회사 이사회가 벵골만 동쪽에 새로운 기지를 물색하기로 결정한 것은 1763년의 일이다. 당시 니코바르제도, 안다만제도, 수마트라 북단의 아체, 태국 남서부 푸켓 등이 후보지로 검토되었다(Bassett, 1971). 18세기 후반부터 중국의 차 수요가 급증하면서 인도-중국 교역의 중요성이 컸지만, 인도 경영에 주력해온 영국은 말라카해협에서 남중국해에 이르는 교역로에 거점을 확보하지 못했다. 1763년 이전 인도 동쪽의 현지 무역은 중국인과 이슬람 상인 및 네덜란드 동인도회사의 현지 무역상들이 주도했고, 영국인 현지 무역상은 거의 전무했다(Fielding, 1955: 41).

영국이 말라카해협의 페낭을 확보하기 위해 구체적인 노력을 기울이기 시작한 것은 1771년부터였다. 당시 식민지 확장론자인 워런 헤이스팅스 캘커타 지사[2]가 이를 주도했고, 프랜시스 라이트는 인도 동쪽의 영국 기지 후보지로 푸켓과 페낭을 추천했다. 말레이어에 능통하고 태국어도 소통할 수 있었던 라이트는 당시 푸켓을 거점으로 커다와도 교역을 하며 현지 물정에 밝았다(Steuart, 1901: 9~10). 라이트는 페낭의 지리적 이점과 왕국의 안위를 위해 영국의 도움이 필요한 커다의 술탄의 생각[3]도 미리 읽었던 것이다. 커다 해안은 인도에서 출발하는 범선의 첫 기착지였고, 수마트라 북동안과 버마 남부, 태국 남서부 해안을 잇는 교역의 중심지이기도 했다. 이들 말라카해협 북부 지역의 사람들은 바다와 무역풍의 영향으로 생활방식이나 경제적으로 긴밀했다. 18세기 후반 인도의 식민지배를 굳힌 영국은 인도의 아편과 중국의 차를 교역하는 영국 무역선이 배를 보수하고 보급품도 조달받을 항구가 절실해졌다. 인도-중국 항로의 범선들은 인도 동부 코로만델 해안에서 남서풍을 타고 북상해 커다 해안 일대에서 바람이 북서풍으로 바뀌면 중국으로 향했다.

1775년 미국 독립전쟁이 벌어지면서 우선순위에서 밀려났던 페낭 확보 구상은 1784년부터 본격화됐다. 우선 영국이 다급했다. 말라카해협에서 배제됐던 영국 동인도회사는 1760년대 초 네덜란드 동인도회사의 독점 무역에 반발해 독자 노선을 걷던 부기스왕국과 손잡고 리아우(오늘날 빈탄)에 후추 무역의 근거를 마련했는데, 네덜란드가 부기스와 2년간 전쟁 끝에 1884년 리아우를 점령하고 말았다. 영국으로서는 말라카해협에 거점을 마련하는 일이 절실했던 것이다. 커다도 다급했다. 전통적으로 태국이 커다를 비롯한 말레이반도 북부의 술탄국에 종주권을 행사해왔는데, 1782년 방콕에 새롭게 들어선 차크리왕조는 압박의 강도를 높였다. 영국 동인도회사와 커다의 술탄의 다급함이 이상한 페낭 점거의 배경이었다.

커다의 술탄 압둘라[4]는 1785년 8월 30일(이슬람 헤지라력 1199년 10월 24일) 페낭 할양의 조건을 명시한 편지를 영국 동인도회사의 인도총독에게 보냈다. 말레이인의 편지 쓰기는 아주 엄격하고 정확하고 격조가 있기로 정평이 나 있었다.[5] 술탄 압둘라의 편지도 예외가 아니었다. 우선 술탄 압둘라는 프랜시스 라이트가 인도총독의 지시를 받아 페낭 할양을 요청한다는 사실을 자신에게 알렸다고 밝혔다. 그리고 인도총독이 영국 정착촌을 만들고 말라카해협을 항해하는 선박과 섬을 보호하기 위해 해군 조선소를 건설하겠다는 페낭 할양의 목적을 제시했으며, 아울러 커다를 공격하는 세력은 영국 동인도회사의 적으로 간주하고 전쟁 비용도 감수할 것이라는 입장을 라이트를 통해 전달했다고 술탄 압둘라는 명시했다.

이러한 인도총독의 페낭 할양 요구에 대해, 술탄 압둘라는 할양 협상의 두 가지 조건을 제시했다. 첫째 조건은 동맹 요구이다. 비록 태국에 조공을 바쳤지만 독립적인 술탄국의 지위를 누려온 커다는 언제 차크리왕조의 태국이 쳐내려올지 모른다는 위기감이 컸던 것이다. 영국이 커다의 영지인 페낭을 확보할 필요가 있다면, 영국은 태국의 위협을 막아야 하는 커다의 필요를 충족하라는 게 술탄 압둘라의 요구였다. 술탄 압둘라는 커다의 외부든 내부든 자신을 공격하는 적은 동시에 영국 동인도회사의 적으로 간주되어야 하며, 전쟁을 벌여야 하는 상황이라면 영국 동인도회사에 병력과 무기를 요청할 것이고, 그 비용은 전쟁이 끝난 뒤 갚을 것이란 말도 덧붙였다.

둘째 조건은 영국 동인도회사가 페낭 할양에 따른 '보상금'으로 연간 3만 달러를 지불하라는 것이다.[6] 말라카해협 북부의 아편, 주석, 등나무가구 교역을 독점하는 무역중심지 커다는 페낭을 영국 동인도회사가 차지할 경우 독점 이익을 잃게 된다며 보상을 요구했다. 커다 해안이 오래전부터 인도인 상선과 현지 무역선의 교류 거점이라는 것이 그 이유였다. 영국 동인도회사 소속의 한 캡틴이 인도총독부에 보낸 비망록에는 1786년 라이트의 점거 당시 페낭에 거주하던 말레이인이 "30년 전만 해도 이 섬에 아주 많은 사람이 살았다"고 말한 내용도 있다(Braddell, 1982: 4). 이는 페낭이 한때 교역으로 번성했을 개연성을 시사한다. 술탄 압둘라의 보상 요구를 뒷받침하는 최근 연구도 있다. 커다가 본디 말레이반도 동부의 태국만 연안 지역과 말라카해협을 육로로 이어주던 교역 중심이었고, 태국만과 말라카해협의 산물이 교류되던 항구 페낭이 영국의 식민지가 되면서 커다의 영향력이 약화되었다는 것이다(King, 2006: 61~71).

스웨트넘도 인정하듯이 술탄 압둘라의 협상 조건에는 어떤 모호함도 없다. 헤이스팅스의 후임 존 맥퍼슨 인도총독 대행이 술탄 압둘라에게 회신한 요지는 이렇다. 협상 조건을 명시한 술탄의 편지를 1786년 2월 16일 프랜시스 라이트로부터 받았으며, 술탄의 서한과 협상 내용을 런던에 보고해 영국 왕과 동인도회사 이사회의 승인을 기다리고 있다는 것이다. 맥퍼슨은 함선을 파견해 페낭을 방위하고 커다 해안을 보호하라는 명령을 내렸다고도 했다. 이를 통해 라이트가 맥퍼슨에게서 페낭 점령 권한을 위임받았고, 동인도회사가 술탄 압둘라의 동맹 요구를 분명하게 인지했다고 스웨트넘은 해석했다.

그런데 라이트가 페낭을 점거한 지 다섯 달 만인 1787년 1월 인도총독부[7]는 커다와 동맹을 맺지 않겠다는 결정을 내렸다. 그리고 "방위 목적이든 공격 목적이든 커다의 술탄과 어떤 동맹도 체결해선 안 된다"고 영국의 런던 정부가 인도총독부에 공식적으로 지시한 것은 페낭 점거 7년 뒤인 1793년의 일이다. 일련의 상황을 정리하자면 이렇다. 영국 동인도회사의 수장인 인도총독이 페낭 할양의 협상안에 관해 충분히 이해했으며 영국 정부의 재가를 기다린다고 커다의 술탄에게 답장을 쓴 몇 달 뒤 라이트가 페낭을 점거했는데, 영국 동인도회사와 런던 정부는 술탄 압둘라가 제시한 페낭 할양의 제1 조건을 받아들일 수 없다고 말을 바꾼 것이다. 이는 협상의 결렬을 의미했다. 하지만 영국은 페낭에서 철수하지 않았다.

라이트는 1787년 5월 인도총독에게 보낸 편지에서 커다의 술탄이 덴마크, 네덜란드, 프랑스 등과 동맹 여부를 타진하고 있다면서 "나의 보잘것없는 견해로는 영국 동인도회사가 당장 커다의 술탄이 영국의 보호 아래 있다고 선언하는 편이 훨씬 수월하고 비용도 덜 드는 방안"이라고까지 하소연을 했다.

사실 애초부터 영국 동인도회사가 커다와 동맹을 맺기는 가능하지 않았다. 잘 알려져 있듯이 영국 동인도회사는 민간 법인의 무역회사이면서 외국과 조약 체결권까지 갖고 영국 정부를 대신해 인도를 식민 지배한 '이상한 회사'이자 '국가 속의 국가'였다. 18세기 후반 영국의 인도 지배가 안정되면서 동인도회사 체제의 문제가 드러났고, 영국 정부는 1773년 '인도 규제법'을 제정했다. 동인도회사가 영국을 대신할 수 있는 권한은 남겨놓으면서 런던 정부의 감독을 받도록 한 것이다. 페낭 점거 2년 전인 1784년에 당시 윌리엄 피트 영국 총리는 규제를 한층 강화한 '피트 법'을 제정해 동인도회사가 주변국의 내정에 간섭하고 역내 분쟁에 개입하는 것을 금지했다. 이 법에 따르면 커다의 술탄의 동맹 요구는 동인도회사가 수용할 수 없는 것이었고, 따라서 맥퍼슨 총독 대행은 페낭 점거 전 술탄 압둘라에 보낸 회신에서 이러한 사실을 밝혔어야 마땅했다.

페낭 점거 후 보상금을 지급하지 않았다는 점에서도 영국 동인도회사는 졸렬했다. 점거 3년이 다 되어가는 1789년 7월 프랜시스 라이트는 보상금을 연 4,000달러로 할 것을 제안했지만, 커다의 술탄이 동맹과 보상금 조건을 동시에 만족시켜야 한다며 거부했다고 동인도회사에 보고했다. 커다의 술탄은 영국이 약속을 지키지 못한다면 페낭을 떠나라고 통보했다. 동맹 약속도 파기하고 심지어 보상금조차 지급하지 않는 영국의 이상한 페낭 점거를 5년간 참아온 커다의 술탄은 1791년 페낭을 공격했다. 커다의 무력시위는 실패했지만, 이 사건을 계기로 영국 동인도회사는 커다와 조약을 체결하고 페낭 할양을 공식화했다. '동맹'은 빠졌고, 보상금도 애초 3만 달러의 5분의 1인 연 6,000달러로 줄었다.

술탄 압둘라의 뒤를 이은 커다의 술탄이 1800년 영국 동인도회사와 2차 조약을 체결하고 페낭섬과 마주보는 커다의 프라이Prai(오늘날 Sebarang Perai)를 추가로 영국에 할양하면서 보상금은 연 1만 달러로 상향 조정됐다. 프라이는 당시 인도총독이자 강경한 제국주의자였던 리처드 웰즐리 후작의 이름을 따 '프로빈스 웰즐리'로 불렸다. 그리고 1821년에 커다의 술탄이 50년 전 우려했던 일이 벌어지고 말았다. 태국이 커다를 침략해 약탈과 살육을 저질렀고, 커다의 술탄은 페낭에서 20년 넘게 망명해야 했다.

스웨트넘은 위와 같이 '페낭 점거'에 관해 영국 동인도회사의 졸렬함을 비난했다. 하지만 영국 동인도회사가 해체된 이후에 활동한 스웨트넘이 역사 속으로 사라진 동인도회사를 졸렬하다고 평가한 것은 영국 제국주의에 관한 교활한 변명에 지나지 않는다. 19세기와 20세기에 영국이 말레이반도를 영국령 말라야로 만드는 과정에서 페낭 점거 수법은 수시로 변주되었기 때문이다. 스탬포드 래플스Stamford Raffles(1781~1826)의 1819년 싱가포르 점령도, 영국이 말레이반도 지배의 발판이 된 1874년 팡코르조약 체결 과정도 기본적으로 페낭 점거의 졸렬함과 다르지 않았다.

스웨트넘은 페낭 점거의 기법을 말레이반도 식민지배 확대에 응용한 인물이다. 말레이어에 능통하고 화인사회의 물정에도 밝은 그는 팡코르조약을 성사시킨 주역 가운데 한 명이기도 하다. 단지 스웨트넘의 활동 시기는 영국 동인도회사가 1858년에 해체된 뒤라는 점만 다를 뿐이다. 그는 영국이 페낭을 식민지로 만든 것 자체가 아니라, 영국 동인도회사의 일 처리를 졸렬하다고 했다. 페낭 점거에서 영국 동인도회사의 졸렬함을 탓함으로써 스웨트넘은 그로부터 100년 뒤 영국 정부의 말라야 지배는 정당하다는 논지를 편 것으로 보인다. 스웨트넘의 페낭 점거에 관한 해석이 교활한 건 그래서이다. 영국이 말레이반도를 지배한 출발점은 1786년 페낭 점거였다. 이상한 점거로 시작된 페낭의 화인사회는 영국 식민지배의 졸렬함과 교활함이란 얼개 위에서 생겨나고 펼쳐졌다.

자유주의란 이름의
'해골정부'

프랜시스 라이트는 점령 당시의 페낭을 사람이 거의 살지 않는 섬이라고 보고했다. 비록 그 역사를 추적하기는 힘들지만 당시 페낭은 커다의 영지였고, 무인도 아니었다. 그래서 "사실상 무인도"라고 했다. 이는 법률적 관점에서 다분히 의도적인 보고였다.

18세기 영국 법체계에 따르면, 사람이 살지 않거나 원주민이 거주하는 곳에 영국인이 정착지를 건설할 경우, 영국 정착민이 영국의 법과 주권을 가진 것으로 간주하는 보통법이 적용되었다(Tan, 2017: 52). 이는 영국의 식민지가 영국 국왕의 봉토封土라는 논리로 이어진다. 라이트는 애초부터 말레이의 법체계를 배제하고 곧바로 페낭에 영국 보통법을 적용하기 위해 사실상 무인도라고 했던 셈이다. 스탬포드 래플스가 싱가포르를 점령할 때도 "사실상 무인도"라는 주장을 반복했다. 물론 라이트가 사실상 무인도라고 한 것은 영국 제국주의의 기치였던 '법과 질서'를 페낭에 구축하겠다는 뜻은 아니었다. 페낭은 애초 영국의 '식민지'로 건설되지 않았던 것이다.

영국의 페낭 확보 전략은 '요새 항구fort port'로 요약된다. 인도-중국 무역로를 확보하기 위한 전진기지로서 군사적 요새fort이면서 동시에 말라카해협의 중계무역항이자 교역거점으로서 상업적 항구port를 건설하겠다는 의도였다. 이는 당시 패권을 추구하는 영국 정부 및 인도총독의 정치권력과 최대 이윤을 추구하는 동인도회사 상업자본의 이해가 어정쩡하게 절충된 결과였다(Purcel, 1965: 13~14). 정치권력과 상업자본의 이해가 전략적으로 일치한 지점은 '네덜란드 타도'였다. 정치권은 말라카해협에서 네덜란드의 제해권을 깨는 것이 급했고, 상업자본은 네덜란드의 독점무역 체제를 무너뜨려야 했다. 그 최초의 시도가 페낭 점거였다. 무역선에 식수와 식량을 보급하고, 해군 함정을 건조하거나 수리하는 등의 할양 사유는 페낭 점거의 부차적인 구실이었다.

그러나 전략은 전략일 뿐이었다. 라이트의 이상한 점거 이후 8년간 인도총독부는 페낭을 방치했다고 해도 지나친 말은 아니다. 라이트의 지위는 인도총독부 캘커타 지사의 지휘를 받는 페낭 책임관Superintendent이었다. 그나마 라이트가 책임관으로 공식 임명된 것은 1794년 8월의 일이다. 이때 비로소 인도총독은 임명장을 주고 책임관의 역할과 권한에 관해 지침을 내렸다(Hussin, 2007: 263). 8년간 라이트의 직책은 공인되지 않았다는 의미다. 공교롭게도 그는 책임관 임명장을 받고 몇 달 지나지 않아 사망했다. 사인은 말라리아였다. 식민지 행정의 재원을 마련하지 못한 라이트는 하수시설 등 도시 위생 문제를 해결할 수 없었다. 이질과 콜레라, 말라리아 등 질병이 만연했다. 이상한 점거의 주역인 라이트는 방치된 식민지 행정의 피해자였던 셈이다.

인도총독부는 팔짱을 끼고 있었지만, 페낭은 빠르게 중계항으로 자리 잡아갔고 인구 증가도 가팔랐다. 점거 2년 만인 1788년 말 1,283명을 기록한 이래 1810년에는 조지타운에만 1만 3,885명이 거주할 정도로 인구가 늘어난 것만 보면 페낭의 초기 정착은 성공적이라 할 만했다. 임명장을 받지 못한 페낭 책임관 라이트가 8년간 행정과 관련해 한 일이라곤 고작 조지타운 식수원으로 커다란 우물 하나를 판 것이었는데도 말이다.

자유항과 자유이민

페낭의 역사에서 5년간의 이상한 점거와 8년간의 비공식 책임관의 문제는 이민과 경제적 성장의 서사에 묻히기 일쑤다. 예컨대 레녹스 밀스(Mills, 1960: 42)는 1786~1800년 페낭의 식민지 건설 과정을 성공적으로 평가하면서 그 핵심적인 세 가지 이유로 "식민지를 건설한 프랜시스 라이트의 탁월한 추진력, 라이트를 향한 상인들의 절대적인 신뢰, 자유무역 시스템"을 꼽았다. 이러한 관점은 영국이 식민지를 건설했기에 페낭이 무역항으로 성공했다는 식민지 패러다임으로 비판받지만, 오늘날 말레이시아 역사의 주류 서사라는 점 또한 사실이다. 그렇다면 프랜시스 라이트는 8년간의 비공식 책임관 재임 기간에 무슨 일을 했고, 어떤 이유로 '페낭의 건설자'란 평가를 받는 것일까? 그리고 그것은 우리의 관심사인 페낭 화인사회의 형성과 전개에 어떤 영향을 미쳤을까?

일반적으로 19세기 영국이 제국을 운영하면서 가장 중시한 정책으로 자유무역이 꼽힌다. 이전 서양 열강의 중상주의적 독점무역 체제와 구분되는 자유무역 체제는 근대의 부르주아가 구체제를 해체하기 위해 동원했던 자유주의에 뿌리를 두고 있다는 점에서 공격적이고 혁명적이었다. 자유무역 체제는 자유항과 자유이민이 뼈대를 이룬다. 우선 자유항은 기본적으로 두 가지 점에서 기존 영국이나 네덜란드의 두 동인도회사의 독점무역 체제와 다르다. 항구의 출입에 제한을 두지 않는다. 어떤 선박도 자유롭게 항구를 드나들 수 있고, 어떤 무역업자의 교역도 규제를 받지 않는다. 두 번째 특징은 관세와 세금을 물리지 않는 것이다. 이전 독점무역 체제는 독점 이윤을 보장하는 대가로 높은 관세와 비싼 항구세를 물렸다. 자유항은 세금을 없애 기존의 독점을 깨뜨리는 전략이었다.

자유항과 더불어 19세기 후반까지 영국의 동아시아 식민지 확대 전략에서 두드러지는 자유무역 체제의 또 다른 특징은 자유이민 정책이다. 페낭을 시작으로 싱가포르, 홍콩으로 이어지는 영국의 식민지 확대는 지리적 이점을 지닌 섬을 확보하고 아시아 사람들을 식민하는 방식을 취했다. 영국은 기존 현지 정치권력과의 마찰을 피하면서 전략적·상업적 이해를 동시에 추구했던 것이다. 무관세로 선박과 상인의 자유로운 항구 출입을 보장하고, 인구가 희박한 섬에 아시아계를 식민하는 영국의 자유무역 체제는 19세기 싱가포르와 홍콩에서 진가를 발휘했다. 하지만 영국이 동아시아에서 자유무역 체제를 처음으로 실험한 곳은 페낭이었다.

페낭 점거 당시 인도총독 대행 존 맥퍼슨은 프랜시스 라이트에게 이렇게 지시했다. "여건이 좋다면 상인들은 상품을 싣고 페낭에 기항하는 것이 이롭다는 것을 알게 될 것이고, 상인들을 끌어들이면 귀하(라이트)가 페낭 항구를 드나드는 선박이나 수입물품에 어떤 종류의 관세나 세금을 부과하지 않아도 될 것이며, 모든 인종이 찾는 자유항을 만드는 것이 우리의 바람이다"(Swettenham, 1906: 54). 페낭을 자유항으로 만들라는 명확한 지침을 내린 것이다.

자유항은 현지 무역상이었던 라이트 역시 바라던 바였다. 그런데 점거 이듬해 후임 인도총독은 페낭의 식민지 재정 문제를 지적하며 무관세 정책을 철회할 것을 요구했다. 인도총독과 영국 동인도회사 이사진 모두 페낭의 자유항 실험을 마뜩치 않게 여겼다는 뜻이다. 자유항 실험과 페낭의 성공을 입증해야 할 책임은 비공식 책임관 라이트의 몫이었다.

그렇다면 페낭 실험을 책임진 라이트는 자유무역에 관해 어떤 견해를 갖고 있었고, 어떻게 실현하려 했던 것일까? 라이트는 점거 이듬해 인도총독의 관세 부과 지시에 6개월간 뜸을 들인 뒤 영국과 인도 산 물품 수입과 영국과 인도 선적 선박엔 무관세를 적용하고 다른 경우에 4~6퍼센트의 관세를 물리는 방안을 보고했다. 이 보고서에서 라이트는 인도총독에게 "페낭을 항구가 아니라 식민지colony로 간주해야 하며, 따라서 (식민지라면) 세원을 교역(관세)이 아니라 토지(재산세)에서 구해야 마땅하다"고 페낭의 자유무역의 필요성을 주장했다(Swettenham, 1906: 55).

라이트의 동료이자 초기 페낭의 자유항 실험을 주도한 제임스 스콧 James Scott은 1794년 인도총독에게 보낸 상황보고서에서 더 분명한 어조로 자유무역에 관해 다음과 같이 자신의 견해를 드러냈다(Fielding, 1955: 45~47). "교역이란 소비재를 수입하는 것도, 생산물을 수출하는 것도 아니다. 서로 다른 상품의 교환을 통해 이익을 얻는 것이 교역이다. 자유무역으로 자본과 인구를 늘려 식민지 재정을 확보하는 편이 상품에 관세를 물리는 것보다 더 확실하고 현명한 방책으로 보인다. 왜냐하면 상품은 관세에 따라 얼마든지 다른 항구로 이동할 수 있기 때문이다." 스콧은 아울러 네덜란드 동인도회사의 독점무역 체제가 본디 '적은 비용으로 높은 이윤을 얻는 것'인데, 시장의 변화를 반영하지 못하는 바람에 독점의 감시를 피해 거래하는 '밀매'가 성행하면서 독점 유지에 필요한 비용은 늘고 이윤이 줄어드는 악순환에 빠졌다고 비판했다.

이는 중상주의 독점무역 체제에서 벗어나지 못하고, 페낭을 '요새 항구'라는 전략적인 입장에서 바라보고 있는 영국 동인도회사의 이사나 인도총독부와 달랐다. 라이트와 스콧의 생각은 철저하게 현지 무역업자의 이해를 대변했다. 이러한 자유주의로 초기 페낭의 틀이 잡혔다. 무역업자가 페낭 식민 당국의 관리가 되기도 하고, 동인도회사에서 식민지 관리로 파견된 직원들이 무역에 뛰어들거나 무역업자를 겸하기도 했다. 그 가운데 제임스 스콧은 라이트와 푸켓에서 현지 무역을 함께 했던 동료로서 가장 영향력이 컸던 인물이다. 그는 페낭 최대의 상업회사인 스콧주식회사Scott & Co.을 운영했고, 최대의 땅부자이자 최대 농원주였으며, 조지타운에서 20킬로미터 떨어진 곳에 자신의 이름을 따 '제임스타운'이란 도시를 건설하기도 했다. 라이트는 비공식이나마 식민지 페낭의 책임관이었지만, 월급으로 지출을 감당할 수 없다며 스콧의 회사에 출자해 배당을 받기도 했다. 이들은 철저하게 상인이었으며, 따라서 영국의 식민지 경영을 담당할 공직자로서의 공적 의식은 부족했다.

라이트와 상인 동료들의 페낭 자유항 건설은 두 가지로 추진됐다. 하나는 일체의 관세와 세금을 부과하지 않는 것이고, 다른 하나는 이주자에게 무상으로 토지를 불하하는 것이다. 무관세로 교역을 늘리고, 토지 불하로 사람을 식민한다는 구상이다. 이것이 초기 인도총독부의 방치 속에서도 페낭이 교역량과 인구를 빠르게 늘릴 수 있었던 동인動因이었음은 분명해 보인다. 토지 무상불하의 근거는 앞서 언급했듯이

영국인 화가 제임스 와든James Wathen의
〈1811년 페낭섬의 조지타운George Town near Pulo Penang, 1811〉. 페낭 주립박물관 소장.
ⓒPenang Museum Collection

페낭의 토지가 영국 국왕의 '봉토'라는 법 해석이다. 라이트는 근대식 토지세가 아니라 봉건적 면역지대免役地代 명목으로 페낭의 땅을 개인들에게 나눠줬다. 토지 불하에 어떤 기준이 있었던 것도 아니다. 라이트의 인도총독부 보고에서 언급되었듯이 페낭의 이주자들 사이에 땅을 서로 차지하려 분쟁이 일었고, 페낭 식민 당국에는 개인의 탐욕을 제어할 능력도 의지도 없었다.

라이트와 스콧을 비롯한 소수의 영국인 무역상과 동인도회사 직원들이 목 좋은 땅을 거의 독차지했다. 면역지대든 토지세든 부과되지도, 징수되지도 않았다. 토지세와 점포세 등에 과세 근거가 마련된 것은 라이트가 사망하고 난 뒤인 1795년의 일이다. 그나마도 상인들의 반발로 징세되지도 못했다. 페낭에 '행정'이 도입된 19세기 후반에나 토지세와 인허가세 등의 과세와 징세가 이뤄졌다. 라이트의 페낭 건설 청사진은 오로지 현지 무역상의 이해를 자유주의의 이름으로 관철하는 것이었다. '상인의, 상인에 의한, 상인을 위한' 자유무역이었고, 페낭은 말이 식민지이지 말라카해협의 요지에 개설된 영국 동인도회사의 '상관商館factory'에 지나지 않았던 셈이다.

징세청부제

페낭의 무관세 자유항 정책은 교역과 이주민을 빠르게 늘렸지만, 식민 당국에겐 풀어야 할 과제를 남겼다. 식민지 경영을 위한 세원을 어떻게 확보할 것인가의 난제였다. 영국 동인도회사는 식민지 페낭을 돈이 되는 모험사업쯤으로 여겼고, 비용을 문제 삼아 페낭의 식민행정 지원에 인색했다. 식민지 재정을 자체 충당하지 못한다면 페낭의 자유항 실험도 지속되기 힘들었다. 인구가 늘면서 치안 문제도 심각해졌다. 질병과 위생 등 도시 환경은 날로 악화됐다. 라이트의 후임은 비위생적인 조지타운에서 1년을 버티지 못하고 사임했을 정도다. 이러한 상황을 돌파하기 위해 라이트와 상인 동료들은 전근대적인 '징세청부제 revenue farming system'를 채택했다.

징세청부제는 국가가 징세권을 민간에 하청하는 제도를 가리킨다. 국가가 '국가 조세를 징수하는 면허'를 특정 개인이나 집단에게 일정 기간 위탁하는 방식이다. 정부는 특정 품목을 독점적으로 판매할 수 있는 전매권을 경매를 통해 판매한다. 전매권을 획득한 개인이나 집단은 입찰 때 제시한 금액을 전매료로 국가에 지급하는데, 국가는 이를 행정 운용의 재원으로 삼는 것이다. 행정체계가 너무 허술하거나, 징세의 효율성이 떨어질 경우에 국가의 세원을 마련하는 방식이 징세청부제이다. 유럽에선 귀족에게 징세권을 줬을 때 중앙 정부에 돌아오는 세수가 너무 적을 경우에 이를 시행하기도 했다(Butcher & Dick, 1993: 3).

징세청부제는 19세기 동남아시아에서 널리 활용됐다. 관료제가 발달하지 못했던 동남아에서 정치권력은 주로 중국인 상인 집단에 징세 업무를 위탁했다. 징세청부제는 개인과 집단에게 특정 상품이나 서비스에 관한 독점권을 인정한다는 점에서 자유무역의 자유주의와는 상반된다. 페낭 자유항 건설자들의 자유주의는 중상주의적 독점무역 체제를 해체하는 데는 혁명적이었지만, 무관세의 자유를 지키기 위해 독점과 전매를 뼈대로 하는 징세청부제를 끌어들였다는 점에서는 반동이자 모순이었다.

1788년 페낭에서 징세청부제가 처음 시행됐다. 전매물품은 중국인들이 즐겨 마시는 쌀 증류주 아락arak이었다. 3년간 페낭에서 아락을 독점적으로 판매할 수 있는 업자를 경매 방식으로 선정했다. 주로 최고 가격으로 응찰한 개인이 낙찰되지만, 식민 당국은 응찰 가격과 더불어 응찰자의 경제적·사회적 역량도 함께 고려했다. 낙찰자는 약속한 전매료에 관해 식민 당국에 땅을 담보로 제공하거나 연대보증인을 세웠다. 징세청부제는 통상 '팜farm'이라 하고, 전매권을 청부한 자를 '파머farmer'라 했다. '아락팜arak farm'이라 하면 아락 징세청부제를 가리킨다. 식민 당국은 아락팜으로 첫해 780달러의 전매료 수입을 올렸다. 3년 뒤 경매에서 결정된 아락의 전매료 수입은 연간 4,835달러로 6배가 됐다.[8]

이후 징세청부제의 품목이 늘어나면서 페낭 식민 당국의 세수도 늘었다. 아편팜(1791), 도박장팜(1793), 담배팜(1800), 돼지고기팜(1805) 등이 시행됐다. 도박장 운영 권한을 독점하는 도박장팜은 식민 당국의 재정에 큰 보탬이 됐지만, 페낭의 유럽인 상인들이 사행성을 조장한다는 이유로 반대하는 바람에 1811년 폐지됐다. 1820년대 페낭 식민 재정을 떠받쳐준 징세청부제 5대 품목은 아편, 아락, 시리, 토디/바앙 Toddy/Baang, 돼지고기였다. 시리는 말레이인의 관습인 빈랑 씹기에서 빈랑 열매를 싸는 베텔 후추의 잎을 가리킨다. 토디는 쌀로 빚은 술을, 바앙은 코코넛야자로 빚은 술이다. 중국인의 술인 아락과 달리 토디와 바앙의 소비자는 주로 말레이인과 인도인이었다.

5대 품목은 종족별로 소비가 갈렸는데, 아편·아락·돼지고기는 중국인, 시리와 토디/바앙은 말레이인과 인도인의 품목이었다. 당연히 아편팜과 아락팜, 돼지고기팜의 전매권은 중국인이 장악했고, 시리와 토디/바앙은 말레이인과 인도인 업자에게 돌아갔다. 징세청부제에서 종족 간 분업체계가 일찍부터 이뤄진 셈이다. 전매료의 덩치가 큰 5대 품목 가운데에서도 중국인이 주로 소비하는 아편과 아락, 돼지고기의 전매료가 많았고, 그중에서도 아편의 규모가 압도적으로 컸다. 1825년 페낭의 세무 당국이 아편, 아락, 토디/바앙, 시리 등 4개 팜의 영업 실태를 조사한 바에 따르면, 연간 매출은 아편이 10만 800달러로 가장 컸고, 아락(5만 달러), 토디/바앙(2만 7,000달러), 시리(8,760달러) 순이었다. 아편팜의 매출이 다른 세 팜의 매출을 더한 것보다 많았다. 이들 4개 품목에서 업자가 경비를 제하고 얻는 평균 이윤율은 73.78퍼센트에 달한 것으로 조사됐다(Hussin, 2007: 258). 낙찰만 받으면 70퍼센트가 넘는 이익이 보장되는 징세청부제는 거부가 되는 고속도로였다. 그 길을 차지하려는 경쟁이 치열했음은 물론이다.

징세청부제는 자유항의 세원 부족을 채워주는 묘책으로 여겨졌지만, 이내 심각한 문제를 드러냈다. 징세청부제는 전매권을 국가권력이 보장해주어야 제대로 작동한다. 예컨대 돼지고기팜의 업자들은 비싼 전매료를 국가에 납부하고 장사를 한다. 그런데 전매료를 내지 않는 업자가 몰래 돼지고기를 싸게 판다면 징세청부제의 틀은 깨지고 만다. 전매료를 물어야 하는 돼지고기 청부업자가 독점의 이득을 얻지 못하고, 당국도 계획된 세원을 확보할 수 없게 된다. 이러한 밀매를 공권력이 단속해야 마땅하지만, 페낭의 식민 당국은 그럴 의지도, 행정의 근육도 없었다. 전매권을 지키는 것도 청부업자의 몫으로 떠넘겼다.

1829년 페낭에서 돼지고기 징세청부와 관련해 소동이 벌어졌다. 중국인 돼지고기 징세청부업자가 한 중국인이 돼지고기를 몰래 도축해 판다고 경찰에 신고했다. 경찰관과 업자가 문제의 집을 수색해 도축 흔적을 찾아냈다. 그런데 밀도축한 용의자는 혐의를 인정하지 않았고,

결국 석방됐다. 청부업자는 25달러의 변호사 비용을 물고 법원에 소송을 제기했다. 그런데 법원은 피고에게 5달러의 벌금만 부과했다. 청부업자는 변호사 비용만 날린 셈이다(Hussin, 2007: 259~260). 식민 당국이 전매권을 팔기만 하고 독점을 공권력으로 지켜주지 않는 무능함은 페낭에서 20세기 초 징세청부제가 폐지될 때까지 지속됐다. 페낭 번영의 핵심인 자유항이 식민 당국의 무능함으로 유지되었다는 사실은 역사의 아이러니가 아닐 수 없다.

행정 없는 '해골정부'

페낭의 식민지 지위는 여러 차례 바뀌었다. 1786~1805년 페낭은 인도총독부 지휘를 받는 '책임관'이 통치했다. 나폴레옹전쟁(1793~1815)으로 네덜란드가 프랑스에 점령되면서 네덜란드의 식민지인 말라카를 1795년 영국이 확보했다. 1805년에 페낭의 지위는 몇 단계 급상승했다. 영국 동인도회사 이사회는 페낭을 캘커타(콜카타), 봄베이(뭄바이), 마드라스(첸나이)에 이은 인도총독부의 네 번째 지사부Presidency로 승격한 것이다. 이를 두고 빅터 퍼셀(Purcel, 1965: 18)은 "비관주의에서 낙관주의로의 놀라운 변화가 이처럼 짧은 기간에 벌어지다니!"라고 놀라워했을 정도다.[9] 1805년 넬슨 제독이 이끄는 영국 해군이 트라팔가해전에서 프랑스와 스페인 연합함대를 격파한 것이 이러한 낙관주의를 추동한 것으로 여겨진다. 이때부터 페낭의 전략적 지위는 '요새 항구'에서 '무역 항구'로 바뀐다. 1807년 인도총독이 말라카의 요새를 파괴한 것도 이러한 전략의 변화를 보여준다. 말라카 요새는 16세기 포르투갈이 축성하고 17세기 네덜란드가 확장한 것으로 15만 파운드의 가치를 지닌 것으로 평가됐는데, 영국은 7만 파운드를 들여 요새를 파괴했다(Swettenham, 1907: 57).

1819년은 페낭 역사에서 중대한 전기였다. 영국이 해협 남단의 싱가포르에 또 다른 식민지를 건설한 것이다. 페낭보다 지리적 이점이 뛰어난 싱가포르는 급성장했다. 기존에는 싱가포르로 인해 페낭의 좋은 시절이 끝났다는 해석이 정설로 여겨졌다. 그러나 최근 연구들은 싱가포르가 유럽-인도-중국을 잇는 국제 중계항으로 성장한 반면, 페낭은 해협 북부의 지역 교역 허브로 자리 잡았다는 사실을 거듭 확인해주고 있다. 싱가포르 건설 이후 버마 남부에서 태국 남서부, 말레이반도 서안, 수마트라 북동안을 아우르는 지역이 페낭의 교역망으로 재편됐다는 것이다(Wong, 2007: 10~12). 싱가포르의 등장은 페낭에게 위기이자 기회였다.

1824년 영국과 네덜란드의 런던조약을 계기로 페낭은 싱가포르, 말라카와 함께 '해협식민지Straits Settlements'로 통합됐다. 해협식민지는 페낭에 주재하는 지사가 관할했다. 해협식민지의 세 곳은 저마다의 특성에 따라 발전했다. 페낭은 말라카와 600킬로미터, 싱가포르와 840킬로미터 거리를 두고 있다. 말라카해협의 북단과 남단 및 중부에 위치한 세 곳은 19세기 말까지 상호 보완적인 지역 교역망을 구축했다.

1850년대 들어 상황이 변했다. 증기선의 등장으로 해상교역이 급증하고, 이민도 늘었다. 특히 말레이반도의 술탄국 폐락에서 대규모 주석광산이 개발되면서 중국인 노동자들이 대거 몰려들었다. 페낭의 인구 구성도 바뀌었다. 중국인이 페낭 조지타운 전체 인구의 절반을 넘었다. 페낭의 무능한 자유방임 정책은 한계를 맞았다. 화인사회와 식민 당국의 마찰도 불거졌다. 게다가 부패하고 무력한 영국 동인도회사를 해산해야 한다는 목소리도 높아졌다. 영국 정부는 결단을 내렸다. 해협식민지는 1867년 영국 동인도회사 체제에서 벗어나 런던의 식민장관이 관할하는 직할 식민지Crown Colony로 바뀌었다. 영국은 싱가포르에 총독부와 행정 및 입법 위원회를 두고, 자체 입법권과 예산편성권도 보장했다. 이를 계기로 영국의 해협식민지 정책은 자유방임에서 개입으로 전환했다.

1786년부터 시작된 영국 동인도회사 체제 81년간의 식민지 경영 방식은 일관됐다. 싱가포르와 해협식민지를 전공한 역사가 콘스탄스 턴불(Turnbull, 2009: 37)은 영국 동인도회사 체제의 해협식민지 정부를 '해골 조직skeleton organization'이라 혹평했다. 달리 말해 식민지의 뼈대만 있을 뿐, 행정이란 근육이 없는 '해골정부'였다는 것이다. 자유무역으로 인한 막대한 이윤을 세금으로 걷어 들이지 못하면서 자유항 정책 때문에 돈이 없어 효율적인 행정을 할 수 없다는 말만 되풀이했다. 징세청부제에서도 드러나듯 식민 당국은 전매권을 팔아 징세업무를 상인에게 하청하면서 공권력마저 민간에 위탁했다.

하지만 페낭을 포함한 해협식민지가 영국 정부의 직할 식민지로 바뀌었다고 해서 당장 행정의 틀이 급격히 달라지진 않았다. 영국은 페낭의 아시아계 이주민에 관해 무지했다. 특히 영국은 식민지에서 중국인의 역할은 높이 평가한다면서도 중국인을 알려고도 하지 않았다. 턴불이 지적한 '해골정부'는 앞서 페낭 점거에서 영국 동인도회사의 졸렬함을 탓한 프랭크 스웨트넘의 비판과 호응한다. 졸렬하게 점거된 영국 식민지 페낭으로 모여들었던 중국인 이주자들에게 '해골정부'는 낯선 땅에서 새롭게 살아가야 할 삶의 조건이었다. 그리고 19세기 말 간접

지배의 방임에서 직접지배의 개입으로, 졸렬함에서 교활함으로 바뀌는 '제국의 시대'에 화인사회는 또 한 차례 변화를 겪어야 했다.

02

아시아인의 도시
조지타운

영국

빅토리아 시대의 여행가이자 지리학자였던 이사벨라 버드 비숍은 1879년 페낭을 찾았다. 영국이 페낭을 점령한 지 한 세기가 지난 뒤 영국인 여행가의 눈에 비친 조지타운의 풍경은 이러했다.

조지타운은 아시아계의 도시다. 중국인, 버마인, 자바인, 아랍인, 말레이인, 시크교도, 마드라스인, 클링인, 출리아, 파시교도 등 아시아계 인파가 거리를 가득 메운다. 이들은 정크선이나 증기선, 다양한 아랍 선박을 타고 여전히 페낭으로 몰려든다. 아시아계 이주자들은 아무에게도 종속되지 않고, 궁핍에 빠지지도 않으며, 저마다 고유의 의상과 관습과 종교를 유지한 채 페낭에서 질서를 지키며 경제적으로 번영하고 있다. 홍해에서 중국해까지, 메카에서 광주까지 아시아의 모든 지역에서 잡다한 유색인종들이 이곳으로 몰려드는 까닭이 궁금하다면, 클링 선원 한 명이 짧은 영어로 내게 한 말이 답이 될 것이다. '영국 여왕 좋아, 노동자들

돈 벌고, 재산 안전해.' 이 말을 해석하자면, 페낭의 아시아계 이주민들은 영국의 지배 아래 생명과 재산을 확실하게 보장받으며, 영국의 식민지 법정에서 공정한 재판을 받는다는 것을 확신하고 있다는 뜻이다. 아울러 이들 아시아계 이주민들에게 '영국 군대의 북소리'와 영국 함대는, 영국에서 효율적인 경찰이 상징하는 것과 마찬가지로 안전을 보장하는 것으로 받아들여지고 있다(비숍, 2017: 274~275).

비숍이 다녀간 뒤 다시 반세기가 지난 시점에서 역사가의 눈에 비친 페낭은 어떠했을까? 말레이시아 역사를 전공한 빅터 퍼셀Victor W. W. S. Purcell(1896~1965)은 영령 말라야에서 식민지 관리를 지냈다. 해협식민지 정부는 1877년 중국인 문제를 다루는 화인보호관서Chinese Protectorate를 신설하고, 싱가포르에 보호관, 페낭에 부보호관을 뒀다. 퍼셀은 1925년 페낭의 부보호관에 임명되었고, 1930년대 세 차례나 페낭의 화인부보호관으로 일했다. 말레이어와 중국어에 능통했음은 물론이다. 그는 《말라야 관리의 비망록Memoirs of a Malayan Official》에서 조지타운에 관해 이런 글을 남겼다.

조지타운은 시민적 자부심이 대단한 도시였다. 조지타운 자치위원회는 상당한 자치를 행사했으며, 아시아인이 위원회의 다수를 차지했다.…… 조지타운은 가로수가 장관이고, 녹지가 넉넉하며, 도시의 아름다움을 지키기 위한 시민의 열망도 대단했다. 자치위원회에서 도로의 가로수 한 그루를 자르는 안건을 두고 열성적으로 논의할 정도였다.…… 페낭 섬은 내가 말라야에서 거주했던 유일한 곳이다. 자연과 인공물, 그리고 사람들의 다양함과 알록달록함은 마치 가벼운 바람에 흔들리는 유리 샹들리에처럼 다채로운 빛깔을 드러낸다. 피트가의 중국인 사원 관음정觀音亭Kuan Yim Teng(廣福宮Kong Hock Keong) 안을 들여다봤다. 자욱한 분향 연기 속에 굵은 초가 켜져 있고 그 가운데 불상과 관음상이 모셔져 있다. 거기서 불과 몇 걸음 떨어지지 않은 곳에 자리한 이슬람 사원에선 무슬림이 경건한 기도를 올린다. 1월 말 참회와 속죄의 힌두 축제 타이푸삼Thaipusam 기간엔 타밀족 인도인이 땀을 흘리며 시바의 거대한 은빛 수레를 끌고 희미한 신호등처럼 거리를 행진한다. 축제 수레의 행렬에는 눈을 부릅뜬 채 자신의 혀와 볼을 쇠꼬챙이로 뚫거나 맨살에 무거운 덩어리를 꿰어 매달고 무아지경에서 신을 향해 기도와 주문을 외치는 광적인 신자들을 볼 수 있다(Purcell, 1965: 173~5).

비숍과 퍼셀이 언급한 것은 조지타운의 '풍경'이다. 물론 여행가와 역사가로서의 관찰과 통찰을 보여주는 것이기는 하다. 하지만 이는 페낭이 영국 식민지가 되고 각각 95년과 150년이 지난 뒤의 풍경이다. 나중의 관찰로 이전을 유추하는 것은 도착倒錯이다. 자칫 나중의 풍경이 앞서 살핀 페낭 점거의 졸렬함이나 해골정부의 무능함을 기억에서 지우게 한다면 곤란하다. 한 세기 이후 조지타운의 풍경은 적어도 런던의 영국 동인도회사 이사진이나 현지 무역상들로 이루어진 페낭 건설자들의 설계에는 없던 것이다.

그렇다면 세기가 바뀌는 동안 페낭의 조지타운에서는 무슨 일이 있었던 것일까? 페낭으로 몰려든 아시아계 이민자들은 도대체 어떻게 후대의 여행가와 역사가의 눈을 사로잡은 풍경을 만들어낸 것일까? 그사이 전 세계에서 온 이주민들은 어떻게 아무에게 속박되지도 않고 궁핍에도 빠지지 않았을까? 무능한 자유방임이라는 비판을 들은 영국의 '해골정부' 아래서 조지타운은 누가, 어떻게 가로수 한 그루를 놓고 갑론을박 할 정도로 시민적 자부심을 배양한 것일까? 그곳의 사람과 자연과 인공물은 또 어떻게 다인종 다문화의 조화를 이루었을까?

방치된 '자유방임'

프랜시스 라이트는 페낭을 점령하고 곧바로 섬 북동쪽 곶에 요새부터 구축했다. 이것이 콘월리스 요새이다. 인도총독 찰스 콘월리스Charles Cornwallis(재임 1786~1793)의 이름을 딴 것이다. 그리고 이 요새 남서쪽으로 격자형 도로로 구획된 직사각형의 도시를 건설했다. 가로로 북쪽에 라이트가Light Street(오늘날 Lebuh Light)와 남쪽에 출리아가Chulia St.(오늘날 Lebuh Chulia)를 두고, 세로로 해안을 면한 동쪽에 비치가Beach St.(오늘날 Lebuh Beach)와 서쪽에 피트가Pitt St.(오늘날 Jalan Masjid Kapitan Keling)를 장방형 기본 도로로 설정했다. 4개의 간선도로 사이로 길들이 교차하는 바둑판 모양으로 도시가 구획된 것이다.

비치가와 피트가 사이에 남북 방면으로 '차이나가'가 있었다. 이 도로는 오늘날 '페낭가'로 이름이 바뀌었다. 해안에 면한 비치가는 초기부터 조지타운의 상업 중심지였다. 당시 조지타운의 도시 설계는 다양한 인종과 종족의 이주자들을 별도의 집단 주거지로 격리하기보다는

PLAN OF FORT CORNWALLIS
with THE TOWN ON THE EAST POINT of the Island

영국 해군 소장을 지낸 홈 릭스 포팸Sir Home Riggs Popham(1762~1820)이
1792년에 조사한 페낭의 조지타운과 인근 지역 자료를 바탕으로
1798년 영국 동인도회사가 작성한 조지타운 지도.
〈Wikimedia Commons〉

도심에서 도로를 사이에 둔 격자형 주거공간에서 어울려 살도록 하는, 엉성하면서도 융통적인 것이었다. 도로를 사이에 두거나, 하나의 격자형 블록 안에 말레이인 주거지와 이슬람 모스크, 중국인 사당과 불교 사원, 힌두교 사원과 기독교 교회가 뒤섞였다. 퍼셀이 다채롭다고 했던 조지타운의 독특한 풍경은 이미 페낭 건설 초기에 틀이 마련된 것이다. 이는 1819년 건설된 싱가포르가 인종과 종족 간 주거공간을 구획하는 도시 설계를 했던 것과 대비된다. 물론 페낭의 유럽인들은 기본적으로 콘월리스 요새의 서북 해안에 집단적으로 거주했지만, 배타적이지는 않았다. 유럽인도 격자형 도심에 거주하기도 했고, 아시아계 부자들이 유럽인과 이웃하기도 했다(Huang, 2002).

라이트가 설계한 바둑판 모양의 격자형 도시, 이것이 조지타운 도시 설계의 전부라고 해도 과언이 아니다. 이주민이 급증하면서 주택이 난립하고, 격자의 골격을 이루는 기본 도로 사이에 무수한 골목길이 생겨났다. 19세기 초 잇단 대화재로 도시가 정비되기는 했지만, 조지타운에 제대로 된 도시 계획이 적용된 것은 영국이 점령한 지 100년 뒤인 19세기 후반의 일이다.

이민자들은 대부분 도심에 정착했다. 프랜시스 라이트는 요새 북서 해변에 주민의 식수원으로 삼을 큰 우물을 파고, 1에이커의 부지를 조성했다. 이곳에 정부 건물과 유럽인 거주지를 건설했다. 토지는 영국인 상인들이 거의 장악했고, 유럽인 자본으로 개발됐다. 페낭 건설 초기 토지 거래업무는 경찰 소관이었다. 당시 치안 또한 행정의 근육이 없었던 터라 토지 거래의 난맥상을 짐작하기 어렵지 않다. 이주자는 날로 늘고, 도시는 수용 능력을 초과했다. 건물과 도로의 난개발이 불가피했다. 그런데 그 도시 행정 부재에서 비롯된 난개발이야말로 빅터 퍼셀이 감탄했던 조지타운의 다채로움을 낳은 모태였다는 점은 아이러니다.

야자나무 잎을 엮어 짠 아탑 지붕의 주상가옥이 줄지어 섰던 조지타운은 대화재로 잿더미가 되는 참사를 겪으면서 점차 벽돌 건물의 도시로 바뀌었다. 페낭의 조지타운이 유네스코 문화유산 도시로 선정되는 데 중요한 기여를 한, 도심의 2층짜리 '숍하우스shop house'는 이렇게 생겨났다. 숍하우스는 19세기 해협식민지와 말라야의 도시에서 주로 중국인 이주자의 상업 및 주거 형태를 대표한다. 말 그대로 상점과 주택이 결합된 숍하우스의 특징은 도로를 따라 폭 5~6미터에 길이 15~30미터짜리 2층 건물이 서로 벽을 맞댄 채 이어진 연립주택이라는 점이다(Knapp, 2010: 20). 대부분 1층은 상점과 생활공간으로 하고, 2층에 침실을 둔다. 특히 1층은 도로에서 1.5미터 정도 들여 짓고, 처마를 길게 내거나 2층을 도로 쪽으로 내어 지었다. 이들 숍하우스가 도로를 따라 연이으면서 자연스럽게 뜨거운 햇볕을 가리는 보도가 만들어진다. 그 보도로 사람이 오가고, 가판대가 펼쳐지며 시가를 이룬 것이다.

영국은 종교에 관해서도 자유방임 기조를 유지했다. 영국 동인도회사는 정관定款에서 식민지에 특정 종교를 전파하는 것을 금지했다. 영국국교회가 페낭 유럽인 사회에서는 중요한 역할을 했지만, 페낭에 영국국교회 교회인 세인트조지교회가 세워진 것은 1818년의 일이다. 퍼셀이 조지타운에서 보았던 중국 사원 옆에 이슬람 사원이 있는 모습은 영국의 종교 자유주의와 무관하지 않다.

페낭에서 가장 이른 시기에 발행된 영어신문이 《프린스 오브 웨일즈 가제트Prince of Wales Gazette》다. 1806년 3월 《거번먼트 가제트

Government Gazette》란 이름으로 첫 선을 보인 뒤 이듬해《프린스 오브 웨일즈 가제트》로 바뀌어 1830년까지 발행됐다. 이 신문은 매주 수요일과 토요일 두 번 발행되었고, 주로 유럽인의 상업 정보를 전달했다. 99퍼센트가 유럽 발 국제 뉴스였는데, 흥미롭게도 지역 뉴스로 가장 중요하게 다뤄진 것이 뒤에서 살펴볼 '징세청부제 경매'였다.

페낭에서 최초는 곧 말레이시아에서 최초인 경우가 많다. 1816년 페낭에서 문을 연 영어 중등교육기관인 '페낭 프리스쿨Penang Free School'은 말레이시아 최초의 근대식 학교이자, 동남아시아에서 가장 오래된 영어 학교이기도 하다. 페낭 프리스쿨을 나온 화인 엘리트들은 19세기 후반 사업적으로 끈끈한 학연을 만들기도 했다.

앞서 빅터 퍼셀은 조지타운의 가로수 한 그루를 자르는 문제를 놓고도 갑론을박 한다고 했다. 이러한 시민의식이 배양된 것과 관련해 언급할 것이 '심의위원회Committees of Assessors' 제도이다. 이는 식민 당국이 정책과 현안에 관해 논의하고 여론을 수렴하기 위해 민간을 참여시키는 일종의 자문위원회였다. 상설 기구는 아니며 다양한 현안에 따라 몇 주에서 반년까지 이어지기도 한다. 1796~1804년 8년간 무역 관세, 토지세 부과, 시장의 규제, 상수도 건설, 교량과 도로 유지, 노예 폐지, 대화재 대책 등에 관한 13개의 심의위원회가 조직되었다(Hussin, 2007: 242~5).

심의위원회가 개설된 시점에 주목할 필요가 있다. 1796년이면 프랜시스 라이트가 사망하고 후임 책임관이 부임한 때이다. 도시 환경을 개선하려니 재원이 없고, 재원을 마련하자니 상인들이 반발했다. 이런 상황에서 상인들의 동의를 구하고자 만든 것이 심의위원회였다. 심의위원은 부자 유럽 상인들의 차지였다. 물론 1807년 도로 건설과 관련된 심의위원회에 뒤에 살펴볼 카피탄 치나 코라이환이 참여한 바 있다(張少寬, 2003: 277). 하지만 코라이환은 조지타운의 화인사회를 대표하는 위원이라고 보기 힘들다. 당시 그는 도로 개설이 논의되던 지역에서 대형 후추농원을 운영하던 농원주이자 이해당사자였다. 1800년 토지세 부과 문제를 논의하는 심의위원회에 페낭의 최대 땅부자였던 제임스 스콧이 위원으로 참여했다. 심의나 자문이라기보다 식민 당국이 이해당사자 상인과 협상하는 기구가 초기의 심의위원회였던 셈이다. 이러한 심의위원회가 빅터 퍼셀의 눈에 비친 시민적 자부심과 관련이 있다면, 이 또한 150년 전에는 의도하지 않았던 결과일 것이다.

다인종 다문화의
항구도시

1788년 12월의 페낭 전체 인구는 1,283명으로 조사됐다. 당시 인구조사 분류 기준으로 보자면, 영국 동인도회사 직원을 제외한 유럽인이 19명, 포르투갈계 유라시아인Eurasians이 197명, 말레이인과 자위 페칸 Jawi Pekans이 530명, 중국인 537명이었다. 유라시아인은 영국식 인종 분류로서, 유럽인과 아시아인의 혼혈을 가리킨다. 자위 페칸은 애초 인도 출신으로 현지 말레이인과 혼인한 이들을 가리켰다. 영국은 말레이반도의 말레이인은 물론 자바와 수마트라 출신과 부기스족도 모두 말레이인으로 간주했다. 출리아와 자위 페칸을 말레이인의 범주에 넣은 것이 독특하다. 당시만 해도 영국 식민 당국은 '말레이인Malay'의 범주를 종족ethnic이 아니라 종교를 기준으로 '이슬람을 믿는 아시아계'로 분류했던 것이다.

1810년 인구조사에서는 종교 대신 인종 및 종족이 분류 기준이 됐다. 이 조사에서 눈길을 끄는 것은 초기의 인도계와 중국계는 대부분

인도나 중국에서 직접 이주한 것이 아니라 태국 남부와 말레이반도 북부의 커다 등에서 페낭으로 옮겨왔다는 점이다(Hussin, 2007: 185). 이 사실은 '페낭 화인권'과도 밀접한 관계를 지닌다는 점에서 기억할 만하다.

1810년 인구조사에서 페낭 조지타운의 도시 인구만 1만 3,885명에 달했다. 이 가운데 인도 동남부 출신 무슬림을 가리키는 출리아를 비롯해 인도계가 5,604명으로 40퍼센트를 차지했고, 중국인이 5,088명(36.6퍼센트), 말레이인/자위 페칸/아랍인이 2,069명(15퍼센트)이었다. 1818년의 인구조사에서 페낭 전체(프라이 포함) 인구는 3만 200명이었으며, 도시 인구는 1만 2,135명으로 줄었다. 도시 인구가 1810년을 정점으로 1830년까지 1만 1,000~1만 2,000명으로 정체되었다는 점이 흥미롭다. 이는 후추 시세나 전염병 등의 원인도 있겠지만, 19세기 초 페낭은 인구의 유입과 유출이 유동적이었다는 것을 의미한다.

인종별로 보자면, 페낭의 유럽인은 1820~1870년의 50년간 400~600명에 머물렀다. 1880~1905년의 25년간 페낭의 교역 규모가 400퍼센트나 증가하고, 서양 무역회사의 페낭 사무소가 잇달아 개설되었지만, 페낭의 유럽인 인구는 소폭 증가에 그쳤다. 1906년 인구조사에 따르면, 프라이를 제외한 페낭섬의 총인구는 13만 1,917명이었으며, 이 가운데 중국인이 7만 5,495명인데 반해 유럽인은 1,056명이었다(Wright, 1908: 731). 대체로 페낭의 유럽인은 전체 인구의 1퍼센트를 넘지 않은 셈이다. 페낭의 유럽인은 주로 영국인 식민지 관리와 상인 및 그 가족으로 구성되며, 말라카나 싱가포르에 비해 아시아계와 섞여 사는 경우가 많았다. 뒤에 살펴보겠지만, 중국인 밀집 지역에 있는 페낭의 쿠콩시는 본디 영국 상인이 살던 저택을 인수해 증개축한 것이다. 유럽인 무역업자와 상인들은 비록 수는 적었지만 식민 당국의 정책 결정을 주도했다.

유럽인은 초기부터 상인, 자본가, 부동산 부자로서 장거리 국제무역을 비롯해 사탕수수와 코코넛 등 농원 개발에 주력했으며, 법무 대행이나 금융 등의 분야에서 전문성을 발휘했다. 특히 토지 무상불하의 혜택을 독차지한 덕에 부동산 부자가 많았다. 1806년 콘월리스 요새를 중심으로 반경 310미터의 토지와 주택 등 부동산을 보유가치로 환산했을 때 유럽인이 전체의 79.26퍼센트를 독점했다. 중국인이 16.42퍼센트로 뒤를 이었고, 나머지 아시아계가 약 4퍼센트를 소유했다 (Hussin, 2007: 297). 하지만 19세기 중반을 넘기면서 조지타운의 토지 소유권은 급격하게 중국인으로 넘어갔다. 무역사무소와 상점이 밀집한 비치가에선 중국인 소유의 땅에 유럽인 건축가의 설계로 건물이 들어서고, 그곳에 유럽인이 세를 들어 사무소와 점포를 여는 방식이 보통이었다. 19세기 중반 이후 부를 축적한 중국인 부자들이 초기 유럽인이 불하받았던 땅을 사들인 것이다.

19세기 전반까지 유럽 상인들은 주석과 후추 등의 해협 산물 교역은 물론 인도와 중국산 상품의 무역에서 페낭의 중국인 상인들과 협력했다. 유럽 상인들에게는 중국 상인들의 교역망이 필요했고, 페낭의 중국 상인들에게는 유럽인 자본가가 필요했기 때문이다. 1880년대 이전 페낭의 유럽 상인과 중국인 거상의 관계는 경쟁적이라기보다는 보완적이었다(Wong, 2007: 100).

초기 페낭의 가장 큰 종족 집단은 인도인이었다. 영국은 인도 출신 이주자를 클링kling과 출리아chulia로 불렀다. 클링은 인도 출신을 가리키는 말레이어 'keling'에서 비롯했다. 조지타운의 '카피탄 클링 모스크'는 인도 출신 이주자의 이슬람 사원이다. 중국인 이주자의 지도자를 '카피탄 치나'라고 했듯이 인도인 이주자의 지도자인 '카피탄 클링'이 이른 시기부터 존재했음을 방증한다. 출리아는 네덜란드가 무어인으로 분류했던 인도 남부 타밀 출신 무슬림을 가리키는 영국식 표현이다. 페낭 건설 초기 조지타운의 중심 도로의 이름이 '출리아가'인 것으로 미루어, 타밀계가 초기 이주자의 주류였음을 알려준다. 출리아인은 해운업과 무역업에서 두각을 나타냈으며, 고리대금업에도 손댔다. 이들은 이른 시기부터 말라카와 커다에서 무역업 등을 했는데, 페낭이 건설되면서 대거 이주한 것으로 보인다. 19세기 이후 인도 남동부 코로만델해안에서 페낭으로 직접 이주하는 출리아가 해마다 1,500~2,000명에 달했다. 무슬림인 출리아는 말레이인과의 통혼에 그다지 거부감이 없었고, 이들의 혼혈 후예는 말레이어와 영어 통역, 경찰, 행정보조, 상점의 점원 등의 일에 종사했다.

페낭의 출리아 가운데 가장 영향력이 컸던 인물이 모하메드 메리칸 누르딘Mohameda Merican Noordin이다. '메리칸Merican'은 코로만델해안 출신 인도인 무슬림을 가리키는 말로, 출리아와 같은 뜻이다. 1820년부터 페낭에서 무역업을 시작한 누르딘은 1830년대 페낭 최대 부자로 꼽혔다. 그는 프라이에 거대한 농원도 운영했다(Wong, 2007: 51).

수마트라 북단의 아체 출신인 투안쿠 시에드 후사인Tuanku Syed Hussain은 페낭 초기를 대표하는 아시아계 거부이다. 그는 아체의 왕족 출신으로 1770년 아체를 떠나 리아우를 거쳐 말레이반도의 슬랑오르에서 무역업으로 부를 키웠다. 후사인은 영국의 페낭 점령 직후 조지타운에 터를 잡은 최초 이주자 가운데 한 명이다. 그는 페낭의 유럽인 상인과 교류를 통해 인도 무역에도 손을 뻗쳤으며, 아체 왕실과의 혈연을 바탕으로 관세를 면세받는 특권을 이용해 후추 무역과 해운을 독점했다. 18~19세기 아체는 세계 최대 후추 산지였다. 후사인은 1815년 재정 위기를 겪던 페낭 식민 당국에 연 금리 12퍼센트로 5만 달러를 대출해줄 정도의 재력가였다. 그의 아들 시에드 압둘라는 아체 내전 이후 아체의 술탄에 올랐다. 후사인은 대단한 부자였고 씀씀이도 컸다. 그는 유럽인 농원주와 상인, 무역업자, 영국 동인도회사 직원은 물론 말레이인, 중국인, 인도인 부자들을 초대해 성대한 파티를 열곤 했다.

페낭의 말레이인은 대부분 커다와 수마트라에서 이주했다. 이들은 주로 농업에 종사하며 도시 외곽에 거주했다. 해상교역에 종사하는 부기스족은 계절풍을 따라 술라웨시 남단에서 말라카해협을 통과해 페낭에서 연간 두세 달씩 머물렀다. 페낭 점령 당시 커다의 말레이 무역상 나쿠다 커칠Nakhudah Kechil이 라이트와 함께 배에 타고 페낭에 상륙했다. 커칠은 밀림의 나무를 베어내는 등 라이트에 협력했고, 그와 함께 이주한 말레이인은 토지를 무상으로 받았다. 커칠은 라이트가 페낭의 책임관으로 있던 시절 경호관으로 식민지 관료 노릇도 했다 (Vaughan, 1854: 3~4).

페낭의 말레이인은 조지타운 교외에서 농사만 지었던 것은 아니다. 페낭 건설 직후부터 페낭에서 거래를 한 무역상인의 60퍼센트가 말레이반도와 수마트라 동안의 말레이인이며, 페낭을 말라카해협 북부의 중계무역항으로 만든 주역이 말레이계였다(Hussin, 2007: 69~100). 이는 페낭 초기의 상업적 번영이 영국 식민지와 중국인 상인이 결합한 결과로만 볼 수 없다는 것을 의미한다.

페낭의 운명은 교역에 좌우됐다. 초기 교역의 숨통을 틔운 주체가 수마트라 동안과 말레이반도 서안에서 활동하던 전통적인 말라카해

●
방사완 공연

1895년 조지타운에서 열린 말레이 오페라 방사완Bangsawan의 순회공연.
다양한 아시아계 이주자가 살던 페낭의 다문화적 성격을 보여준다.
⟨KITLV⟩

협의 상인 집단이었다. 말레이 상인들은 비록 교역 규모가 작고 선박도 소규모였지만, 페낭과 해협의 무역항을 이어줬다. 영국이 말레이인으로 규정한 부기스족 상인들도 리아우와 슬랑오르에서 교역품을 싣고 페낭을 왕래했다. 말레이 상인의 주요 교역물품은 등나무 공예품, 식량(사고야자, 쌀), 금속(주석, 금) 등이었다. 수마트라 상인들은 단일 품목을 싣고 와 페낭에서 판 뒤 돌아갈 땐 인도산 의류, 설탕, 소금, 담배 등을 사 갔다. 앞서 언급한 나쿠다 커칠이 페낭 점령에 참여했다는 것은 커다가 페낭에 식량을 공급하고, 페낭은 커다에 아편과 인도산 의류를 파는 교역망 구축과 관련이 있을 것으로 추정된다.

프랜시스 라이트는 1788년 6월 20일 자 서한에서 "부기스족의 소형 범선 프라후는 올 한 해에만 20만~30만 달러어치의 금과 은을 싣고 와 아편과 상품들을 사 갔다. 이들을 정기적으로 페낭으로 유치할 수만 있다면, 매년 50만 달러어치의 금과 은을 수입해, 그중 일부로 인도 코로만델해안의 상품을 구입하고, 또 일부는 인도 시장을 위한 상품을 구입하는 자금으로 사용할 수 있다. 이렇게 된다면 영국과 중국 무역에서의 은의 유출 문제가 다소 해소될 것이다"고 했다(Hussin, 2007: 100~101).

중국인이 섞여 살아야 했던 조지타운이란 공간과 다인종 사회의 얼개는 이상과 같다. 우리의 주제인 화인사회로 들어가기에 앞서 페낭의 무명용사와도 같은 두 부류의 인간 군상을 잠시 언급할 필요가 있겠다. 바로 죄수와 노예이다.

페낭도 호주처럼 형이 확정된 죄수를 수용하는 수형식민지였다. 그런데 앞서 언급했듯이 1800년 조지 리스George Leith가 페낭부지사 자격으로 조지타운에 부임하면서 죄수의 수와 역할이 달라졌다. 세수 부족으로 인한 심각한 재정난과 도시 환경 개선의 절박함이란 상충된 현안을 동시에 해결하기 위한 묘책으로 죄수의 값싼 노동력을 활용하기로 한 것이다. 조지 리스가 인도총독에게 더 많은 인도인 죄수를 요청하면서 그 수가 크게 늘었다. 1800년 130명이던 인도인 죄수는 1805년 772명으로 증가했다. 이들은 페낭의 각종 건설 현장에 투입됐다. 강제 노역을 하는 죄수의 월급은 40센트에 불과했다. 1807년 조지타운에서 물건을 실어 나르는 마부의 일당이 20센트였다(Hussin, 2007: 240,250). 죄수의 월급이 마부의 이틀 일당이었던 셈이다. 식민 당국은 죄수의 값싼 노동력으로 상인들과 마찰을 줄이려 했고, 상인들은 세금을 더 내지 않는다면 죄수를 들여오는 것을 마다할 이유도 없었다. 페낭의 죄수 유입은 식민지 관리와 상인이 타협한 결과였다.

죄수들은 다양한 노역에 동원됐다. 늪을 메우고, 다리와 하수구를 만들고, 뱃사공과 마부 노릇도 했다. 정부 청사와 경찰서, 병원, 감옥, 요새를 지은 주체는 인도인 죄수였다. 심지어 '페낭의 변호사'란 별명을 얻은 등나무 지팡이 '말라카 케인'과 같은 공예품도 감옥의 목공방에서 제작됐다. 죄수의 수는 일정하지는 않았지만, 1856년 페낭의 인도인 죄수는 1,358명에 달했다. 이는 당시 페낭의 인도인 인구 8,000~1만 명의 10퍼센트가 넘는 수치다.

이들은 다양한 노역에 동원되었기에 페낭 곳곳에 수감 시설이 마련됐다. 감옥이라기보다 숙소 주변에 울타리를 치는 정도였고, 그나마 울타리도 죄수를 가두기 위한 것이 아니라 호랑이나 맹수로부터 보호하기 위한 용도였다. 죄수는 당국의 보증 아래 가정이나 관공서에서 하인으로 고용되기도 했다. 심지어 1867년 페낭 당국은 죄수를 경찰 보조원으로 고용하기까지 했다(Pieris, 2002). 죄를 지어 형을 살고 있는 이가 죄인을 포박하는 노역에 동원되는 웃지 못할 일이 벌어진 곳이 해골정부 아래의 영국의 식민지 페낭이었다.

　노예는 죄수와 달리 인구통계에도 포함되지 않았다. 영국 동인도회사가 정책적으로 노예 폐지론을 지지한 탓에, 실제로 노예는 있어도 없는 것으로 간주된 것이다. 하지만 영국 동인도회사 소속의 노예도 페낭에는 있었다. 초기 페낭 건설 과정에서 부족한 노동력을 메운 것도 노예였다. 페낭의 말레이계 부호들은 전통적으로 노예를 부렸다. 1801년 페낭에서 노예주 723명이 1,200명의 노예를 부린 것으로 추산됐다. 노예주는 주로 말레이인이었지만, 유럽인과 중국인도 적지 않았다. 1805년 페낭의 노예는 1,400명에 달했다. 1807년에는 빚을 갚을 때까지 노예로 살아야 하는 부채노예가 조지타운에만 3,000명을 헤아렸다는 기록도 있다(Hussin, 2007: 188).

　노예무역으로 팔려온 노예도 있었다. 남녀의 성비가 극도로 불균형했던 초기의 페낭에서 여성노예가 비싼 값에 거래됐다. 1820년 수마트라 동부 해안 지역을 조사한 영국인 존 앤더슨은 보고서에서 여성 노예가 페낭의 안정된 인구정책에 필수적이라며 이런 글을 남겼다. "여성노예는 페낭의 여성 인구를 충당하는 데(매매춘 알선하는 데) 유리하다. 수마트라의 아사한Asahan에만 300명의 노예가 있고, 특히 이들 여성 노예는 해마다 페낭과 말라카로 수출된다. 여성들은 그곳의 돈 많은 중국 상인의 아내로 정착해 안락하게 생활한다. 가족을 꾸린 중국 상인들은 조국으로 돌아갈 생각을 접고 현지에 정착하게 된다"(Lubis, 2009: 152).

03

페낭
화인사회의
형성

페낭의

조지타운에는 사실상 '차이나타운'이 따로 없다. 중국인이 이주한 도시 어디에나 있는 차이나타운이 1786년부터 중국인이 이주한 페낭에는 정작 없는 것이다. 단지 조지타운의 차이나타운은 다인종·다문화의 조화 속에 도시 전역에 스며들어 있을 뿐이다. 페낭 화인사회의 위상을 대변하는 역설이 아닐 수 없다.

페낭 건설 초기의 중국인 이주자와 관련해 누가, 언제, 어디서 왔는지를 자료로 확인하기는 힘들다. 일부 자료가 있다고 해도 대부분 19세기 몇몇 부자 상인에 관한 것이 고작이다. 하지만 페낭에 영국 식민지가 건설된 이후 중국인 이주의 양상이 이전 시대 동남아시아의 중국인 이주 형태와 다르다는 것은 연구자들의 공통된 해석이다. 그렇다면 19세기 대량 이주의 물결이 밀려들기 이전 '어떤' 중국인이 페낭으로 이주한 것일까? 페낭 건설 초기에 해당하는 1786년에서 1820년 사이에 작성된 세 차례의 페낭 인구조사에서 그 실마리를 찾아볼 수 있다.

영국 동인도회사의 현지 무역상이었던 프랜시스 라이트는 서툰 식민지 행정가이기는 했어도 꼼꼼한 기록자였다. 초기에 항구에 드나드는 배를 일일이 헤아렸고, 이주민의 인구통계도 초기부터 작성했다. 점거 2년 후인 1788년의 페낭 인구조사는 초기 중국인 이주자들의 특성을 보여준다.[10] 1788년에는 8월과 12월 두 차례 인구조사가 있었다. 8월의 페낭 총인구는 829명이었고, 그 가운데 중국인은 121명으로 조사됐다. 말레이인이 302명으로 가장 많았고, 인도 무슬림인 출리아가 216명, 태국의 기독교 박해로 커다로 피난했다 이주한 기독교도가 180명으로 조사됐다.

12월 조사에서 페낭 인구는 넉 달 사이에 454명이 증가한 1,283명으로 집계됐다. 특히 이 기간 페낭의 중국인은 416명이나 는 537명이었다(Hussin, 2007: 185). 한편 해협식민지 정부 기록에는 1788년 페낭에 거주한 중국인 가구의 가장을 이주 지역별로 구분하고 있는데, 커다 출신이 47명으로 가장 많고, 말라카 출신 6명, 말레이반도 북부 퍼를리스와 페락 출신이 각각 1명씩, 태국의 남동부 파타니와 송클라 출신이 각각 7명과 21명이었다. 중국에서 곧바로 이주한 중국인 가장은 15명에 불과했다.[11]

확인된 중국인 가장 98명 가운데 말레이반도에서 이주한 경우는 커다 출신 47명(47퍼센트)을 비롯해 57퍼센트를 차지했다. 중국에서 곧바로 이주한 경우는 15퍼센트에 그친 반면, 태국만에 면한 파타니와 송클라 출신이 28명으로 28퍼센트를 차지했다. 이는 페낭이 영국의 식민지가 되기 이전부터 커다를 중심으로 동쪽 태국만 일대와 서쪽 말라카해협에 육상 교역로가 존재했다는 것을 방증하며, 이후에도 지속적인 교류가 있었을 가능성을 보여준다. 실제 1800년 페낭의 조지타운에 중국 복건성 출신과 광동성 출신이 공동으로 설립한 사원인 광복궁(관음정)의 비문에는 450명 기부자 가운데 태국 송클라의 '카피탄우'가 200달러를 기부했다는 기록이 남아 있다.[12] 가장의 출신 지역으로 볼 때 1788년 페낭 중국인의 85퍼센트가 말레이반도 북부와 태국 남동부에서 이주한 것이다. 이들은 현지에서 사업 기반을 구축하고 가정을 꾸린 상태에서 페낭으로 가족과 함께 이주한 '교역하는 디아스포라 화인'이었다. 사람이 움직이면 교역 네트워크도 움직이는 게 통례였다.

말라카에서 페낭으로 이주한 중국인이 6퍼센트에 불과하다는 점도 특기할 만하다. 말라카해협 중부에 해당하는 말라카의 화인사회는 역사가 깊다. 하지만 지리적 인접성에도 불구하고 페낭의 화인사회와 말라카 화인사회의 관련성은 그다지 깊지 않다. 나폴레옹전쟁으로 영국은 말라카를 1795년에 접수해 1818년 네덜란드에 되돌려준 바 있다. 이때 영국은 말라카의 유력 상인들을 선별해 페낭으로 이주하는 유럽인에겐 정착금 전액을, 중국인에게는 정착금의 8분의 1을 지원하며 이주를 장려했다. 하지만 이주 계획은 성과가 없었다. 말라카의 중국인 대부분이 말라카를 떠나려 하지 않았던 것이다. 말라카의 상인들은 1824년 영국-네덜란드의 런던조약 이후 대거 싱가포르로 이주했다 (Wong, 2007: 15).

19세기 후반 싱가포르에는 말라카 출신 중국인 거상이 많지만, 페낭에서 말라카 출신으로 이름을 남긴 상인은 찾아보기 힘들다. 지리적 인접성에도 불구하고 페낭과 말라카의 화인사회는 상업적으로나 문화적으로 애초부터 긴밀하지 않았던 것이다. 말라카해협에서 페낭은 해협 북부, 싱가포르는 해협 남부의 교역과 문화의 중심으로 자리 잡왔다. 말라카는 교역과 인적 교류에서 싱가포르와 가까웠다. 이는 또한 영국이 33년의 시차를 두고 건설한 해협식민지 페낭과 싱가포르의 화인사회가 형성과 전개 과정에서 경제적 규모나 교역권의 차이로만 설명하기 힘든 상이함을 만든 하나의 원인이기도 하다.

프랜시스 라이트가 사망하기 1년 전인 1793년에도 인구조사가 실시됐다. '1792~93년 인구조사'에서는 1787년부터 1793년까지 6년간의 출생과 사망 및 혼인 등에 관한 조사도 이뤄졌다. 눈길을 끄는 것은 당시 페낭 화인사회의 남녀 성비가 2대 1에 불과하다는 점이다. 정상적인 사회라면 이는 대단히 불균형한 성비에 해당한다. 하지만 19세기 중반 남성 노동자 이민이 급격히 늘면서 화인사회에서 남자와 여자의 성비가 50대 1까지 벌어지기도 했다는 점을 감안하면(Khor & Khoo, 2004: 36), 초기 페낭의 성비 2대 1은 안정적이라 할 만하다. 당시 중국인 여성이 독자적으로 페낭에 이주했을 가능성은 거의 없다고 할 때, 초기 페낭의 중국인은 대부분 커다와 태국에서 기반을 잡고 가정도 꾸린 이들이 가족과 함께 이주했던 것으로 여겨진다.

이 조사에는 거주 예상 기간을 묻는 설문도 실시했는데, 이를 통해 초기 중국인 이주자의 특성을 엿볼 수 있다. 중국인 대다수가 페낭에 아주 눌러살 생각은 없고, 돈을 벌면 고향으로 돌아가겠다고 답한 것으로 나타났다. 이와 달리 현지 여성과 결혼한 중국인과 그 가족들은 페낭에 정착할 계획이라고 밝혔다. 아울러 조사 기간 6년 사이에 태어난 중국인 아이의 대부분이 중국인 남자와 말레이인 여자의 혼혈인 것으로 조사됐다.

중국인 다수가 귀향하겠다고 답한 내용과 관련해 당시 이주자들이 페낭에 정주할 뜻이 없었다고 해석할 필요는 없다. 일반적으로 어떤 중국인도 돌아오지 않겠다며 집을 떠나는 법이 없으며, 언제나 꿈은 금의환향해 조상이 묻힌 선산에 자신도 묻히는 것이라고 한다(Smith, 1894: 166). 이러한 귀향 강박이 해외 화인사회에서 중국인 정체성의 요체라는 설명도 있다. 고향을 떠나 어디에 살든 언젠가 귀향하고 싶다는 바람이나 그리해야 한다는 농경사회의 전통으로 인해, 해외로 이주한 중국인이 언어와 의례 등에서 문화적으로 중국인다움을 유지해왔다는 것이다. 하지만 농경사회의 전통으로 19세기 해외 이주 중국인에게 귀향 강박을 규정적으로 적용할 수 있을지는 의문이다. 왕궁우(Wang, 2002: 3)에 따르면, 중국 전통 농경사회에서 자발적 이주란 개념은 없었다. 이민이란 군대를 이동하거나 당국이 기근이나 홍수 등으로 살림이 어려워진 지역의 인민을 다른 곳으로 이주시키는 것을 가리켰다. 권력의 통제를 벗어나 제 발로 고향을 떠난 무리들은 유민流民으로 분류되었을 뿐이라는 것이다.

페낭 건설 초기 중국인 이주자들은 청淸 조정이 해외 도항을 금지한 상황에서 경제적·정치적 이유로 고향을 떠났다. 이들에게 향수는 어쩔 수 없는 것이라고 해도 현지 정착을 방해할 정도로 귀향 강박이 강했다고 보기는 힘들다. 정착 여부는 고향을 떠난 저마다의 이유와 현지에서 삶의 여건에 좌우될 사안이기 때문이다. 페낭에는 초기부터 터를 잡고 살겠다는 화인들이 확인된다.

페낭 인구는 점거 10년 만인 1796년에 1만 명을 넘었고, 점거 22년 뒤인 1818년에는 3만 명을 돌파했다. 인구가 빠르게 증가했다는 것은 페낭에서 그만한 인구를 지탱할 경제활동이 이뤄졌다는 뜻이다. 1810년의 인구조사에서부터 프라이를 포함한 페낭 전체 인구와 조지타운의 인구를 구분했고, 1818년에는 조지타운의 인구를 인종별·연령별·

성별로 나누어 조사했다. 1818년 조지타운에 거주한 중국인 3,128명 가운데 15~39세 인구가 2,238명이었고, 남자는 1,993명, 여자는 245명이었다. 특기할 점은 1793년의 2대 1이던 중국인 남녀 성비가 25년 사이에 8대 1로 벌어졌다는 것이다. 이는 페낭의 중국인 이주 패턴이 바뀌었다는 사실을 보여준다. 여러 요인이 있겠지만, 페낭 화인사회의 성비 변화는 무엇보다 가족을 동반한 이주자보다 독신 남성의 이주가 월등 많아졌다는 것을 의미한다. 그렇다면 초기에 가족을 동반한 중국인 이주자들은 누구이고, 이후 독신 남성의 대량 이주는 페낭 화인사회의 형성에 어떤 영향을 미친 것일까?

'교역하는 디아스포라'와 '페라나칸 화인'

페낭 건설 초기에 말라카해협 북부 지역에서 가족을 동반하고 이주한 중국인은 오래전부터 현지에서 활동해온 중국 상인이나 해운업자, 즉 화상華商의 후손이거나 해상교역 전통의 전승자들이었다. 이들을 어떻게 볼 것인가의 문제는 특히 동남아시아 화인 연구에서 중요한 논점이다. 그간 동남아 화인사회에 관해 '중국'의 국민인 화교華僑에서 '거주국'의 국민인 화인華人으로의 변천이 중심 주제로 논구되어왔다. 이는 탈식민 시기와 국민국가 형성기라는 한정된 시기에 동남아 화인사회의 정체성 변화에 주목한 설명의 틀이다. 하지만 서양 식민지도, 국경도, 국적도, 민족도, 국민국가도 '만들어지기' 이전부터 해협 일대에 존재한 화인사회의 역사적 경험은 단순히 '화교-화인'의 틀로는 설명되기 힘들다. 페낭 건설 초기 중국인 이주자들이 바로 그러한 도식으로 포착할 수 없는 역사적 실체라 하겠다.

이와 관련해 동남아 화인사회 연구자들이 주목한 개념이 '디아스포

●

1910년의 페낭

페낭으로 크고 작은 무역선과 다양한 '교역하는 디아스포라'가 몰려들었다.
조지타운의 콘윌리스 요새 동남쪽 상업중심지에 인접한 웰드 부두Weld Quay의 1910년 모습.
〈KITLV〉

라diaspora'와 '페라나칸peranakan'이다. 두 개념은 초기 페낭 화인사회의 형성은 물론 20세기 식민지 후기까지 페낭 화인사회의 전개 과정을 살피는 중요한 관점을 제공한다. 디아스포라와 페라나칸은 기본적으로 종족성ethnicity을 바탕으로 하는 까닭에 필연적으로 '정체성identity' 문제와 연관된다. 정체성 문제는 후술하기로 하고, 여기서는 두 개념의 이론적 배경을 간략하게 짚어보기로 한다.

로빈 코언(Cohen, 1996: 507~9)에 따르면, '디아스포라'는 본디 '널리 씨를 뿌린다to sow widely'는 뜻의 그리스어로, 약탈이나 군사 정복, 식민화, 이주 등을 통한 팽창을 의미했다. 이후 팔레스타인에서 쫓겨난 유대인의 역사에서 디아스포라는 강제 이주와 실향失鄕을 뜻하는 '희생자 디아스포라victim diaspora'로 의미가 바뀌었다. 그러나 유대인 디아스포라조차 적어도 근대 이후에는 더 이상 강제와 실향의 희생자 집단으로 보기 힘들어졌을 뿐만 아니라, 고대로부터 특히 해상교역과 관련해 다양한 이주자 사회가 존재했음이 확인되면서, 오늘날 디아스포라는 보다 일반화된 개념으로 자리 잡았다.

디아스포라의 상대어는 에미그리emigre, 즉 '고향을 떠난 자'이다. 고향을 떠난 자의 사연은 저마다 다를 터이다. 정치적·경제적·사회적·개인적 이유로 쫓겨나거나 달아났거나, 혹은 더 나은 기회를 위한 자발적 이향離鄕일 수도 있다. 고향을 떠난 자에서 '타향에 머무는 자'로의 전회가 곧 디아스포라인 셈이다. 디아스포라의 범주는 체류자 sojourner와 영주자settler를 포괄한다. 화인 연구자 왕궁우는 체류자를 '화교', 영주자를 '화예華裔'로 부르기도 한다.

'실향'을 공유하지만, 디아스포라와 에미그리를 구분하는 것은 타향에서 공동의 정체성을 지닌 공동체를 구성하는가의 여부이다. 통상 유럽의 집시는 디아스포라의 범주에서 배제되는데, 실향의 정체성이 분명하지 않다는 이유에서이다. 연구자들은 디아스포라 개념을 중심으로 이주자 사회의 역사적·사회적·경제적 역할에서 종족적·문화적·정치적 정체성에 걸쳐 다양한 논의를 전개하고 있다.

동남아 화인사회와 관련해 디아스포라 개념이 주목받은 데에는 두 가지 이유가 꼽힌다. 첫째는 고대로부터 서양 식민지시기까지 이어져 온 아시아의 해상교역과 관련된 것이고, 1990년대 이래 세계화의 확산 속에서 국경 너머에 존재하는 종족 집단에 관심이 쏠린 것이 두 번째 이유이다.

해상교역과 관련된 디아스포라 개념은 식민주의와 유럽중심주의 서사의 극복이라는 문제의식과 닿아 있다. 15세기 이른바 지리상의 발견으로 인한 대항해 시대라고 하는 것이 역사적 사건이기는 해도, 유럽중심주의 관점은 서양의 도래 이전부터 세계의 대양에서 교역망을 갖추고 활발하게 교역하며 살았던 디아스포라의 서사를 자율적 주체로서 다루지 못했다(Clark, 2006: 386~7). 이러한 문제의식에서 서양의 진출 이전과 이후 인도양 동쪽 해양교역이 누구에 의해, 어떤 메커니즘으로 이뤄졌는가를 설명하는 틀로서 "외국인 사회에서 연계 네트워크를 갖추고 살아가는 상인들의 공동체"를 가리키는 '교역하는 디아스포라trading diaspora[13]란 개념이 도출됐다. 이 개념은 종족 집단의 이주 현상에서 드러난 연관성에 주목한 후속 연구를 통해 "동일한 종족의 기원을 지닌 상인들이 교역을 위해 해외의 도시나 이방의 문화에 형성한 공동체"(Clark, 2006: 391)로 정의되었다.

아울러 '교역하는 디아스포라'가 특정 시기의 특별한 존재가 아니라는 사실도 확인됐다(Loh, 2009: 1). 근대적 계약체계가 자리 잡기 이전까지 종족 기반의 교역하는 디아스포라는 정치적 경계를 넘어 같은 종족 또는 지역 출신과 거래할 수 있게 해주는 가장 효과적인 방법이었다는 것이다. 출신 지역이 같은 상인들과 거래하는 것이 말이 통하지 않는 이방인을 상대하기보다 수월했고 속을 가능성도 줄여주었을 것임은 짐작하기 어렵지 않다.

20세기 후반 디아스포라 개념이 다시금 부상했는데, 이는 민족주의와 국민국가 서사의 한계를 극복하려는 문제의식과 연관된다. 세계화의 진전으로 '국경 없는 세계'와 지역 블록 등 경제적 교류의 중요성이 대두하면서 국경을 달리하는 종족 네트워크로서 디아스포라 개념이 다시금 부상한 것이다. 특히 이 시기 중국이 경제적으로 급성장하면서 동남아시아 화인사회의 정체성이 주목됐다. 이는 기존의 디아스포라 개념이 식민주의와 유럽중심주의 역사를 바로잡는 역할에선 긍정적이었지만, 민족주의와 국민국가 서사의 틀을 극복하기에는 한계를 드러냈다는 것을 의미했다.

이에 디아스포라에 관한 새로운 접근법이 '디아스포라의 전망 diasporic perspective'이다. 애덤 매퀸(MacKeown, 1999: 307)은 화인 디아스포라의 개념화를 위해 '디아스포라의 전망'을 제시하며 "지리적으로 산재한 제도와 정체성 및 네트워크의 관점에서 디아스포라를 분석하는 것으로서, 특정 지역의 이주자를 그들의 조국이나 거주국의 민족주의적 서사에서 파악하는 민족 중심적 접근과 대비된다"고 정의했다. '전망'은 누구의 어깨 너머로 역사를 바라볼 것인가에 관한 것이다. 이전의 디아스포라 논의가 특정 집단의 특별한 경험과 이주의 흐름에 주목한 것이라면, 디아스포라의 전망은 특정 시대와 특정 지역의 특정 이주자 공동체를 그들의 관점에서 파악하는 것을 가리킨다. 민족국가를 중심에 둔 역사에서 통상적으로 누락된 세계화 과정을 재고찰하고, 디아스포라를 지방과 지역의 관점에 연결할 수 있는 접근법으로서 디아스포라의 전망이 요구된다는 것이다(MacKeown, 1999: 308).

페라나칸은 디아스포라의 부수적 개념이면서, 동남아시아 화인사회의 특성을 함축하는 개념이기도 하다. 페라나칸은 본디 말레이어로 '현지에서 태어난 자'라는 뜻이지만, 그 대상은 디아스포라로 국한된다. 출생자의 부계 종족성이 무엇인가에 따라 중국 상인의 후예이면 '페라나칸 치나Peranakan Cina'로, 인도인 무슬림 상인의 후예이면 '자위 페라나칸/자위 페칸Jawi Pernakan/Jawi pekan'[14]으로 불렸다. 페라나칸을 지칭하는 용어는 나라와 지역마다 차이가 있다. 말라카해협 디아스포라 화인사회의 원조에 해당하는 말라카에서 페라나칸 화인은 스스로 바바Baba峇峇라 칭했다. 바바가 혼혈의 후손을 가리키는 인도어에서 비롯했다고 하지만 어원은 분명하지 않다. 이른 시기에 화인사회가 형성된 말라카에서 바바는 영어의 '미스터'에 해당하는 존칭으로 사용됐다. 페라나칸 화인 남성이 바바라면 여성의 존칭은 '뇨냐Nyonya 娘惹'이다. 페낭을 비롯한 말라카해협에서 페라나칸은 시대에 따라 바바, 바바뇨냐, 해협화인Straits Chinese 등과 혼용되기도 한다.

어떤 이름으로 불리든 페라나칸은 '타향에 머무는 자'로서의 디아스포라 사회에서, '고향을 떠나온 자'와 '머무는 타향에서 출생한 자'의 경계가 생기고 그것을 구분할 어떤 필요성에서 생겨난 말일 터이다. 그 '어떤 필요성'이 페라나칸의 특성을 규정하게 된다. 중국계 말레이시아인 사회인류학자 탄치벵은 그 필요성이 화인사회 내부와 말레이 사회의 두 방향에서 제기됐다고 본다. 먼저 말레이 사회에서 말레이 문화에 동화된 화인과 그렇지 못한 화인을 구분할 필요성이었고, 화인사회 내부에서도 양자의 경계를 구획할 필요성이 생겼다는 것이다 (Tan, 1993: 21~22). 두 경우 모두에서 바바/페라나칸의 '타자他者'는 중국에서 새로 이주한 신케sinkheh新客라는 점을 기억할 필요가 있다.

말라카해협에서 페라나칸 화인의 역사는 15세기 말라카왕국으로 거슬러 올라간다. 중국 명대의 대항해가 정화鄭和(1371~1434)의 원정기에도 말라카왕국에 화인사회가 있었다는 기록이 있다. 교역의 속도와 규모가 커지면서 오랜 역사의 아시아 지역이 앤서니 레이드(Reid, 1988, 1993)가 명명했듯이 '상업의 시대'(1450~1680)로 불리게 된 것은 서양 식민지화 이전 시기의 일이다. 동양과 서양의 해상 교차로로서 동남아시아에서 항구에 기초한 정치권력들은 해상을 통과하는 해상교역에서 이익을 얻기 위해 경쟁했다. 유럽과 중동, 인도, 중국, 일본의 상인들이 해상의 주요 항구에 기지와 지사를 건설하고 디아스포라 공동체를 만들었다(Clark 2006: 391). 이렇게 생겨난 항구 도시의 디아스포라 공동체는 정착 여건이 성숙될 때까지 임시 머무는 거처를 의미했다.

중국인은 15세기부터 18세기 말까지 동아시아의 해상교역을 지배했다. 18세기를 '중국인의 세기Chinese century'라고 하는 학자도 있다 (Blusse, 1999; Reid, 1997: 11~14). 중국인이 동남아 도처의 주요 항구에 거주하면서 상업활동을 주도했다는 점에서 이 시기의 동남아 해상교역이 '중국인의 세기'였다는 표현은 과장이 아니다. 이를 두고 화인 연구가 왕궁우(Wang, 1991b)는 "제국 없는 상인들"이라고 했다. 이 시기 중국 복건성 출신 중국 상인들이 동남아 해상교역에서 제국이란 공권력의 뒷받침 없이도 거대한 교역 제국을 건설했다는 의미이다. 하지만 중국인의 세기가 중국 동남 연해안에서 교역과 해외 이주를 금지하는 명청대 해금海禁 정책의 시기와 겹친다는 점은 역설적이다. 중국인의 동남아 이주는 중국인의 해상활동 황금기라는 남송(1127~1279)과 원대(1271~1368)의 250년간 활발하게 전개됐다. 그런데 이 시기 동남아 지역에 중국인이 정착했다는 기록은 남아 있지 않고, 오히려 명대인 15세기 초부터 중국인 해외 정착이 기록으로 확인된다(Loh, 2009: 5).

명청대 해금정책에도 불구하고 복건성 연안 지역에는 '가까운 이들끼리 무리를 이루어 바다로 나가 무역을 하는' 이른바 주사무역走私貿易이 성행했다. 복건성의 상인은 물론 어민과 토지가 부족했던 농민은 "바다가 바로 논밭"이라고 할 정도로 교역에 열을 올렸다(이화승, 2007: 559). 이들은 범선에 상품을 싣고 남동 계절풍을 받아 말라카해협에서 교역을 하다 북서풍으로 바람이 바뀌면 해협 산물을 싣고 귀향하는 방식으로 교역했다. 이러한 교역 패턴에서 주요 항구에 디아스포라 화인사회가 형성됐다. 대부분은 계절풍이 바뀌면 돌아가지만, 누군가는 현지에 남아야 했다. 무역은 물품을 실어 나른다고 절로 이뤄지는 것이 아니다. 중국산 물품을 현지에 팔아야 하고, 중국으로 가져갈 현지의 산물을 수집하는 네트워크가 갖춰져야 가능했다. 현지에 머물며 교역망을 구축한 이들을 중심으로 동남아 도처에 '교역하는 디아스포라'의 화인사회가 생겼다.

타향에 머물던 자들은 해외 이주를 금지하는 해금조례海禁條例[15] 탓에 귀향하고 싶어도 못하는 처지였기에 현지에 정착해 페라나칸이 되었다는 견해도 있다(Tan, 2003:40). 해외 이주가 불법으로 규정된 탓에 귀국도 불법이었던 것이다. 디아스포라 화인 가운데 일부는 현지 여성과 혼인해 가정을 꾸렸고, 그 후예들이 페라나칸 화인사회를 형성했다. 말라카해협의 페라나칸을 15세기 복건 상인들의 후예라고 하는 것도 이러한 연유에서이다.

중국인 디아스포라 무역상들은 동남아시아의 항구 도시를 중계무역항entrepot으로 변모시켰다(Loh, 2009: 3). 중계무역항은 지역의 산물이 모이고, 외부의 상품과 산물이 지역으로 분배되는 중심을 가리킨다. 이는 곧 교역을 가능하게 하는 다양한 사람의 총체로서의 중심이며, 상품 생산자와 해상 운송업자, 도매상인과 소매상인, 전대업자와 지역 권력자를 포괄했다. 이러한 교역망이 가동되기 위해서는 중개인이 필요했고, 그 역할은 교역하는 디아스포라 가운데에서도 페라나칸의 몫이었다. 페라나칸은 특정 지방 디아스포라 화인사회의 일원이면서도 지역의 교역 네트워크를 따라 유동하는 존재이기도 했다. 인도인 무슬림과 힌두교도 상인들이 그러했듯이 페라나칸 화인 디아스포라도 말레이인은 물론 포르투갈인, 네덜란드인, 영국 상인과도 거래를 성사시킬 만큼 여러 언어를 구사했다. 말레이반도 북부의 술탄국 커다의 페라나칸 화인은 말레이 지배엘리트와도 긴밀한 관계를 유지했다. 이들은 술탄을 위해 세금을 징수했고, 지역 시장에서 현지 산물과 외래의 잡화를 교환하는 상인이기도 했다(Khor, 2006: 60). 이렇게 수집된 해협 산물들은 항구 도시의 시장으로 모이고, 거기서 중국인 해운업자에게 팔려나갔다.

말라카에서 여러 방언 집단으로 이뤄진 페라나칸 화인사회는 공통어lingua franca로 '바바 말레이어Baba Malay'를 사용했다. 말레이어를 뼈대로 복건 방언이 대폭 차용된 것으로, 중국인과 말레이인의 교역에 쓰인다고 해서 '시장 말레이어bazaar Malay' 혹은 말레이어와 복건 방언의 혼성어라는 의미에서 '피진 말레이어pidgin Malay'라고도 한다. 출신 지역에 따라 방언이 다른 중국인은 바바 말레이어로 소통할 수 있었다. 말라카해협의 페라나칸 화인은 오랜 세월 여러 세대가 이어지면서 현지의 말레이인과 긴밀한 협력관계를 맺고 말레이 세계와 문화적으로 동화하는 경향을 보였다. 말레이인의 관습인 빈랑 씹기를 하고, 말레이의 향료를 많이 넣은 이른바 '뇨냐 음식'에 익숙해졌다. 하지만 페라나칸 화인은 전래의 조상 제사를 깍듯하게 모셨고, 이슬람으로 개종하지도 않았다. 말라카의 바바, 즉 페라나칸 화인 남성의 차림새는 중국 남부의 중국인과 다를 바 없었다. 발목까지 내려오는 긴 외투를 걸치고, 변발한 머리에는 두개모頭蓋帽를 썼다.

지금까지 영국이 페낭에 식민지를 건설하기 이전 말라카해협 지역에서 교역하는 디아스포라로서의 화인사회와 페라나칸 화인에 관해 살펴봤다. 초기에 페낭으로 이주한 중국인은 페라나칸이거나 교역하는 디아스포라의 일원이었을 것이다. 초기의 중국인 이주자의 남녀 성비가 2대 1이었다는 인구조사가 그것을 방증한다. 하지만 1786년 영국의 페낭 점령을 시작으로 식민지 시대가 개막되면서 해협 북부 지역의 화인사회는 질적인 변화를 겪었다(Loh, 2006: 5). 영국은 이주자의 정착 식민지 건설을 위해 아시아계 이민을 끌어들였고, 중국인은 말라카해협 일대에서 활동하던 페라나칸뿐 아니라 복건성과 광동성의 상인도 페낭으로 이주했다. 상인만이 아니라 노동자도 몰려들었다.

해협 일대에서 활동하던 페라나칸과 구분해, 중국에서 태어나 곧바로 페낭으로 이주한 중국인을 '신케'라 했다. 신케의 급속한 유입으로 페낭의 화인사회는 이전의 교역하는 디아스포라 사회와도 질적으로 달라졌다. 이로써 페라나칸 화인은 신케와 대비되는 '현지 태생'의 화인을 가리키는 화인사회 내부의 범주가 되었다(Tan,1997: 105). 아울러 교역하는 디아스포라 화인사회가 오랜 세월에 걸쳐 말레이 문화를 수용해온 문화적 수렴화의 흐름도 바뀌었다. 이주자 인구 변동으로 페낭의 화인사회에서 기존의 바바/페라나칸 전통은 약화되고 다수를 차지하는 신케의 중국 문화가 강세를 보이는 결과를 낳았다는 것이다 (Khor, 2006: 60).

'카피탄 치나'
코라이환

영국 식민지 자료에 등장하고 실체가 확인되는 페낭 최초의 중국인 이주자는 코라이환Koh Lay Huan辜禮歡(?~1826)이다. 코라이환은 중국 남부 복건성 장주漳州 출신이다. 전통 교육을 받은 그는 18세기 후반 복건성 일대에서 반청운동을 전개한 천지회天地會 활동을 하다 태국으로 피신한 정치적 망명자로 알려졌다(張少寬, 2003: 277). 태국 남부에서 교역 기반을 다진 코라이환은 말레이반도 북부 술탄국인 커다의 쿠알라 무다Kuala Muda로 이주했다. 쿠알라 무다는 1771년 프랜시스 라이트와 페낭 할양 협상을 시작했던 커다의 술탄 무하마드 지와가 개척한 직할 영지였다. 코라이환은 무역과 후추농원을 경영하며 쿠알라 무다의 화인사회 지도자인 '카피탄 치나Kapitan Cina'에 임명되었다고 한다(Wong, 1963: 12). 이는 영국의 페낭 점거 이전에 커다의 화인사회가 형성되어 있었다는 것과 아울러, 코라이환과 커다의 술탄의 관계가 밀접했음을 암시하는 것이기도 하다.

코라이환은 프랜시스 라이트가 페낭을 점거한 직후 페낭으로 이주해 두 번째 아내를 맞았다.[16] 코라이환은 첫 페낭 방문에서 라이트를 만나 영국 당국에 협력을 자청하는 의미로 '그물'을 선물했다고 한다. 복건 방언으로 그물[漁網]은 발음이 원망願望과 같다(張少寬, 2003: 277). 그물을 선물한 것은 라이트에게 '함께 잘 해보자'는 속내를 표시한 셈이다. 라이트는 코라이환을 가리켜 "가장 존경할 만한 중국인"이라면서도 "이 중국인 토카이towkay頭家는 늙은 여우old fox"라고 했다. 라이트가 코라이환의 상업적 수완과 정치적 능력을 높이 평가한 것이다. 하지만 코라이환을 '늙은 여우', 달리 말해 교활한 인물이라고 평한 것은 기억할 필요가 있다. 영국인이 중국인을 어떻게 보고 있는지를 단적으로 보여주는 언사이기 때문이다. 영국이 식민지 건설과 확장에 중국인을 필요로 하면서도, 신뢰하지는 않았다는 징표가 '늙은 여우'가 아닐까 싶다.

코라이환은 1787년 페낭 화인사회의 첫 카피탄 치나에 임명됐다.[17] 카피탄 치나는 당국이 공식 임명한 화인사회의 '합법적'인 수장을 가리킨다. 이는 포르투갈과 네덜란드, 영국의 식민세력은 물론 말레이왕국에서도 차용된 제도이다. 카피탄은 권력과 부를 겸비한 인물로서, 특정 실무나 행정, 심지어 해당 사회의 사법권까지 공식적으로 행사했다. 본질적으로 간접지배 방식이다. 이민자 화인사회와 식민 당국 및 토착 말레이왕국의 연결고리이자, 정치적 권력자들이 사회 유지의 손쉬운 수단으로 채택한 것이 카피탄 제도였다.

카피탄의 기원과 지속, 구조는 동남아 지역마다 차이가 있다. 포르투갈이 1511년 말라카를 점령하면서 처음으로 카피탄 치나를 임명했다. 네덜란드는 1619년 바타비아(자카르타)를 점령하고 카피탄 제도를 시행했다. 네덜란드 동인도에서는 군대의 계급 구조를 원용해 카피탄 제도의 위계를 세분화했는데, 대위를 뜻하는 카피테인Kapitein 위에 마요르Majoor(소령)와 그 아래로 루테난트Lieutenant(중위)도 뒀다.[18] 《청사고淸史稿》(邦交志 三, '和蘭條 下)에는 네덜란드의 카피탄 치나에 공식 임명된 중국인을 '화예하관華裔荷官'이라며 "하관이 중국인의 민사 일체를 처리하고, 화인을 살리고 죽일 수 있는 전권을 갖고 있다"고 했다(張少寬, 2002: 225 재인용). 《청사고》에는 카피탄이 '갑대甲大'로 표기되어 있지만, 화인사회는 '갑필단甲必丹'으로 음차했다.

영국은 페낭을 점령하면서 카피탄 제도를 수용해 중국인은 물론 인도인과 말레이인 등 이주자 사회의 자치를 맡겼다. 카피탄은 해당 공동체의 출생과 혼인 등록 업무를 비롯해 이주자와 주민 수 등을 페낭 식민 당국에 보고했다. 사법권을 지닌 카피탄은 매주 월요일과 목요일 두 번 재판을 열고 해당 공동체 내부의 소소한 분쟁을 처리했다. 10 달러 미만의 송사를 다루고, 10달러 이상의 송사는 지방법원Magistrate Court에서 처리했다. 페낭 당국은 1808년 항소법원Court of Judicature을 개설하면서 카피탄의 재판권을 회수했고, 이후에는 카피탄을 임명하지는 않았다(Hussin, 2007: 245). 1826년 해협식민지로 편입되면서 페낭에서는 카피탄 치나 제도가 폐지됐다.

코라이환은 페낭 후추농원의 개척자였다. 1790년 프랜시스 라이트는 그를 아체로 보내 후추 묘목을 들여오게 했다. 라이트는 커다에서 후추를 재배한 코라이환을 페낭의 후추 생산 기지화 구상의 적임자로 여겼던 것이다(Joseph, 2008:7). 라이트는 네덜란드가 독점하는 후추와 향료 무역 구조를 깨기 위해 애초부터 페낭에서 후추와 육두구, 정향 재배를 육성하려는 구상을 했던 것으로 보인다. 코라이환은 대규모 후추농원과 육두구, 정향농원도 열었다. 19세기 초 페낭의 향료 재배는 향료 왕국인 몰루카에서도 깜짝 놀랄 수준이었다고 한다(張少寬, 2003: 278). 페낭 식민 당국과 밀접했던 코라이환은 1824년 제1차 영국-버마전쟁 때 페낭의 다른 유력 화인들과 함께 선단을 조직해 영국군에게 식량 등을 지원했다.

코라이환은 무역업과 농원 경영뿐 아니라 앞서 살펴본 '징세청부제'에서도 가장 두드러진 중국인이었다. 초기 페낭 징세청부제 가운데에서도 가장 액수가 컸던 아편팜과 아락팜을 주도한 인물이 코라이환이다. 페낭 당국은 조지타운 남쪽, 오늘날 페낭국제공항이 들어선 반얀 레파스Bayan Lepas에 제2의 도시로 제임스타운을 건설했는데, 코라이환은 조지타운과 제임스타운 중간쯤인 숭에이 글루고르Sungai Gelugor 인근에 대규모 후추농원을 운영했다. 그의 농원 노동력이 중국인 이주 노동자로 충당됐음은 두말할 나위가 없다. 농원의 중국인 노동자들은 아편과 술의 소비자였다.

1812년 조지타운의 도시가 거의 타버린 대화재 때의 일이다. 재난으로 징세청부업자들이 약정한 전매료를 납부하지 못해 페낭 정부의 부채로 잡힌 금액이 1만 7,461달러에 달했다. 이 가운데 조지타운과 제임스타운의 아락팜에서 발생한 부채가 9,235달러였다. 이때 징세청부업자 코라이환의 부채가 5,070달러로 가장 컸다(Hussin, 2007: 255). 전매료를 물지 못해 빚을 지게 됐다는 것은 코라이환이 아락팜을 확보하면서 그만큼의 전매료를 약정했다는 뜻이다. 이는 코라이환이 당시 페낭 최대의 징세청부업자였다는 의미이기도 하다.

코라이환은 중국에서 태어나 태국 남부와 커다를 거쳐 페낭으로 이주한 '신케'였지만, 페낭에서 현지 태생의 뇨냐와 혼인하고 화인사회의 지도자인 카피탄 치나에 임명된 교역하는 디아스포라로서의 '페라나칸'이기도 했다. 코라이환이 페낭의 징세청부제에서 두각을 나타내고, 초대 카피탄 치나로 임명되었던 것은 교역하는 디아스포라의 전통과 무관하지 않다. 앞서 프랜시스 라이트가 코라이환을 가리켰던 토카이는 '디아스포라의 우두머리'로 해석할 수 있다.

토카이는 부자 화상華商을 가리키는 말로 말레이어에 차용되었지만, 교역하는 디아스포라 화인사회에서 현지 물정에 밝은 부자가 지도력을 발휘했을 것임은 자명하다. 그런 '토카이' 코라이환의 카피탄 치나임명은 서양 상인과 현지 정치권력의 중개자이자 교역 네트워크를 확보한 페라나칸의 전통을 영국 식민 당국이 인정했다는 것을 의미한다. 코라이환은 페낭의 바투 란창Batu Lanchang에 있는 중국 복건성 출신 화인 공동묘지인 복건공총福建公冢에 묻혔다. 그의 묘비는 명성에 비해 초라하지만 그에게서 시작된 코 가문은 20세기 중반까지 150년에 걸쳐 페낭 최고의 페라나칸 명문가였다.

코라이환의 딸 코루안Koh Luan은 '페낭 레이디'로 불렸다. 태국 남부의 명문가인 나콘Nakhon 가문의 지도자와 결혼한 루안이 페낭 중국 상인들의 태국 진출을 돕는 후견인 역할을 했대서 붙은 별명이었다. 특히 루안은 태국 남서부에 막강한 경제적·정치적 영향력을 행사한 커수창Khaw Soo Cheang許泗漳(1797~1882)의 뒤를 봐준 인물로 알려졌다 (Songprasert, 2002: 2).

코라이환은 페낭의 아내에게서 4명의 아들을 뒀다. 중국 전래의 변발을 하고 말레이 풍습인 빈랑을 씹는 페라나칸인 장남 코콕차이Koh Kok Chye辜國彩(?~1849)는 중국어와 영어는 물론 말레이어, 태국어도 능통했다. 그는 영국이 1819년 싱가포르를 점령할 당시 통역관으로 스탬포드 래플스를 수행했다(Anson, 1920: 292). 1805년부터 페낭 식민정부

로버트 스미스Robert Smith(1787~1873)의 유화
〈페낭: 글루고르 저택과 향료농원Prince of Wales Island: Glugor House and Spice Plantation〉. 페낭 주립박물관 소장.
페낭 조지타운 남쪽 글루고르의 향료농원과 저택은 초기 페낭 건설자의 일원인
데이비드 브라운David Brown(1776~1825)이 1812년에 건설했다.
코라이환은 일찍부터 여기서 후추농원을 경영했으며,
그 손자는 브라운의 농원을 관리했다.
북경대학교에서 중국학을 가르친 고홍명辜鴻銘이 이 농원에서 태어났다.
@Kang

의 관리로 일했던 래플스가 일찍부터 코라이환 가문과 친분이 있었음을 엿보게 한다. 코콕차이는 '페낭 빅 5'로 통칭되는 복건 출신 5대 성씨의 하나인 치아謝 씨의 뇨냐[Cheah Thoe Neah]를 아내로 맞았다(Khor, 2006: 70). 가업을 이어받은 그 또한 페낭 징세청부제, 특히 아편팜의 실력자였다.

코라이환은 둘째 아들 코안펭Koh Aun Peng辜安平을 장남과 다른 길을 걷게 했다. 중국으로 되돌려보낸 것이다. 코안펭은 아편전쟁으로 유명한 양광총독 임칙서林則徐의 막료를 지냈고, 그의 아들은 대만에 정착했다(Khor, 2006: Appendix I). 이는 장남에게 현지 사업을 맡긴 코라이환이 중국 교역을 염두에 두고 차남을 보낸 것일 수도 있지만, 당시 페낭의 페라나칸 화인들이 영국 식민 당국과 조국인 중국 양쪽에 '이중의 정체성'을 그다지 부대낌 없이 지니고 있었음을 방증하기도 한다.

코라이환의 장손이자 코콕차이의 아들 코텡춘Koh Teng Choon辜登春(?~1874)은 페낭 항소법원의 통역관으로 일했고, 태국에서 관리를 지내기도 했다. 코텡춘은 '페낭 빅 5'를 이끌던 쿠邱 씨의 뇨냐[khoo Sim Neoh]를 아내로 맞았다. 한편 코라이환의 손녀인 코켕옌Koh Keng Yean辜輕烟은 쿠콩시의 실력자인 쿠쳉림Khoo Cheng Lim邱清林(1808~1853)의 아내가 됐다.[19] 이는 페낭 최고의 페라나칸 명문가인 코 가문과 페낭 화인사회의 신흥세력인 쿠 씨 일족의 동맹을 의미했다. 후술하겠지만 19세기 후반 페낭 아편팜 신디케이트를 이끌고 싱가포르는 물론, 홍콩의 아편팜까지 거머쥐었던 코샹탓Koh Seang Tatt辜尚達(1833~1910)이 코텡춘의 아들이자 코라이환의 증손이다(Wright, 1908: 755, Trocki, 2009: 213~216).

코라이환의 이름은 뜻하지 않은 곳에서도 나온다. 신해혁명 4년 뒤인 1915년 중국 북경대학교 교수를 지내며 중국학의 기초를 닦은 고홍명辜鴻銘(1857~1928)이 코라이환의 증손이다.[20] 고홍명의 부친은 영국인 농원의 관리인이었다. 명석했던 그는 열 살 때 귀국하는 영국인 농원주의 손에 이끌려 영국에 유학했다. 고홍명은 1877년 스무 살 나이에 영국 에든버러대학과 독일 라이프치히대학에서 도시공학과 철학 박사학위를 취득한 천재였다. 중국 5·4운동 때 북경대학 총장을 지낸 채원배蔡元培(1868~1940)는 고홍명의 독일 라이프치히대학 후배이다. 영어, 독어, 불어, 라틴어 등 서양 9개 언어를 구사하며 문학과 철학 등 13개의 학위를 딴 고홍명은 1880년 돌연 페낭으로 돌아왔고, 정체성을 고민하던 젊은 서양 문화 전공자는 갑자기 중국 문화 연구로 공부의 진로를 바꿨다. 모두가 서양 문물만 쳐다볼 때 젊은 천재는 《논어》로 돌아간 것이다.

고홍명은 1885년부터 호광총독 장지동張之洞의 막부에서 20년을 보냈다. 《논어》와 《대학》, 《중용》을 영어로 번역해 유럽과 중국의 지성계에 동양의 가치를 재고하게 했던 그는 정치적으로는 공화주의에 반대하는 보수 중화론자였다. 그런데도 채원배는 주변의 반대를 무릅쓰고 그를 북경대 교수로 추천했다. 고홍명은 스스로 '동서남북인東西南北人'이라고 했다. 그가 자신의 삶을 "남양南洋에서 태어나 서양西洋에서 공부하고, 동양東洋에서 결혼해 북양北洋에서 일했다"고 요약하면서 만든 말이다. 여기서 남양은 페낭을, 서양은 유럽을, 동양은 일본(일본인 아내), 북양은 중국의 북양계 정부와 북경대를 뜻한다.

코라이환은 1786년 프랜시스 라이트가 점거한 직후 페낭으로 이주해 1826년 사망할 때까지 40년간 페낭 화인사회 형성에 중심적인 역할을 한 인물이다. 아울러 그의 물리적 수명이 다해가던 19세기 초반은 페낭 화인사회의 질적 전환기이기도 했다. 말라카해협 일대에서 교역하는 디아스포라로서 기반을 다진 뒤 페낭으로 이주한 소수 페라나칸 집단이 중국에서 곧바로 이주한 상인·장인·노동자 등 다수의 신케 집단을 대표하고 이끌던 이전과 판도가 달라지기 시작한 것이다. 지속적인 신케의 유입으로 앞서 이주한 신케는 페낭 화인사회에서 라오케Laokeh老客의 지위를 얻게 되면서 원조 라오케인 페라나칸과 새로운 관계가 형성되던 무렵이었다. 앞서 본 코라이환의 손자와 손녀가 쿠 가문과 혼인을 한 것도 이러한 맥락에서 이해된다.

코라이환은 반청反淸을 도모하다 남양으로 망명해 영국 식민지의 일원이 됐고, 그의 증손 코샹탓은 영어 교육을 받고 페낭과 싱가포르의 아편팜을 장악했으며, 고흥명은 유럽에서 아리스토텔레스를 공부하고 청조가 무너진 중국에서 공자를 가르쳤다. 코라이환과 후예의 삶은 페낭 화인사회만큼이나 다채롭다.

상商과 공工,
그리고
방帮

영국 식민지 페낭에는 어떤 중국인들이 모여 산 것일까? 페낭은 애초
부터 영국 동인도회사라는 주식회사의 지배 아래 아시아계 이민자로
이루어진 상업사회였다. 전통으로부터 홀가분해진 페낭의 중국인은 초
기부터 다인종 사회의 다수 종족으로서 강력한 화인사회를 구축했다.

　페낭 화인사회의 얼개를 들여다보는 관점으로 세 가지를 꼽을 수 있
다. 첫째는 계층을 기준으로 하는 관점이다. 화인사회 내부의 사회경
제적 위계를 살피는 것이다. 둘째는 방파帮派의 관점이다. 주지하듯이
동남아 이주 중국인의 대부분은 중국 남부 복건성과 광동성 출신이다.
하지만 이들은 같은 성 출신이라도 서로 말이 통하지 않을 정도로 지
역에 따른 방언의 차이가 심하다. 이러한 방언 집단의 유대를 지칭하
는 것이 방帮이고, 화인사회 내부를 방과 방의 경쟁과 협력에 주목하
는 것이 방파帮派 개념이다. 세 번째는 라오케老客-신케新客의 구분이
다. 이주자 사회인만큼 먼저 기반을 잡은 층과 갓 이주한 층으로 나누

어 살피는 것이다. 화인사회는 신케, 즉 신규 이주자 유입의 양과 질에 따라 변화를 거듭했기 때문이다.

물론 라오케-신케는 특정 시점과 국면에 유용한 분석틀이다. 세대 분석이 그러하듯, 라오케와 신케는 거주 기간에 따라 유동적이다. 초기 페낭 이주자의 주류가 교역하는 디아스포라였음을 앞서 살폈다. 이후 이주한 중국인은 라오케에 대비되는 신케였지만, 그들의 뒤를 이은 신케에 견주면 라오케의 지위를 갖는다. 라오케-신케 관점은 뒤의 쿨리무역과 20세기 정체성 논란에서 다루기로 하고, 앞의 두 관점을 통해 페낭 화인사회의 구조를 들여다보기로 한다.

동남아 화인 역사가 옌칭황((Yen, 1987: 417~420)은 페낭의 화인사회가 중국 전통사회와는 다른 방식으로 계층화되었다며 '상사공商士工'의 계층 구성을 이루었다고 분석했다. 중국의 전통적인 사농공상士農工商의 신분서열이 아닌 재산의 과다에 의한 위계사회였다는 것이다. 옌칭황은 페낭의 화인사회가 중국처럼 분명한 지배-피지배의 계급으로 분화되지도 않았고, 도시를 중심으로 상인과 노동자로 나뉘기는 했지만 자본주의적 계급사회로도 분화되지 못한 경제적 계층 피라미드를 형성했다고 보았다.

●
화인사회의 계층
페낭의 화인사회는 애초부터 빈부 격차가 심한 위계사회였다.
1900년경 싱가포르에서 촬영된 이 사진은 반듯한 차림의 화인 '신샤'와 옆에서
시중드는 소년을 대비시켰다.
〈KITLV〉

엔칭황은 상-사-공을 각각 상하上下의 하위 범주로 세분했다. 화인 사회 계층 피라미드의 최상층을 차지하는 '상상上商'은 자본가 계층을 가리킨다. 수출입 무역상, 거대 농원주, 주석광산 개발업자, 징세청부업자, 부동산 소유자, 금융가 등이다. 다수의 일반 '상인'이 하상下商에 해당한다. 전문직, 식민정부 하급관리, 서양기업의 통역사 및 직원 등을 '상사上士'로, 중국어 학교 교사나 중국인 회사의 직원을 '하사下士'로 구분했다. '공' 계층의 경우 목수, 대장장이, 금세공사, 요리사, 재단사, 건설 기술자 등의 장인이 '상공上工'으로, 광산이나 농원의 미숙련 노동자, 인력거꾼 등 도시 노동자가 '하공下工'으로 분류됐다. 요컨대 19세기 페낭 화인사회의 피라미드는 근대식 자본가로 변신한 소수의 부자가 피라미드의 꼭짓점을 이루고, 하상-상사-하사-상공이 중간 계층을 차지했으며, 다수의 광산과 농원 노동자가 넓은 밑변을 받치는 구조였다는 것이다. 엔칭황은 상공과 하상 사이에 비교적 활발한 계층 이동이 있었다고 덧붙였다. 20세기 초 해협식민지에는 '상상' 가운데에서도 최상층인 화인 호상豪商이 200여 명에 달했다(Wong, 2007: 106).

〈표 1〉 19세기 페낭 화인사회의 계층구조

	상上	하下
상商	수출입 무역상, 거대 농원주, 주석광산 개발업자, 대형 징세청부업자, 부동산 소유자, 금융가	일반 상인
사士	전문직, 식민정부 하급관리, 서양기업 통역사 및 직원	중국어 학교 교사, 화인 회사 직원
공工	목수, 대장장이, 금세공사, 요리사, 재단사, 건설 기술자 등의 장인	광산 및 농원 노동자

참고: Yen Ching-Hwang(1987)

엔칭황의 계층 분석은 19세기 페낭 화인사회의 다양한 직업과 재산 정도를 가늠할 수 있게 해준다는 점에서 유익하다. 그러나 중국의 전통적인 계층 기준인 '사농공상'의 틀을 '상사공'의 위계로 변형한 것은 다소 억지스럽다. 기본적으로 사농공상의 '사'는 중국 전통사회의 사대부인 '지배층'을 의미한다. 그런데 엔칭황의 '사'는 계급의 틀로 본다면 '화이트칼라' 노동자에 해당한다. 노동력을 팔아 살아야 했던 '사'와 '공'의 중국인은 사실상 임금노동자였다. 이에 관해, 엔칭황은 페낭 화인사회가 계급으로 분화되지 않은 상태라고 했다. 물론 19세기 초 페낭의 상인은 여전히 상인자본의 성격이 강했고, 노동자 또한 대부분 자유노동자로 볼 수 없는 '쿨리'인데다, 임금을 저축해 언제든 장사에 나서겠다는 상업적 전통에서 벗어나지 못했다는 점에서 자본주의적 임금노동자로 보기 힘든 측면이 없는 것은 아니다(川寄有三, 1996: 27).

그러나 아편 징세청부제와 상품경제의 확대에 주목한 칼 트로키(Trocki, 2002: 300)는 19세기 후반 페낭 화인사회에 부르주아와 노동자 계급이 존재했다고 논증한다. 실제로 페낭 건설 초기부터 화인사회의 늘어난 인구는 대부분 노동력을 팔아 돈을 벌기 위해 단신으로 이주한 임금노동자였다. 동남아 화인사회 전체가 아니라 적어도 영국 식민지 페낭의 화인사회는 '사'라는 애매한 계층 분류보다는 상인자본가로서의 '상'과 임금노동자로서의 '공'의 계급 분류가 더 적합할 것으로 여겨진다. 무엇보다 자산에 따른 계층 분석은 계급화를 촉진한 페낭 화인사회의 역동성을 담아내지 못한다는 한계를 지닌다.

두 번째 관점인 '방파'는 경제적 부가 아니라 방언에 주목한 분석 방법이다. 페낭 화인사회는 지역으로 보자면 대체로 하문廈門을 중심으로 한 복건성 남부와 산두汕頭를 중심으로 한 광동성 동부 출신이 주를 이루었다(Blythe, 1969: 52~3). 복건 출신은 주로 상인 집단이고 광동 출신은 대체로 장인匠人이거나 농부 집단으로 분류되었다. 아울러 페낭에 이주한 복건 상인 '신케'는 페낭에 미리 터를 잡은 '라오케'인 페라나칸의 뇨냐와 새롭게 가정을 꾸린 반면, 광동 출신 장인과 농민 신케들은 돈을 벌면 고향에 두고 온 아내를 불러오거나 광동의 여성을 데려다 가정을 꾸리기를 선호하는 등 두 집단의 페낭 정착 방식은 달랐다(Khor, 2006: 60~61).

하지만 이러한 도식으로 일반화하기에 페낭의 화인사회 내부는 훨씬 더 세분화되어 있었던 것으로 확인되고 있다. 복건과 광동이라고 해도 지방에 따라 서로 말이 통하지 않을 정도로 독자적인 방언이 사용되었고, 화인사회 내부는 서로 말이 통하는 여러 방언 집단으로 이뤄졌다. 광역의 출신만 따져서는 화인사회의 역학을 제대로 파악하기 힘든 것이다. 그래서 나온 것이 방과 방파 개념이다.

방帮은 이주자들 사이에 같은 방언을 쓰는 집단 또는 유대를 지칭하는 개념이다. 1972년 홍콩의 화인 연구자 진육숭과 진형화(陳育崧·陳荊和, 1972)는 싱가포르와 말라야의 중국인 묘비 1만 4,500개의 비문을 조사해 화인사회에서 방과 방파의 중요성을 확인하며 화교 연구의 새로운 방향을 제시한 바 있다. 방파 연구는 이주자의 고향을 복건과 광동으로 구분하는 광역의 지연地緣, 중국 종족사회 전통에 바탕을 둔 혈연, 직업 길드의 전통을 중시한 업연業緣에 주목해온 기존 화인 연구에 방언의 유대를 추가함으로써 동남아 화인사회의 형성과 역동성을 재고하는 관점을 부여했다. 진육숭은 복건과 광동 출신 중국인을 지역과 방언에 따라 복방/민방福帮/閩帮, 광방/월방廣帮/粵帮, 조방潮帮, 객방客帮, 경방瓊帮의 5개 방으로 나누었다. 복방은 복건성 남부의 민남어閩

南語 집단, 광방은 광동성의 광동어 집단, 조방은 지리상으로 광동성에 속하지만 방언은 민남어와 유사한 조주潮州 집단, 객방은 광동성과 복건성에 연고를 두면서도 고유의 언어를 지닌 객가客家 집단, 경방은 오늘날 해남도海南島 방언 집단을 각각 뜻한다.

방은 방언 집단을 바탕으로 지연을 강화하는 한편, 지연의 한계를 돌파하려는 성격을 지닌 것으로 정의된다. 진육숭과 진형화는 말라야 화인사회의 특성으로 '방파帮派'를 꼽으며, "페낭은 종친조직을 '방군帮群'의 기초로 구축함으로써, 페낭 특유의 중국인 사회를 구성했다"고 정리했다(陳育崧·陳荊和, 1972: 15~16). 방언이란 유대를 기본으로 지연과 혈연을 결합한 다양한 '방파'가 조직되고, 크고 작은 방파가 모여 '방군'을 이룬다는 것이다. 예컨대 뒤에서 살피겠지만 페낭의 '복건 5대 성씨'로 불리는 쿠邱, 여楊, 림林, 치아謝, 탄陳 씨가 저마다의 콩시를 통해 방파를 이루고, 이들이 다시 '복방'이라는 방군으로 결합되었다는 설명이다. 여기서 방파와 방군의 주도권을 어떤 집단이 쥐는가의 문제가 곧 '방권帮權' 경쟁이다. 방군의 리더십에 관한 것이 방권인 것이다. 방군은 방권을 둘러싸고 갈등하기도, 협력하기도 했다. 말라야의 화인사회는 공동의 이익을 위해 상호 결합하며 고도로 방의 기능을 발휘하고, 배타적 의식을 형성해 방의 권위를 촉진했다는 것이다.

이후 말라야에서 방의 역할과 리더십, 방파의 관계 등을 논증하는 연구가 잇따랐다. 페낭 화인사회의 특징은 복·광·조·객·경의 5개 방 가운데 복방이 배타적으로 방권을 강화함에 따라 나머지 4개 방이 '광방 연합'으로 묶였다는 점이다(陳育崧·陳荊和, 1972, Lim How Seng, 2002). 이는 페낭 복방의 특성에서 비롯됐다. 페낭의 복방은 복건성 하문을 중심으로 서쪽에 위치한 장주부漳州府와 동쪽의 천주부泉州府 출신이 주축을 이뤘다. 복건 출신이어도 이 두 지역 이외는 복방에서 제외됐다. 반면 광방은 광동성 광주부廣州府와 조주, 객가, 해남도 출신은 물론 복방에서 배제된 복건성 출신을 포함하는 광역의 방군을 형성했다. 페낭의 복방은 민남어라는 방언과 복건성이란 지연으로 이뤄진 방군이 아니라, 복건 남부의 장주와 천주라는 지연과 종친 콩시라는 혈연이 긴밀하고도 배타적으로 결합한 방파로 이뤄진 방군이었다(吳龍雲, 2009: 15). 이는 영국의 해협식민지를 구성한 싱가포르나 말라카와도 다를 뿐더러 여느 동남아의 화인사회와도 구별되는 페낭 화인사회의 특징에 해당한다.

이러한 최근 연구로 인해 페낭의 화인사회가 광동과 복건 출신의 두 집단으로 나뉘었다는 기존 통설이 수정되게 되었다. 페낭의 복방은 복건성 가운데에서도 장주와 천주 출신의 배타적인 방군이었으며, 복방의 리더십, 즉 방권은 장주 출신이 장악했다. 장주 출신 가운데에서도 장주부 해징현海澄縣의 집성촌 출신이 리더십을 발휘했다. 19세기 페낭 화인사회의 기본 구도는 해징현 출신이 방권을 장악한 복방과 기타 방파가 연합한 '반복방反福帮'으로 짜였던 셈이다(吳龍雲, 2009: 13). 이렇듯 페낭의 복방은 배타적인 만큼 지연과 혈연의 밀도는 훨씬 높았다. 복방은 인구 수도 많았고, 경제력에서도 여타 방파와 방권을 압도했다.[21]

앞서 보았던 계층과 방파를 겹쳐 본다면, 페낭 화인사회에서 '상상'의 대부분은 복방이 차지했고, 광방을 중심으로 한 반복방은 '하상'과 '상공' 및 '하공'을 이루었다고 볼 수 있겠다. 페낭 화인사회의 복방 대 반복방의 양대 방군 구도는 콩시와 아편팜, 비밀결사에서도 그대로 재현되며, 페낭 화인사회에서 상과 공의 계층화 내지 계급화를 촉진했다.

페낭 빅 5와
'쿠콩시'

페낭의 조지타운에서 차이나타운을 실감하게 하는 것이 수와 규모
에서 압도하는 복건 출신 5대 성씨의 종친회관 '콩시Kongsi公司'들이
다. 19세기 중반 조지타운에 다양한 이름의 콩시가 생겨났다.[22] 그중
에서도 가장 두드러지는 것이 도심의 한 블록을 차지하는 쿠콩시Khoo
Kongsi邱公司이다. 쿠콩시를 중심으로 림콩시Lim Kongsi林公司와 치아콩
시Cheak Kongsi謝公司, 탄콩시Tan Kongsi陳公司, 여콩시Yeoh Kongsi楊公司가
자리한다. 이들 콩시의 건물은 저마다 이름이 있다. 쿠콩시는 용산당龍
山堂, 림콩시는 구룡당九龍堂, 여콩시는 하양당霞陽堂, 치아콩시는 종덕
당宗德堂, 탄콩시는 영천당潁川堂이다. 콩시는 페낭 화인사회를 특징짓
는 매우 중요한 사회조직이었다(Godley, 1993: 90).

　5대 콩시의 위치만큼이나 5대 성씨의 고향도 인접해 있다. 쿠, 여,
림, 치아의 네 성씨는 각각 복건성 장주부 해징현의 신강新江, 하양霞陽,
금리錦里, 석당石塘 출신이다. 네 곳 모두 집성촌이란 특성을 공유한다.

●

쿠콩시

1851년 완공되고 1905년 개축된 페낭의 쿠씨 종친회관이자
복건 출신 화인의 '사실상 정부'였던 쿠콩시 용산당. 용산당 주위로 쿠씨 종친의
상업 및 주거 공간인 숍하우스가 성곽처럼 둘러싸고 있다.
©Kang

페낭 빅 5 가운데 탄 씨만 영천潁川 출신인데, 영천은 천주부 동안同安 현에 더 가깝다. 동안은 장주와 천주의 중간에 위치한다. 한편 여 가문 의 하양은 지리상 천주에 가깝지만, 해징현의 삼도三都 지방에 속한다. 중국에서부터 각별한 관계였던 쿠·여·림 세 성씨는 19세기 후반 삼괴 당三魁堂이란 3성 연합체를 결성하기도 했다(張少寬, 2003: 17).

쿠콩시와 그 주변에 포진한 네 개 콩시가 '페낭 화인권'의 실세인 '복 방 5대 성씨'의 거점이었다. 그리고 쿠콩시 건물의 한쪽에 페낭 '복방' 의 지휘부인 비밀결사 건덕당建德堂Kian Teik Tong이 자리한다. 이들 5 대 콩시와 건덕당은 지하통로를 통해 서로 연결된 것으로 알려졌다. 후술하겠지만 쿠콩시와 건덕당은 19세기 페낭 화인권을 움직인 '보이 는 손visible hand'이었다.

쿠콩시는 믿을 만한 기록이 있고 오늘날까지 원형이 유지되고 있는 콩시 건물 가운데 말라야에서 가장 이른 시기에 만들어진 것으로 여 겨진다(Yen, 1981: 64). 쿠콩시는 혈연·지연·방언의 결합 정도가 유별나 게 강하다. 여느 종친 콩시들은 출신 지역이 달라도 성이 같으면 회원 자격을 부여하는 경우가 많았지만, 쿠콩시는 달랐다. 쿠콩시는 혈연· 지연·방언의 합집합이 아니라 교집합이었던 셈이다.

쿠콩시 용산당은 1851년에 건립되었지만, 쿠콩시의 시작은 1816년 으로 거슬러 올라간다. 페낭 초기부터 신강촌 출신 쿠 씨 일가는 주로 농원과 무역업에 종사했다. 1800년 페낭의 복건과 광동 출신이 출연해 공동 사당으로 광복궁廣福宮Kong Hock Keong을 세웠는데, 창립 후원자 명단에 쿠 씨의 이름이 가장 많다(張少寬, 2002: 63). 이는 쿠 씨들이 이른 시기에 페낭에 이주했고, 경제력도 상당했음을 보여준다. 1816년 5월 쿠 종친의 씨족 수호신인 대사야大使爺Tua Sai Yah 탄신일을 기념해 종친회관 건설이 제안되었다. 대사야는 복건성에서 널리 신앙되던 토지신의 일종이다. 대지의 어디에나 존재하는 신령은 대사야를 비롯해, 복덕정신福德正神, 대백공大伯公, 본두공本頭公 등으로 불렸다. 부를 축적한 쿠씨 종친들이 1824년부터 대사야를 모시는 사당을 만들어 봄과 가을 두차례 제례를 올리기 시작했다. 용산당은 1850년 서양식으로 지어진 영국 상인의 저택을 쿠콩시가 사들여 1년여 증개축을 한 것이다.

이후 쿠콩시는 1894년 개축 공사를 벌였다. 8년간의 공사 끝에 완공을 앞두고 1902년 원인 모를 화재가 발생해 건물이 붕괴되고 말았다. 이에 광동성 광주에서 장인과 건축가들을 불러들이고 건축 자재를 수입해 1906년 지금의 형태로 복원되었다. 이 과정에 10만 달러가 넘는 거액이 소요됐다. 페낭 쿠콩시의 경제력이 어느 정도인지 알 수 있게 해준다. 제2차 세계대전 때 일부 훼손된 부분은 1959년과 2001년에 보수됐다. 영국 식민지 양식과 말레이 건축 양식이 중국 전통건축 양식과 혼합되어 있는 셈이다. 쿠 씨 종친의 주거와 상업 공간인 쿠콩시 숍하우스는 19세기 초에 지어졌다.

쿠콩시의 대체적인 건축구조는 씨족 사당을 중심으로 가운데 광장을 두고, 둘레에 씨족의 주거지를 배치한 페낭의 여느 콩시 건물과 유사하다.

용산당은 가운데에 정전인 정순궁正順宮이 있고, 그 좌우로 이곡당詒穀堂과 복덕사福德祠가 있다. 용산당龍山堂이란 이름은 쿠 종친의 이력과 관련이 있다. 본디 용산龍山은 복건성 천주泉州에 있다. 쿠 가문의 조상은 중원에서 남으로 내려와 용산에 터를 잡았고 이후 더 남쪽으로 이주하며 장주의 신강에 정착했다. 신강 쿠 씨 종친의 각 계파는 저마다의 족보를 지니고 있지만, 모두 용산을 종족의 발상지로 여긴다.

쿠콩시가 용산당을 앞세운 것은 파가 다른 동향의 쿠 씨 종족 집단을 하나로 묶기 위한 것으로 해석된다. 신강 출신 쿠 씨의 여러 지파로 이루어진 용산당 쿠콩시는 지연을 공유한 동성이 혈족의 이익을 도모하는 종친회관인 것이다(張少寬, 2002: 11).

물론 조지타운에 쿠콩시를 비롯한 복건 5대 콩시만 있는 건 아니다. 광방, 객방, 조방, 경방의 콩시도 있고, 빅 5에 포함되지 않는 복건 출신 다른 성씨의 콩시도 있다. 하지만 규모에서 쿠콩시를 비롯한 복건 5대 콩시에 견줄 수 없다. 이는 경제력의 차이이기도 하지만, 중국 복건의 관습과 무관하지 않다는 해석도 있다. 예로부터 복건 사람들의 두 가지 악습으로 계투械鬪와 음사淫祀가 꼽혔다(駱精山, 2002: 2). 계투는 종족이나 방파가 서로 물리적으로 충돌하는 것을 가리키고, 음사는 분수에 맞지 않게 과도한 비용으로 제사를 올리는 풍습을 뜻한다. 음사의 습속도 복건 출신 5대 친족 콩시의 호사스러움과 무관하지 않을 것으로 추정된다. 그렇다면 페낭의 화인은 왜 저마다 콩시를 지었고, 그중에서도 쿠콩시는 왜 이처럼 거대한 것일까? 이는 동남아 화인사회의 일반적인 속성으로 설명하기 힘든 페낭의 특징과 관련된다.

낯설고 외로운 타향에서 고향의 언어와 생활습관, 민간신앙 등 문화를 공유하며 결사를 통해 결속력을 다지는 것은 중국인에게 새삼스런 일은 아니다. 페낭 화인사회의 콩시도 중국 전통의 연장선에서 설명될 수 있다. 첫째는 종법주의宗法主義 전통이다. 중국에서 전통적인 종법 관념 아래 가부장적 개별 가정들이 공동 조상과의 혈연관계를 매개로 조직된 사회단체를 가리켜 종족宗族이라 한다. 종족은 대가족으로도 구성되지만 혈연적 유대의식을 바탕으로 촌락을 구성하고 있는 개별 가정의 집합을 뜻하기도 한다. 종족 결합의 3대 요소로 종족 공동

재산인 족산族産과 족보族譜, 종족 사당祠堂이 꼽히는데, 명청 시대에는 이 세 요소를 중심으로 종족 결합이 보편화했다. 중세 귀족사회와 달리 명대 후기에 종족은 향촌사회에서 관을 보조할 정도로 성장했다. 종족의 지도자인 족장族長은 종족 구성원의 생명도 박탈할 수 있는 권한을 지녔다. 특히 상품화폐경제가 확대되면서 종족의 혈연은 상업 네트워크로 활용되고 부를 축적한 호상들은 사당 건립과 교육 지원 등 투자를 통해 영향력을 확대했다(홍성구, 2007: 268,273,284).

또 하나는 회관會館의 전통이다. 상품화폐경제 확대로 명대 이후 중국 내부에서 원거리 교역이 활발해지면서 외지로 나간 상인들 사이에 각종 상방商幫이 생겨났다. 장사를 위해 먼 곳으로 떠날 때는 동향인이나 동업자끼리 뭉쳐서 가는데, 이런 모임을 방幫이라 불렀다. 상방은 청대 들어 혈연과 지연이 결합된 회관으로 변모했다. 회관은 회원 간 분쟁 중재, 지방관이나 다른 회관으로부터 회원 보호, 지역의 영업 독점권 획득, 회원의 직업 알선과 문화 풍습 보존, 회원 사망 시 장례 등으로 기능과 역할이 구체화되면서 지역 상인들의 구심점이 되었다(이화승, 2007: 562~565). 종법과 회관의 중국적 전통이 영국 식민지 '해골정부' 체제와 결합되면서 페낭의 화인사회에는 독특한 콩시 문화가 형성된 것으로 보인다.

19세기 페낭의 화인사회에서 콩시는 다양한 의미를 지닌다. 종친회관이나 동향회관도 콩시며, 수공업 동업자 길드도, 주석광산도, 후추농원도, 무역회사도, 아편 징세청부를 위한 업자들의 신디케이트도 콩시라고 했다. 이 말은 뒤집어보자면 19세기 페낭의 화인사회가 다양한 특성과 형태의 조직을 콩시라고 하면서도 혼란을 일으키지 않았다는 뜻이기도 하고, 페낭의 콩시에는 이 모든 다양한 사회적·경제적 조직의 특성을 공유하는 무엇이 있다는 의미로도 해석된다.

페낭 화인사회는 당시 서양 상인의 주식회사company에서 콩시公司라는 용어를 차용했고, 지연과 혈연이 결합된 조직을 콩시라고 불렀다고 한다(Wang, 1979; 石滄金, 2005). 말레이어에도 차용된 콩시는 중국어로 공동 소유를 뜻한다. 개인들의 집단이 공동의 목적을 달성하기 위해 가용 자원을 합치는 이러한 방식은 원대(1279~1368) 해상교역에서 널리 쓰였다. 복건의 상인과 해운업자는 저마다의 자산을 모아 무역선을 건조하고 교역을 했다. 페낭의 화인사회도 다양한 콩시를 통해 주석광산 개발이나 징세청부제의 청부권 확보에 필요한 자본을 끌어모았다.

페낭에는 혈연과 지연, 방언이 결합된 종친 콩시가 조직되기 이전부터 지연을 중시하는 회관會館이 출현했다. 페낭의 광동과 복건 출신이 1795년에 설립한 것으로 알려진 빈성광동기정주회관檳城廣東暨汀州會館과 페낭의 객가 집단이 1801년 세웠다는 빈성가응회관檳城嘉應會館은 페낭 회관의 효시로 간주된다. 1805년 페낭의 복건 출신이 공동묘지로 건립한 복건공총福建公冢도 일종의 회관에 해당한다. 19세기 초 해협식민지에 있었던 회관은 광방 회관이 30곳, 객방 회관이 20곳, 복방 회관이 15개였다. 당시 인구로나 경제력으로나 복방이 훨씬 우세했는데도, 열세인 광방과 객방 회관의 수가 더 많았다. 이는 열세 지역 출신들이 회관을 중심으로 뭉쳤다는 의미다. 이러한 상황에서 지연과 방언에 혈연이 결합된 새로운 결사로서 '콩시'가 등장했고, 페낭의 쿠콩시가 그 시작이었다. 복건 출신 페낭의 부자 상인들이 광역의 지연을 바탕으로 한 회관 대신 지연과 혈연을 결합한 응집력 있는 작은 조직으로 쪼개 자신들의 영향력과 지도력을 확보하려 한 데서 종친 콩시가 출현했다는 것이다.

엔칭황이 19세기 해협식민지와 말레이국연방의 콩시 33곳을 분석한 결과, 지연과 혈연이 결합한 종친 콩시가 24곳, 지연과 무관한 종친 콩시가 9곳이었다. 후자는 출신 지역을 따지지 않고 동성이면 회원으로 받아들이는 콩시라는 뜻이다. 흥미로운 점은 이들 9곳 가운데 8곳이 싱가포르의 콩시였다(Yen, 1981: 65). 페낭의 콩시는 모두 지연과 혈연이 결합한 형태였다. 지연을 따지지 않는다면 콩시의 개방성이 높아지는 대신 관계의 밀도는 떨어지기 마련이다. 이는 페낭과 싱가포르에서 콩시의 역할과 기능이 달랐다는 것이고, 두 곳 화인사회의 특성도 차이가 있었다는 것을 의미한다.

영국 식민 당국이 비밀결사를 비롯해 화인사회의 민간결사를 원천 금지한 1890년 이후 페낭의 종친 콩시는 '공관公館', '동향회同鄕會', '회관' 등으로 명패를 바꿨다. 중국 전래의 '회관'을 바탕으로 페낭에서 19세기 초에 조직된 '콩시'는 19세기 후반 다시 '회관'으로 회귀했다. 이는 페낭의 '콩시'를 결사의 유대가 지연이냐 혈연이냐의 문제보다는 19세기 중후반 페낭 화인사회의 특수성과 관련된 역사적 개념으로 바라볼 필요를 제기한다.

최근 콩시 연구는 기원이나 유대보다 화인사회에서 어떤 역할을 했는가라는 '기능'에 초점을 맞추는 경향을 보인다. 콩시는 18세기 말에서 19세기 중반 동남아 화인사회에서 형제애에 바탕을 둔 '열린 정부'의 형태라는 해석이 있다(Wang, 1979: 103). 콩시는 종친회관과 비밀결사를 아우르며, 경제적 역할과 정치적 기능을 동시에 수행했다는 것이다. 이러한 관점을 확장해 콩시-카피탄-비밀결사의 유기적 관계와 그 역동성에 초점을 맞추기도 한다. 콩시가 페낭 화인사회의 지도력을 구성하는 민간결사라면, 카피탄 제도는 공식적이고 합법적 제도이며, 비밀결사는 이주자를 관리하는 비공식적 자치정부의 기능을 각각 분담했다는 것이다. 콩시는 비밀결사나 카피탄의 본부이기도 했고, 세 조직은 서로 긴밀하게 얽혀 화인사회를 주도했다.

　페낭의 화인사회에서 콩시의 역사적인 의미는 세 가지로 요약될 수 있겠다. 첫째, 영국 식민지에 이주한 화인의 자율적·자조적 민간결사로 일종의 자치정부 역할을 했다는 점이다. 1880년 이전 페낭 식민 당국은 앞서 언급했듯이 '해골정부'였다. 중국에서 상방의 회관이 지역 관청과 관리와의 관계에서 집단적으로 대응하는 방식이었다면, 페낭의 콩시는 무관심하고 무능한 식민지 정부로부터 자치를 강요받는 상황이었다. 말하자면 콩시는 해골정부의 페낭에서 화인사회의 정치사회적 조직이었던 셈이다. 둘째, 콩시가 상업적·경제적 이해와 밀접하게 얽혀 있다는 점이다. 무역상이나 광산주, 농원주, 징세청부업자 등 상상上商의 중국인 부자를 가리키는 '토카이'와 종친 콩시의 지도자는 구분하기 힘들다. 토카이들은 콩시의 사회적 영향력을 활용해 각종 상업적 이권을 획득하며 부를 늘렸던 것이다. 특히 아편 등 징세청부제와 콩시는 불가분의 관계였다. 셋째, 콩시는 회당會黨, 즉 비밀결사와 동전의 양면이었다. 그간 콩시는 공개·합법조직, 비밀결사는 비공개·불법조직으로 간주하는 경향이 있었지만, 이런 도식화는 적어도 19세기 후반까지 페낭의 화인사회에선 적절하지 않다(Wu, 2010: 24~5). 페낭 식민 당국도 1890년 불법으로 규정하기 전까지 화인 비밀결사를 '합법조직'으로 인정했기 때문이다.

화인사회의 정부
'비밀결사'

1806년 카피탄 치나 코라이환이 페낭 식민 당국에 진정을 냈다. 전매 권이 없는 광동 출신이 아편을 밀거래하는 바람에 피해가 막심하니 식민 당국과 경찰이 단속에 나서달라는 내용이었다(Hussin, 2007: 310).

눈길을 끄는 것은 화인의 우두머리였던 코라이환조차 해결하지 못할 정도로 19세기 초부터 징세청부제를 둘러싸고 페낭 화인사회에서 방파 간 갈등이 불거지기 시작했다는 점이다. 복건 장주가 고향인 코라이환은 페낭 최초의 화인 비밀결사인 의흥회義興會Ghee Hin Hui의 지도자로 알려졌다(張少寬, 2003: 227). 코라이환이 중국에서 천지회에 가담해 반청운동을 하다 태국으로 망명했다는 것으로 미루어 개연성은 충분하다. 영국 식민지 자료에 따르면, 천지회에 뿌리를 둔 비밀결사 의흥회가 1799년 페낭에서 회합을 열었다(Blythe, 1969: 75). 이는 1799년에 페낭의 의흥회가 활동하고 있었다는 것을 의미한다. 통상 의흥회는 광동 출신이 주도하는 비밀결사로 분류되지만, 복건 출신의 코라이환이 카피탄 치나를 맡고 비밀결사를 통해 화인사회를 관리한 것으로 미루어 페낭 건설 초기에는 지역적으로 배타적이지 않았던 것으로 보인다.

게다가 1800년 페낭에 광복궁이 세워졌다. 광복궁은 명칭에서 드러나듯 광동 출신과 복건 출신의 공동 사당이었다. 페낭 식민 당국에서 무상으로 불하받은 부지에 두 지역 출신 부호들이 기부금을 내어 건설됐다. 광복궁은 형식상으로는 해상 무역상과 선원의 수호신인 마조馬祖를 모시는 사원이지만, 내용상으로는 페낭 화인사회에서 중추적 역할을 하는 하나의 '제도'였다. 말라카에서 화인사회의 복지와 내부 분쟁 해결의 정치사회적 기능을 수행한 청운정青雲亭Cheng Hoon Teng을 본떠 만든 것이 페낭의 광복궁이었다.

코라이환의 진정서는 분쟁 조정 기구로서의 광복궁과 자치·자위 기능을 담당하는 비밀결사 의흥회도 있는 상황에서 카피탄 치나조차 화인사회의 문제를 스스로 해결하지 못하고 식민 당국의 개입을 요청하는 지경에 이르렀음을 의미했다. 19세기 초 페낭 화인사회에서 징세청부권 확보를 둘러싸고 복방과 광방의 이권다툼이 비밀결사의 내분으로 치닫기 시작한 것으로 보인다.

1816년부터 1824년까지 가장 이문이 큰 돈벌이였던 페낭의 아편팜과 아락팜은 복방이 독점했다(Hussin, 2007: 311). 1824년 광방이 아편을 대규모로 밀거래하면서 복방의 독주에 제동을 걸어 1825~26년 페낭의 아편팜을 잠깐 차지하기는 했지만, 1830년 이후 다시 복방이 독주했다. 징세청부제의 규약과 계약서도 복건 방언으로 정해졌다. 이후 밀거래를 통해 복방의 독점을 깨뜨리려는 광방과 밀거래를 막으려는 복방의 공방이 이어졌다.

조지타운 광복궁/관음정의 1868년 모습.
1800년에 건립된 종교 사원이자 페낭 초기 화인사회에서 복건 출신과
광동 출신의 동맹을 통한 사회·정치적 구심점 역할을 했다.
@Royal Collection Trust

화인사회의 내부 균열이 비밀결사의 분화로 이어졌다. 광동성 혜주惠州 출신이 1810년 비밀결사 화승和勝Ho Seng을 결성한 것을 시작으로 1823년 객가의 해산회海山會Hai San Hui, 1826년 복건성 출신이 주도한 거심巨心Chin Chin, 1844년 복건성 장주와 천주 출신의 건덕당이 각각 설립됐다. 이로써 애초 광방과 복방 연합의 비밀결사였던 의흥회는 광방의 비밀결사로 바뀌었다가 복방의 독주를 막기 위해 여타 방파가 연합한 범汎광방 내지 반反복방으로 재편됐다. 1844년에서 19세기 후반까지 페낭의 비밀결사는 복방의 건덕당과 반복방의 의흥회가 경쟁하는 구도로 전개됐다.

1810년대 의흥회의 분열에서 1844년 복방의 비밀결사 건덕당의 탄생까지의 기간은 페낭 화인사회가 안팎의 환경 변화로 인해 새로운 국면을 맞이한 시기였다. 화인사회 내부적으로는 1823년 객가 집단의 해산회 결성이 분수령이 됐다. 중국인 노동자 이주가 크게 증가하면서 객가 집단이 페낭 화인사회에서 새로운 방군으로서 존재감을 드러내기 시작했다. 코라이환으로 대표되는 교역하는 디아스포라가 초기 페낭 화인사회의 라오케로서 지배 집단을 이루었다면, 중국에서 이주한 신케 가운데 객가가 복방, 광방과 더불어 또 다른 방군을 형성한 것이다.

객가는 12세기 중국 북동부 산동반도에서 동남쪽으로 이주한 방언 집단을 가리키는데, 광동성으로 이주한 객가 집단은 농경지 확보를 둘러싸고 토박이들과 분쟁이 잦아 적대감이 컸다. 구원舊怨이 있는 페낭의 객가 집단은 의흥회의 광동 출신과 갈등을 빚었고, 결국 해산회라는 비밀결사를 별도로 결성하며 의흥회를 뛰쳐나오게 되었다(Khor, 2006: 61~62).

객가의 이탈은 페낭 화인사회의 경제력을 장악한 복건 출신의 의흥회 이탈을 재촉했다. 앞서 보았듯이 1826년 복건 출신의 비밀결사 '거심'의 등장은 복방이 독점해온 페낭 아편팜을 광방이 차지한 시기와 겹친다. 이후 곧바로 페낭의 아편팜은 복방의 수중으로 돌아갔고, 1844년 복건 5대 성씨의 비밀결사인 건덕당이 출범하면서 복방의 독주 체제가 굳어졌다. 초기부터 이어져온 페낭 화인사회의 '복방-광방 동맹'이 와해된 것이다. 이는 방파를 초월한 '카피탄 치나-의흥회-광복궁 체제'의 초기 페낭 화인사회가 방파가 경쟁하는 '콩시-비밀결사 체제'로 변모했음을 의미한다.

그렇다면 왜 페낭의 화인사회에는 이른 시기부터 비밀결사가 분화되는 방파 경쟁 구도가 생겨난 것일까? 방파의 유대가 동남아 화인사회의 기본적인 특성이라는 점은 널리 알려져 있지만, 페낭 화인사회에서 그 특성이 유별났기 때문으로 풀이된다.

이와 관련해, 왕궁우는 단순하면서도 통찰력 있는 관점을 제시한다. 전통적으로 교역하는 디아스포라로서 화인사회의 교역 상대는 비중국인이다. 중국인이 해외에서 비중국인과 교역하기 위해서는 외국어와 관습·법률·권력관계·종족 문제 등 현지 교역 문화는 물론 도량형과 다양한 거래 규범을 수용하는 것이 일반적이었다. 중국인은 오랜 세월 비중국인을 상대로 별다른 마찰 없이 교역하는 디아스포라의 역할을 수행했다. 비중국인과의 교역이 중심이라면 화인사회 내부의 갈등은 부차적이 된다. 그런데 페낭의 화인사회는 애초부터 중국인이 다수를 차지하는 예외적인 환경에서 출발했다. 중국인과의 교역이 중심을 차지한 것이다(Wang, 1991a: 135~138). 왕궁우의 논지를 적용한다면, 페낭의 화인사회는 영국의 해골정부에서 아편팜이라는 중국인과의 거래가 핵심 사업이 되면서 비밀결사의 분열과 방파 경쟁의 구도가 불가피했던 셈이다.

이 시기 페낭 화인사회의 변화에는 외생 변수도 작용했다. 나폴레옹 전쟁(1803~15)으로 유럽이 장기 불황을 겪으면서 페낭의 경제도 침체에 빠졌다. 게다가 1819년 싱가포르 건설은 페낭의 미래를 어둡게 만드는 요인이기도 했다. 이로 인해 페낭의 페라나칸 화인 상당수가 기회의 땅인 싱가포르로 옮겨간 것으로 추정된다. 구체적인 수치가 확인되지는 않지만, 네트워크 내에서 유동하던 교역하는 디아스포라의 속성으로 미루어 페낭 페라나칸 화인이 싱가포르로 빠져나갔을 개연성은 충분하다. 페낭 화인사회의 선주민이자 라오케인 페라나칸의 빈자리를 복건 출신 신케 상인들이 빠르게 메웠다.

이 같은 인구 변화와 비밀결사의 분화는 상호작용하며 페낭 화인사회의 경제와 문화의 지형을 바꿔놓았다. 초기 페낭 화인사회가 라오케인 페라나칸 화인이 주도하고 신케가 페라나칸의 교역 네트워크에 참여하는 관계였다면, 새로운 국면에서는 소수의 페라나칸 화인이 다수의 신케와 협력하는 관계로 변모했다. 이는 라오케와 신케의 이해가 맞물린 일종의 사회적 타협이었다. 경제적인 측면에서, 교역과 징세청부권을 장악하고 있던 페라나칸 라오케는 기득권을 유지하기 위해 신케 상인과 긴밀한 협력이 불가피해졌다. 의흥회가 분열된 상황에서 페라나칸 라오케는 새로운 파트너로 복건 출신 비밀결사와 손을 잡았고, 복건 출신 신케 상인들은 페라나칸의 기득권을 공유할 수 있게 됐다 (Khor, 2006: 62). 라오케인 코라이환의 손자·손녀가 신케 실력자인 복건 출신 쿠 씨와 혼맥을 형성한 것이 단적인 예이다. 새로운 동맹을 통해 복방의 신케는 아편팜과 교역 기득권을 장악해온 라오케의 '경제적(물리적) 자본'을 얻었다면, 페라나칸 라오케는 콩시와 비밀결사로 상징되는 복방 신케의 '사회적 자본'을 확충한 셈이다.

이러한 '페라나칸 라오케-복방 신케'의 새로운 동맹으로 페낭 화인사회는 싱가포르나 말라카는 물론 동남아 여느 지역 화인사회와도 구분되는 독특한 문화를 형성하게 됐다. 복건 출신 신케는 오랜 세월에 걸쳐 현지화한 페라나칸의 문화와 관행을 빠르게 수용하고, 페라나칸도 신케의 중국 문화를 받아들이는 문화적 융합이 불가피했다. 이 과정에서 신케는 페라나칸 방식의 현지화한 음식과 복식, 혼례 등을 수용했고, 페라나칸은 자신들의 공통어인 '바바 말레이어'를 포기했다. 페낭 화인사회의 다양한 방언 집단은 '페낭 혹키엔Penang Hokkien'²³으로 서로 소통했다. 페낭 혹키엔이 페낭 화인사회의 공통어였다. 싱가포르 화인사회의 공통어인 바바 말레이어가 말레이어를 바탕으로 복건 방언의 어휘를 대폭 차용한 것이라면, 페낭 혹키엔은 페라나칸의 바바 말레이어에서 영향을 받았지만 언어의 골격은 복건 방언이라는 점에서 다르다.

특히 페낭 혹키엔은 복건 방언 중에서도 장주 방언의 영향이 강하다. 오늘날 말레이시아에서도 화인사회는 서로 방언이 다른 경우 복건 방언으로 소통한다. 말레이어에 차용된 중국어의 대부분이 복건 남부 방언인 민남어(혹키엔)인데, 그중에서도 하위 방언인 장주 방언이 전체의 90퍼센트를 차지한다(Jones, 2009: 39). 말레이시아에서 복건 출신 화인 가운데 천주泉州 출신이 60퍼센트로 가장 많지만, 장주 출신의 영향력이 그만큼 컸다는 뜻이다. 이는 앞서 보았듯이 페낭 화인사회의 중추였던 복건 5대 성씨 중 쿠·여·치아·림의 4대 성씨가 장주 출신이란 사실과 무관하지 않다. 페낭 혹키엔이 공통어가 되면서 페낭 화인사회에서 말레이 문화 수용의 흐름도 달라졌다. 복건 출신 신케들이 주류를 이루면서 페낭의 화인사회는 문화적으로 현지 동화보다 중국화의 색채가 강해진 것이다(Khor, 2006: 62).

아울러 페낭 혹키엔의 공통어 채택은 페낭 복방의 비밀결사 건덕당이 단순한 '비밀결사'가 아니었음을 의미한다. 페낭 비밀결사의 뿌리는 중국의 천지회에 있으며, 조직 형태로 보아 '천지회의 해외 지부'라는 게 정설이다(蔡少卿, 1987: 381). 실제 동남아의 화인 비밀결사들은 저마다 중국 천지회나 삼합회三合會의 지사라고 했다. 천지회는 1767년 복건성 장주부의 관음사라는 사찰에서 창설된 민간결사이자 반청복명反淸復明의 기치를 내걸었던 회당會黨이다. 영국 식민지 자료는 '결사Society' 또는 '비밀결사Secret Society'로 되어 있어 역사적 용어로서 비밀결사라 쓰지만, 중국의 화인 연구자들은 대체로 회당會黨, 사회당私會黨, 사단社團 등으로 표기한다.

영국이 19세기 후반에 법과 질서를 해치는 깡패 집단으로 매도하고, 1890년에 불법으로 규정해 강제 해산시키기 전까지 페낭의 화인 '비밀결사'는 영국 식민 당국에게 결코 비밀이 아니었고, 불법단체도 아니었다. 단지 비밀이 필요했다면, 비밀결사의 수령과 영국 식민 당국자가 은밀하게 만나 협의하는 사실을 결사의 일반 회원들이 알지 못하게 해야 한다는 점에서만 그러했다. 그리고 동남아시아 각지의 화인 사회에 비밀결사가 있지만, 페낭을 비롯한 해협식민지와 말라야의 영국 식민지에서 화인 비밀결사가 유별나게 문제가 되었다는 점을 기억할 필요가 있다.

중국 천지회라는 뿌리만으로는 페낭 화인 비밀결사의 역할과 성격이 온전히 설명되는 건 아니다. 기원이 어디에 있든 페낭의 화인 비밀결사는 영국 식민지 페낭이라는 특수한 환경에서 작동됐기 때문이다. 하지만 천지회에 뿌리가 있다면 페낭의 비밀결사가 기본적으로 '회당'의 성격을 지닌다는 점이 주목된다. 콩시가 종법과 회관에 뿌리를 두고 있는 것과 다른 점이다. 중국에서는 '반청복명'이란 정치적 대의명분이 천지회를 회관이 아닌 회당으로 구분하는 근거가 된다. 그렇다면 영국 식민지의 교역하는 디아스포라 화인사회에서 회당으로서의 비밀결사는 왜 필요했고, 어떤 기능을 한 것일까?

통상 동남아 화인사회의 비밀결사는 천지회의 이름만 빌렸을 뿐 정치적 대의명분은 없는 것으로 간주되곤 한다. 하지만 그렇게 일반화하면 페낭의 특수성이 희석되고 만다. 동남아의 화인사회에 어디나 있었지만 영국 지배의 해협식민지에서 화인 비밀결사의 역사성은 사뭇 다르다. 페낭 초기에 드러난 영국 동인도회사 지배의 졸렬함과 간접지배라는 '해골정부' 체제와 관련되기 때문이다. 이는 역설적으로 초기 페낭에서 식민지 행정의 부재가 화인사회의 정치를 강화하게 만든 요인이기도 하다.

페낭은 본디 지극히 상업적이고 경제적인 항구 식민지였다. 영국은 '중국인의 세기'에 끼어들기 위해 자유이민을 내세워 중국인의 이주를 장려했다. 그리고 '자치'란 이름으로 중국인의 문제는 중국인이 알아서 하라며 방임했다. 의지도 능력도 없었던 행정 무능을 자치와 간접지배로 포장했을 뿐이다. 페낭 화인사회에서 자조自助의 회관이 아닌 자치와 자위의 회당으로서 비밀결사가 필요했던 이유는 영국 식민지배가 보인 행정 무능이란 현실과 간접지배라는 정책의 괴리에서 찾을 수 있을 것이다.

앞서 페낭 초기의 화인사회는 중국이 아니라 커다와 태국에서 기반을 다진 상인들이 이주하면서 형성되었음을 살폈다. 의흥회의 존재가 확인되는 1799년은 페낭의 인구가 1만 명을 넘어섰고, 중국인 인구도 3,000여 명에 달했다. 중국에서 대량 이주가 이미 시작된 터였다. 1790년부터 시작된 페낭의 후추농원은 중국에서 이주한 노동자들에 의해 경작됐다. 노동 이주자 신케는 대부분 광동성과 복건성의 가난한 농부들이었다. 영어는 물론 말레이어도 몰랐던 그들이 낯선 페낭에서 기댈 곳이라곤 저마다의 방언이 통하는 먼저 자리 잡은 이주자, 곧 동향의 라오케 말고는 없었다. 방언과 지연과 혈연의 유대를 바탕으로 소수의 라오케에게 다수의 신케가 의지하는 것이 초기 화인사회의 틀이었다.

신케는 선택의 여지가 없었지만, 라오케는 달랐다. 기득권을 가진 라오케의 관점에서 본다면, 밀려드는 신케를 어떤 식으로든 규율할 필요가 커졌다. 화인사회의 '자치'를 유지하기 위해 규범을 정하고 이를 강제할 수 있는 조직과 제도가 절실했다. 페낭의 라오케는 상호부조의 '회관'이 아니라 '자치'란 대의명분과 강제력을 지닌 '회당'으로서 의흥회를 결성했을 것이다. 신케는 비밀스럽고 엄격한 신입 회원의 입회의례를 통해 페낭 화인사회의 일원으로 받아들여진다. 회당의 규율을 어기면 가차없는 처벌을 감수한다는 뜻이기도 했다. 중국 종법주의 전통에서 족장의 역할이 회당의 지도자에게 투영되었다. 비밀결사는 자치를 구현하기 위한 '공인된 폭력'도 갖추었다. 라오케 중에서 신망과 권위와 재능을 겸비한 인물이 비밀결사의 수장인 '토아코Toa Ko大哥'[24]에 오르고, 상명하복의 전근대적 위계구조를 갖춘 것이 페낭의 비밀결사였다.

이처럼 페낭의 비밀결사는 전형적인 사회역사적 현상이며, 화인사회의 '작은 화인의 정부' 형태를 띤다는 분석이 가능하다(Mak, 1981). '범죄 집단', '원초적 반란세력' 또는 의례와 형제애를 강조하는 '상호부조'의 결사가 아니라, 동남아의 다른 지역과 마찬가지로 페낭의 비밀결사도 화인사회의 정치조직으로 창안된 기능적 제도였다. 상업사회인 식민지 페낭의 정치경제적 변화 속에서 애초 단일한 화인의 정부였던 비밀결사는 라오케와 신케의 이해가 엇갈리면서 여러 방군幇群의 정부로 분열됐다. 분열 이후의 비밀결사는 정치적 기능보다 각 방군 거상의 사업을 지원하는 경제적 비중이 확대됐다.

방군의 정부로 분열된 이후 페낭 비밀결사의 상황에 좀 더 들어가 보자. 19세기 전반 페낭을 거점으로 해협 일대에 해운과 교역을 확장해온 복방의 상인들은 징세청부권을 독점하면서 부를 키우고 자본을 축적했다. 1806년 코라이환의 진정서 사건에서 보이듯 하나의 비밀결사, 단일한 화인의 정부로 유지되기 힘들 정도로 이미 페낭 화인사회의 분화가 급속하게 진행됐다. 소수의 라오케와 다수의 신케로 이뤄진 방파가 연합해 페낭 화인사회의 자치정부로서 출범한 의흥회는 분열됐고, 마침내 1844년 12월 30일 페낭 복건 5대 성씨는 쿠섹촨Khoo Sek Chuan邱石泉(?~1871)의 후추농원인 이화원怡和園에 모여 복방의 비밀결사 건덕당을 창설했다(張少寬, 2002:20). 의흥회를 뛰쳐나와 딴살림을 차린 것이다. 의흥회가 관우關羽를 신격화한 관제야關帝爺를 수호신으로 모신 것과 달리, 건덕당은 복건성 사람들이 신앙하는 토지신인 '대백공大伯公Toa Peh Kong'을 내세웠다. 건덕당은 대백공으로 의흥회의 관제야에 맞섰다. 페낭 비밀결사에는 이처럼 신권神權과 방권幇權이란 전근대적인 두 요소와 결합되었다.

건덕당은 페낭의 농원주이자 무역업자였던 쿠텡팡Khoo Teng Pang邱肇邦이 창설했다. 쿠텡팡의 원적은 복건성 장주부 해징현 신강촌이다.

건덕당은 회원의 수는 적었지만, 경제력에서 의흥회보다 월등했다. 건덕당 창설로 복건 출신 부자 라오케가 대거 빠져나간 의흥회는 내홍을 겪으며 지도부가 교체됐다. 1840년대 이후 페낭 의흥회는 광동성 출신의 리고우옌Lee Gou Yen李國英, 호기슈Ho Ghi Siew何義壽, 친아얌 Chin Ah Yam陳亞炎, 광동성 혜주惠州 객가 수아창Soo Ah Chiang蘇亞昌, 광동성 조주潮州 출신 커부안Khaw Boo Aun許武安, 복건 출신의 오위키Oh Wee Kee胡圍棋 등으로 지도부를 구성했다(Wynne, 1941: 268). 오위키는 복건성 출신이지만 건덕당 5대 성씨와 지연이 달라 의흥회에 남았다. 건덕당이 복건성 장주와 천주 출신 5대 성씨가 주도한 비밀결사라는 점을 재확인해주는 대목이다.

의흥회 새 지도부의 면면은 건덕당과 대비된다. 1859~65년 의흥회의 영수 리고우옌은 조지타운 비숍가에서 보석상을 운영했고, 1859~80년까지 의흥회 부영수를 지낸 오위키는 조지타운에서 빵과 정육을 파는 식료품점 주인이었다. 1873~99년 의흥회를 이끈 친아얌은 페락 주석광산으로 거부가 되기 전에는 페낭의 건설업자였다. 이들은 주석광산의 자본가, 아편 징세청부업자, 무역상이 주류인 건덕당 지도부와 재력에서 체급이 달랐다.

건덕당은 복방 5대 콩시가 주도했다. 사실상 5대 성씨의 거상들이 경제적 영향력을 확대하고 사업을 원활하게 운영하려 만든 조직이 건덕당이었던 셈이다. 콩시와 비밀결사가 동전의 양면이라는 사실을 단적으로 보여주는 사례가 5대 콩시와 건덕당의 관계이다. 1844년 창설이래 건덕당은 쿠씨가 이끌었다. 창립자 쿠텡팍은 1860년 일가인 쿠텐테익Khoo Thean Teik邱天德에게 수령 자리를 물려줬다. 쿠콩시 창립회원이자 무역업자였던 쿠궉차오Khoo Guek Chao邱月照의 아들로 페낭에서 태어난 쿠텐테익은 이를테면 금수저를 물고 태어난 셈이다. 후술하겠지만, 쿠텐테익은 1860년 건덕당의 2대 '토아코'에 올라 1890년 비밀결사금지법으로 건덕당이 해체될 때까지 장기 집권했다. 그는 동생 쿠텐포Khoo Thean Po邱天保를 건덕당의 2인자로 뒀다[25]

건덕당과 의흥회의 활동 범위는 페낭을 넘어선다. 건덕당은 해협 북부 주요 교역 거점마다 지부를 둘 정도로 복건 출신 유력 가문과 경제 활동을 함께했다. 태국의 사툰·트랑·크라비·푸켓, 버마 남부의 몰러먀잉Mawlamyin(Moumein)·더웨Dawei(Tavoy)·양곤, 수마트라 북동부의 아체·메단·랑캇·아사한, 그리고 말레이반도 서안의 커다와 페락에서 각각 건덕당의 지부가 활동했다. 지역 지부는 페낭의 복건 5대 성씨와 긴밀한 지역 유력 상인들이 지도부를 맡았다. 예컨대 양곤의 건덕당 지도부였던 탄뤼Tan Lwee는 해운과 정미업으로 거부가 되었으며, 1865년 버마의 멩돈Mengdon 왕이 만들래Mandalay의 은행 설립 때 그에게 지원을 요청하기도 했다(Wong, 2007: 62). 푸켓의 건덕당 지부는 주석 수출 독점권을 지녔던 푸켓의 카피탄 치나 탄가익탐Tan Gaik Tam陳玉淡이 이끌었다. 탄가익탐도 코라이환처럼 중국에서 반청反淸운동을 벌이다 1822년 페낭으로 이주했다. 푸켓 주석광산 개발의 선구자이자 페낭의 탄 콩시 창설을 주도한 인물이기도 하다(張少寬, 2002: 27).

건덕당은 지부 외에도 다른 비밀결사와 동맹관계를 맺기도 했다. 화인이 주도하고 말레이, 인도인, 자위 페칸에 문호를 개방한 비밀결사 화승和勝과도 손잡았다. 특히 말레이반도의 페락에선 객가의 비밀결사인 해산회와 동맹을 맺고 주석광산과 아편팜을 장악했다. 게다가 말레이인과 인도인의 비밀결사인 홍기회紅旗會Red Flag와도 동맹관계였다. 페낭의 복건 출신 거상들은 사업 독점을 지키기 위해 무력이 요구될 때나 아편팜의 밀수 금지 등 통제를 해야 할 필요가 있을 때면 언제나 건덕당과 그 동맹 결사들을 적절하게 활용했다. 건덕당만큼의 영향력은 아니지만 의흥회도 버마 남부, 태국 남서부, 말레이반도 서안, 수마트라 동안에 지부를 두었다. 건덕당과 마찬가지로 페낭의 의흥회도 여러 지부를 거느린 지역의 본부였다.

달리 말해 페낭의 비밀결사는 해협 북부 지역을 아우르는 '비밀결사의 비밀결사'였다. 페낭 화인권 내부에 두 개의 화인 '정부'가 경쟁했던 것이다. 이는 영국 식민 당국의 교묘한 분할통치의 결과이기도 하다. 프랜시스 라이트가 코라이환을 '늙은 여우'라고 했듯이 영국 식민 당국의 뿌리 깊은 인종주의는 중국인 이주자를 신뢰하지 않았다. 식민 당국은 경제력이 우월한 건덕당과 손잡았지만 의흥회를 홀대하지도 않았다. 이들의 경쟁이 영국에 이득이었다. 분할되어야 통치가 수월했다. 특히 두 비밀결사가 이권을 다투는 거상들을 대신해 유혈 분쟁도 마다하지 않으며 깡패 집단이란 오명을 쓰게 된 근원적인 배경은 영국의 무능한 식민지배와 아편팜이었다.

04

아편과
쿨리

생태학에서는 일정 지역의 생태계에서 생태 군집을 유지하는 데 결정적인 역할을 하는 종을 핵심종核心種keystone species이라 한다. 그 종이 멸종하면 다른 모든 종의 종 다양성을 위협할 만큼 영향이 크다는 의미에서 핵심종이다. 핵심종의 대표적인 예시가 아프리카 사바나의 코끼리이다. 아프리카코끼리는 열대 초원을 누비며 막대한 목초를 먹고 또한 많은 양을 배설한다. 나무가 없어진 자리에는 풀들이 자라 일대의 초식동물들이 모여들게 되고, 초식동물을 잡아먹기 위해 다시 사자·표범과 같은 육식동물들이 모여든다. 또한 코끼리의 배설물은 땅 속에 사는 곤충들의 먹이가 되고, 곤충은 땅을 헤집으며 풀들이 자랄 수 있는 기름진 땅을 만든다. 이렇게 사바나의 생태계가 유지된다. 여기서 아프리카코끼리가 없다면 사바나의 생태계는 평형이 깨지고 만다는 것이다.

역사학자 칼 트로키(Trocki, 1999)는 세계체계World System의 관점에서 18세기 후반 이래 유럽의 아시아 진출을 천착하면서, 아시아의 유럽 제국이란 생태계의 핵심종으로 아편을 꼽았다. 그리고 영국이 제국 건설에서 전략적으로 아편무역을 독점한 것은 "연금술사보다 더 교활한 것"이라고 덧붙였다. 트로키는 "유럽의 서세동점이 단지 총과 돈과 조직으로 이뤄진 것일까?"라고 묻고, 아편이 하나의 해답이라고 말한다. 그간 서양의 아시아 식민지 확장에 관해 유럽의 기술, 군사적 우위, 국민국가의 단합된 힘, 근대 산업의 생산력 등이 언급되었던 것과는 다른 관점이다.

트로키의 논지는 이렇다. 17세기 초 암본 학살 사건 이후 네덜란드에 밀려 인도 경영에 주력해온 영국은 1729년 중국 광주에 상관을 개설하며 중국과의 무역에서 네덜란드보다 한발 앞서기 시작했다. 영국 동인도회사가 중국산 차 무역을 선점했다. 18세기와 19세기 초 영국 동인도회사의 주요 관심사는 중국과 영국의 차 무역이었다. 영국은 중국에서 차를 가져가고, 중국에 모직물과 철제 상품을 팔았다. 주지하듯 당시 영국은 중국에서 차와 도자기를 사가야 했지만, 모직물 등 영국산 제품은 재고가 쌓였고 그나마 헐값에 팔아야 했다. 당연히 영국의 대중국 무역은 연간 5퍼센트의 적자를 냈다. 그 적자를 인도산 아편으로 메웠다. 1757년 플라시전투 이후 파트나, 비하르, 베나레시 등 인도의 아편 생산지를 장악한 영국은 1773년 아편무역 독점권을 영국 동인도회사에 귀속시켰다. 영국이 인도산 아편의 생산과 판매를 독점한 것이다. 이때부터 영국과 중국의 1차 아편전쟁(1840~42)까지의 기간은 아편무역의 전성기이자 영국 제국의 형성기이기도 했다. 인도-중국 교역로는 영국에게 '아편 루트'였다. 아편 루트를 따라 아편은 "아시아 교역시장에서 최초의 완전한 상품"이 됐다. 아편 덕에 영국은 제국을 유지했고, 아편으로 중국의 은을 손에 넣은 영국과 미국의 상인들은 산업자본가로, 금융자본가로 성장할 수 있었다. 그리고 페낭의 중국 상인들은 아편 징세청부를 통해 자본을 축적했다.

동남아시아에서 아편무역은 영국의 핵심 사업이었다. 19세기 전반까지 인도의 아편 생산과 수출을 독점적으로 통제한 영국은 동남아 아편무역에서 압도적인 지위를 차지했다. 네덜란드와 프랑스의 식민지 재정을 지탱한 것도 역시 아편 징세청부제, 즉 아편팜이었다. 아편팜은 동남아 유럽 식민지에서 핵심 중의 핵심이었다(Butcher, 1983). 그런데 프랑스와 네덜란드는 아편을 자체 생산할 수도 있었지만, 영국이 독점 생산하는 아편을 사들여 파는 데만 열중했다. 달리 말해 유럽 제국주의는 저마다의 식민지에서 징세청부제를 통해 아편무역을 통제하고, 이문을 남기기로 하고 영국과 협력했던 것이다. 이러한 현상은 19세기 말까지 이어졌다. 에릭 홉스봄의 관점으로 본다면, 영국의 페낭 점거와 때를 같이 하는 18세기 말에서 1914년 제1차 세계대전까지 '장기 19세기'에 동남아 유럽 식민지가 전근대적인 아편팜에 의존했다는 것은 여간 아이러니컬하지 않다. 그래서 트로키는 1780년 이래 20세기 초까지 동남아시아의 유럽 식민지를 '아편 체제opium regime'로 규정한다.

동남아 유럽 식민지가 아편을 중심축으로 굴러갔다는 점은 부인할 수 없다. 유럽 열강은 아편 없이는 아무것도 할 수가 없었던 '싸구려 제국'이었던 셈이다. 그렇다면 '아편 루트'의 길목에 위치한 영국 식민지 페낭으로, 그리고 거기서 다시 화인사회로 초점을 좁히면 어떻게 될까? 유럽의 아시아 제국에서 아편이 핵심종이었다면, 19세기 페낭 화인사회에서 사바나의 코끼리 역할을 했던 것은 아편 징세청부제, 즉 '아편팜'이었다. 페낭 화인사회의 생태계를 좌우하는 것은 아편 그 자체라기보다 아편팜이었던 것이다. 영국이 아편의 생산과 무역을 독점했다면, 페낭의 화인엘리트는 페낭과 말라카해협 북부 지역의 아편팜을 장악했다. 아편을 파는 자도, 아편을 소비하는 자도, 아편으로 거부가 되는 자도, 아편으로 금의환향의 꿈을 연기 속에 날려버려야 했던 자도 모두 중국인이었다.

페낭의 화인사회에서 아편팜의 의미는 징세청부제 그 이상이었다. 영국이 식민지 재정을 위해서만 아편팜을 제도화한 건 아니지만, 중국인도 아편팜을 돈벌이로만 여기지 않았다. 아편팜으로 페낭 화인사회의 엘리트는 자본을 축적하고, 노동을 장악했다. 아편팜을 중심으로 화인의 정부였던 비밀결사는 방군의 정부로 재편되고, 복방의 거상들은 5대 콩시로 뭉쳤다. 초기부터 아편팜이란 핵심종을 장악한 페낭 화인사회의 페라나칸-복방 동맹은 자본을 축적하며 19세기 중반 이후의 '자본의 시대'를 준비했다.

돈이 열리는 나무
'아편팜'

말라야에서 중국인의 공적은 꺼지지 않을 빛과 같다. 백인이 말라야에 발을 딛기 이전부터 중국인은 이미 광부로서, 상인으로서, 농부이자 어민으로서 힘들여 말라야를 개발해왔다. 백인도 처음에는 중국인의 재력으로 길을 내고, 토목 공사를 했으며, 행정 비용도 그들의 재력에 의존했다.…… 중국인은 유럽인이 할 수 없는 것을 해낸다. 정부 세입의 10분의 9는 중국인이 부담한다. 말라야의 오늘은 중국인에 힘입은 바가 대단히 크다(Swettenham, 1908: 231~232).

말레이국연방 총주재관과 해협식민지 총독을 역임한 프랭크 스웨트넘이 중국인을 두고 이런 평가를 했다. 중국인이 영국 식민지에서 밀림을 밀어내 농원을 개척하고, 주석을 캐고, 무역을 주도한 것은 어렵지 않게 수긍되지만, 해협식민지 정부 세입의 90퍼센트를 감당했다는 건 고개를 갸웃거리게 한다. 하지만 스웨트넘의 평가는 빈말이 아니다. 해협식민지 정부 재정의 90퍼센트를 담당한 건 중국인이었다.

내막은 이렇다. 자유항이었던 페낭은 수출입 관세가 없었다. 1860년대까지 페낭이 소속되어 있던 해협식민지의 세입 항목은 징세청부제 수입, 영업세의 일종인 술집 등의 인허가세, 인지세, 토지세와 정부 토지 임대료, 치안과 도로 정비 등 공공서비스를 위해 주택과 마차 등에 부과하는 지방자치세municipal taxes 등이었다. 페낭의 경우 1791년 아편팜이 개시된 이래 페낭 식민 당국은 재정의 30~60퍼센트를 아편팜의 전매료로 채웠다. 19세기 싱가포르를 포함한 해협식민지 정부의 사정도 마찬가지였다. 1874년 이후 영국령 말라야에는 후추, 감비아, 사탕수수, 커피, 고무 등 환금작물과 주석 등의 원료상품에 부과된 수출세가 주요 세원이 됐다. 주석을 비롯한 후추와 감비아 등 원료상품의 생산자도 중국인이었다. 식민지 재정의 9할을 중국인이 부담했다는 건 그래서 나온 말이다. 중국인이 그렇게 할 수 있었던 원천이 아편팜이다. 아편팜은 19세기 유럽인들이 '사실상 돈이 열리는 나무virtual

●
파트나의 아편
1850년대 아편 재배 중심지였던 인도 비하르주 파트나의 아편 제조 과정.
인도 농민들이 항아리에 담아 납품한 아편 수액은 검사실(①)을 거쳐 혼합실(②)로
옮겨진다. 혼합실 탱크에서 걸쭉한 아편 시럽을 만들고
이를 가공실(③)에서 생아편 덩어리ball로 만든다.
건조실(④)에서 숙성을 거쳐 저장실(⑤)에 보관되는데,
당시 파트나의 저장실에는 90만 파운드 스틸링어치의 생아편 덩어리 30만 개를
보관할 수 있었다. 이 생아편은 아편 전용 선박(⑥)에 실려 동아시아로 운송되었다.
위의 그림의 원본은 영국군 월터 셔윌Walter S. Sherwill 중령이
1850년에 제작한 석판화이다.
〈MIT Visualizing Cultures〉

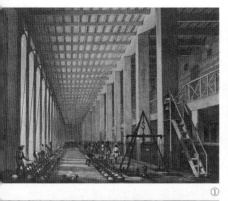

①

②

③

④

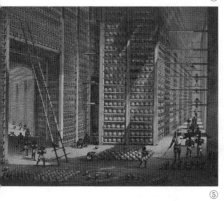

⑤

⑥

money tree'라고 할 정도로 이문이 많이 남는 사업이었다(Cushman, 1986: 76).

'아편 체제'의 핵심종인 아편과 아편 무역은 어떻게 이뤄진 것일까? 영국이 인도 지배를 굳힌 뒤 가장 먼저 한 일 가운데 하나가 인도산 아편의 생산과 무역 통제였다. 아편 독점권을 확보한 영국 동인도회사는 페낭을 '아편 루트'의 전진 기지로 삼은 무렵부터 중국과 동남아의 아편 교역을 본격화했다. 인도총독부는 아편 재배를 통제하고 생아편을 제조할 뿐, 직접 아편을 팔지는 않았다. 크게 두 단계로 나뉜 아편팜이란 간접적인 방식을 채택했다. 우선 인도산 아편을 경매로 도매 무역상에게 팔았다. 3년 단위로 이뤄지는 인도산 아편 경매에서 전매권은 소수의 영국과 미국 무역상에게 돌아갔다. 19세기 영국과 미국의 산업과 금융계 거물 상당수가 이러한 아편 도매로 부를 축적했다. 인도산 아편의 아시아 판매권을 보장받는 대가로 지불한 아편상들의 돈이 인도총독부 재정의 20퍼센트를 충당했다. 생산만 통제하고 거래는 소수의 아편 도매상인들에게 떠넘김으로써 '마약 장사'라는 비난의 화살을 피한 졸렬하면서도 교묘한 영국적 수법이다. 물론 아편 가격과 교역 물량을 통제한 인도총독부가 아시아 생아편의 독점 공급자라는 사실에는 변함이 없다. 1780년 들어 인도-중국을 직항하는 아편 전담 쾌속범선Clipper이 말라카해협을 빈번하게 통과하기 시작했다. 당시 말라카해협을 장악하고 있던 네덜란드는 아편 무역상의 쾌속범선 통과를 묵인했다. 영국의 '아편 체제'에 동참했던 것이다.

인도총독부의 아편팜 경매에서 낙찰된 소수의 아편 무역상들은 중국으로 가는 길에 페낭에서 일정 양의 인도산 생아편을 페낭 식민 당국에게 넘겼다. 페낭 식민 당국이 이를 다시 경매로 넘긴 것이 페낭 아편팜이고, 페낭의 아편팜은 소수의 페낭 화인 거상의 수중에 들어갔다. 페낭의 아편 가운데 일부는 페낭의 아편팜에서 소비되고 나머지는 인근 지역으로 수출됐다. 페낭은 애초부터 말라카해협 북부의 아편 공급지였던 것이다. 그리고 해협 북부에서 인도산 생아편을 가공하고 판매를 독점한 주역이 페낭의 아편파머, 즉 화인 거상들이었다.

인도에서 만들어진 아편은 반가공품이다. 아편 소비자가 흡입할 수 있으려면 정제와 가공 과정을 거쳐야 한다. 그래서 생아편이다. 아편 무역은 50킬로그램 생아편 한 상자chest를 단위로 했다. 한 상자에는 공처럼 생긴 40개의 생아편 덩어리ball가 들어있다. 생아편 덩어리를 물이 담긴 구리 냄비에 끓여 불순물을 없애는 정제 과정을 거치면 검은색의 진득한 시럽이 된다. 이것이 흡입할 수 있는 아편, 즉 말레이어로 찬두chandu이다. 찬두는 타힐tahil(37.6그램)과 훈hoon(37.6밀리그램)으로 계량됐다. 1훈은 1타힐의 100분의 1이다. 아편 가게에서는 1타힐이나 2타힐짜리 찬두와 7훈(2.63그램)짜리 찬두가 팔렸다. 7훈짜리 찬두가 통상 한 번의 흡연 분량이었다. 중국과 동남아에서 보통의 아편 흡연자는 하루에 1~2타힐 정도를 소비했다고 한다. 아편파머들은 찬두를 팔기만 하는 아편 가게와 흡연 시설을 갖춘 아편굴도 운영했다.

생아편을 사들여 찬두로 가공해 판매하는 일은 페낭 식민 당국이 주관하는 경매에서 아편팜을 따낸 중국인 업자들의 몫이다. 여기서 용어를 재점검하기로 하자. 우리는 팜farm이라고 하면 농장을 떠올리기 십상이다. 하지만 18~19세기 유럽과 아시아의 유럽 식민지에서 팜은 징세청부제를, 파머farmer는 농부peasant가 아니라 징세청부업자를 가리켰다. 프랑스어로 'farm'은 세금을 정부가 걷지 않고 민간에게 징세를 위탁하는 것을 의미한다. 영어에 그대로 차용되다 보니 혼선을 주게 됐다. 19세기 페낭에서 팜farm은 징세청부제revenue farming system의 줄임말로 통용됐다. 아편을 대상으로 한 징세청부제를 '아편팜'이라 하고, 아편팜 업자를 '아편파머'라 했다. 아편팜은 일종의 소비세이다. 요즘 소비자는 상품을 구입할 때 '부가가치세'를 함께 낸다. 하지만 징세를 정부가 강제할 행정의 근육이 없었던 18세기 페낭에서는 아편 판매의 전매권을 업자에게 넘기고, 식민 당국은 청부업자에게서 소비세처럼 걷었던 것이다.

1791년에 개시된 페낭의 아편팜은 재정난의 식민 당국으로서는 가장 중요한 세원이었고, 중국인 업자에게는 매출과 이익의 규모가 큰 사업이었다. 페낭에서 아편팜을 확보한 업자는 일정 기간, 특정 지역에서 아편 판매의 독점권을 갖게 된다. 통상 아편팜의 계약은 3년 단위로 했지만, 페낭에서는 19세기 전반까지 2년 단위로 했다. 가장 높은 가격을 써내는 쪽이 낙찰하는 경쟁 입찰 방식이었지만, 높은 금액으로 응찰한다고 해서 반드시 낙찰되는 건 아니었다. 식민 당국의 '정무적 판단'이 고려됐다는 의미다(Butcher, 1983:387~8). 전매권을 확보한 업자는 약속한 전매료에 상당하는 부동산을 담보로 제공하거나 연대보증인을 세워야 한다. 아편파머가 전매료를 납부하지 않으면 식민당국은 담보로 잡힌 부동산을 처분해 세수 손실에 대처했다. 하지만 1812년의 조지타운 대화재나 전염병이 창궐하는 등의 재해가 발생하면 업자의 전매금을 낮춰주거나 일정 기간 면제해주기도 했다.

아편팜을 확보하려면 자본이 필요했다. 우선 생아편을 구입할 목돈이 있어야 하고, 생아편을 찬두로 가공하는 공장도 갖춰야 한다. 아편 가게나 아편굴을 여러 곳에 열 수 있는 재력도 필요했다. 이익과 직결되는 아편 밀거래를 막기 위한 조직을 갖추는 것도 아편파머의 몫이다. 그래서 아편팜은 19세기 초 페낭에서 가장 자본집약적 사업이었다. 그리고 트로키의 말처럼 아편은 '최초의 완전한 상품'이었다. 현금 장사였고, 당시 어떤 사업보다 이문도 컸다. 부자가 아니면 뛰어들 수 없는 영역이었지만, 점차 개인이 감당하기는 벅찰 정도로 아편팜의 규모가 빠르게 커졌다. 그래서 페낭의 부자 상인들이 고안한 방법이 투자자 조합인 아편팜 신디케이트였다. 당시 페낭의 중국인들은 아편팜 신디케이트도 '콩시'라 불렀다.

아편팜 신디케이트는 페낭의 중국인들이 창안한 자본주의적 제도였다. 이를 두고 동남아의 자본주의가 서양 식민지화로 생겨난 것은 맞지만, 자본주의화는 서양 상업자본이 의식적으로 이식한 것이 아니라 중국인들이 만든 것이었다는 해석이 나오는 것이다(Trocki, 2002: 298~300). 아편팜의 설계자는 영국이지만, 아편팜을 실제 작동하게 만든 건 중국인이란 뜻이다. 아편팜을 계약한 개인은 아편팜 신디케이트의 최대 투자자이거나 대표였다. 그는 아편팜의 판매 구역을 잘게 쪼개 소규모 업자에게 하청을 주고, 이익을 투자자에게 배당하는 경영자였다. 물론 아편팜 사업의 최대 적인 아편 밀거래를 차단하는 책임도 그의 몫이었으니, 비밀결사와 밀착되지 않을 도리가 없었다. 아편팜의 이윤은 신디케이트 투자자에게 현금으로 배당됐고, 배당금은 투자자에게 기존 사업 확장이나 신규 사업 진출의 '자본'이 됐다. 페낭의 화인 상인에게 아편팜은 자본 축적의 핵심 원천이었던 셈이다.

초기 페낭에서 교역하는 디아스포라 화인이 사업 기반을 갖춘 상인이라고 해도 자본가 집단으로 보기는 힘들다. 페낭의 유럽인 상인들이 자본을 대췄을 가능성은 있다. 실제로 코라이환은 1794년 페낭의 숭에이 클루앙에 후추농원을 열면서 제임스 스콧에게서 땅을 담보로 잡히고 1,300달러를 연 12퍼센트의 금리로 빌렸다(Hussin, 2007: 266 주38). 하지만 19세기 전반 페낭에서 서양 상인들의 자본 투자는 아시아계의 그것에 크게 못 미쳤다(Chuleeporn, 2009: 112). 이런 점에서 페낭 화인 상인의 자본 축적에 다른 원천이 있었을 것이란 추정은 자연스럽다.

후술하겠지만, 복건 출신이 주도한 페낭의 거상들은 19세기 중반 이후 '페낭 화인권'에서 서양 자본을 압도했다. 그 거대한 자본을 어떻게 축적하고 조직한 것일까? 중국인 특유의 근면성과 타고난 축재 능력, '중국인의 세기'에 마련된 전통적인 중국인의 교역 네트워크, 지연과 혈연 등으로 얽힌 '꽌시關係'만으로는 페낭 중국인 거상들이 자본가-금융가로 성장한 이유를 설명하기에 부족하다. 페낭 중국인 거상의 자본 축적은 전통적이지 않았기 때문이다. 아편팜이 그 모자라는 설명을 채워준다.

페낭의 아편팜은 초기부터 이윤이 막대했다. 1825년 페낭 식민 당국은 징세청부제의 실태를 조사한 바 있다. 이때 아편팜의 이익률은 70퍼센트가 넘는 것으로 식민 당국은 추산했다(Hussin, 2007: 253~261). 근거는 이렇다. 1820년대 프라이 지역을 포함한 페낭의 아편 소비자는 1만 명에 달했다. 이 중 절반가량인 5,000명은 매일 아편을 소비한다. 이들을 상대로 연간 판매되는 생아편은 31.5상자(1,575킬로그램)였고, 이를 찬두로 가공해 팔면 1825년 기준으로 10만 800달러어치가 된다. 당국은 아편팜의 1년 운영 경비를 3만 달러로 계산했다. 여기에는 생아편 구입비와 아편팜 전매료 지출 및 기타 비용이 포함됐다. 1년 매출액 10만 800달러에서 비용 3만 달러를 빼면 업자에게 돌아가는 순이익이 7만 800달러이다. 매출 대비 이익률이 70.23퍼센트에 달한다는 것이다.

1870년대의 아편팜의 이익을 추정해볼 수 있는 또 다른 기록이 있다. 페낭 식민 당국의 수장인 해협식민지 부지사 아치볼드 앤슨Sir Archibald Anson은 1920년에 펴낸 회고록에서 1870년 페낭의 아편파머에게서 500달러의 생아편 한 상자를 찬두로 만들어 팔면 1,800달러어치가 된다는 말을 들었다고 했다.[26] 가공과 운영 비용을 알 수는 없지만, 500달러의 생아편 구입 비용과 1,800달러의 매출을 단순 계산하면 이 또한 이익률이 72퍼센트나 된다. 중국인이 100달러어치 아편을 피우면 아편파머가 70달러를 갖고 가는 구조이니 아편팜은 수지맞는 사업이었음에 틀림없다.

아편팜을 확보한다는 건 아편 전매 이익을 독점하는 데 그치지 않았다. 아편과 밀접한 술과 도박, 전당포와 매음굴의 징세청부와도 관련된다는 점에서 엄청난 이권이었다. 1880년대 들어 징세청부제는 여러 품목을 대형 아편팜 신디케이트에 일괄 도급하는 종합팜general farm으로 전환되기 시작했다(Butcher, 1987: 389). 게다가 아편팜은 단순한 이권 사업이 아니었다. 아편파머가 되기 위해서는 화인사회의 정부인 비밀결사를 장악하고 영국 식민 당국의 신임도 확보해야 했다. 1826년 카피탄 치나 제도를 폐지한 이후 영국 식민 당국이 화인사회를 통제할 수 있었던 것은 화인 거상 엘리트와 아편팜을 통해 비밀스런 동맹을 맺었기에 가능했다. 아편팜에서 경제적 이권과 사회적·정치적 권력은 동전의 양면과 같았다.

아편의 소비자가 대부분 중국인이었고 아편팜을 중국인이 차지한 것은 당연했지만, 1791년 이래 복건 출신이 아편팜을 독점했다는 점은 특기할 만하다. 자료로 확인되기로는 페낭의 아편팜이 복방의 손을 떠난 기간은 1820년대의 3년간과 페낭 폭동이 일어난 1867년의 1년 등 총 4년에 불과하다(Hussin, 2007; Wong, 2006). 복방 비밀결사 건덕당은 5대 성씨의 작은 정부이자 아편팜 신디케이트의 본부였던 셈이다.

이익률 70퍼센트의 엄청난 이문의 사업이라면 경쟁이 어떠할지는 짐작하기 어렵지 않다. 70퍼센트까지 이익이 나지 않는다 해도 부가적인 이득까지 고려한다면 페낭의 화인 상인에게 아편팜은 거부로 도약하느냐 잡화점 주인으로 남느냐를 결정하던 갈림길이었던 셈이다. 거상巨商으로 가는 고속도로이자, 자본 축적의 지름길이 아편팜이었다. 19세기 페낭의 거상치고 아편팜과 무관한 이는 찾아보기 힘들다. 해골정부 아래서 페낭의 화인사회가 저마다의 콩시와 비밀결사로 나뉘어 아편팜 독점권을 확보하려 갈등했던 이유였다.

하지만 아편팜의 비밀은 수치로 계량된 이문의 크기에만 있지 않다. 1840년대 들면서 페낭의 아편팜은 한 차원 진화했다. 19세기 초의 페낭 아편팜이 중국인 부자 상인의 자본 축적 수단으로 기능했다면, 19세기 후반의 아편팜은 자본을 축적한 페낭의 자본가들이 해협 북부의 노동까지 장악하면서 자본의 이익을 강화하는 핵심 기제였다. 아편팜과 '쿨리무역'이 결합된 것이다.

'새끼돼지' 또는 쿨리

스탬포드 래플스는 싱가포르를 점령한 지 4년 되던 해인 1823년 5월 1일 자로 '중국인 노동자 이민에 관한 법'을 공표했다. 이는 '외상 뱃삯 방식credit-ticket-system'을 규제한 법령이었다(Blythe, 1947: 68). 가난한 중국인 노동자들이 여객선 운임 등 여행 경비를 마련할 수 없어 빚을 지고 이주해서 일정 기간 노동을 해서 갚는 일은 흔했다. 이를 외상 뱃삯 방식이라 했는데, 이주노동자를 '채무 노예'로 만드는 악랄한 수법이었다. 그래서 래플스는 이 문제에 관해 뱃삯의 빚을 갚아야 하는 의무노동 기간을 2년 이내로 할 것과 이주노동자의 뱃삯이 20달러를 넘지 못하도록 법을 제정했던 것이다.

래플스가 이 법을 공표하던 당시 싱가포르의 지위는 여전히 어수선했다. 1819년 래플스의 싱가포르 점령을 두고 영국과 네덜란드는 무력만 동원하지 않았을 뿐, '서류 전쟁' 상태였다. 네덜란드가 싱가포르와 말라카해협의 관할권을 영국에 넘긴 영국-네덜란드의 런던조약은

1824년에야 체결되었다. 래플스의 외상 뱃삯 규제법은 이런 상황에서 나왔다. 물론 래플스의 싱가포르도 프랜시스 라이트의 페낭처럼 '해골 정부'였고, 법을 강제할 행정의 근육은 당연히 없었다. 하지만 현지 무역상이었던 라이트와 달리 행정관이었던 래플스가 싱가포르 건설 초기부터 외상 뱃삯 방식의 규제를 중요한 정책 과제로 여겼다는 점만은 분명해 보인다. 무엇보다 래플스의 규제법이 알려주는 바는 '쿨리 무역'이 중국인의 해외 도항 금지가 풀린 1860년 북경조약 이후의 일이 아니라는 사실이다.

법령 공표 날짜가 훗날의 노동절(5월 1일)과 겹친다는 점이 공교롭기는 하지만, 외상 뱃삯 규제법 제정을 래플스의 혜안으로 돌려야 할까? 래플스는 싱가포르 점령 이전부터 중국인 노동자의 외상 뱃삯 이주의 문제점을 실제로 목격했을 가능성이 아주 높다. 바로 페낭에서이다. 페낭에 1805년 인도총독 직할의 지사부가 개설됐다. 이때 래플스는 스물넷 나이에 페낭지사의 비서관으로 임명돼, 1811년까지 6년간 영국 동인도회사 소속의 식민지 관리로 일하며 페낭을 학습했다. 그가 결혼한 곳도 페낭이고, 그의 누이 두 명도 페낭에서 가정을 꾸렸다

●
쿨리무역
뱃삯을 빚진 중국인 이주노동자들은 노예처럼 낯선 일터로 팔려갔다.
'새끼돼지豬仔'로 불린 이들의 노동 이주를 '돼지무역pig trade',
혹은 '쿨리무역coolie trade'이라 했다. 담배농원으로 팔려가기 위해
1903년 수마트라 북동부 메단의 벌라완 항구에 하선한
중국인 쿨리들이 부두에서 대기하고 있다.
〈KITLV〉

(Hussin, 2007: 298). 그의 싱가포르 설계도에 페낭의 시행착오가 반영되었음은 불문가지이다. 래플스가 거주하던 1810년 페낭 조지타운의 중국인 인구는 5,000명을 넘었고, 1800년에 추가로 영국에 할양된 페낭 섬 건너편 커다의 프라이에는 유럽인들이 몰려가 농원 개발이 한창이었다. 중국인 이주노동자의 실상을 래플스가 몰랐을 리 만무했다.

초기부터 페낭에는 후추농원이 개발됐다. 프랜시스 라이트가 페낭을 후추 재배 기지로 만들 생각을 하고 카피탄 치나 코라이환을 수마트라의 아체로 보내 후추 묘목을 가져오게 한 게 1790년의 일이다. 그리고 그 이듬해 페낭에서 아편팜이 개시됐다. 이는 후추농원 개발과 중국인 아편 소비자의 상관관계를 짐작하게 한다. 1794년에 페낭의 중국인 인구는 3,000명을 넘어섰다. 1798년 페낭의 후추농원은 700에이커(약 86만 평)에 달했고, 50만 그루의 후추가 재배됐다(Joseph, 2008:8).

영국 식민 당국이 후추 재배를 포기한 1825년까지 후추는 페낭에서 생산된 가장 중요한 수출 품목이었다. 후추를 시작으로 육두구와 정향,[27] 사탕수수, 코코넛 등 농원 개발은 프라이를 포함한 페낭에서 19세기 말까지 대규모 노동자를 고용하는 유일한 생산 부분이었다. 물론 1788년 8월 이미 조지타운에 71개의 점포가 문을 열었을 정도로 페낭은 교역과 상업의 도시였다(Hussin, 2006: 186). 중국인 해운사와 무역회사에 선원과 점원 등의 노동력이 필요했고, 인구가 늘어나는 도시에서 각종 일손도 덩달아 필요했을 것이다. 그러나 페낭의 인구를 급속히 늘리고, 중국인 노동자를 대규모로 끌어들인 것은 후추에서 시작된 페낭의 농원 개발이었다.

1840년대 들어 중국인의 농원 개발이 확대되었지만, 초기의 대규모 농원 소유주는 대부분 유럽 상인들이었다. 이들이 무상불하된 토지를 대거 독식했던 탓이다. 하지만 초기 유럽인 농원의 노동자는 대부분 중국인이었다. 중국 광동성 일대의 가난한 농부들이 뱃삯을 외상으로 한 채 페낭으로 왔다. 그중에서도 조주潮州 출신이 일찍부터 농원 노동 자로 각광을 받았다. 내지 못한 뱃삯을 후추농원주가 대신 갚는 조건 으로 중국인 이주노동자들은 3년간 부채 노동을 해야 했다. 노동자들 은 3년 뒤 후추 작황이 좋으면 농원주와 성과를 나눠 갖는 방식으로 일했다. 1820년에 출간된 중국의 여행문학서인 《해록海錄》에는 "(18세 기 말) 페낭에서 후추를 재배하는 자가 1만 명이 넘는다"란 기록도 나 온다.[28] 과장된 표현이기는 해도 1790년대 이미 페낭에는 많은 수의 중국인 이주노동자가 있었음을 엿볼 수 있다. 페낭 건설 초기 후추농 원 노동자의 대다수가 바로 '새끼돼지猪仔' 혹은 '쿨리'였다.

페낭에 이주한 중국인 노동자가 모두 외상 뱃삯 방식에 의존한 쿨리 는 아니었다. 하지만 '자유이민'을 표방한 영국 식민 당국은 이주노동 자를 확보하는 데 골몰했지, 그들이 노예 혹은 돼지처럼 팔리는 존재 인지는 안중에 없었다. 영국 식민 당국이 중국인 이주노동자가 페낭행 뱃삯을 지불했는지 외상으로 했는지를 조사하고 기록으로 남기기 시 작한 것은 페낭을 점거한 지 한 세기 뒤인 1880년대의 일이다. 1891년 해협식민지 노동위원회의 보고서에 따르면, 뱃삯을 외상으로 한 '새끼 돼지'는 1880년 페낭에 입국한 중국인 이주자 3만 886명 가운데 1만 3,444명(44퍼센트)이었고, 1881년에는 전체 이주자 4만 2,056명 가운데 2만 794명으로 절반에 달했다. 페낭의 전체 이주자 가운데 저자가 차 지하는 비율은 1880년대 전반의 40~50퍼센트에서 후반엔 30퍼센트 로 낮아졌다(Tang, 1970: 85). 1880년대 들어 쿨리무역이 퇴조하기 시작 했다는 점을 감안한다면, 1790년 페낭에 후추농원이 개발되기 시작한 이래 뱃삯을 빚진 페낭의 이주노동자 비중은 19세기 후반보다 결코 낮지 않을 것으로 추정된다.

19세기 세계 각지로 퍼져나간 중국인 노동자를 통상 쿨리coolie苦力라 한다. 식민지 개발을 위한 노동력 수요가 높은 영국 등 유럽 제국주의국들은 주로 중국 남부의 연안 지역에서 노동자를 모집해 식민지로 송출했다. 이른바 쿨리무역이다. 쿨리무역의 특징을 보여주는 한마디가 바로 '무역'이다. 중국인 노동자를 '사람'이 아니라 '상품'으로 간주했다는 뜻이다.

영어의 쿨리coolie는 힌두어 'kuli'에서 왔고, 이것이 한자로 '고력苦力'으로 표기됐다고 한다. 쿨리란 말이 쓰이기 이전부터 중국에서는 팔려나가는 노동자를 '저자猪仔'라고 했고, 18세기 말부터 페낭에서는 '저자'를 광동 방언으로 '추이차이Chue Tsai'라 불렀다. 저자는 새끼돼지를 가리킨다. 쿨리무역을 '돼지무역pig trade'이라 하는 건 저자에서 비롯됐다. 저자라는 이름은 앞머리를 밀어내고 뒷머리만 길러 뒤로 땋는 중국 남자의 변발이 돼지 꼬리처럼 보인다고 해서 붙여진 것이라고도 한다. 사람을 돼지에 비유해 모멸감을 주는 용어가 저자무역 혹은 쿨리무역의 열악한 조건과 성격을 대변한다 하겠다.

세계적으로 보자면 쿨리무역이 19세기 들어 노예제가 잇달아 폐지되면서 확산된 것은 사실이다. 영국은 1833년, 프랑스는 1848년, 미국은 1860년, 네덜란드는 1863년, 스페인은 1870년 각각 노예해방령을 시행했다. 유럽 식민주의자들은 흑인노예를 대체할 노동력이 급했다. 중국에선 1860년 북경조약 이후 '대진율례大津律例'의 해외 도항 금지가 풀리면서 중국인의 이주가 자유화됐다. 도항 금지의 족쇄가 풀린 중국인이 영국 등 유럽의 식민지에서 흑인노예를 대체할 노동력으로 주목받으면서, 중국인 노동자가 상품처럼 팔리는 쿨리무역이 성행했다. 18세기 후반 페낭 후추농원에 '추이차이'란 이름으로 팔려간 중국인은 쿨리무역이란 말이 생기기 이전의 쿨리였다. 단지 중국 정부의 관점에서 보자면, 쿨리무역은 합법이고, 페낭에 팔려간 추이차이는 불법이었다는 차이만 있을 따름이다.

쿨리의 또 다른 이름은 '계약노동자indentured labour'이다. 임금노동자이지 노예는 아니라는 뜻이다. 이 말은 중세 잉글랜드의 계약하인 indentured servant에서 나왔다. 영국은 미국 개척 초기 이 방식으로 하인을 미국으로 보냈다. 영국인 주인에게서 뱃삯 등 여행 경비와 숙소를 제공받는 조건으로 미국에서 일정 기간 하인으로 일하던 이들을 가리켜 계약하인이라 했다. 적어도 외상 뱃삯 방식으로 이주한 19세기 페낭과 말라야의 쿨리는 계약노동자보다 계약하인에 가까웠고, 내용상으로는 빚 때문에 노예로 살아야 했던 '부채노예'와 다를 바 없는 '저자'였다. 1880년대까지 페낭의 농원과 페락의 주석광산에서 중국인 노동자를 쿨리라 지칭하는 건 너무 점잔빼는 표현인지 모른다. 강제 노동과 아편 중독이란 이중의 착취를 감안한다면 말이다.

쿨리무역은 '무역'이란 말에서도 드러나듯, 복잡한 교역 네트워크로 이뤄졌다. 중국 남부에 쿨리를 모집해 송출하는 조직, 쿨리 운송을 전담할 해운, 현지의 쿨리 수용소 등이 사업으로 얽혔다. 여기에 비밀결사가 개입했다. 1799년 페낭에서 열린 비밀결사 의흥회의 회합에 광동성 마카오澳門의 쿨리무역업자가 참석했다(李恩涵, 2002: 186). 페낭의 비밀결사는 애초부터 쿨리무역과 떼려야 뗄 수 없는 관계였던 것이다.

외상 뱃삯 방식의 쿨리무역 과정은 이렇다. 중국 남부에서 쿨리를 모집하고 목적지까지 운송 책임을 지는 쿨리 중개인을 저자두猪仔頭,

혹은 객두客頭, 고력두苦力頭라 했다. 이들이 쿨리의 뱃삯을 대신 내주고, 숙박과 승선 수속을 대행하며, 이주지에서 고용까지 알선한다. 19세기 중국 남부 일대에 저자두가 2,000명이나 됐다고 한다. 저자두는 수하에 모집인을 둔다. 모집인은 쿨리 1명당 1달러의 수수료를 받았다. 이 때문에 유괴와 납치가 끊이지 않았다. 중국 남부 연안의 농민과 어부를 강제로 붙잡아오기도 하고, 도박판에서 빚을 지게 한 뒤 빚 독촉을 하거나, 미인계로 유혹해 약이나 술을 먹여 배에 태우기도 한다. 이렇게 모집되는 순간 가난한 농민은 '빚을 진 새끼돼지' 신세가 된다. 모집인은 사람 사냥꾼이었던 셈이다. 모집된 쿨리는 목적지로 떠날 때까지 숙소에 감금된다. 이 숙소를 저자관豬仔館 또는 객잔客棧, 초공관招工館이라 했다. 저자두는 쿨리와 함께 목적지로 가서 고용주와 가격을 흥정한 뒤 쿨리를 판다. 고용주에게서 쿨리를 넘기고 받은 돈에서 여비를 제하고 남은 돈이 저자두의 이문이다. 고용되지 못한, 그러니까 팔리지 않은 쿨리는 페낭의 저자관에 감금된다.

1880년 이전 쿨리 실태를 보여주는 해협식민지 정부의 공식 자료는 드물다. 1877년에 개설된 화인보호관서의 초대 화인보호관을 맡은 윌리엄 피커링은 1872년 싱가포르에 부임했을 때 "싱가포르 해협식민지 정부에서 중국어를 말할 수 있는 유럽인 관리가 나 말고는 없었다"며 "매주 수많은 쿨리가 싱가포르를 드나들지만 영국 정부와 경찰은 이들에 관해 아무런 정보와 자료도 없다는 사실을 발견했다"고 말했다(Jackson, 1965: 18, 59). 중국인 쿨리를 관리하는 건 식민 당국이 아니라 전적으로 화인 비밀결사의 소관이었던 것이다. 화인보호관과 해협식민지 화인정무장관[29]을 지낸 W. L. 블라이드는 19세기 쿨리 실태에 관한 귀한 자료를 남겼다.

블라이드가 정리한 1854년 자료(Blythe, 1947: 72)에 따르면, "뱃삯을 외상으로 하고 이주해 1년간 계약노동을 통해 빚을 갚아야 하는 쿨리를 복건 방언으로 '신케Sinkeh新客'라 하고, 광동 방언으로는 '신학Sinhak新客'이라 했다. 신케는 1년 의무노동으로 빚을 다 갚으면 자유쿨리가 되며, 이때부터 '콩시'[30] 가입 자격을 얻는다." 이는 앞서 스탬포드 래플스의 노동자 이민법에서 확인된 바, 1820년대 2년이던 쿨리의 계약노동 기간이 1850년대에 1년으로 단축되었음을 보여준다. 물론 이는 식민당국이 제시한 가이드라인이어서 현장에서 실제 계약 기간 1년의 준수 여부는 별개의 문제이다. 쿨리와 관련해 '신케'는 외상 뱃삯 방식으로 이주해 1년간 빚을 갚아야 하는 계약노동자를 가리켰고, 빚을 갚은 노동자를 '라오케'라고 했다는 점이 흥미롭다. 아울러 블라이드는 당시 페낭에 연간 2,000~3,000명의 쿨리가 들어와 프라이, 태국, 말라야 등지로 나간다고 했다. 페낭이 이 지역의 쿨리 공급 기지였다는 의미다.

1876년 자료(Blythe, 1947: 73~74)에서 눈길을 끄는 점으로는 첫째, 뱃삯을 외상으로 하는 이주자가 지역별로 차이를 보인다는 점이다. "복건성 하문廈門이나 홍콩의 이주자들은 거의가 뱃삯을 자비로 부담한다. 해남海南 사람들은 일부를 제외하곤 대부분 외상으로 배에 오른다. 광동성 조주 사람은 대부분 농원 노동자로 이주하는데, 뱃삯을 자부담하는 이와 외상으로 하는 이가 반반"이라는 것이다. 뱃삯을 빚지지 않은 이주자는 현지에 상륙하는 대로 자신이 원하는 일을 자유롭게 골라 할 수 있다. 이들이 농원 노동을 자원하더라도 '저자'로서의 신케는 아니었다. 복건성 출신 이주자는 대체로 '저자'로 팔려오지 않았다는 것을 알 수 있다. 선불로 낼 때와 외상으로 할 때 뱃삯이 달리 계산됐다는 점도 흥미롭다. 1인당 자부담 뱃삯이 7~8달러인데 반해 외상일 경우 12달러로 4~5달러의 웃돈을 물린다는 것이다. 중개인이 부담하는 뱃삯 이외의 여행 경비가 포함한 것으로 보인다. 외상 뱃삯을 높이 책정한다는 건 쿨리의 빚이 그만큼 늘어난다는 뜻이다. 이는 동시에 쿨리무역업자와 현지의 고용주가 쿨리의 빚을 늘리는 게 이득이 된다고 여겼다는 의미이기도 하다.

그렇다면 뱃삯을 빚지고 페낭 땅을 밟은 신케는 어떻게 살았을까? 화인보호관서의 페낭 주재 부보호관 라이Wray는 1890년 페낭 사탕수수농원의 실태를 조사하며 이런 보고서를 남겼다.

나는 농원에서 신케로 시작해 원치 않는데도 계속 일하고 있는 노동자가 많다는 사실을 알게 됐다. 그중 일부는 애초의 의무계약 기간을 3~4년 전에 끝냈지만 빚 때문에 계속 일한다. 이들은 여전히 고용주에게 속박되어 있다는 강박을 갖고 있다. 한 노동자는 원치 않는데도 9년째 일하고 있다고 했다. 내가 조사할 당시에도 그는 여전히 빚이 있었다.…… 노동자들은 아무리 발버둥쳐도 페낭섬을 벗어날 수 없다고 이구동성이었다. 부두에는 감시원이 있어 허가증을 갖지 않고서는 배를 탈 수 없다고 했다.…… 빚이 있다고 해서 페낭을 떠나지 못할 이유는 없다고 내가 알려주자, 그들 중 30명이 당장 떠나고 싶다고 말했다. 그들은 다시는 농원을 벗어나지 못할 것이 두려워, 내가 탄 마차 뒤를 2마일이나 따라 달려 농원을 벗어났다. 30명 가운데 3명만 그 농원에 남았다(Blythe, 1947: 81).

페낭에서 빚진 뱃삯을 일해서 갚아야 하는 신케의 의무노동 계약 기간은 1790년대 3년에서 1820~30년대 2년으로 줄었고, 1850년대 다시 1년으로 줄었다. 그런데 페낭의 쿨리무역이 개시된 지 한 세기가 흐른

페낭섬과 해협 건너편 프라이에서는 19세기 초부터 사탕수수농원이 개발됐다.
수확한 사탕수수를 인근 가공 시설까지 운반하기 위해서 농원에 수로를 만들고 배에 실어 옮겼다.
1900년에도 배를 끄는 고된 작업은 중국인 쿨리의 몫이었다.
〈KITLV〉

1890년대에도 어떤 쿨리는 9년째 농원을 벗어나지 못했고, 어떤 쿨리는 1년 의무노동을 했지만 빚이 남았다고 했다. 페낭 농원의 쿨리들은 중국에서 같은 일을 했을 때보다 임금을 세 배나 많이 받았다. 그래서 금의환향을 꿈꾸며 새끼돼지 취급을 감수했다. 계약서상으로는 신케가 1년 일하면 뱃삯 빚을 갚고, 단 몇 달러라도 손에 쥘 수 있었다.[31] 하지만 이들은 일할수록 빚이 늘었다. 어떻게 된 일일까?

가난한 신케들이 페낭에 가지고 온 것이라곤 몸뚱이와 낡은 옷 두어 벌이 든 봇짐과 여행 가방에 해당하는 작은 나무상자가 고작이었다. 그래서 그들을 적수공권赤手空拳이라고 했지만, 신케는 빈손이 아니었다. 빚이 들려 있었다. 뱃삯을 갚을 때까지는 농원을 떠날 수 없다는 계약서가 그들의 노예문서였다. 하지만 빚쟁이로 만드는 외상 뱃삯 방식은 신케가 직면할 불행의 예고편에 불과했다. 블라이드(Blythe, 1947: 70)는 "신케가 몸서리를 칠, 일찍이 본 적이 없는 악마는 고용되고 나서 맞닥뜨리게 된다"고 했다. 악마는 동족인 중국인이자, 중국인이 중국인에게 가하는 착취를 가리킨다. 블라이드는 그 악마적인 착취의 실례로 '루마 커칠 방식rumah kecil system'을 꼽았다. 루마 커칠은 말레이어로 '작은 집'이란 뜻이다. 블라이드의 설명은 이렇다.

프라이의 사탕수수농원주는 유럽인이든 중국인이든 루마 커칠 방식을 활용했다. 농원주는 농원을 여러 개 구역으로 분할해서 중국인 업자에게 하청을 주었다. 농원주는 저자두에게 신케의 뱃삯 외상을 갚고 고용계약을 맺는다. 고용된 쿨리는 농원의 중국인 하청업자의 손으로 넘어간다. 이때 농원주는 지불한 뱃삯에 얼마간의 돈을 더해 신케의 1년 임금 명목으로 지급했다는 장부도 함께 넘긴다. 장부에 기장된 임금은 고스란히 신케의 부채로 잡히고, 이후 신케의 운명은 전적으로 중국인 농원 하청업자의 수중에 들어간다. 업자가 신케의 임금과 음식을 주고, 숙소도 제공한다. 농원 노동자가 묵는 숙소가 바로 '루마 커칠'이다. 신케는 노동을 마치면 루마 커칠을 마음대로 벗어날 수 없다. 구타와 욕설은 보통이고 제공되는 음식도 부실하다. 의료 시설이 없음은 물론이다. 무엇보다 신케를 아편에 중독시키는 것도 중국인 하청업자들이다. 이들은 페낭 조지타운의 시세보다 비싸게 아편을 팔아 이문을 남긴다. 신케는 마땅히 아편에 중독되어야만 한다. 이들은 도박장도 운영한다. 신케에게 지급되는 임금을 탈탈 털어가는 것도 모자라 빚을 지게 만드는 것이다(Blythe, 1947: 70~71).

뱃삯을 빚지고 페낭에 내리는 순간부터 신케는 '아편 권하는 사회'와 마주한다. 아편에 의지해 노동하게 하고, 일할수록 빚도 늘리는 '빚 권하는 화인사회'를 말이다. 신케는 배에서 내려서부터 페낭 화인사회의 정부인 비밀결사의 통제를 받는다. 농원주와 아편파머는 비밀결사의 지도부였다. 루마 커칠 방식은 비단 프라이 사탕수수농원의 이야기만이 아니다. 18세기 말 코라이환이 페낭에서 후추농원을 열 때도 농원으로 팔려온 중국인 '새끼돼지'의 처지는 다르지 않았을 것이다. 페락의 주석광산에서도 악마적인 착취는 이어졌다.

쿨리와
악마의 연기

아편은 말레이 귀족이나 중국인 부자에겐 기호품이었지만, 중국인 쿨리에게는 필수품이었다. 중국인 노동자가 늘어나면서 아편은 가장 이문이 많이 남는 상품이 됐다. 부자에게 거부로 가는 고속도로였다면, 쿨리에게 아편팜은 빚에서 빠져나올 수 없게 하는 수렁이었다. 아편팜은 이문도 많았지만, 중국인 노동자를 장악한다는 의미가 더 컸다. 게다가 아편파머들은 현금을 두둑하게 쟁여놓을 수 있다. 페낭 상인들은 아편팜을 통해 자본가로 변신했다. 아편팜으로 자본과 노동을 한 손에 쥔 페낭의 거상들은 더 큰 농원을 열고, 더 큰 주석광산을 개발하고, 쿨리무역으로 더 많은 이윤을 획득하고, 그리고 더 큰 아편팜을 손에 넣었다. 시작과 끝이 아편팜이었다. 노동력이 부족한 상황에서 쿨리무역이 절대적으로 필요했고, 쿨리를 농원과 광산에 붙잡아두기 위한 아편의 필요 또한 절대적이었다.

아편팜은 쿨리가 빚진 뱃삯을 계약 기간 내에 갚지 못하게 함으로

20세기 초 싱가포르 거리에서 아편을 피우는 중국인의 모습.
⟨National Museum of Singapore⟩

써 농장이든 광산이든 일터를 자유롭게 떠나지 못하게 하는 족쇄였다. 영국은 식민지 발전은 물론 화인사회의 번영과 도움이 된다는 이유로 아편팜을 옹호했다. 식민 당국은 본질적으로 독점적인 아편 도매업자였기 때문이다. 페낭은 건설 초기부터 '아편 권하는 사회'였다. 19세기 중반까지 금의환향까지는 아니더라도 목숨을 부지해 얼마간의 돈을 모아 고향으로 돌아갈 수 있었던 중국인 쿨리는 열 명 중 한 명에 불과했다.[32] 열에 아홉은 돈도 없이 구걸로 연명하거나, 질병과 아편 중독으로 더욱 절망에 빠졌다.

페낭 식민 당국이 아편팜을 유지한 것은 단순히 세원을 확보하기 위한 것만은 아니었다. 식민 당국은 세금을 걷는 데 따른 행정 비용이 전혀 들지 않기도 했지만, 재산도 없고 주거지도 고정되지 않은 화인 노동자에게 아편과 도박장, 술, 전당포 등을 통해 소비세 형식으로 과세하는 것이 수월하다고 봤다. 그러나 식민 당국이 특히 중국인의 아편 팜을 장려한 데에는 더 큰 목적이 숨겨져 있다. 19세기 후반까지 대형 농원과 주석광산 개발은 중국인 자본과 중국인 노동으로만 가능했다. 이를 위해 영국 식민 당국으로서는 협력자인 화인 거상 엘리트가 자본과 노동을 통제할 수 있도록 지원하는 것이 전략적으로 필요했던 것이다(Butcher, 1983: 395).

네덜란드의 동인도나 프랑스의 인도차이나에서보다 영국의 페낭과 말라야에서 아편팜을 통한 노동자 통제는 훨씬 중요한 의미를 지녔다. 영국은 인도산 아편의 생산과 공급을 독점했을 뿐더러 아편팜의 아편 가격도 상대적으로 낮게 유지했다. 예컨대 1890년 프랑스는 코친차이나에서 아편팜의 연간 전매료로 200만 달러를 물렸다. 당시 코친차이나에서 아편의 핵심 소비자인 중국인 인구는 5만 6,000명이었다. 같은

1900년경 해협식민지에서 촬영된 화인 부잣집 자녀의 모습.
세 소녀의 머리장식과 목걸이는 1879년 말라카의 부잣집 화인 소녀의 목에
광산 쿨리 1,000명분의 연봉이 걸려 있다고 했던 이사벨라 버드 비숍의 표현이
결코 과장이 아님을 보여준다.

〈KITLV〉

기간 중국인 인구가 거의 두 배인 10만 명의 싱가포르에서 아편팜의 연간 전매료는 20만 달러에 불과했다(Trocki, 2002: 306). 단순 비교로 영국은 아편 소비자 수가 2배인 싱가포르에서 코친차이나 아편팜 전매료의 10분의 1만 부과한 것이다. 이는 영국이 아편을 전략적으로 활용했다는 증거이다.

영국이 아편을 제국 경영의 전략으로 활용했다면, 중국인 거상들에 겐 자본과 노동을 장악하기 위한 전략이 아편팜이었다. 페낭의 중국인 농장주들은 쿨리를 임금노동자로 고용하고 아편팜과 비밀결사를 이용해 이들에게 비싼 값에 아편을 팔아 지급한 임금을 되가져가는 수법으로 노동을 통제하고 자본을 키웠다. 19세기 초 페낭의 쿨리를 온전히 자유로운 임금노동자로 간주하기는 힘들 것이다. 임금노동자의 탄생에는 두 가지 '자유'가 필요하다. 자신의 노동력을 팔지 않고서는 생계를 유지할 수 없는 '생산수단으로부터의 자유'와 자유의지에 따른 '계약의 자유'가 그것이다. 페낭의 쿨리들은 첫 번째 자유는 있었지만, 빚을 지고 노동을 강요당했다는 점에서 반쪽의 '자유' 노동자였다.

1790년부터 시작된 후추농원 개발로 초기부터 페낭의 화인사회는 대량으로 유입되는 '신케'라는 이름의 이주노동자 문제를 안고 있었고, 이를 위해 비밀결사라는 화인사회의 자치정부가 요구되었을 것이라는 점을 앞서 살펴봤다. 이와 관련해 1800년 페낭에서 광방과 복방의 엘리트가 공동 사원으로 광복궁을 설립한 취지가 쿨리와의 계급 갈등을 종교적으로 완충하려는 의도라는 해석도 나온다. 광복궁의 다른 이름은 관음보살을 신앙한다고 해서 관음정觀音亭이다. 중생의 재난 구제를 굽어 살피는 관음보살 앞에서 신케는 당면한 불행이 전생의 악업惡業 탓임을, 페낭 화인사회의 기득권자인 엘리트는 현생의 부귀가

전생의 선업善業 덕임을 서로 인정하자는 것이 광복궁 창건의 심리적 동기라는 설명이다(駱精山, 2002: 6).

1794년 페낭 인구는 3,000명을 넘어섰고 그중 상당수는 돼지처럼 팔려온 저자였다. 이들은 열병과 각종 질병으로 죽어갔다. 앞서 봤듯이 초기 페낭의 도시 환경은 열악했고, 치안 행정조차 갖춰지지 않은 약육강식의 사회였다. 금의환향의 꿈은 시들어갔고, 오로지 보살과 신령의 보우를 바랄 수밖에 없었다. 페낭의 부자들은 고난에 찬 저자들에게 영혼의 안식처부터 마련해주어야 했던 것이다. 농원 개발로 인한 자본제적 임노동과 아편팜으로 인한 상품경제가 확대되면서 페낭의 화인사회는 초기부터 자본과 노동의 문제가 중요하게 부각되었다. 페낭 화인사회에서 광복궁 혹은 관음정이 신케 노동자를 규율하는 심리적 기제였다면, 심리적이면서 동시에 경제적이며 물리적인 수단이 아편팜이었다.

동남아시아 화인사회에서 그러하듯, 페낭의 아편팜 시스템도 전적으로 중국인에 의존했다. 중국인 부자 상인이 아편파머였고, 가난한 중국인 노동자 계급이 주요 소비자였다. 페낭 화인사회의 대부분을 차지하는 밑바닥 인생들에게 아편을 팔지 못했다면 페낭의 화인 거상이 과연 출현했을지, 무관세의 영국 식민지 자유항 페낭이 존립할 수 있었을지 상상하기 어렵다. 1848년 영국 정부를 향해 아편팜의 악마성을 강하게 비판했던 싱가포르의 영국인 의사 로버트 리틀Robert Little은 "(싱가포르의) 아편 소비자는 주로 목수, 대장장이, 이발사, 사냥꾼, 쿨리, 뱃사공, 감비아 농원의 농부, 정원사들이다. 이 직종의 중국인은 전적으로 아편에 중독된 것으로 보인다. 이들의 85퍼센트가 아편 흡연자라고 말할 수 있다"고 했다.[33] 페낭의 화인사회가 이와 달랐을 이유는 어디에도 없다. 게다가 백색의 골드러시가 몰아친 페락과 푸켓의 주석광산 중국인 광부에게 "아편 없는 광산은 사막"으로 통했다(Trocki, 1999: 142).

아편 흡연자들은 콩알만 한 소량의 찬두를 작은 숟가락처럼 생긴 긴 막대의 끝에 담아 알코올램프에 1분여 올려놓는다. 찬두가 거품을 내며 부글부글 끓다가 불꽃을 내며 연소하기 시작하면, 재빨리 빨대 끝의 아편통에 옮겨 연기를 들이마신다. 연총煙銃 혹은 연창煙槍이라고 하는 아편 빨대는 담뱃대와는 생김이 다르다. 입에 물고 빼는 물부리는 비슷하지만, 연기가 통하는 설대가 담뱃대보다 굵다. 특히 불붙은 찬두를 담는 아편통은 금속이나 자기로 되어 있는데, 크기가 작은 찻잔만 해 담배통보다 크다.

●
아편 빨대
왼쪽에서부터 찬두에 불붙이는 램프煙燈,
아편 흡연용 빨대, 아편 열매.
@Kang

페낭의 화인들은 이렇게 연총을 빨았다. 부자들은 내일도 오늘만 같기를 바라며 아편 한모금으로 여흥의 연기를 즐기고, 없는 사람들은 내일이 오늘 같지 않기를 바라며 '악마의 연기'에 심신을 맡겼을 것이다.

신케 쿨리를 비롯해 계층화된 페낭 화인사회 피라미드의 밑바닥 계층에게 아편은 '노동 마약work drug'이었다고 한다. 아편이 열대의 페낭에 만연하던 콜레라, 이질, 말라리아, 신경쇠약 등의 환자에게 고통을 줄여주는 효과가 있다는 점은 일찍부터 알려졌다. 하지만 아편은 진통제일 뿐 치료제는 아니었다. 앞서 보았듯이 19세기 초반부터 중국인의 아편 흡입과 아편팜으로 아편 판매를 합법화한 영국 식민 당국의 비도덕성을 탓하는 목소리가 없진 않았다. 한 해 아편으로 소비되는 돈이 사회 복지에 쓰인다면 중국인 노동자들의 삶은 한결 나아졌을 것이라는 비난도 제기됐다.

이런 비난을 두고, 역사가 칼 트로키(Trocki, 2002: 304)는 순진naive하다고 했다. 영국 식민 당국의 부도덕성을 탓하는 것이 잘못이라는 뜻은 결코 아니다. 단지 19세기 아편팜과 영국 식민지의 아편 체제, 그리고 그 구조를 들여다본다면 도덕적 비난은 물색 모르는 소리에 지나지 않는다는 것이다. 화인 토카이도, 유럽인 상인과 농원주도, 영국 식민 당국도 중국인 노동자들이 아편을 피우지 않는 상황을 결코 원하지 않았다. 아편이 없다면 페낭의 토카이가 페낭 화인권을 호령할 만큼 자본을 축적하는 건 불가능했을지 모른다. 예컨대 페낭 후추농원에서 생산된 후추는 국제 시장에서 가격 경쟁력이 있는 것도 아니었다. 농원 자본가에게는 노동자에게 임금으로 지출한 돈이 다시 회수되는 구조가 필요했다. 그 구조의 핵심이 아편팜이었다. 아편은 중국인 노동자들이 열악한 환경에서 일할 수 있게 한 '노동 마약'이었고, 중국인 노동자는 반드시 아편을 피워야만 했다. 그것이 19세기 영국 식민지 페낭의 구조였고, 페낭 화인사회의 논리였다. 영국 식민지 페낭과 페낭의 화인사회는 '아편 권하는 사회'였던 것이다.

동남아 화인 거상의 성공 스토리는 한결같다. 맨주먹으로 남양南洋 땅을 밟아 열심히 일하고, 좋은 동향사람이나 주인을 만나 사업으로 거부가 된다는 줄거리다. 19세기의 페낭에는 이른바 '페낭 드림'이 끊이지 않고 재생산됐다. 그러나 빈손으로 이주했더라도 페낭행 뱃삯을 외상으로 했다면 '페낭 드림'이 가능했을지는 미지수다. 적어도 성공 신화의 주인공 가운데 뱃삯을 빚진 신케의 사례는 찾아보기 힘들다. 페낭행 배에 오를 때부터 꿈이라도 꿀 수 있는 자와 꿈도 꾸지 못할 자가 결정됐다.

페낭 조지타운의 가난한 중국인은 대부분 비좁은 공동주택唐樓tenements에서 생활했다. 후추농원 노동자들은 '루마 커칠'에서 여럿이 새우잠을 잤다. 더운 날씨와 열악한 위생으로 질병이 만연했지만 19세기 말까지 가난한 중국인을 위한 의료 시설은 없었다. 중의원이나 약방이 고작이었다. 그래도 이들은 부의 사다리를 오를 수 있으리라 기대했다. 언젠가는 말이다. 비록 당장의 삶은 고달프지만 광산이나 농원을 운영하거나 자본을 대는 토카이가 되리라는 희망을 놓지 않았다. 하지만 외상으로 페낭행 쿨리무역선에 올라 탄 많은 쿨리에게 그 '언젠가'는 손에 잡히지 않는 무지개였다. 토카이나 금의환향의 희망은 아편 연기 속에 흩어진 백일몽에 지나지 않았다. 일찍이 본 적이 없는 악마들이 쿨리의 꿈을 앗아갔다. 잠자는 사람의 영혼을 빨아들인다는 악마 인큐버스incubus와 다를 바 없었다. 아편굴, 쿨리무역, 외상 뱃삯, 루마 커칠, 비밀결사에서 마주치는 같은 고향, 같은 방언, 같은 성씨의 토카이 라오케가 신케 노동자에겐 동족의 인큐버스였다. 영국 식민 당국은 쿨리의 인큐버스를 편들었다. 돼지처럼 팔려와 페낭에서 후추와 육두구, 정향을 재배하던 쿨리의 열에 아홉은 고향 땅을 다시 밟지 못했다.

이사벨라 버드 비숍은 1879년 춘절 기간 말라카를 방문해 중국인 부자의 어린 자식들을 보고 "화려함 중에서도 백미는 기품과 거드름을 겸비한 중국인 아이들이다. 동양의 모든 부가 그들에게 퍼부어진 듯하다"고 했다. 이어 "내가 과장법으로 허풍을 떤다고 여길지도 모르겠다. 하지만 지금 묘사하고 있는 그 중국인 소녀의 목에는 하나같이 아름다운 목걸이가 7개나 걸려 있다.…… 솜털이 뽀송뽀송한 이 어린 소녀가 치장한 보석과 금붙이는 아무리 적게 잡아도 4만 달러는 된다"(비숍, 2017: 162~163)며 놀라움을 감추지 못했다.

해협식민지 정부의 고용계약 지침에 따르면 1876년 페락 주석광산에서 신케의 연봉은 42달러였다(Blythe, 1947: 79). 이는 정부가 권장한 하한선이니 실제 임금은 이보다 더 낮았을 수 있다. 앞서 본 사탕수수 농원의 루마 커칠 방식처럼 노동자의 임금을 고스란히 털어가는 수법이 주석광산 쿨리에게 더 광범하고 교묘하게 작동했으니 그나마도 빚지지 않으면 다행일 터였다. 그렇다 하더라도 말라카 중국인 토카이의 솜털 뽀송한 딸아이 목에 신케 광부 1,000명의 명목상 1년 연봉이 걸려 있었던 셈이다. 토카이와 쿨리 사이에 '불균不均의 골'은 이렇게 깊었다. 아편팜을 중심으로 아편 권하는 자와 악마의 연기에 꿈을 날려보내는 자로 틀이 짜인 페낭의 화인사회는 1850년대 주석광산 개발 붐을 타고 본격적인 '자본의 시대'로 진입했다. 자본이 영국 식민지 페낭의 영역 경계를 넘으면서 페낭 거상의 영향력도 말라카해협 북부 지역 전반으로 확대됐다.

2

깡통과
거상의 시대

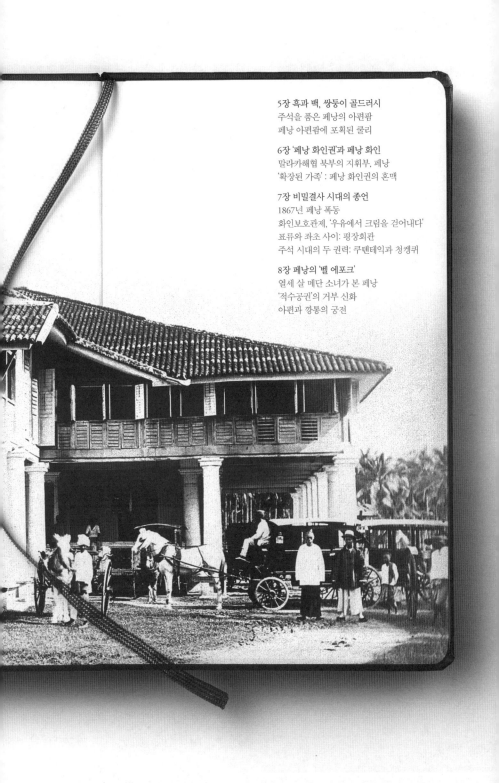

흑과 백,
쌍둥이 골드러시

05

깡통 따개가 특허를 받으며 출현한 것은 1850년대이다. 철판에 주석을 입힌 양철은 이미 17세기 초에 등장했다. 18세기 중엽 유럽과 북미의 웬만한 유럽인 가정집 거실에는 벽난로의 열기로 조리하는 양철 오븐이 놓였다. 깡통에 식품을 저장하는 통조림도 19세기 초에 등장했다. 오래 보관되고 던져도 깨지지 않는 통조림은 군대의 전투식량으로 그만이었다. 나폴레옹 최후의 전투였던 1815년 워털루전투에서 프랑스 병사들이 깡통 통조림을 먹으면서 전투를 했다고 한다. 물론 깡통을 따는 데 총검을 빼들고 힘을 써야 했겠지만 말이다. 그로부터 다시 한 세대가 지나고서 깡통 따개가 나왔다. 통조림이 유럽과 미국의 장터와 식료품점 진열대에 오르기 시작한 게 그 무렵이었다.

통조림이 군인을 위한 전투식량에서 일반 소비자를 위한 열린 시장의 상품이 되면서 주석의 가치가 달라졌다. 청동기 시대를 연 금속이지만 19세기 전반까지 말레이반도의 주석은 말레이 귀족과 중국 부자를 위한 사치품이나 공예품의 원료에 지나지 않았다. 산업혁명을 만나면서 주석은 깡통의 원료로 각광받게 된 것이다. 태국의 푸켓에서 말레이반도 서안의 페락과 슬랑오르, 수마트라의 방카로 띠처럼 이어지는 말라카해협 일대는 예나 지금이나 주석이 많이 나는 '주석 벨트'로 꼽힌다. 이곳 주석 벨트가 19세기 중반 이후 깡통의 원료 생산기지로 재평가됐다. 깡통 따개의 파문이 지구 반 바퀴를 돌아 말라카해협에 격랑을 몰고 왔다. 그 격랑의 한가운데에 페낭이 있었다.

  1840년대 후반부터 미국과 호주에선 '골드러시'가 벌어졌다. 황금을 좇던 시절이다. 미국 서부의 샌프란시스코와 호주의 멜버른이 이때 생겨났다. 페낭에서도 이 무렵 골드러시의 광풍이 몰아쳤다. 단지 두 가지가 달랐다. 먼저 색깔이다. 황금이 아니라 '백색 황금'으로 불린 주석을 좇는 '백색 골드러시'였다. 또 하나는 방향이다. 페낭으로 몰려든 것이 아니라 페낭의 중국인 자본이 해협의 주석 벨트로 달려간 골드러시였다. 이 흰색 황금의 열풍은 다시 '검은 황금'과 짝을 이뤘다. 페낭의 토카이가 자본을 축적할 수 있었던 아편이 검은 황금이었다. 백색 골드러시가 중국인 쿨리를 대거 끌어들이면서 아편팜의 가치는 이전과 비교할 수 없을 정도로 커졌다. 흑과 백의 쌍둥이 골드러시를 따라 페낭의 토카이들은 말라카해협 일대에 배타적인 '페낭 화인권'을 구축했다. 지구적 '자본의 시대'에 페낭의 화인 거상들이 해협 북부의 패자覇者가 된 것이다.

주석을 품은
페낭의 아편팜

아편팜으로 자본을 축적한 페낭의 화상은 19세기 중반 이후 주석광산 개발을 통해 거상巨商으로 거듭났다. 이들은 자본가이자 기업가entrepreneur였고, 근대적 의미의 부르주아이기도 했다. 말라카해협 북부에 넓고 복잡한 교역 네트워크를 구축한 페낭의 화인사회는 1840년대 이후 주석광산 개발로 한층 영향력을 키웠다. 페낭의 화인 부자들은 19세기 말~20세기 초 서양의 자본과 기술이 본격적으로 밀려들기 전까지 해협 북부 일대의 자본 공급을 주도했다. 19세기 중반 이후 페낭의 화인엘리트는 주석광산 개발을 주도하며 말라카해협 북부에 '페낭 화인권'으로 일컬을 만한 거상의 시대를 연 것이다.

영국 식민 당국은 일찍부터 말레이반도와 태국 남부의 주석에 주목했다. 페낭을 점거하기 이전인 1771년 프랜시스 라이트는 영국 동인도회사에 제출한 보고서에서 푸켓의 주석 실태를 자세하게 기록했다. 중국에서 주석 수요가 크다는 점에 주목한 영국은 주석으로 중국과의 무역 적자를 만회하려 했다. 당시 말레이반도 서안의 페락과 슬랑오르에서 생산된 주석은 네덜란드 동인도회사가 교역을 독점하고 있었다.

1818년 페낭지사 존 배너먼John Bannerman은 주석의 가치에 착안해 새로운 페낭의 건설을 구상했다. 말레이반도와 태국 남부의 주석광산을 개발하고, 주석 생산 지역으로 교역 네트워크를 확대해 페낭을 지역 해상무역의 거점이자 '동방의 거대한 장터'로 만들겠다는 계획이었다. 배너먼의 지시를 받아 1818년과 1820년 두 차례 말라카해협 북부 일대를 조사한 영국 동인도회사의 외교 전략가 존 앤더슨John Anderson이 작성한 '페낭 주석 구상Penang Tin Scheme'이 그것이다. 1818년은 래플스가 말라카해협 남단의 싱가포르를 새로운 영국의 식민지로 확보하기 1년 전이다. 영국은 이 무렵 페낭과 싱가포르의 역할 분담을 고려했던 것으로 보인다.

존 앤더슨은 말라카해협의 주석 벨트에서 페낭이 차지하는 지리적 이점을 일찌감치 읽었다. 그는 영국령인 버마의 다웨와 메르귀Mergui를 태국에 내어주고 대신 태국 남부의 푸켓과 태국의 속령인 말레이반도 북서부 술탄국을 영국이 관할하자고 영국 동인도회사에 제안했다. 이어 앤더슨은 영국이 싱가포르를 확보한 이듬해인 1820년 수마트라 동안 일대의 교역 실태를 조사하고, 페낭을 해협 북부 교역의 허브로 삼아야 한다는 제안을 내놓기도 했다. 페낭이라는 식민지 경계를 넘어 하나의 지역 경제권을 건설하려 했던 것이다.[1]

이는 영국이 싱가포르 건설 이후 페낭의 지위를 유럽-인도-중국을 잇는 국제 중계무역항에서 해협 북부의 지역 중계무역항regional entrepot으로 재편하려 했음을 엿보게 한다. 하지만 배너먼 페낭지사의 구상이 실현되기까지는 한 세대의 시간이 필요했다. 그리고 구상을 실

말레이시아 페락주 타이핑의 호수 공원Taman Tasik Taiping, Taiping Lake Gardens.
10여 개의 크고 작은 호수들이 이어져 약 100만 평방미터(약 30만 평)에 달하는 호수 공원은 19세기 중국인들이
주석을 캐던 폐광 터에 조성됐다. 진흙 같은 역사에서 피어난 연꽃인 셈이다.
ⓒKang

현한 동력은 영국 상인과 유럽 자본이 아니라 아편팜을 장악한 페낭의 화인 상인과 화인 자본, 그리고 아편에 중독되어야만 했던 중국인 쿨리의 노동이었다. 이처럼 영국 식민지 페낭섬 바깥에서 자본을 투자하는 페낭의 화인 거상과 주석광산의 노동력을 담당한 대규모 중국인 쿨리의 존재는 이전 상업시대 '교역하는 디아스포라'의 화인사회와는 질적으로 달랐다.

1848년 말레이반도 술탄국인 페락 북부의 라룻Larut 지역에서 대규모 주석 매장량이 확인됐다. 양철판과 깡통의 상품가치가 높아지는 상황에서 아편팜으로 자본을 축적한 페낭의 상인들이 라룻의 주석광산 개발에 뛰어들었다. 주석 붐을 만난 페낭의 경제와 화인사회는 영국 식민지 페낭의 경계를 넘었다. 페낭의 화인 거상들이 주석광산 개발에 자본을 공급하면서 중계무역항 페낭은 말레이반도의 경제에 더 많이 의존하게 됐다(Turnbull, 2009: 35~36). 하지만 주석 개발 붐으로 페낭의 화인 자본이 영국 식민지 바깥의 지역 경제와 밀착되면서 19세기 '페낭 화인권'이 구축될 수 있었다.

말레이반도의 페락과 태국의 푸켓에서 주석 개발은 20세기 초까지 전적으로 화인의 자본과 노동으로 이뤄졌다. 페낭의 유럽인 무역상들은 대양 간 교역을 제외하면, 기본적으로 중국인이 장악한 교역 시스템에 참여하는 정도에 그쳤다. 19세기 내내 유럽 자본은 말라카해협 북부 지역의 교역 주도권을 쥐지 못했고, 주석 개발에서도 마찬가지였다. 페낭을 중심에 놓고 본다면 19세기의 해협 북부 지역은 '화인 거상의 시대'였다(Chuleeporn, 2009: 112~113).

'아편의 시대'를 거쳐 19세기 중반 '주석의 시대'를 맞은 페낭의 화인사회는 해협 북부 연안의 지역 해운을 주도하고, 항구와 내지를 잇는 독자적인 교역 네트워크를 구축했으며, 주석광산과 농원 개발 등에서 기업가의 역량을 발휘했다. 이는 동남아의 화상이 서양 제국주의의 이익을 대변하는 매판買辦Compradore이라거나, 서양 자본과 현지 소비자를 잇는 중개인에 지나지 않는다는 기존의 고정관념과는 사뭇 다르다. 19세기 페낭 화인권과 화인사회의 역할에 주목하는 이유도 여기에 있다.

엘도라도 혹은 '페낭 화인의 식민지'

말레이반도 북서부 페락의 북쪽 라룻강 유역에서 1840년대 후반 대규모 주석 매장량이 확인되면서 '백색 노다지'를 찾아 페낭의 중국인들이 몰려들기 시작했다. 라룻은 페낭의 중국인에게 엘도라도였다(Khoo, 2009a: 58). 초기에 라룻으로 달려간 중국인은 대부분 페낭 화인이었다. 1850년대 페낭섬의 중국인 인구가 2만 명이 넘었다. 당연히 페낭 화인사회에 인구압이 커졌다. 페낭의 농원에서 일하던 광동 출신 가운데 새로운 일자리를 찾아 떠난 이도 있고, 조지타운의 점포에서 점원을 하며 자기 가게를 낼 만큼 돈을 모은 복건 출신도 라룻의 엘도라도로 향했다. 1820년대 비밀결사 해산회를 결성할 정도로 페낭 화인사회에 존재감을 드러내기 시작한 객가는 주석 붐이 본격화하기 이전인 1840년대 초부터 라룻 지역에서 집단적으로 활동했다.[2] 이런 상황에서 해운과 무역, 아편팜으로 부를 축적한 페낭의 거상들이 1840년대 후반부터 페락의 주석광산 개발에 자본을 투자하기 시작했다. 페낭 화인사회의 자본과 노동으로 백색 골드러시가 본격화하면서 중국 남부에서 말레이반도로 향하는 중국인의 대량 이주 물결이 밀어닥쳤다. 밀림으로 덮여 있던 라룻 지역에 중국인 인구는 1862년 2만~2만 5,000명으로 늘었고, 1872년에는 3만~4만 명을 헤아렸다.

말레이반도의 주석광산은 대부분 표사광상漂砂鑛床이다. 광맥을 찾아 갱도를 뚫고 산을 파고 들어가는 것이 아니라 강변이나 노천의 충적토에 섞여 있는 주석 원광을 사금 캐듯 하는 광산인 것이다. 말레이 주석 생산의 역사는 오래됐다. 1511년 포르투갈의 말라카왕국 점령 이전부터 유럽에서는 말라카왕국을 금과 주석이 많이 난다고 '황금반도Aurea Chersonesus'라 불렀다. 네덜란드는 1641년 말라카를 장악한 뒤 곧바로 페락과 슬랑오르의 주석 교역을 독점했다. 그런데 영국이 페낭을 점령한 직후부터 페락에서 생산된 주석이 페낭으로 밀수되기 시작했다. 1787년 페낭에 수입된 페락의 주석이 5,000피쿨(picul=60.5킬로그램, 약 300톤)에 달했다. 페락의 연간 주석 생산량은 1840년대까지 9,000피쿨(약 545톤) 정도였다. 주석 붐이 본격 개막되기 전부터 페락에서 생산된 주석의 절반 이상이 페낭과 교역된 것이다.

라룻 지역의 주석은 1848년 말레이인 체 롱 자파르Che Long Jaafar가 '발견'했다고 알려졌다. 하지만 말라야에서 중국인이 주석을 채굴한 것은 그 이전부터였다. 19세기 초 페락 남부 페락강 일대에 중국인 400여 명이 주석을 채굴하고 교역했으며, 1830년대까지 화인사회 지도자인 카피탄 치나가 존재했다(Khoo, 2009a: 57). 말레이반도 술탄국 느그리 슴빌란의 루쿳Lukut 지역에서 1828년 주석을 채취하던 중국인 노동자 1,000여 명이 말레이 수장의 공격을 받아 대부분 살해되는 학살 사건이 벌어지기도 했다(Newbold,1839: 96).

중요한 것은 누가 발견했는가가 아니다. 1840년대에 당시로는 술

19세기 주석 러시의 진원지였던 페락 라룻 지역 타이핑의 주석광산에서는
1910년까지도 쿨리의 노동력에 의존해 주석을 채굴했다.
〈KITLV〉

탄국 폐락의 변방이었던 북부 라룻강 유역에서 페낭의 중국인 자본과 노동이 결합된 거대한 '백색 골드러시'가 전개됐다는 점이다. 그리고 롱 자파르가 라룻의 주석 채굴 관할권을 장악한 이후에도 실제 광산 개발에 자본을 대고 주석을 채굴하고, 제련하고, 페낭으로 운송한 주역은 온전히 중국인이었다는 사실이다.

라룻의 주석광산은 애초부터 페낭 화인사회의 영향을 고스란히 받았다. 라룻 지역의 주석광산은 클리안 파우Klian Pauh(오늘날 타이핑 Taiping)와 클리안 바루Klian Baru(오늘날 카문팅Kamunting)의 두 구역을 중심으로 개발됐다. 클리안 파우의 광산은 광동 출신 객가 집단이 비밀결사 해산회海山會로 뭉쳐 개발했고, 클리안 파우 북쪽에 인접한 클리안 바루 광구는 광동 출신의 비밀결사 의흥회가 주도했다. 클리안 파우에서 최대 주석광산을 운영한 청켕퀴Chung Keng Quee鄭景貴가 해산회를 지배했고, 의흥회의 영수 수아챵이 클리안 바루의 광구를 이끌었다. 라룻의 주석광산 개발은 해산회와 의흥회가 주도했지만, 개발 자본은 페낭 화인사회에서 나왔다. 청켕퀴의 해산회는 페낭의 복건 5대 성씨를 대표하는 복방의 비밀결사 건덕당과 손잡았고, 수아챵의 의흥회는 페낭의 의흥회 본부 소속 거부들의 자금을 지원받았다.

라룻 지역의 광산 개발은 순조로웠다. 1860년 한 해 라룻 지역에서 채굴된 주석만 10만 피쿨(6,050톤)에 달할 정도로 생산량이 급증했다. 1840년대 폐락 전체 주석 생산량의 10배가 넘는 주석이 라룻에서 생산된 것이다. 1861~62년 폐락에서 모두 41만 6,249달러어치의 산물이 페낭으로 수출됐는데, 이 가운데 70퍼센트인 29만 1,989달러어치가 주석이었다(Khoo, 2009a: 58). 폐락 주석 생산의 중심은 북부 라룻 유역에서 1880년대 말 남부 킨타Kinta 계곡으로 이동하며 제2의 주석 러시가 전개됐다. 유럽 자본과 증기 준설기가 본격적으로 밀려든 1900년까지 라룻과 킨타 주석광산의 95퍼센트 이상은 중국인의 노동과 페낭 복건 거상의 자본으로 개발됐다(唐松章, 1999: 167).

그렇다면 페낭의 화인사회는 어떻게 폐락의 주석광산에 관여한 것일까? 이는 19세기 말레이반도와 푸켓의 주석 개발 방식과 관련이 있다. 노천 광산이 대부분인 해협의 주석 벨트에서 광산을 열기 위해 특별한 광업 기술이 필요하지는 않았다. 초기에는 광부가 말레이어로 창골Changgol이라 부르는 괭이로 파낸 흙을 강물이나 인공 수로에서 씻어내며 주석 알갱이를 골라내는 방식이 쓰였다. 수압 굴착기로 땅을 파고 물을 흘려보낸 뒤 토사를 특수 펌프로 퍼올리는 '그래블 펌핑 gravel pumping' 방식의 주석 채굴은 1880년대에 도입됐다. 1911년 기계식 준설기 방식dredging이 도입되기 전까지 주석 광업은 대단히 노동집약적이었다. 따라서 19세기 주석 광업은 노동과 자본을 여하히 조직할 것인가가 성패를 좌우했다.

19세기 후반의 주석광산 창업 절차는 대체로 이렇다. 우선 잡화점 주인이나 소액 자본을 가진 이가 주석이 있을 것으로 보이는 빈터를 발견하면 땅주인에게 채굴한 주석의 일부나 지대를 제공하기로 하고 땅을 임차한다. 광구를 확보한 광산주는 당국에 채굴 허가를 받는다. 그리고 노동자를 모집해 광산 '콩시'를 설립한다. 농원과 마찬가지로 광산도 '콩시'라고 했는데, 이 또한 광산주와 광부가 이익을 나누는 조합적인 성격이 강하다. 뱃삯을 빚진 신케 쿨리는 빚을 갚고 자유 쿨리가 될 때까지 '콩시' 가입 자격이 없다. 광구에 광부가 묵을 숙소를 지으면 곧바로 땅을 파기 시작된다. 창업 자체로는 토지 임차료와 숙소 건축비, 작업 도구 구입비 등으로 많은 자본이 필요하지는 않았다. 창업자금을 스스로 마련해서 시작하는 이도 있고, 돈을 빌려 창업하기도 했다.

하지만 광산의 창업과 운영은 다른 문제다. 소액의 목돈으로 광산 콩시를 세울 수는 있지만, 주석이 얼마나 나올지는 땅을 파보기 전에는 모른다. 주석이 나올 때까지 광부의 식량과 생필품을 보급해줘야 한다. 주석 원광을 채굴한다고 곧바로 돈이 손에 들어오는 것도 아니다. 제련을 하고 무역상에게 넘겨야 하고, 무역상에게서 물품 값을 받기까지의 기간을 또 견뎌야 한다. 광산 운영자금의 융통이나 투자가 요구되는 것이다.

화인사회에서 부자 상인이나 사업가를 토카이라 했는데, 주석 광업의 토카이는 크게 두 부류로 나뉜다. 말레이어로 광산주는 토카이 롬봉Towkay Lombong이라 하고, 광산의 창업자금을 투자하거나 운영자금을 선대하는 자본가는 토카이 라부르Towkay Labur 혹은 토카이 반투Towkay Bantu라고 불렀다.[3] 토카이 라부르가 필요한 이유는 광산 콩시의 운영자인 토카이 롬봉이 대체로 자본이 넉넉하지 않고 복잡한 교역 네트워크에도 밝지 않기 때문이다. 소자본으로 노다지를 꿈꾸는 다수의 토카이 롬봉에게 자본과 노동을 공급하고 교역 네트워크로 연결시켜주는 소수의 거상 자본가가 토카이 라부르이다. 물론 노다지를 캔다면 토카이 롬봉도 토카이 라부르가 될 수 있다. 토카이 라부르는 단기로 자금을 빌려주지만, 이는 사실상 투자였다. 광업은 모험산업이다. 노다지를 잡을 수도 있지만 빈손으로 문을 닫을 수도 있다. 광구가 허탕으로 판명되면, 투자자나 광산주와 마찬가지로 광산 콩시에 참여한 노동자들도 빈손이 된다.

토카이 라부르는 자본 말고도 채광한 주석을 제련 및 교역하고, 광산에 필요한 자재와 생필품 등도 공급한다. 주석을 미국과 유럽 상인에게 넘기고, 세금과 관세를 납부하는 것도 토카이 라부르의 몫이다. 특기할 것은 채광한 주석의 처분권을 광산주인 토카이 롬봉이 아니라 토카이 라부르가 쥐고 있었다는 점이다. 페락에서는 통상 토카이 라부르가 생산된 주석의 10퍼센트를 갖고, 시세보다 4퍼센트 낮은 가격으로 주석을 우선적으로 매입할 수 있는 권한도 가졌다. 광업 규모가 큰 경우 아편팜처럼 토카이 라부르가 신디케이트(콩시)를 이루기도 했다. 신디케이트에선 지분이 가장 큰 토카이 라부르에게 주석 처분권이 돌아갔다. 사실상 주석광산은 토카이 라부르의 수중에 있는 셈이다. 게다가 토카이 라부르의 영향력은 자본에만 그치지 않았다. 주석광산을 굴러가게 하는 쿨리무역과 아편팜도 토카이 라부르의 수중에 있었다. 말레이반도와 푸켓 주석광산의 토카이 라부르는 페낭의 화인 거상들이었다.

19세기 페락과 푸켓에서 중국인 주석광산 성공의 4대 요소로 자본과 노동, 아편팜, 비밀결사를 꼽을 수 있다. 유럽 자본이 페낭 화인권을 포획하기 시작한 1880년대 후반에도 유럽인 광산업자들이 섣불리 주석광산에 뛰어들지 못한 이유도 여기에 있다. 런던 자본시장에서 돈줄은 얼마든 끌어들인다고 해도 이윤을 좌우하는 쿨리 노동력과 아편팜, 화인 비밀결사의 문제는 유럽인 자본가에게는 높은 진입장벽이었기 때문이다. 이 네 요소는 페낭 화인 거상이 장악했고, 그 가운데에 5대 성씨로 대표되는 페낭의 복방이 있었다.

흥미로운 것은 광산주와 광부의 대부분이 광동 출신과 객가 집단이었던 페락 화인사회에서 공통어로 복건 방언이 뼈대인 '페낭 혹키엔'이 쓰였다는 점이다(Khoo, 2009a: 57). 이는 복건 출신이 주축을 이룬 페낭 토카이 라부르의 영향력을 방증한다.

'주석-쿨리-아편팜' 시스템

중국인이 주도한 주석광산 개발은 가능한 많은 노동자를 투입하는 방식이었다. 생산량에 비해 노동자가 많으면 임금 부담이 늘어 이윤이 줄고 생산성도 낮다는 것이 시장경제학의 상식이다. 하지만 19세기 페락과 푸켓의 주석광산은 그렇지 않았다. 이 이상한 셈법의 비밀이 쿨리와 아편팜이다. 쿨리는 노동자이면서 이문이 많이 남는 교역 품목이었고, 주석의 생산자이면서 아편의 소비자였다. 쿨리를 많이 고용할수록 주석 채굴량이 늘어 매출액은 증가했고, 늘어난 임금은 아편으로 회수하면 그만이었다. 이것이 19세기 주석 개발 붐을 주도한 페낭 화인 거상들의 경제학이자 이상한 셈법의 요체였다. 1900년을 전후해 해협 북부에서 화인 거상의 시대가 막을 내리는 것은 그들만의 이상한 셈법이 더 이상 통하지 않게 되었기 때문이라고 해도 과언이 아니다.

19세기 중반 이후 광산과 농원이 확장되면서 쿨리무역의 규모도 이전과 비교하기 힘들 정도로 커졌다. 페락과 푸켓의 주석광산에서 쿨리 수요가 크게 늘었던 것이다. 1880년대 푸켓의 중국인 주석 광부가 5만 명을 헤아렸다. 페락 라룻 지역에서 중국인 인구는 1862년 2만~2만 5,000명에서 10년 뒤인 1872년에는 3만~4만 명으로 늘어났다. 주석광산 노동자만 늘어난 게 아니다. 환금작물 재배 농원도 19세기 중반 급격히 확대됐다. 페낭섬의 중국인 인구가 1860년 2만 8,018명을 기록했고, 페낭섬과 마주보는 프라이의 경우 1860년대 코코넛과 사탕수수

농원의 중국인 노동자만 8,000명에 달했다. 페락의 중국인 농원 노동자도 1894년에 7,500명이나 됐다. 게다가 1870년대 담배 재배에 성공한 수마트라 북동부 해안 지역은 대규모 담배농원이 개발되면서 세계 최대 잎담배 원료 생산지로 떠올랐다. 수마트라에 쿨리의 수요가 급증했음은 물론이다. 1890년대 수마트라 담배농원의 중국인 쿨리가 5만 3,800명에 달했다.

이처럼 급격히 늘어난 페낭과 푸켓, 페락, 수마트라의 광산과 농원 노동자들은 대부분은 중국에서 '수입'되어 페낭에서 각지로 '분배'됐다. 페낭은 해협 북부 지역 쿨리무역의 거점이었고, 페낭 복방의 비밀결사가 이를 좌지우지했다. 이주노동자가 많아질수록 쿨리무역업자들의 이익이 커졌다. 일종의 소비세인 징세청부제로 재정을 꾸린 영국 식민 당국도 중국인 이주자가 많아질수록 세수가 늘었다.

중국인 쿨리의 수요가 폭증한 것은, 서유럽과 미국 등지에서 해협 산물의 수요가 폭발적으로 늘어나고, 이에 따라 환금작물과 주석광산 개발 붐이 일었기 때문이다. 1860년대까지 수출형 농업과 광업이 급증하면서 현지 노동력으로는 도저히 충당할 수 없는 지경에 이르렀다. 말레이반도는 본디 인구가 희박했다지만, 수마트라에서도 현지 노동력만으로는 수요를 감당할 수 없을 정도였다. 쿨리무역은 이 지역 농업과 광업 개발을 위한 노동력 조달의 핵심 기제였다.

중국인 거상들은 동족의 노동자를 끌어들이는 쿨리무역을 통해 부를 늘려나갔다. 페낭에서 홍콩, 산두, 하문을 잇는 쿨리무역 네트워크도 갖춰졌다. 페낭의 쿨리무역업자들은 중국 남부와 페낭에 각각 쿨리를 수용하는 저자관을 두고, 전용 쿨리무역선도 구비했다. 페낭의 쿨리무역은 사실상 쿠콩시의 독점 사업이었다. 예컨대 19세기 후반 페낭 쿠콩시의 일원인 쿠주찬은 광동성 산두에 쿨리모집소 2곳과 페낭의 쿨리수용소를 운영했다. 페낭 최대 쿨리수용소인 쿤호Khoon Ho坤和의 주인은 복방 비밀결사 건덕당의 수령인 쿠텐테익이었다. 해운업자인 쿠통포는 전용 증기선으로 쿠 씨 일가가 모집한 쿨리를 페낭으로 실어날랐다. 페낭의 '쿠콩시-건덕당-쿨리무역'이 삼위일체를 이룬 셈이다. 1879~90년의 11년간 페낭으로 '수입'된 중국인 쿨리는 모두 54만 9,084명이었고, 이 가운데 80퍼센트가 페락과 푸켓, 수마트라의 메단Medan으로 '수출'됐다(Wong, 2006: 39).

페낭의 쿨리무역업자들이 농간을 부리면 말라카해협 북부 일대의 노동력 공급이 차질을 빚기도 했다. 1890년대까지만 해도 중국에서 모집될 때 쿨리는 1인당 17~20달러로 계산되었다. 하지만 페낭에서 팔려갈 때는 시장의 수요와 쿨리의 출신 지역에 따라 몸값이 달라졌다. 여기에 쿨리무역업자들의 농간이 끼어들었다. 전통적으로 농원 쿨리로서 광동성 조주 출신과 객가 집단이 다른 지역 출신보다 높은 평가를 받아 비싼 값에 팔렸다. 1860~70년대 수마트라의 메단, 말레이반도의 커다와 프라이의 농원주들은 페낭의 쿨리무역업자들에게 조주 쿨리 1인당 70~80달러, 객가 쿨리 1인당 40~50달러를 지불하고 고용했다. 1890년대 들어 수마트라 담배농원에서 쿨리 수요가 급증하면서 농원주들이 페낭의 쿨리무역업자들에게 지불하는 1인당 쿨리의 몸값은 조주 출신 125~140달러, 객가 출신 70~80달러로 2배 가까이 급등했다(Wong, 2006: 40).

그런데 1890년 해협식민지 정부 자료에 따르면, 수마트라의 담배농원주가 신케 쿨리를 구입할 때 지불하는 가격은 1인당 30달러였다.[4] 그렇다면 쿨리 1인당 실제 거래 가격이 적게는 40달러에서 많게

1900년 수마트라 동북부 메단의 담배농원에서 웃통을 벗은 중국인 쿨리들이 옮겨 심은 담배모를 살피고 있다.
뒤쪽에 흰 양복을 입은 유럽인과 검은 모자를 쓴 중국인은 농원의 관리자이다.
〈KITLV〉

는 100달러나 차이가 난다. 이 차액을 쿨리무역업자들이 챙기는 셈이다. 페낭의 쿨리무역업자들은 더 많은 이윤을 얻고자 조주 쿨리를 유괴하기도 했다. 이처럼 업자들이 돈을 한푼이라도 더 부르는 수마트라로 쿨리를 빼돌리는 바람에 페낭에 쿨리 공급을 의존하고 있던 다른 지역의 광산과 농원에서는 구인난을 겪었다. 1890년에 프라이에서 대형 사탕수수농원을 운영하던 광방 비밀결사 의흥회의 지도자인 조주 출신 거상 커부안은 북방의 업자들이 쿨리무역에 농간을 부린다며 페낭 식민 당국에 탄원을 내기도 했다. 특히 이는 싱가포르에서 농원 노동력 확보가 사활적인 문제였던 관계로 해협식민지 당국도 쿨리무역에 개입하는 계기가 됐다.[5] 쿨리무역에서 쿨리는 여느 상품과 다를 바 없었다. 팔고 팔리는 상품이기에 가장 비싼 값을 부르는 일터로 팔려 갔다. 쿨리라는 상품이 늘어날수록 페낭 쿨리무역업자의 이문도 늘었던 것이다.

아편파머들의 셈법도 쿨리무역업자의 그것과 다르지 않다. 단지 더 교묘하고 악마적일 뿐이다. 주석광산이 노동집약적이라면 아편팜은 자본집약적이다. 주석 러시로 아편의 가치도 이전과 달라졌다. 주석광산 쿨리에게 아편은 필수품이었다. 쿨리의 증가는 아편 소비자가 늘어난다는 것을 뜻했다. 이는 페낭의 아편파머에게 기회였다. 게다가 페락과 푸켓 주석광산에 자본을 대는 페낭의 토카이 라부르와 페낭의 아편파머는 사실상 같은 인물이었다. 광산 개발의 자본이 페낭섬이란 영국 식민지의 경계를 넘자 아편파머들의 영역도 넓어졌다. 19세기 중반 영국의 국적법과 영국인의 치외법권을 이용해 영국 시민권을 확보한 페낭의 화인 거상들은 말레이 술탄국과 태국의 영토에서 제국주의자처럼 행세할 수 있었다. 더구나 아편팜은 단순한 돈벌이가 아니었다. 농원에서든 광산에서든 아편팜은 노동자를 통제하고 착취하는 영국 식민지의 합법적 제도였고, 화인 거상의 합법적인 사업이었다. 앞서 프라이의 '루마 커칠 방식'에서도 보았듯이 농원주는 아편으로 중국인 쿨리를 이중으로 착취했다. 농원과 광산의 최대 투자자가 페낭의 아편파머였다. 쿨리가 많을수록 생산도 늘고 아편 소비도 는다는 페낭 아편파머들의 셈법이 주석광산 기계화의 발목을 잡은 것일 수도 있다. 페낭에선 쿠, 여, 림, 치아, 탄의 5대 성씨와 리李, 옹王, 코辜씨 등 복건 출신 거상들의 신디케이트가 1911년 징세청부제가 폐지될 때까지 아편팜을 독점했다.[6]

페낭의 아편팜 신디케이트는 축적된 자본력과 함께 인도산 아편의 역내 도매기지라는 페낭의 교역 이점을 활용했다. 이들은 인근 지역 아편팜에 투자하며 전략적으로 제휴했다. 페낭의 아편팜은 지역 아편팜들을 거느린 '말라카해협 북부 아편팜의 본부' 역할을 했다. 페락 아편팜과의 관계가 그렇다. 페낭 복방 비밀결사의 지도부이기도 한 페낭 아편파머들은 주석 러시가 시작될 때부터 페락 라룻 지역 최대 주석광산주이자 객가 비밀결사인 해산회의 영수 청켕퀴와 손잡았다. 방파에 구애받지 않은 사업 동맹이었다. 페낭의 복방 거상들은 라룻 지역 주석광산주들의 '토카이 라부르'였고, 1862년부터 시작된 라룻전쟁에서 건덕당은 청켕퀴가 이끈 해산회의 동맹 비밀결사이기도 했다. 1880~97년의 17년간 청켕퀴는 영국의 보호령이 된 술탄국 페락 전역에서 아편을 독점적으로 팔 수 있는 아편파머였다. 페낭의 아편팜 신디케이트는 청켕퀴의 페락 아편팜에 1880~91년의 11년간 무려 280만 달러를 투자했다(Wong, 2006: 36).

커다의 아편도 19세기 후반 페낭의 아편파머 수중에 들어갔다. 페낭의 아편팜 신디케이트는 1895~1909년의 15년간 커다의 아편팜에 140만 달러를 투자했다(Wu, 2010: 87~89). 1899년에는 버마 양곤의 아편팜을 페낭 거상이 장악하기도 했다. 수마트라의 아편팜도 페낭 거상의 영향권이었다. 페낭 복건 출신 거상들은 메단의 화인사회와 협력해 1908~10년 수마트라 동부 해안 전역의 아편팜을 손에 넣었다(Buiskool, 2009: 115). 앞서 아편팜이야말로 페낭 화인권의 핵심종이라고 했다. 페낭 화인권이 만들어질 수 있었던 밑받침은 페낭이 주도한 역내 아편팜 네트워크였던 것이다.

페낭 아편팜에 포획된
쿨리

죽음에 이르는 배부름

1884년 중국 광동성 동관東莞에 살던 키닌Khi Nin이란 열여섯 살 청년
이 주석광산에서 일하기 위해 페락의 파판Papan으로 이주했다. 당시
파판은 킨타계곡에서 가장 번성한 주석광산 도시였다. 빈농의 장남이
었던 키닌이 올라 탄 쿨리무역선에는 또래의 청년도 여럿 동승했다.
저마다 열심히 일해 가족을 먹여살리겠다는 꿈을 품었다. 이들은 10
대 신케였다. 키닌과 또래의 신케들은 파판 인근의 주석광산으로 각기
흩어졌다. 키닌만 요행으로 파판에서 가까운 광산에 고용됐다. 키닌은
신케였지만 일이 없을 땐 파판 시내를 드나들 수 있었다. 하지만 뱃삯
을 외상으로 하고 동승했던 또래들의 일터는 파판과 거리가 먼 밀림
속 외딴 광산이었다.

행운과 우연이 키닌과 또래들의 운명을 갈라놓았다. 키닌은 오래지

않아 또래들이 모두 각기병에 걸려 숨졌다는 소식을 접했다. 함께 금의환향을 다짐했던 10대 신케들이 불귀의 객이 된 것이다. 파판에서 길거리 음식을 가끔 먹을 수 있었던 키닌은 각기병의 병마를 피했다. 아편도 입에 대지 않았던 키닌은 5년 뒤 자신의 주석광산을 열고 페라나칸 화인의 뇨냐와 혼인해 가정을 꾸렸다(Ho, 2015: 43~4).

키닌은 19세기 후반 2차 백색 골드러시 때 페락으로 이주한 10대 신케 쿨리였다. 그는 적수공권으로 거상이 됐다거나 금의환향했다거나 하는 신화의 주인공은 아니지만, 쿨리무역의 신케에겐 흔치 않은 성공 사례였다. 빚진 뱃삯을 갚아야 했던 신케 키닌은 주석광산에서 살아남았고, 후손이 그의 이름을 기록으로 남길 수 있었다는 점에서 그렇다.[7] 오늘날 말레이시아의 '중국계 말레이시아인' 대부분이 힘든 시절을 견뎌 살아남은 키닌들의 후예인 까닭이기도 하다.

1850년대 이후 20세기 초까지 키닌처럼 16~17세의 중국인 청년들이 페락을 비롯한 말레이반도의 주석광산으로 몰려들었다. 광부 일은 힘들었지만, 고향과 달리 굶주리지 않아도 된다는 것은 큰 위안이었다. 배를 곯지 않는 정도가 아니라 흰쌀밥을 배부르게 먹을 수 있었다. 하지만 그 포만감이 키닌 또래의 신케 광부에게는 죽음에 이르는 병이었다. 배를 곯지 않게 됐다고 안도할 틈도 없이 각기병이라는 사신과 싸워야 했기 때문이다.

물론 각기병만 중국인 쿨리의 생명을 위협한 것은 아니다. 콜레라와 이질, 폐결핵 등으로 인한 사망률이 높았다. 하지만 각기병은 1880년대만 해도 사망률이 최고 40퍼센트에 달했고, 20세기 초까지도 발병만 하면 '죽음의 전조'로 여길 정도로 무서운 병이었다. 더구나 신케 쿨리에겐 치명적이었다. 중국인 주석 광부들은 20세기 초까지도 의료 사각지대에 놓여 있었다.

키닌과 또래들은 중국에서 늘 배가 고팠다. 손바닥만 한 논밭에 기대어 대가족이 먹고살아야 했다. 19세기 중국 농민 1인당 하루 평균 먹는 쌀의 양은 100그램 정도였다. 건장한 청년에겐 턱없이 모자랐다. 늘 배를 주리던 중국 남부의 농민들이 주석광산으로 몰려든 데에는 기아의 위기라는 인구압이 작동했다는 것이 정설이다. 제한된 농지에 식구가 늘면서 입을 하나라도 줄여야 했던 사정이 쿨리무역선으로 10대 키닌들의 등을 떠민 것이다.

19세기 말 페락 주석광산 광부의 식사량은 당시 중국의 가난한 농민들에 비할 바가 아니었다. 광부는 하루 다섯 끼를 먹었다. 우선 새벽 5시에 일어나 5시 30분에 가볍게 아침을 먹는다. 소금에 절인 검은콩을 곁들인 뜨거운 쌀죽을 먹고 오전 작업을 한다. 오전 11시에 숙소로 돌아와 절인 야채를 얹어 쌀밥을 먹는다. 이것이 진짜 아침밥이다. 오후 1시까지 휴식을 취하고, 오후 작업이 시작되기 전에 쌀밥으로 점심을 먹는다. 오후 5~6시에 일과를 마치고 숙소로 돌아오면 저녁 만찬이 제공된다. 푸짐한 쌀밥에 염장 달걀이나 절인 생선과 같은 단백질 반찬으로 하루 중 가장 든든하게 배를 채운다. 저녁 만찬 뒤 쿨리들은 도박장을 찾거나 극장에서 중국 경극을 구경하며 시간을 보낸다. 잠들기 전에 밤참이 나온다. 찬밥을 찻물에 말아 먹는 것이다. '새끼돼지'로 팔려온 쿨리들에게 주석광산의 광부 노릇은 하루 12시간을 뜨거운 열대에서 땅을 파고 주석 알갱이를 찾아내는 고된 일이었다. 하지만 다섯 끼의 배부름은 고향에서 주린 배를 끌어안고 잠을 청해야 했던 것과는 판이한 포만감이었다.

중국인 광부는 다섯 끼로 하루 평균 쌀 900그램 분량의 쌀밥을 먹었다. 중국에서 하루 먹을 수 있었던 쌀밥의 9배나 된다.[8] 광산주들도 다른 건 몰라도 쌀밥 인심만은 후했다. 잘 먹어야 주석을 많이 캘 수 있다고 본 것이다. 그런데 이렇게 배를 곯기는커녕 과할 정도로 섭취한 쿨리들, 그 가운데에서도 갓 이주한 신케가 각기병에 집중적으로 걸렸던 이유는 무엇일까?

영국 식민 당국에 따르면 1881~1901년의 20년간 해협식민지와 말레이국연방 전체 인구 125만 명 가운데 각기병 발병 환자는 15만 명이나 됐다. 직업별로는 주석 광부가 다른 직종에 비해 각기병 발병률이 4배나 높았다. 광부 중에서도 각기병 환자의 96퍼센트는 뱃삯을 빚진 신케였다. 15만 명 환자의 20퍼센트에 해당하는 3만 명이 각기병으로 숨졌다. 키닌의 또래들이 바로 그 3만 명에 속했다. 중국에서 비록 배는 주렸어도 각기병은 모르고 살았던 청년들이었다.

1889년 말라야의 영국인 의사는 한 주석광산에서 쿨리 100명 가운데 90명이 1년 이내에 각기병으로 사망했다고 보고했다. 쿠알라룸푸르의 말레이국연방 의학연구소 초대 소장을 역임한 영국인 의사 해밀턴 라이트Hamilton Wright는 1902년 보고서에서 이렇게 적시했다.

각기병의 발병률은 계약노동으로 일하는 주석광산 쿨리들에게서 높게 나타난다. 광산 노동자들은 전형적으로 식사량이 많다. 수입한 쌀로 지은 밥을 많이 먹으며, 돼지고기, 염장 생선, 인분으로 키운 야채 등을 넉넉하게 먹는다. 중국인이 일하는 광산의 어디에서도 각기병을 피할 수 없어 보인다. 한 곳에서는 2,400명의 중국인 쿨리 가운데 800명이 지난 2년 사이에 각기병으로 사망했다. 반면 말라야에서 가게의 점원으로 일하는 중국인은 각기병에 걸리지 않는 것으로 보인다.[9]

각기병은 티아민(비타민 B1) 결핍으로 생기는 병이다. 앞서의 키닌처럼 쌀밥으로 배를 불리더라도 이따금 야채만 먹어도 각기병은 피할 수 있다. 전형적인 영양 불균형에서 비롯된 병인 것이다. 베리베리 beriberi라는 병명은 스리랑카 원주민이 "나는 할 수 없어, 나는 할 수 없어"라고 하는 말에서 나왔다고 한다. 부종이 발생하고 신경계를 손상시키는 병이다. 이처럼 많은 중국인이 각기병으로 사망했지만, 영국 식민 당국과 영국인 의사들도 1904년까지는 병의 원인을 알지 못했다. 1897년에도 싱가포르의 영국인 의사들은 "환자는 고통을 알고, 의사도 환자의 상태를 안다. 그런데 그 원인은 오직 신만 안다"는 말만 되풀이했을 정도다.

통상 각기병이 쌀을 주식으로 하는 아시아에서 많이 발병한 탓에 도정한 흰쌀밥이 원인으로 지목되기도 했다. 흰쌀밥과 각기병이 상관관계는 있어도, 인과관계는 없다. 오랫동안 다른 건 먹지 않고 쌀밥만 먹는 사람은 없기 때문이다. 물론 1860년대 이후 페락 주석광산의 신케들이 집중적으로 각기병에 걸린 경우, 흰쌀밥과의 인과관계가 없다고 하기는 힘들다. 1850년대까지만 해도 광산 쿨리의 쌀밥 섭취량은 19세기 후반과 크게 다르지 않았어도 각기병이 그렇게 심각한 문제는 아니었기 때문이다. 광산주들은 광부의 식사를 무료로 제공했다. 광부들의 하루 섭취량의 90퍼센트가 쌀밥이었다. 본격적으로 주석 개발 붐이 인 1860년대 들어 영국은 중국인 광부의 주식인 쌀을 공급하기 위해 쌀 수출국인 버마와 태국에 증기기관으로 작동되는 기계식 정미소를 세웠다. 여기서 기계로 도정된 값싼 백미가 페낭 중국인 교역업자의 손을 거쳐 페락의 주석광산에 보급됐다. 기계로 도정된 쌀은 손으로 찧은 이전 쌀에 비해 티아민이 함유된 씨눈이 떨어져 나간다. 말레이반도 서안에서 당시 벼농사를 짓는 곳은 커다가 유일했다. 급증하는 중국인 노동자들에게 공급하기에는 생산량이 너무 적었다. 버마와 태국 쌀을 수입할 수밖에 없었던 것이다. 주석광산의 대부분이 도시나 촌락에서 멀리 떨어져 있었기 때문에 신선한 식재료를 먹기 힘든 상황에서 기계로 도정된 쌀밥으로 배를 채운 것은 문제였다. 하지만 이경우에도 흰쌀밥이 주범이라고 단정하기 어렵다. 왜냐하면 주석광산에서 제공되는 식사는 신케든 라오케든 같았는데도 라오케는 거의 각기병에 걸리지 않았기 때문이다.

이제 19세기 페락 주석광산 쿨리 식탁의 반찬을 볼 차례다. 밥 인심은 넉넉했지만, 도정한 백미, 염장 생선, 염장 달걀, 절인 야채, 검정콩, 그리고 일주일에 한 번꼴로 제공되는 약간의 돼지고기가 쿨리 식단의 전부이다. 채소도 날것이 아니라 염장하거나 절인 것들이다. 쌀밥에 배부른 노동자들은 불평하지 않았다. 게다가 섭취량의 90퍼센트가 쌀밥이라는 점과 그로 인해 영양 불균형이 생긴다는 생각은 아무도 하지 못했다. 1850년대 이래 주석광산 중국인 쿨리들의 식단은 50년간 그대로였다. 하지만 같이 먹었는데도 각기병은 신케만 습격했다. 그러니 광산주도 식단과 반찬 때문이라고는 생각하지 못했을지 모른다.

당시의 교통과 도로 사정을 고려하면 외딴 주석광산에서 신선한 야채나 식재료를 조달하기 쉽지 않았으리란 점은 짐작하기 어렵지 않다. 주석광산의 콩시에는 음식을 조리하는 주방장도 있고, 식재료를 조달하는 부식 담당도 별도로 있었다. 시장이 있는 도시나 촌락에서 멀리 떨어진 광산이라면, 매일 장을 볼 수 없는 부식 담당자로서는 덥고 습한 기후 때문에 말린 것이나 소금에 절인 먹을거리를 구하지 않을 도리가 없었다. 그런데 이런 식사를 하고도 라오케, 즉 빚진 뱃삯을 갚은 자유노동자들은 각기병을 면했다. 신케는 빚을 갚기 전에 달아날까 봐 일과 후 광산 숙소를 맘대로 벗어날 수 없었다. 중국인 비밀결사가 광산에서 하던 중요한 임무의 하나가 신케가 달아나지 못하게 하는 일이었다. 키닌처럼 가끔 광산 인근의 시가에서 길거리 음식을 사 먹는 건 이례적이었다.

라오케는 신케보다 임금도 많았고, 출입도 자유로웠다. 일과 후에 바깥바람도 쐬고 외식도 했다. 빚에 묶인 신케는 광산 식단의 영양 불균형을 바로잡을 자유가 없었고, 라오케는 그럴 자유가 있었을 뿐이다. 빚이 있고 없고의 차이였다. 말라야의 '백색 노다지' 꿈이 가난한 중국인을 유혹하던 19세기 후반, 각기병이 그 꿈을 꺾었다. 19세기 후반 주석광산에서 신케 광부의 각기병은 의학 문제가 아니었던 것이다.

'광산 매점'의 비밀

빅토리아 시대의 여행가 이사벨라 버드 비숍은 백색과 흑색의 골드러시가 한창이던 1879년 초 페락 라룻 지역의 카문팅을 방문했다. 카문팅은 1874년 팡코르조약 이후 클리안 바루에서 이름이 바뀐 곳으로, 타이핑(이전의 클리안 파우)과 함께 라룻의 백색 골드러시를 대표하는 중국인 주석 광산촌이다. 비숍의 눈에 비친 카문팅의 주석광산은 이랬다.

주석을 채취하는 여러 개의 작은 구덩이에는 물이 차 있다. 중국인은 이 구덩이의 물을 퍼내기 위해 긴 쇠사슬로 작동되는 기발한 펌프를 창안했다.…… 여위었지만 강인해 보이는 400여 명의 중국인 광부가 주석을 채굴했다. 이들은 저마다 둘랑dulang이라는, 가운데가 우묵한 작은 대나무 소쿠리를 들고 개미처럼 구덩이에서 두 줄로 기어오른다. 둘랑에는 주석을 함유한 흙이 1.5킬로그램씩 담긴다. 물살이 빠른 인공 수로에 이 소쿠리를 담가 돌리면서 모래와 흙을 씻어낸다. 이렇게 소쿠리에 남은 주석 알갱이는 굵은 폭약 가루처럼 보인다.…… 주석광산의 중국인 노동자들은 성과급으로 임금을 받는데, 하루 평균 임금은 1실링 6펜스다.…… 바람이 잘 통하는 허름한 숙소가 있다. 숙소의 양쪽으로 침상이 놓여 있고, 숙소에 배정된 중국인 노동자들은 그 침상을 나누어 저마다의 침대로 삼는다. 개인 침대라고 해봐야 매트와 모기장이 고작이다. 광부들은 저마다 제단을 두고, 향이 타는 것으로 시간을 가늠한다. 야자나무 잎으로 만든 비옷 몇 개가 걸려 있다. 매트와 모기장, 신상과 향을 비롯해 중국인이 소비하는 거의 모든 물품이 중국에서 수입된다(비숍, 2017: 308~309).

비숍의 관찰은 몇 가지 정보를 제공한다. 1879년의 라룻 지역 주석광산은 부분적으로 기계화가 진행되었지만 여전히 쿨리의 근육에 의존했음을 보여준다. 또한 당시 중국인 광부들은 성과급piece work 방식의 임금을 받았고, 1인당 월평균 임금이 9달러였다는 점도 알려준다.[10] 주석광산의 임금은 노동 시간으로 임금을 지급하는 시간급, 주석 채굴량에 따라 지급하는 성과급, 월급이 아니라 광산의 이윤을 배당받는 이익공유 방식이 쓰였다. 1870년대 라룻에서는 성과급 방식이 적용됐음을 알 수 있다. 키닌이 일했던 1880년대 킨타 지역에서는 이익공유제가 일반적이었다. 이익공유 방식을 당시 주석광산에서는 펀시카funsika分仔家라 했다. 펀시카의 이익공유제에서 중국인 광부는 고용된 노동자라기보다 광산주의 동업자란 의식을 가졌던 셈이다. 하지만 어떤 방식이든 광부의 임금은 국제 주석 시세에 따라 들쭉날쭉했고, 그나마도 임금은 매월 현금으로 지급되는 것이 아니라, 장부상에만 기재되어 6개월이나 1년마다 정산되었다.

비숍은 광부들의 숙소 풍경도 알려준다. 야자나무 잎으로 엮은 아탑 지붕의 병영 같은 목조 건물에 가운데 통로를 두고 광부들은 각자 얇은 매트 위에 모기장을 치고 잠을 잤다. 매트 비용은 광부 부담이었지만, 워낙 모기가 극성이다보니 모기장은 광산주가 무료로 제공했다. 중국산 수입품의 대부분은 페낭을 거쳐 들어왔다. 심지어 광부들이 먹는 과일은 페낭의 과수원에서 재배됐다. 하지만 꼼꼼한 비숍도 놓친 것이 있다. 숙소 건물 구석이나 인근에 광부들이 소비하는 물품을 독점해서 파는 광산 매점이 있다는 점, 그리고 거기에는 중국에서 수입되지 않은 쿨리의 필수품 아편이 팔리고 있었다는 점이다. 이 광산 매점이 페낭의 아편팜 거상과 주석광산 중국인 광부를 이어주는 연결고리였다.

광산주는 본격 채광에 들어가기 전에 자기 소유의 광산 매점부터 열었다. 이 매점은 단순한 잡화점이 아니다. 광산의 쿨리는 이곳에서만 필요한 모든 것을 외상으로 거래할 수 있었다. 광산은 대부분 외딴 곳에 있고, 손에 든 현금도 없는 광부들은 이 매점에서 외상거래를 하지 않을 도리가 없었다. 게다가 이익공유제 임금 방식이라면, 이 매점은 광부를 상대로 한 일종의 도박장이 된다. 그 이유는 이렇다.

이익공유제 방식에선 주석 채광 도구나 생필품, 얼마간의 현금 등이 광부에게 선대先貸된다. 이 선대금은 광산주가 미리 지급한 경비이지만, 장부에는 광부의 빚으로 잡힌다. 선대금에는 이자도 붙는다. 게

다가 광산 매점에서 외상거래를 맡는 점원의 임금을 광산주가 아니라 광부들이 부담한다. 광산 매점의 점원이 사실상 광산의 경리였다. 광구의 사정에 따라 주석이 나올 때까지 땅만 파는 시간이 길어지면 선대금도 늘어난다. 광부의 매점 외상장부는 오늘날로 치면 월급이 입금되는 마이너스 통장에 해당한다. 반년마다 광산 '콩시'의 대표인 광산주는 비용과 매출을 정산한다. 선대금과 광산 매점 외상거래 등 광부가 진 각종 빚을 계산하고, 한편으로는 광부마다의 작업 일수와 주석을 팔아 생긴 이윤을 따져 배당금을 뽑아본다. 이때 배당금이 빚보다 크면 현금으로 광부에게 지급한다. 그 반대면 광부의 장부엔 빚만 남는다. 블라이드(Blythe, 1947: 104~105)는 이러한 중국인 주석광산의 경영 방식을 가리켜 '도박'이라고 했다. 광산주가 쿨리 숙소만 세우고 모든 비용을 광부의 부담으로 떠넘기는 구조라는 것이다.

주석광산 운영 방식이 중국인 광부에게 도박인 것은 분명하다. 하지만 광구가 아예 허탕만 아니라면, 광산주는 광부와 달리 빈손이 되지 않는다. 주석과 광산 매점의 매출 이익을 광산주가 챙기기 때문이다. 이는 주석광산에서 중국인 광부를 두 번 착취하는 '트럭 시스템Truck System'[11]으로 가능했다. 애초 쿨리를 빚쟁이로 만든 게 외상 뱃샀 방식

이포의 주석광산
19세기 후반 페락의 주석광산의 중심은 북부 라룻에서 남부 킨타계곡으로 옮겨졌다.
1910년 이포의 물이 차 있는 주석 채광장 뒤에 광산촌이 형성되어 있다.
근방에 광산 매점이 있었을 것이다.
〈KITLV〉

이었다면, 일을 할수록 빚이 늘어나게 만드는 것이 농원에선 '루마 커칠' 방식이었고, 광산에서는 트럭 시스템이었다. 트럭 시스템은 광산 매점을 통해 구현됐다.

트럭 시스템은 19세기 유럽의 공장에서 널리 쓰였다. 노동자의 임금을 고용주의 점포나 고용주가 지정한 가게에서만 물건을 구입할 수 있는 일종의 상품권으로 지급하는 방식을 일컬었다. 영국은 1830년대부터 트럭 규제법을 제정했고, 1896년 법으로 금지했다. 말라야에서는 1909년 트럭 시스템이 법으로 금지됐지만, 1940년대까지도 공공연하게 시행됐다.

트럭 시스템은 19세기 말라야와 푸켓의 광산, 페낭과 수마트라의 농원에서 아편팜과 동전의 양면처럼 결합했다. 화인사회는 주식회사를 '콩시'로 응용했듯이 트럭 시스템도 그들의 방식대로 변용했다. 트럭 시스템, 그러니까 광산 매점이 없었다면 19세기 백색 골드러시에서 토카이 롬봉이든 토카이 라부르든 이익을 내지 못했을 것이라고 한다. 블라이드는 트럭 시스템이야말로 중국인 광산주가 이익을 내는 원천이라며, 말라야에서 3,500명의 쿨리를 고용한 대형 주석광산을 조사한 영국인 광산 기술자의 말을 다음과 같이 인용했다.

그 지역의 토양은 주석 함량이 많은 곳이 아니다. 노동력을 대거 투입하는 중국인 광산업자의 방식으로는 대규모 채광을 해야만 이문이 남는다. 중국인의 주석광산 운영 방식은 대단히 이윤이 많이 남는 트럭 시스템을 바탕으로 한다. 이 지역에 기계식 채광 방식을 도입해 광부를 대체할 경우 광산업자가 이윤을 남길 수 있을지 의심스럽다.…… 중국인 광산업자는 광산에서가 아니라 광부로부터 돈을 벌기 때문이다(Blythe,

1947: 104).

달리 말해 광산 토카이들은 제사보다 잿밥에 눈독을 들였다는 뜻이다. 광산주들은 광산 매점이란 트럭 시스템을 통해 광부에게 지급한 임금보다 더 많이 털어갔다. 토카이의 셈법에서 광산 매점은 배보다 큰 배꼽이었던 셈이다. 영국 식민 당국도 주석광산에서 트럭 시스템의 문제점을 인지하고 1880년대에 규제를 하긴 했다. 하지만 그것은 광산주의 착취에 제동을 걸기 위한 규제가 아니었다. 광산 매점에서 외상을 지고 달아나지 못하게 광부를 단속하는 대책을 내놓으면서 노골적으로 토카이 편을 든 것이다. 영국 식민 당국에겐 광부를 어떻게 쥐어짜든 토카이들이 주석을 많이 수출하고, 아편팜 전매료를 많이 내기만 하면 그만이었다. 유럽과 달리 19세기 말라카해협에서 트럭 시스템이 중국인 광산주에게 '대단히 이윤이 많이' 나는 사업이고, 영국 식민 당국이 광산주와 광산 투자자를 편들었던 공개된 비밀의 요체가 바로 아편팜이었다.

페락 주석광산의 아편팜은 페낭의 도시형 아편팜과 작동 방식이 달랐다. 페낭에선 거상들이 투자자 조합을 결성해 아편팜을 확보하고 도시의 중국인에게 아편을 팔았다면, 페락에선 광산주가 광산 매점을 통해 광부에게 독점적으로 파는 방식이었다. 부연하자면 이렇다. 페낭에서는 아편파머가 조지타운의 중국인을 상대로 가공한 아편인 찬두를 독점적으로 팔고, 경매에서 제시한 전매료를 당국에 낸다. 반면 1874년 팡코르조약 이전의 페락은 술탄이 통치하는 독립 왕국이고, 지방의 수장들이 징세권을 행사했다. 라룻 디스트릭트의 수장인 먼트리Mentri 가 광산업자나 중국인 비밀결사에 아편 판매권을 주고, 생아편을 수입할 때 관세를 물렸다. 광산업자나 비밀결사가 생아편을 찬두로 가공해 광산촌의 중국인 광부에게 저마다의 가격으로 판매했다. 따라서 광산마다 광부들을 유치하기 위해 아편 가격을 달리 할 수 있었다. 페락의 아편팜은 트럭 시스템과 맞물려 있었던 것이다.

1874년 페락을 보호령으로 만든 영국은 1880년 후반까지 기존 아편팜 제도를 유지하면서 주석광산 아편팜의 찬두 가격을 페낭보다 낮게 책정했다. 이는 광산주를 편들어 식민 당국의 이익을 늘리겠다는 속셈이었다. 찬두 가격이 낮으면 광부 모집에 유리했고, 더 많은 광부가 찬두를 피워야 광산 토카이의 이득이 늘어났다. 무엇보다 더 많은 광부가 더 많이 아편을 소비해야 식민지 재정이 늘어나는 구조였기 때문이다. 1879년 페락의 영국인 주재관 휴 로Hue Low는 페락 주석광산의 아편팜에 관해 말레이국연방 위원회에서 이런 연설을 했다.

> 나는 주석이 풍부하게 매장된 지역을 개발하기 위해 자유방임적인 조치를 취해야 한다고 생각한다. 페락강 인근은 충분히 개발되지 못했다. 페낭의 아편파머들은 (광산 개발을 위한) 노동과 자본을 끌어들이는 데 도움을 주고, 이를 통해 아편팜업자는 수입을 늘리며, 정부도 주석 수출로 이익을 볼 수 있기를 희망한다.[12]

휴 로의 말은 몇 가지로 요약된다. 페락 북부의 라룻 지역은 이미 개발되었지만, 남부 페락강의 킨타계곡은 이제부터 개발이 필요하다는 점, 페락의 주석 개발을 위한 자본과 노동이 페낭의 아편팜을 장악한 거상들의 수중에 있다는 점, 그리고 페낭의 거상들을 페락 주석광산의 투자자로 끌어들이는 대가로 아편팜의 수익을 보장해줘야 한다는 점이다. 영국은 페낭의 아편파머들이 최대 수익을 얻도록 해주어야 한다는 것이 휴 로의 요지였다.

영국 식민 당국이 트럭 시스템을 옹호한 것도 이 때문이다. 광산 매점이 잘 되어야 페낭의 광산 투자자의 수익이 커질 것이고, 아편이 많이 팔려야 페낭의 아편파머의 이익이 늘어날 터였다. 페락 광산에 투자한 페낭의 토카이는 페낭 아편팜 신디케이트의 일원이었고, 그 역도 마찬가지였다. 보지 못했든 언급하지 않았든, 비숍이 여행기에서 누락한 페락 주석광산의 작은 광산 매점이란 표층 아래의 심층에는 이처럼 영국의 식민지배, 페낭의 아편파머, 광산 토카이, 그리고 '키닌들'의 이야기가 흐르고 있다.

다시 광산 매점을 드나드는 광부들로 눈을 돌려보자. 앞서 보통 아편 흡연자들은 하루 평균 찬두 1~2타힐을 소비한다고 했다. 1864년 싱가포르의 물가를 기준으로 아편 1타힐(36.5그램) 값은 2달러였다. 이는 당시 쌀 1피쿨(60킬로그램) 값과 같았다(Trocki, 1999: 148). 하루 1타힐의 아편 값이 광부의 두 달분 쌀 값에 해당했다. 페락 광산 매점에서 찬두 소매가가 이보다 낮았다고 해도 아편 흡연자에게 부담이 상당했을 것이란 사실은 변함이 없다. 1870년대 페락 주석 광부의 평균 한 달 수입이 10달러, 아편 1타힐에 1달러, 1인당 하루 평균 1타힐의 찬두를 흡연한다고 가정하면, 주석 광부의 월급은 열흘이면 아편 연기로 사라진다. 그런데도 주석광산은 굴러갔고, 광산에 투자하고 아편팜을 장악한 페낭의 토카이들은 더 큰 부를 일궜다. 수수께끼가 아닐 수 없다.

19세기 유럽의 아시아 식민지배를 '아편 체제opium regime'로 규정한 칼 트로키(Trocki, 1999: 67)는 이 체제가 "노동자를 착취할 뿐만 아니라 상점주, 비밀결사, 아편파머, 식민정부의 이익이 실현되도록 작동되었다"고 했다. 아편을 피우는 한 중국인 광부는 결코 빚의 수렁에서 빠져나올 수 없었을 것이다. 그런데 왜 중국인 광부는 아편을 피웠을 까? 이 또한 수수께끼가 아닐 수 없다.

주석광산 광부들은 새벽 5시에서 오후 5시까지 점심 시간 2시간을 빼면 하루 10시간을 뙤약볕 아래서 무릎까지 차는 물에 발을 담그고 주석을 캐야 했다. 광부들은 이 험한 조건에서 반나절 일하면 탈진했 지만 아편 몇 모금 빨고 나면 다시 몇 시간을 생생하게 일했다고 한다. 아편은 일을 할 수 있게 하는 '노동 마약'이었다는 것이다. 광부들은 아 편 권하는 화인 토카이의 자본에 포획되었다고 볼 수밖에 없다. 그렇 다고 해도 일할수록 빚만 늘어나는데, 광산과 농원에서 중국인 이주노 동자들은 '왜, 무엇을 위해' 아편을 피웠을까? 트로키는 이렇게도 볼 수 있다고 말한다.

아편은 자본가에게만 유용한 것이 아니었다. 해롭긴 해도 정글의 노동 자에게 얼마간의 유익을 가져다줬다. 일을 마치고 저녁에 피는 아편 한 모금은 혈기 넘치는 이방의 중국인 청년들에게 '비 오는 날의 여인'과도 같았다. 아편은 노동자들이 게이가 아닌 한 동료에게서 맛볼 수 없는 성 적 즐거움에 비견할 만한 것을 제공했다. 실제로 중국인 노동자들은 성 적 긴장을 동료와 동성애로 풀었다.…… 혹자는 중국인 노동자들이 정 글 속에서 고통을 받고는 있지만, 중국에서의 그의 삶은 더 가혹하고 짧 지 않았겠느냐고 말할 수도 있다. 그들이 살던 중국은 일자리는 귀하고, 땅 한 뙈기도 없고, 사람은 많고, 질병은 창궐하고, 전란은 끊이지 않고, 도적은 출몰하고, 빈곤은 만연했다. 더구나 중국에서 그들은 아편이라 도 한 모금 빨 수 있는 처지도 못됐다. 동남아 정글에서는 쿨리로 일할 수 있고, 아편에 중독되지만 않는다면 돈을 모아 정글을 벗어날 수도 있다. 토카이는 못되더라도 모은 돈으로 아내도 얻고 중국에서보다는 나은 삶을 살 가능성도 없지 않다. 하다못해 성공하지 못하더라도 아편의 환각 속에서 짧은 생을 마감할 수는 있지 않았겠는가(Trocki, 1999: 144, 146).

06

'페낭 화인권'과
페낭 화인

말라카해협 북부의
지휘부, 페낭

페낭의 인구는 빠르게 늘었다. 1858년 인구조사에서 페낭섬의 인구만 5만 8,000명에 달했다. 1800년에 영국 식민지 페낭의 일부로 편입되어 거대한 농원으로 개발된 프라이의 인구도 1850년 6만 1,000명을 기록했다. 이처럼 빠른 인구 증가는 19세기 후반 페낭 경제의 급속한 성장을 대변한다.

성장을 이끈 페낭 화인사회의 경제적 영향력은 주석 붐을 타고 한층 굳건해졌다. 앞서 페낭 화인사회의 특유한 사회 구성과 아편팜, 쿨리무역, 비밀결사, 콩시 등 페낭 화인 거상의 경제력을 구성하는 요소를 살펴봤다. 그리고 페낭의 부자 중국인 상인이 자본가로 바뀌기 위해서는 중국인 이주노동자들이 아편에 중독되어야만 하는 영국 제국의 '아편 체제'라는 구조도 들여다봤다. 그렇다면 아편과 주석이 결합된 '흑백 골드러시'의 시대에 페낭 화인사회는 어떻게 변화하고 어떤 역할을 하였을까?

1850년대 이후 페낭은 말라카해협 북부 지역에서 사람과 물자와 자본이 빨려들고 흘러나가는 교역이란 신경회로의 중추로 자리 잡았다. 그리고 그 중추의 한가운데를 페낭 화인사회의 거상들이 차지했다. 이름 하여 '페낭 화인권'이다. 이는 지리 경제적geo-economic 교역 네트워크이자 다양한 정치체의 경계를 넘나든 지리 정치적geo-political 권역이기도 했다.

페낭 화인권은 인도-중국 교역로를 확보하기 위해 1786년 페낭을 점거할 때나, 1819년 싱가포르를 추가로 점령할 때 영국의 설계도에는 없던 일이었다. 아울러 이 지역의 특성과 화인사회의 역사적 경험은 식민지 확장을 줄거리로 하는 유럽 중심의 역사나, 민족주의의 틀에 갇힌 국민국가의 서사에서 누락되거나 간과되어온 주제이다. 19세기 페낭과 화인사회의 역사적 경험은 영국의 진출 이전부터 해협 북부 지역에 자율적인 교역망이 작동해왔음을 환기한다. 동시에 이는 18세기 '중국인의 세기'가 영국의 진출 이후에도 페낭 화인사회에 의해 해협 북부 지역에서 19세기 말까지 연장, 지속되었음을 보여준다.

물론 19세기 후반이 유럽 열강이 주도한 제국의 시대이자 산업화의 시대였으며, 세계의 경제가 글로벌 교역 시스템으로 통합되던 거대한 전환의 시기였다는 점은 분명하다. 그러나 동남아에서 서양의 상업적 진출과 상대적으로 독립된 지역 교역권이 존재했던 시기였다는 점, 동남아의 사회적, 정치적 전환이 상업적·경제적 전환과 밀접하게 연관된다는 점 또한 사실이다.

근래 동남아 연구자들은 식민사관을 탈피하기 위해 자율사의 논지를 따르면서도, 국민국가라는 좁은 서사의 틀을 벗어나기 위한 새로운 시도로서 페르낭 브로델Fernand Braudel이 제시한 '지중해'의 관점에서 동남아를 통합적으로 전망하는 노력을 기울이고 있다(Loh, 2009: 28). 16세기의 지중해가 그러했듯이 정치적·사회적·문화적인 차이에도 불구하고 말라카해협을 경제적으로 통합된 지역으로 파악하는 것이다. 이는 화인의 교역 네트워크와 지역의 권력관계가 단순하고 고립적인 상업이나 국지적 문제가 아니라는 관점에서 출발한다. 교역 네트워크는 더 큰 이야기로서 정치적·사회경제적·역사적 과정을 포괄하기 때문이다.

19세기 페낭 화인권에는 영국과 네덜란드, 말레이 술탄국과 태국 등 상이한 정치권력이 존재했다. 복잡하게 얽힌 제국과 지역과 종족의 구조적 요인들이 화인 교역 네트워크에 그대로 반영됐다. 19세기 이 지역의 상이한 정치체마다 현안은 달랐지만, 그 현안의 중심은 중국인 이주자, 즉 화인사회였다.

말레이의 정치 속으로: 페낭과 페락

말레이반도의 술탄국 페락은 페낭 화인의 엘도라도가 되기 전까지만 해도 동남아의 일반적인 특성과 전통적인 말레이 정치구조를 지닌 곳이었다. 말레이어로 '페락perak'은 은silver을 뜻한다. 예로부터 주석의 산지였던 것이다. 적도권에 해당하는 페락은 여느 동남아와 마찬가지로 열대와 밀림이란 환경 요인과 인력이 가장 필요하고 가치 있는 생산자원이라는 공통점을 지녔다(Trocki, 2008: 336). 페락의 도읍 역시 해안과 강의 하구에 있었다는 점에서 말레이 세계의 전형적인 양상에서 예외가 아니었다.

페락의 지배 구도는 술탄이 직할하는 남부의 페락강 하류 지역, 귀족 수장raja이 관할하는 디스트릭트district, 그리고 지역 토호의 관할지인 향촌mukim으로 구성됐다. 전통적으로 말레이왕국은 영역이 아니라 신민을 중심으로 한 까닭에 국경은 분명하지 않았고, 인구가 희박한 강의 상류는 사실상 방치됐다. 술탄은 '왕국의 통일성을 상징'하고 실질적으로는 귀족 수장들이 '주요 강의 계곡과 그곳의 신민을 통치'했다(Gullick, 1965: 2~3).

주석 러시가 페락의 정치 지형을 바꿔놓았다. 라룻 지역은 페락의 북부 라룻강 유역으로 페락 술탄의 관심에서 멀리 떨어진 변방이었다. 19세기 초까지만 해도 페락의 주석 무역을 독점했던 네덜란드는 라룻 지역을 밀수업자와 도박꾼들이 득실대는 골치 아픈 곳으로 간주했다(Andaya, 1975: 234). 페낭 건설 초기부터 주석은 주요 수입품이었다. 페락과 슬랑오르에서 생산된 주석이 네덜란드의 독점 무역보다 값을 더 쳐주는 페낭으로 밀수출됐던 것이다. 그런 라룻 지역에 페낭의 화인 자본과 화인 노동자가 몰려들었다. 라룻 지역의 주석 러시는 페낭 화인사회에는 경제적 엘도라도였지만, 페락의 술탄국에는 왕국의 세력 판도를 바꿔놓은 정치적 사건이었다. 페낭 화인사회의 라룻 주석 러시는 1860년대 후반 페락의 술탄 승계 분쟁과 맞물리며 내전으로 치달 았고, 이는 1874년 팡코르조약으로 마무리되면서 영국이 말레이반도를 식민지로 만드는 시발점이 됐다.[13]

라룻의 주석 러시는 페낭의 복방 비밀결사 건덕당과 라룻의 객가 비밀결사 해산회의 동맹이 주도했음을 앞서 살폈다. 페낭 건덕당과 라룻 해산회의 동맹은 광산 개발 초기부터 이어졌고, 비밀결사의 영수들은 라룻의 지역 수장과도 긴밀한 관계를 유지했다. 주석 개발 붐이 일면서 페락의 술탄은 라룻의 주석광을 발견한 체 롱 자파르를 라룻 지역을 총괄하는 먼트리Mentri로 임명했다. 먼트리는 라룻 지역의 징세권과 징세청부 전매권 판매, 토지 불하 등의 전권을 가졌다. 페락의 오지가 주석 붐으로 흥성하면서 변방인 라룻의 먼트리도 정치적 위상이 덩달아 커졌다. 1862년 롱 자파르의 아들 체 응아 이브라힘Che Ngah Ibrahim이 먼트리를 승계했다. 이브라힘도 해산회를 지지했다.

라룻의 먼트리가 대를 이어 해산회의 편을 드는 것을 의흥회는 못마 땅해했다. 이권이 걸렸기 때문이다. 주석광산 주도권을 둘러싸고 라룻 화인사회를 양분한 비밀결사 해산회와 의흥회가 유혈 분쟁을 벌였다. 이를 '라룻전쟁Larut War'이라고 부른다. 1861년과 1865년의 2차례 라룻전쟁에서 라룻의 먼트리와 페낭 건덕당의 지원을 받은 청켕퀴의 해산회가 승리했다. 의흥회는 근거지였던 클리안 바루의 주석광산에서 밀려났다. 두 차례 분쟁은 말레이반도에서 '중국인과의 교역'을 둘러싼 화인사회의 내전이란 성격이 다분했다. 하지만 1872~73년의 3차 라룻전쟁은 양상이 달랐다. 영국의 식민지 전략, 페락 술탄 승계의 권력 투쟁, 싱가포르 화인 거상의 이해 등이 복잡하게 맞물렸던 것이다.

1872년 2월 페낭에서 비밀결사의 행동대원과 무기를 들여와 전력을 보강한 의흥회는 3월에 해산회를 공격해 클리안 바루를 되찾고 해산회의 근거지인 클리안 파우마저 수중에 넣었다. 해산회가 패하자 급해진 것은 자금 지원을 해준 페낭의 복방 거상과 건덕당이었다. 자칫 거액 투자가 물거품이 될 판이었다. 전세를 뒤집기 위해 페낭 건덕당이 전면에 나서 역공을 펼쳤다. 페낭 쿠콩시는 1872년 10월 정크선으로 무장 행동대원 100명을 비롯해 200정의 머스켓 소총과 총검, 8정의 경포輕砲, 400정의 창을 라룻으로 보냈다. 건덕당 지도부도 비밀리에 머스켓 소총 2,000정, 화약 1만 파운드, 무장 행동대원 1,000명을 보내 해산회를 도왔다(Blythe, 1969: 178).

페낭의 건덕당은 해산회에 병력을 지원하는 한편, 페낭의 영국 식민 당국을 움직였다. 1872년 12월 건덕당 영수 쿠텐테익은 자신 소유의 증기선 '페어 말라카'호가 교역 물품을 운송하던 중 라룻강 하구 해안을 봉쇄하고 있던 의흥회 소속 정크선의 공격으로 불에 탔다며 식민 당국에 고발했다. 쿠텐테익은 공격을 당한 증기선이 영국 선적이고 선장도 영국인이라며, 영국의 개입을 촉구한 것이다. 이는 의흥회의 라룻강 하구 봉쇄를 깨뜨리기 위한 건덕당의 술수였다(Wong, 2007: 89). 결국 영국 식민 당국은 건덕당-해산회 동맹을 편들어 라룻강에 영국 해군을 파견했고, 의흥회의 하구 봉쇄가 풀리면서 1873년 후반 전세가 역전됐다.

하지만 해산회와 의흥회의 분쟁 막후에는 페락의 술탄 승계를 둘러싼 왕족과 지역 수장들의 이해가 얽혀 있었다. 1871년 페락의 24대 술탄이 사망하면서 술탄 승계 분쟁이 벌어졌다. 관례를 따른다면 태자 Raja Muda가 승계해야 마땅하지만, 주석 러시로 영향력이 커진 라룻의 먼트리인 이브라힘이 지지한 이스마일이 술탄에 올랐다. 이에 태자 압둘라가 승계권을 주장하면서 권력투쟁의 양상으로 치달았다.[14]

화인 방파 갈등과 말레이 권력투쟁이 결합된 3차 라룻전쟁에는 또 다른 세력이 가세했다. 페락의 주석광산 개발에서 소외됐던 싱가포르 화인 거상들이 끼어든 것이다. 1870년대 양철과 통조림 산업이 붐을 이루면서 미국에서 주석 수요가 폭증했다. 깡통을 만들기 위해 미국은 영국 웨일즈 산 주석의 75퍼센트를 수입해갈 정도였다. 1872년 국제 주석 가격은 헌드레드웨이트(50.802킬로그램) 당 7파운드 스털링으로 1823년 이래 최고치를 기록했다(Cowan, 1981: 141). 이런 상황에서 수세에 몰린 태자 압둘라는 싱가포르의 거상 탄킴칭Tan Kim Ching陳金鐘[15]에게 접근했다. 압둘라는 자신을 페락 술탄에 오르게 해주면, 탄킴칭에게 페락 남부의 징세청부권을 주겠다고 제안했다. 페낭이 독점한 주석 개발의 주도권을 빼앗기 위한 절호의 기회로 여긴 탄킴칭은 압둘라와 손잡았다. 탄킴칭은 압둘라에게 술탄이 되면 페락에 정책 자문을 하는 영국인 주재관Resident을 받아들이라는 조건을 제시했다. 이는 런던과 해협식민지 정부의 지지를 얻어내기 위한 속셈이었다.

탄킴칭에 이어 또 다른 변수가 추가됐다. 1873년 11월 강경 제국주의자인 앤드루 클라크Andrew Clarke가 해협식민지 2대 총독으로 부임했다. 클라크는 싱가포르로 향하는 선상에서 영국 정부로부터 말레이반도의 내정에 간섭해도 좋다는 공식 지침을 받은 상태였다. 1786년 페낭의 이상한 점거 때부터 영국 정부가 견지해온 내정불간섭 정책이 바뀐 것이다. 이로써 '페낭 건덕당-라룻 해산회-페락 술탄 이스마일-라룻 먼트리 이브라힘의 동맹' 대 '페락 태자 압둘라-라룻 의흥회-싱가포르 거상 탄킴칭의 동맹'이란 대결 구도로 재편된 라룻전쟁의 결정권을 영국의 해협식민지 총독이 쥐게 됐다.

클라크 총독은 부임하자마자 라룻전쟁에 개입했다. 분쟁 종식을 페락 술탄 승계 및 영국인 주재관제와 연계한다는 방침이었다. 이를 위해 클라크 총독은 의흥회 영수 친아얌을 설득하기 위해 윌리엄 피커링을 페낭으로 파견하고, 프랭크 스웨트넘을 라룻으로 보내 해산회 영수 청켕퀴를 맡도록 했다. 나중에 초대 화인보호관이 된 피커링과 해협식민지 총독이 된 스웨트넘은 영국의 말라야 지배의 분기점이 된 이때부터 두각을 나타냈다. 클라크 총독은 라룻전쟁 당사자들을 팡코르섬으로 불러들였다. 팡코르섬으로 향하는 배에서 중국 광동어와 복건어에 능통한 피커링은 친아얌, 청켕퀴와 대화를 나누면서 페락 주석광산의 화인들이 오랜 분쟁에 지쳤고, 영국의 개입을 반기고 있다는 인상을 받았다(Jackson, 1965: 21~23). 이전에는 싸우고 나면 해산회와 의흥회가 서로 중재하고 휴전을 했지만, 이번에는 술탄 승계 문제가 얽히면서 화인사회 스스로 통제할 수 없는 상황과 마주했던 것이다.

마침내 1874년 1월 6일 태자 압둘라를 페락 술탄으로 인정하고, 페락은 영국의 주재관을 받아들이며, 라룻 지역은 해산회와 의흥회가 분할해 개발하기로 최종 합의가 이뤄졌다. 1월 20일 영국과 페락의 술탄 압둘라가 서명했다. 이것이 1786년 페낭 점령 이래 페낭, 싱가포르, 말라카를 거점 지배해온 영국이 말레이반도로 식민지배를 확장하는 신호탄이 된 팡코르조약Pangkor Treaty이다. 팡코르조약은 유럽 열강이 본격적으로 식민지 확보 경쟁에 나서는 '제국의 시대'를 열었다. 이러한 세계사의 분기점에 페낭의 화인사회와 주석 러시가 관련되었다는 사실과 페낭 화인의 자본과 노동의 이동이 기본적으로 정치적이었다는 점은 기억할 만 하다.

청켕퀴와 친아얌은 라룻 지역을 분할해 개발하기로 별도의 약정서에 서명했다. 이로써 술탄 이스마일은 폐위되고, 응아 이브라힘도 라룻의 먼트리 직위를 잃었다. 1861년부터 12년 넘게 이어진 라룻전쟁은 끝났고, 영국 주재관이 상주하게 되면서 페락은 영국의 '보호령'이 됐다. 라룻의 주석광산은 클리안 파우가 타이핑으로, 클리안 바루가 카문팅으로 각각 개명되며 조업이 재개됐다. 청켕퀴와 친아얌은 1877년 타이핑과 카문팅의 카피탄 치나에 각각 임명됐다. 변방이었던 타이핑은 페락의 수도로 바뀌었다.

그렇다면 팡코르조약 이후 페낭과 페락의 관계는 어떻게 되었을까? 결론부터 말하자면, 페락이 영국의 보호령이 되면서 페낭 화인사회의 영향력은 한층 커졌다. 페락의 영국 주재관 제도도 20세기 초반까지는 페낭의 해골정부와 다를 바 없었다. 페락에서 영국의 이익은 페낭 화인 거상들의 이익을 보장하는 것과 직결됐다. 페락 주석광산 개발의 자본과 노동과 교역이 페낭 화인사회에 의존했기 때문이다. 〈표 2〉에서 드러나듯 페낭의 주석 교역은 1870년에서 1910년까지 싱가포르를 압도했다. 이는 페낭의 거상들이 해협 북부의 '주석 벨트'에서 어떤 역할을 했는지를 보여주는 데 부족함이 없다. 싱가포르의 주석 수입량이 페낭에 비교가 되지 않는데도 수출량에서는 근접한 것은 최대 주석 생산지인 페락과 푸켓에서 생산된 주석을 페낭이 수입해 싱가포르로 재수출했기 때문이다.

1880년대 후반 주석광산 개발의 중심은 페락 남부 페락강의 킨타계곡으로 옮겨졌다. 1911년 킨타 지역의 중국인 인구는 13만 3,436명으

〈표 2〉 1870~1910년 페낭과 싱가포르의 주석 수출입 비율(단위: 퍼센트)

구분 / 연도	주석 수입		주석 수출	
	싱가포르	페낭	싱가포르	페낭
1870	6.15	73.70	47.23	52.77
1875	6.15	71.18	40.89	59.11
1880	4.24	71.72	54.60	45.40
1885	15.31	69.79	33.16	66.84
1890	29.13	69.89	59.82	40.18
1895	31.57	68.43	62.00	38.00
1900	19.68	80.32	56.76	43.24
1905	39.55	60.45	48.00	52.00
1910	32.72	69.28	45.93	54.07

〈자료: Chiang Hai Ding, *A History of Straits Settlements Foriegn Trade 1870~1915* (Singapore: National Museum, 1978) p. 188. Wong(2007: 25) 재인용〉

로 라룻 지역(2만 9,247명)의 4배로 늘어났다. 20여 년 만에 킨타 지역도 상류 오지의 밀림에서 상전벽해된 것이다. 이러한 제2차 주석 러시의 주체도 페낭 화인사회였다. 비록 라룻의 1차 주석 러시와 달리 페낭 화인의 직접 이주는 줄었고, 화인 비밀결사의 영향력이 예전과 달랐지만, 페낭 화인사회의 기여와 영향력은 줄지 않았다(Khoo, 2009a: 60). 라룻 지역의 타이핑과 카문팅이 그러했듯, 킨타 지역의 이포Ipoh, 고평 Gopeng, 캄파르Kampar 등 신흥 광산도시를 건설한 광산 토카이 대부분이 페낭 출신이거나 페낭 화인사회와 깊게 연관되어 있었다.

20세기 초 페락의 경제 성장세는 페낭을 앞질렀다.[16] 하지만 페락의 화인사회는 경제적으로나 문화적으로 페낭 화인사회의 영향권에서 벗어나지 않았다. 페락 화인사회의 다수를 차지하는 광동 출신과 객가 집단도 페낭 화인권의 공통어인 '페낭 혹키엔'으로 소통했다. 페락의 화인 부호들은 페낭에 저택을 지었다. 페낭 태생의 페라나칸은 더 큰 기회를 찾아 페락으로 이주하는 경우도 많았다. 후술하겠지만, 19세기 후반 이들은 스스로 '페낭 디아스포라Penang Diaspora'라고 했다. 페낭을 고향으로 여기는 페낭 화인의 사회가 말레이반도에 형성됐다는 의미다. 이렇게 주석의 시대에 페낭 화인사회는 말레이 세계로 한걸음 더 들어가게 됐다.

건덕당의 지부: 페낭과 푸켓

2014년 말레이시아 페낭의 조지타운시와 태국의 푸켓시가 자매도시 결연을 맺었다. 이 자리에서 당시 페낭 주지사 림관엥Lim Guan Eng林冠

英은 페낭과 푸켓의 관계가 역사적으로 태국 화인 사업가 커심비Khaw Sim Bee許心美(1856~1913)의 시대까지 소급된다고 말했다.[17] 하지만 이는 정치인의 정치적 발언일 뿐 역사적 사실과는 거리가 멀다. 페낭과 푸켓의 역사적 관계는 최소한 한 세기는 더 올려잡아야 하기 때문이다.

커심비는 1900~1913년 푸켓을 포함한 광역 행정구역인 몬톤 푸켓Monthon Phuket의 최고행정관을 지낸 관료이자, 가족회사를 중심으로 20세기 초 페낭 화인권 최대의 그룹을 이끈 기업가였다.[18] 1916년 화인에 태국 시민권을 부여하는 조건으로 태국식 이름을 강제한 법령에 따라 커 가문은 나 라농Na Ranong이란 태국식 성을 취했다. 나 라농 가문은 오늘날에도 홍욕Hongyok 가문과 더불어 푸켓을 대표하는 중국계 태국인 명문가로 꼽힌다. 홍욕 가문은 20세기 푸켓 최대 주석광산업자인 탄친관Tan Chin Guan(1888~1962)이 '봉황'을 의미하는 홍욕이란 태국식 창씨개명으로 시작됐다.[19] 커심비가 몬톤 푸켓의 최고행정관이 되기 훨씬 이전인 19세기 초부터 푸켓의 주석광산 개발은 거의 전적으로 페낭 복건 출신 탄陳 씨가 주도했고, 탄친관은 그 종친의 일원이었을 뿐이다.

페낭 화인사회가 푸켓의 주석광산 개발에 나선 것은 페락의 라룻 지역 진출보다 앞섰다. 16세기 이래 포르투갈, 네덜란드, 프랑스, 영국이 '주석 벨트'에 속하는 푸켓의 주석 교역에 관여했다. 태국에서 가장 큰 섬으로 말라카해협 북부 초입에 위치한 푸켓은 정크 실론Junk Ceylon, 우중 살랑Ujung Salang, 살랑 포인트Salang Point, 탈랑Thalang 등 여러 이름으로 불리던 주석 산지이자 교역항이었다.

프랜시스 라이트의 친구이자 페낭 건설 주역인 영국인 제임스 스콧이 1773년 영국 동인도회사에 보낸 보고서에 따르면, 당시 푸켓의 주석은 태국인이 채굴하고 중국인이 제련했다. 중국인 제련업자는 태국인이 캔 주석 원광을 제련해 중국인 상인에게 넘기는 교역업자이자, 푸켓의 수장에게 세금을 대납하는 징세청부업자였던 셈이다.[20] 영국이 페낭을 점거하기 2년 전인 1784년 푸켓의 인구는 1만 2,000명을 헤아렸지만, 1809~10년 버마가 태국 남부를 침략하면서 푸켓섬 전역이 파괴되고 수장과 주민 모두 인근 내륙 팡응아로 피난했다. 영국과 태국 사이에 버니조약Burney Treaty이 체결된 1826년에야 태국 항구와 해협식민지의 직접 교역이 가능해졌다. 이를 계기로 페낭의 화인들이 태국 남부의 주석광산 개발에 박차를 가하면서 푸켓의 재건이 시작됐다. 1855년 징세와 아편 및 도박장을 제외한 모든 상업 부문의 국가 독점을 해제한 영국-태국의 보링조약Bowring Treaty으로 자유교역이 가능해지면서 페낭 화인사회의 푸켓 진출은 한층 확대됐다.

1820년대 태국 남부 주석광산 개발의 주역은 라농Ranong의 건설자 커수챵許泗漳과 푸켓의 건설자 탄가익탐陳玉淡[21]이었다. 커수챵이 라농을 근거로 한 태국 왕실의 조신朝臣이자 사업가였다면, 탄가익탐은 푸켓의 통카Tongkah에서 주석광산을 개척한 사업가이자 화인사회의 지도자였다. 두 인물은 활동 지역과 성취 내용이 달랐지만, 모두 복건 출신이며 반청 비밀결사인 소도회小刀會[22] 활동을 하다 망명한 전력을 공유했다(Songprasert, 1986; Khoo S.N. 2009). 그리고 무엇보다도 양인은 '페낭 화인권'의 관점에서 페낭 화인사회의 일원이었다.

●
커수챵 동상
태국 남부 라농의 건설자이자 태국 왕실에서 '나 라농'이란 귀족 성씨를 하사받은
태국 커 가문의 시조 커수챵의 동상.

커수챵은 1816년 고향을 떠나 수마트라 서안의 영국 식민지 번쿨루 Benkulu(Bencoolen)에서 사업 기반을 다졌다. 1824년 영국-네덜란드의 런던조약으로 영국이 번쿨루와 네덜란드의 말라카를 맞바꾸면서 커수챵은 페낭으로 옮겼고, 다시 태국 남부의 라농으로 진출했다. 커수챵의 라농 진출을 페낭 카피탄 치나였던 코라이환의 딸이 주선했음은 앞서 보았다. 1830년대 밀림에 가까웠던 라농은 커수챵의 진출 이후 크게 바뀌었다. 주석광산을 열고 주석제련소를 운영하는 한편, 페낭과 주석 교역 네트워크를 구축한 그는 1842년 라농의 주석광산 개발과 교역 및 징세에 관한 독점권을 확보했다. 사업가로서 뿐만 아니라 행정가의 능력을 높이 산 태국 왕실은 커수챵을 1854년 라농의 초대 부윤府尹[23]에 임명했다. 1862년에 그의 작위爵位[24]는 3등작 프라Phra에서 2등작 프라야Phraya로 승격했다(Cushman, 1986: 64).

커수챵과 태국인 아내에게서 태어난 아들들도 태국 남부 연안의 프라부리, 랑수안, 크라부리, 트랑 등의 부윤에 임명되면서 커 가문은 방콕 왕실의 조신으로서 정치적 영향력을 확대했다. 커수챵의 아들들은 페낭 유력 화인의 뇨냐를 아내로 맞거나 태국 지방 명문가와 혼맥을 맺었다. 아울러 커 가문은 사업가로서 '페낭 화인권' 전역으로 경제적 영향력도 동시에 키웠다. 커 가문은 태국 남부에서 주석광산과 제련소를 운영하며 태국 정부에서 주석의 징세청부권을 확보하는 등 주석 개발을 주도했다.

이러한 커 가문의 신경회로와 같은 교역 회로를 총괄한 것이 페낭의 코에관콩시Koe Guan Kongsi高源公司였다. 코에관은 해협 북부 지역의 증기선 해운회사이자, 태국의 주석을 페낭으로 운송하고 광산에 필요한 쿨리와 식량 및 생필품을 태국으로 수입하는 무역회사이기도 했다. 하지만 태국 남부 연안에서 정치적·경제적 영향력을 확대하던 커 가문이 푸켓으로 진출한 것은 커수창의 아들 커심비가 몬톤 푸켓의 최고 행정관에 임명된 1900년 이후의 일이다. 그 이전 푸켓의 경제권은 탄가익탐을 필두로 한 탄 씨들의 수중에 있었다.

탄가익탐은 1820년대 초 푸켓의 주석광산 개발을 주도했다(王重陽, 1965: 29~30). 그는 당시 푸켓 주석광산의 중심이었던 카투에서 두부를 만들어 파는 것으로 사업을 시작했다. 두부 장사가 될 정도로 당시 중국인 광부들의 시장이 있었다는 의미이다. 두부 제조에서 광산촌의 부식품 공급으로 사업을 확장한 탄가익탐은 푸켓부윤의 눈에 들어 푸켓의 카피탄 치나에 임명되었다. 부윤의 재정 지원을 받아 탄은 1828년 주석 개발 회사인 홉힌콩시Hup Hin Kongsi合興公司를 설립했다. 푸켓 통카항의 주석광산 개발은 홉힌콩시의 설립 이후 본격화했다. 홉힌콩시는 페낭으로 수출되는 주석세의 징수 대행사이자, 통카 주석광산 쿨리의 아편과 생필품을 독점 판매하는 트럭 시스템의 일부였다(Khoo, 2009b: 86). 홉힌콩시는 푸켓의 '거대한 광산촌 매점'이었던 셈이다. 어촌에 불과했던 푸켓의 통카항은 태국 최대의 광산촌으로 바뀌었고, 푸켓부윤의 작위도 프라야Phraya Witchitsongkhram로 승격됐다. 1860년대 탄가익탐의 주석광산은 320헥타르에 달했다(Wong, 2007: 25).

탄은 애초 푸켓부윤의 재정 지원으로 통카 주석광산 개발에 착수했지만, 광산에 필요한 자본과 인력과 물자는 페낭에서 조달했다. 특히 페낭 탄콩시 영천당 창건을 주도한 탄가익탐은 초기부터 페낭의 종친들을 푸켓으로 끌어들였다. 광부와 점원은 페낭과 연관이 있는 인물을 고용했다. 푸켓은 페락의 라룻과 달리 광부도 대부분 복건 출신이었다. 1885년 인구조사에 따르면 태국 남부 연안 지역에서 중국인과 태국인의 비율이 2대 1인데 반해, 푸켓에선 중국인 4만 5,000명에 태국인은 1,000명에 불과했다(Khoo, 2009b: 92). 19세기 푸켓은 복건 출신이 다수를 차지하는 중국인의 섬이었다. 페낭 복건 5대 성씨의 비밀결사인 건덕당의 푸켓지부가 생겨났고, 탄가익탐의 아들 탄위기Tan Wee Ghee陳威儀가 푸켓 건덕당의 '토아코大哥'에 올랐다.

태국의 지방 행정이 페낭의 해골정부와 다를 바 없었던 시절 푸켓의 탄 가문은 페낭의 탄콩시와 건덕당의 긴밀한 관계를 통해 사업을 키웠다. 19세기 후반 푸켓의 거상이자 푸켓의 또 다른 비밀결사 화승의 '토아코'였던 탄킴자오Tan Kim Jao陳錦灶는 탄가익탐 밑에서 일을 배웠다. 탄위기와 탄킴자오는 친구이자 동업자였고, 두 동맹 비밀결사의 영수였다. 푸켓부윤의 정치적 지원을 받은 통카항 주석광산 거물 6인방 가운데 5인이 탄 씨였다. 이들 탄 씨는 푸켓부윤과 손잡고 19세기 후반 푸켓 전역의 아편 판매를 독점했다. 페낭-푸켓 교역에서 아편만큼 이문이 많은 품목은 없었다. 페낭의 아편 징세청부업자에게 태국 남부 연안의 주석광산 지역은 가장 규모가 큰 시장이었고, 푸켓이 그중 최대였다(Songprasert, 1986: 62,101,123).

1880년대 푸켓의 주석 채굴량은 8만 4,000피쿨(약 5,000톤)로, 페락 라룻 지역의 생산량에 근접했다. 페낭의 복건 5대 성씨가 공동 투자한 무역회사 칩혹콩시Chip Hock Kongsi는 1890년대 말까지 통카·트랑·크라비·타보이의 광산업자에게 13만 5,000달러, 푸켓 주석광산 개발에 9만 6,000달러를 각각 투자했다. 태국 남부 주석광산 개발에 페낭의 화인자본이 대규모로 투입된 것이다.

하지만 푸켓의 화인사회도 순탄하지만은 않았다. 1876년 3월 초 푸켓에서 주석 광부들이 거리로 몰려나와 폭도로 변신하는 사태가 발생했다. 태국인 선원을 살해한 혐의로 푸켓의 화인 비밀결사 회원 2명이 구속되자, 건덕당과 화승 소속 광부 300명이 구속자 석방을 요구하며 가두시위를 벌인 것이다. 당국은 즉각 두 피의자를 석방했지만, 2,000명으로 늘어난 시위대가 푸켓부윤의 청사를 방화하고 상점을 약탈하며 푸켓부윤을 향해 불만을 쏟아냈다. 시위가 벌어지기 한 달 전 푸켓부윤은 중국인 주석광산에 자금 대출을 동결하고, 중국인의 인두세를 6배 인상한다고 발표했다. 방콕 중앙정부에 진 부채부터 갚겠다는 의도였다. 그런데 푸켓부윤이 의흥회 소속 광산은 대출을 동결하지 않기로 했다는 소문이 돌았고, 인두세 인상 발표까지 겹치면서 푸켓 폭동이 벌어진 것이다.

도시가 마비되자 방콕 중앙정부는 푸켓에 특별판무관을 파견했다. 그해 3월 20일 건덕당·화승의 지도자와 협상을 벌인 특별판무관은 폭동의 책임을 묻지 않고 주석 광부의 처우를 개선하는 한편, 푸켓부윤이 공표한 화인 주석광산의 대출 동결과 인두세 인상안을 철회했다. 게다가 푸켓 건덕당 영수 탄위기는 주석 수출관세 징수를 포함해 아편·도박장·술·전당포의 징세청부권도 확보했다. 푸켓부윤과 건덕당 소속 광산 토카이의 대결에서 방콕 중앙정부는 화인 토카이의 손을 들어준 것이다.

협상의 결과로 원인을 되짚어본다면, 푸켓 폭동은 푸켓부윤의 정책에 불만을 품은 건덕당의 광산주들이 광부를 사주해 태국 중앙정부를 끌어들이기 위해 벌인 일이었다. 하지만 방콕 왕실이 화인의 손을 들어준 결정은 화인사회에 굴복한 것이 아니라 다분히 전략적이었다 (Wong, 2007: 90~93). 페낭과 푸켓의 건덕당이 주도하는 주석광산 산업을 현상 유지하는 것이 1874년 팡코르조약 이후 제국주의 확장에 가

속도를 내는 영국의 태국 진출을 견제하는 데 유리하다고 당시 방콕 왕실은 판단했던 셈이다.

그렇다면 당시 방콕 왕실의 영국 견제 전략에서 '페낭 화인권'은 어떻게 평가받았던 것일까? 푸켓을 비롯한 태국 남부 연안의 주석광산 개발과 교역을 영국 식민지인 페낭의 화인사회가 주도한다는 점은 방콕 왕실도 모를 수 없었다. 의문의 핵심은 영국 식민지 페낭에서 영국 국적을 취득한 '중국계 영국인Chinese British'이 푸켓의 산업과 교역을 장악한 현실과 영국의 태국 진출 견제라는 태국 왕실의 전략이 어떻게 연결될 수 있는가의 문제이다. 물론 태국 왕실은 화인 디아스포라를 동화시켜온 오랜 역사적 경험을 고려했을 수는 있다. 하지만 주목할 대목은 당시 태국 정부가 페낭과 푸켓의 화인사회를 과연 영국 제국주의의 '대리인'으로 간주했을까라는 점이다. 오히려 태국 왕실은 '페낭 화인권'을 영국으로 대표되는 유럽 열강을 견제하는 완충지대로 판단했을 개연성이 다분하다. 페낭과 푸켓의 연계는 에릭 홉스봄이 '제국의 시대'의 분기로 잡은 1870년대의 해협 북부 지역에서 페낭 화인권의 위상이 어떠했는지, 그리고 1880년대 후반부터 영국이 페낭 화인권을 왜 포획하려 했는지를 이해하는 실마리를 제공한다 하겠다.

푸켓 폭동 3년 뒤인 1879년 6월 의흥회 소속 화인 417명이 건덕당 건물에서 숨지는 학살 사건[25]이 벌어지면서 푸켓의 광방 비밀결사 의흥회는 페락의 라룻에서처럼 급속히 쇠퇴했다. 이후 푸켓의 화인사회는 1897년 방콕 왕실이 화인 비밀결사를 금지하기까지 복방의 건덕당이 독주하는 가운데 방파 경쟁에서 방파 협력으로 새로운 질서를 모색했다.

푸켓의 화인사회는 왕국의 수도인 방콕보다 페낭과 문화적으로 더 가까웠다. 페낭 화인권의 여느 지역과 마찬가지로 푸켓의 화인사회에게 페낭은 세계로 통하는 문이었고, 문화의 중심이었다. 푸켓 화인사회에서 '페낭 스타일'은 그것이 저택이든 사치품이든 신붓감이든 '선망의 대상'을 의미했다. 특히 푸켓의 화인 부호들은 아들의 신붓감으로 페낭의 명문가 뇨냐를 최고로 쳤다. 푸켓 개발 초기의 화인 남성들은 이슬람이라는 종교적 장애가 없는 태국 여성과 가정을 꾸렸지만, 19세기 후반 화인사회가 커지면서 현지 태생의 화인 뇨냐와 혼인하는 일이 잦아졌다. 푸켓 화인엘리트에게는 페낭의 명문가 뇨냐를 맞아 호사스럽게 치르는 페낭식 바바-뇨냐 혼례야말로 부와 사회적 영향력을 과시하는 중요한 의례였다. 특이하게도 푸켓에서는 부자 토카이든 점원이든 화인 남자를 바바라고 부르면서도, 뇨냐라는 말은 페낭 출신의 세련되고 고상한 여성이나, 페낭 뇨냐 차림의 부잣집 규수를 지칭하는 경향이 강했다(Khoo, 2009b: 103).

'돈의 땅'과 객가 3인방: 페낭과 메단

말라카해협에 연한 수마트라 북동부의 메단Medan은 1870년대 네덜란드 동인도 정부와 화인사회가 결합되어 건설된 식민지 도시이다. 오늘날의 메단은 19세기 술탄국 딜리Deli의 영지인 라부한 딜리Labuhan Deli, 메단Kampung Medan, 항구 벌라완Belawan 등으로 이뤄졌다. 1860년대 말까지만 해도 촌락Kampung에 불과하던 메단은 20세기 초에 '수마트라의 파리'라는 별명을 얻을 정도로 바뀌었다. 네덜란드가 수마트라를 직할 지배하는 과정에서 대규모 담배농원을 개발했고, 여기에 중국인 이주자들이 몰려들면서 메단이 중심지로 괄목할 성장을 이룬 것이다. 19세기 말 유럽에서 메단의 잎담배가 최고 평가를 받으면서 수마트라는 세계적인 담배 원료생산지로 떠올랐다. 네덜란드인은 '돈의 땅het land dollar', '경제 기적Wirtschaftswunder'이라며 메단의 성공을 치켜세웠다(Buiskool, 2009: 114).

메단의 담배농원 개발은 페락의 주석광산과 달리 네덜란드 동인도 정부와 유럽 자본이 주도했다. 단지 인구가 조밀하지 않은 수마트라의 농원을 운영하기 위해 네덜란드는 중국인 이주노동력에 의지해야 했다. 네덜란드의 식민정책은 영국의 자유방임에 견줘 훨씬 개입주의적이었다. 게다가 페낭과 달리 메단의 화인사회는 네덜란드 식민지 정부와 토착 술탄이란 이중의 정치권력을 상대해야 했다. 이런 메단 화인사회에서 광동성 객가 집단의 신케인 총Tjong張 씨 3인방이 두각을 나타냈다. 특이하게도 메단 화인사회는 복건 방언인 혹키엔을 공통어로 썼고, 경제적으로나 문화적으로 네덜란드 동인도의 바타비아(오늘날 자카르타)보다 영국의 페낭과 훨씬 밀접했다.

신도시 메단이 생기기 훨씬 이전부터 페낭의 상인과 해운업자들은 수마트라 북동안과 교역 네트워크를 갖췄다. 1790년 코라이환이 후추 묘목을 들여온 곳도 아체였다. 아체는 1820년대 세계 후추 공급의 절반을 생산했고, 인근의 랑캇Langkat, 딜리, 서르당Serdang 등 수마트라 동북부는 세계 최대 후추 생산지였다. 1849~50년 페낭은 아체와 딜리에서 4만 6,199피쿨의 후추를 수입했다. 이는 아체와 딜리가 수출한 전체 후추의 80퍼센트에 해당했다(Wong, 2007: 32~33). 수마트라 북부의 후추 교역을 페낭이 독점했다는 뜻이다. 1852년 아체와 딜리의 후추를 전담 운송하는 페낭의 무역선이 15척을 넘었다. 초기 후추 교역과

해운을 페낭의 아체 상인들이 주도했지만, 화인 무역·해운업자의 영
향력도 상당했다.

　페낭의 복건 출신 해운업자들은 1810년대부터 지역 해운에서 두각
을 나타냈다. 페낭의 복건 출신 호토아Ho Toah何道는 1810년대에 이미
페낭-수마트라 항로에 정크선을 운항했고, 1820년대에는 태국 남부-
페낭-수마트라 노선에 정크 무역선을 투입해 쌀과 제비집, 주석, 잡화,
아편 등을 실어 날랐다. 건덕당의 토아코가 되기 이전부터 굴지의 해
운업자였던 쿠텐테익의 무역선은 1850년대부터 페낭-버마의 몰러먀
잉-수마트라의 아체-태국의 타쿠아파Takuapa-싱가포르 항로를 운항
했다. 페낭의 복건 출신 상인들은 자본을 출자해 1870년대까지 10여
개의 대형 해운회사를 운영했는데, 1860년대에 설립된 해운회사 총모
콩시Chong Moh & Co.崇茂公司는 증기선과 범선 12척을 소유하고 페낭,
싱가포르, 푸켓, 양곤, 덜리, 아체, 페락, 커다 등 말라카해협의 역내 해
운은 물론 인도-중국의 장거리 해운도 담당했다(Wong, 2007: 20~23).

　해운을 장악한 페낭의 복건 출신 화상들은 아체와 덜리에서 아체
인과 바탁족이 재배하는 후추를 수입하면서 정치권력과 결탁한 일종
의 계약 재배 방식을 썼다. 1850년대 후추 무역으로 세력이 커진 아체
의 술탄은 지역 소영주의 후추 재배를 장려하던 참이었다(양승윤, 1994:
186). 화상이 후추 재배지의 술탄이나 수장과 동맹을 맺고 자금을 대
주면, 이들이 현지 농민에게 영농자금으로 선대하고, 농민은 수확한
후추를 고정된 계약 가격으로 페낭 상인에게 넘기는 방식이었다. 페
낭 화상들은 피쿨당 2달러에 구입해 검은 후추는 4~6달러, 흰 후추는
7~14달러에 유럽 상인들에게 넘겨 2~7배의 이윤을 챙겼다. 입도선매
立稻先賣의 착취적 거래였다.

1860년대 메단에 담배농원이 개발되던 무렵 수마트라의 교역 환경이 크게 바뀌었다. 1830년 자바 전역을 장악한 네덜란드 동인도 정부가 수마트라를 실질적으로 지배하기 위해 북상하면서 영국과 네덜란드 사이 세력 균형의 틀이 바뀌었기 때문이다. 1824년 영국과 네덜란드는 런던조약을 맺고 말라카해협에서 서로의 세력권을 분할한 바 있다. 런던조약의 허점은 수마트라의 지위가 분명하지 않다는 점이었다. 수마트라가 정치적으로는 네덜란드의 세력권이었지만, 해협을 장악한 영국은 네덜란드 동인도 정부의 간섭 없이 수마트라와 교역을 할 수 있었다. 게다가 아체는 영국의 보증 아래 독립국의 지위를 유지했다. 런던조약 덕에 19세기 전반 영국 식민지 페낭이 네덜란드령 수마트라 북동부 연안에서 교역을 주도할 수 있었다.

하지만 페낭의 화인 거상들이 주석광산 개발을 위해 말레이반도로 몰려가던 1840년대 후반부터 네덜란드 동인도 정부의 군대와 자본은 수마트라 중부 이북으로 밀고 올라가기 시작했다. 네덜란드의 북상 명분은 독립 술탄국인 아체의 경제적·정치적 영향력이 커진다는 점과 미국이나 프랑스 등 열강이 아체를 장악할지도 모른다는 우려였다. 1860년대 후반 제국주의 경쟁이 본격화하자 영국도 네덜란드의 수마트라 북상을 용인하는 쪽으로 생각을 바꾸었다. 영국과 네덜란드는 1871년 11월 헤이그에서 '수마트라조약Anglo-Dutch Treaty of Sumatra'을 맺고, 네덜란드의 수마트라 지배권을 확정했다. 이 조약에서도 아체의 독립은 확인됐는데도 네덜란드는 1873년 아체 침공을 단행해 수도 반다 아체를 점령했다. 이로써 아체의 술탄은 폐위됐지만, 아체 이슬람 지도자의 완강한 저항으로 1903년까지 30년에 걸친 '아체전쟁'이 이어졌다(최병욱, 2015: 329~30).

19세기 후반 네덜란드 동인도 정부가 수마트라 중부 이북으로 북상하며 곳곳에 군사 기지를 설치하던 상황에서 메단의 광동 객가 '총씨 3인방'이 두각을 나타냈다. 총파츠Cheong Fatt Tze張弼士(1840~1916)[26]와 총용헨Tjong Yong Hian張榕軒(1850~1911),[27] 총아피Tjong A Fie張阿輝(1860~1921)[28]가 그 3인이다. 총용헨과 총아피는 친형제이며, 총파츠는 두 형제의 후견인이었고, 두 형제는 총파츠의 재산 관리인이기도 했다. 이들 3인방이 각각 10년 터울이라는 점도 흥미롭다.

후술하겠지만 총파츠는 19세기 말에서 20세기 초 남양 화인을 대표한 거상이며, 청조 말기 중국 정치와 경제에도 영향력을 행사했던 인물이다. 여기서는 메단과 관련된 총파츠의 초기 활동을 중심으로 살펴본다. 총파츠는 1859년 네덜란드 동인도의 바타비아로 이주했다. 화인 미곡상점 점원으로 일하다 상점주의 딸과 결혼했고, 장인의 지원으로 자신의 사업을 시작했다. 식료품을 판매한 그는 네덜란드 육군과 해군에 식량과 부식을 공급하면서 식민 당국의 신뢰를 얻었다. 이를 토대로 총파츠는 아편과 술의 징세청부권을 따내며 자바 서부 시장을 거의 독점하고 거부의 길을 내달렸다. 1860년대 농원과 도시 개발 붐이 일면서 네덜란드 식민 당국은 중국인 쿨리 노동력을 필요로 했다. 총파츠는 쿨리를 공급하고 관리하는 독점권도 수중에 넣었다(Godley, 1981: 10~11).

빠르게 부를 축적한 25세의 총파츠는 1865년 유홉콩시Yoo Hop Kongsi裕和公司를 설립하고 벼와 코코넛농원도 운영했다. 1870년대 네덜란드 동인도 정부 군대가 수마트라 중부 이북으로 세력권을 넓히며 북상하자 총파츠도 자바를 떠나 수마트라로 활동무대를 옮겼다. 총파츠는 1873년 네덜란드의 아체 침공 때 군대의 식량 보급을 독점했고, 아체의 아편팜도 확보했다. 딜리의 아편팜도 손에 넣은 총파츠는 1875

●

메단 총씨 3인방

왼쪽으로 총파츠(1840~1916), 총용헨(1850~1911), 총아피(1860~1921).
총파츠와 총용헨은 각각 페낭 주재 초대와 2대 중국 부영사를 지냈다. 친형제인 총용헨과 총아피는 메
단 화인사회를 대표하는 네덜란드 동인도 관리인 '마요르'에 선임됐다.

년 바타비아의 카피탄 치나 리아기Lee Ah Ghee를 끌어들여 페낭에 무역회사 리왕콩시Li Wang Kongsi笠旺公司를 세웠다(Wright, 1908: 777). 총파츠와 페낭의 공식적인 관계는 1875년부터 시작된 셈이다.

수마트라 이주는 총용헌이 총파츠보다 빨랐던 것으로 보인다. 총파츠가 1880년 페낭 리왕콩시의 메단지부를 설립할 때 총용헌과 합자했는데, 당시 총용헌은 네덜란드 식민지 관리인 '라부한 딜리의 루테난트'[29]였다(Chang, 1981: 26). 잡화상 집안의 8남매 장남이었던 총용헌이 여느 이주자들처럼 18~20세에 고향을 떠났다고 한다면, 그의 라부한 딜리 이주 시기는 1870년 무렵으로 추정된다. 당시는 수마트라의 담배 재배를 독점한 네덜란드의 '딜리 회사Deli Company'가 1869년 메단에 설립되어 담배농원 개발이 본격화하던 시기였다. 1870년~1933년 메단 지역의 담배농원에 동원된 중국인 쿨리는 30만 명에 달했다(Buiskool, 2009: 118).

총아피는 총파츠와 총용헌이 동업자가 된 1880년 라부한 딜리에 이주했다. 그가 은화 10냥을 들고 광동성 산두에서 메단행 배에 올랐을 때, 그와 함께 탑승한 중국인 대부분은 담배농원의 쿨리였을 가능성이 높다. 전술했듯이 1880년대부터 메단 담배농원의 노동력을 충당하기 위해 페낭 화인권의 농원과 주석광산 쿨리 조달이 차질을 빚었을 정도다. 하지만 총아피는 쿨리의 삶과 거리가 멀었다. 형의 도움으로 라부한 딜리의 화인사회에 자리를 잡았다. 그는 네덜란드 식민 당국의 신임도 얻어 1888년에 루테난트에 임명되었고, 1890년 카피테인, 1911년 마요르로 승진했다(Leo, 1995: 210).

총용헌과 총아피 형제는 네덜란드 식민 당국이 임명한 관리인 '카피탄 치나'로서, 담배농원에 중국인 쿨리의 조달과 관리를 책임졌다. 메단의 담배농원은 페락의 주석광산과 달리 자본과 노동이 분리됐다. 농원주는 유럽인이었지만, 농원 임노동자는 중국인이었다. 이에 따라 노동의 통제권은 화인엘리트에게 돌아갔다. 메단 총 씨 형제의 핵심 사업은 '쿨리무역'이었고, 페낭 화인사회와의 연계는 불가피했을 것이다. 당시 해협 북부의 쿨리무역은 페낭 복방 비밀결사 건덕당이 장악하고 있었음은 전술한 바 있다. 총 형제는 담배농원에 중국인 쿨리는 물론, 식료품과 의복 등 생필품 일체를 독점적으로 조달했다. 19세기 전반 자바의 화인들이 네덜란드 식민지의 중개인으로서 현지인을 상대로 한 '비중국인과의 교역'에 치중했다면, 19세기 후반 신생 도시 메단에서 총 씨 형제는 급증하는 중국인 쿨리를 상대로 한 '중국인과의 교역'을 중심으로 자본을 축적했다. 태국의 커 가문처럼 메단의 총 씨 형제도 네덜란드 동인도의 관리이면서 사업가였다. 총파츠가 설립한 페낭과 메단의 리왕콩시는 수마트라 농원에 아편과 쿨리 및 생필품을 조달하는 '중국인과의 교역'을 위한 총 씨 3인방의 거점이었던 셈이다. 총파츠는 1888년 증기선 해운회사 반유힌콩시Ban Yoo Hin Kongsi萬裕興公司도 설립했다(Wright, 1908: 777). 1895년까지 반유힌의 증기선은 덜리-페낭-페락 항로를 운영했다.

총파츠가 1880년대 후반부터 말레이반도의 주석광산과 아편팜에 투자하고, 페낭 주재 중국 부영사와 싱가포르 주재 중국 총영사를 맡으며 활동 영역을 넓히면서 총용헌은 총파츠의 뒤를 따라 움직였고, 메단의 사업은 총아피가 관장하게 됐다. 총아피는 총파츠와 총용헌이 닦아놓은 토대, 네덜란드 식민 당국 및 덜리 술탄과 긴밀한 협력, 그리고 기업가 정신을 발휘해 총 씨 3인방의 사업을 키웠다. 총아피는 메단의 신도시 개발 과정에서 사전에 입수한 도시 개발 정보를 바탕으로 부동산에 투자해 재산을 늘렸다. 1900년 초 총아피는 메단 부동산의 75퍼센트를 소유했다(Buiskool, 2009: 115).

총아피 형제는 1886년 메단에 정육시장 건설을 시작으로 생선시장(1887), 야채시장(1906)을 잇달아 세웠다. 총아피는 1911년 총용헌이 사망하자 '마요르'를 승계하고, 이들 시장에서 나온 수익으로 메단에 극빈자와 고령자를 무료로 진료하는 치온의원Tjie On Djie Jan濟安醫院과 한센병 환자를 수용하는 병원도 세웠다(Leo, 2012: 1198). 총아피는 1906년 수마트라 최초로 화인 소유의 고무나무농원을 열었고, 이듬해인 1907년에는 네덜란드 동인도 최초의 화인 은행인 딜리은행Deli Bank도 개설했다. 딜리은행의 설립에는 총 씨 3인방 외에 독특한 이력의 화인 2명이 가세했다. 네덜란드의 침공 이후 반다 아체 화인사회의 카피테인을 역임한 치아춘셍Cheah Choon Seng謝春生(1848~1916)과 메단 남쪽 아사한Asahan의 카피테인 쿠츄퉁Khoo Cheow Teong邱朝仲(1840~1916)이 그들이다.[30] 이들 딜리은행의 5대 주주는 19세기 말~20세기 초 수마트라 아편팜 신디케이트를 이끈 주역이기도 했다.

치아춘셍[31]은 1848년 네덜란드령 보르네오의 폰티아낙Pontianak에서 태어난 객가이다. 부친의 고향은 광동성 매현으로 총 씨 형제와 같다. 총파츠가 그러했듯이 치아춘셍도 폰티아낙에서 8년간 네덜란드 식민 당국과 군에 식량과 생필품을 독점적으로 공급하면서 거부가 됐다. 네덜란드가 아체를 침공한 뒤 반다 아체로 이주해 카피테인이 됐고, 아체의 철도 부설과 아편 등의 징세청부권도 수중에 넣었다. 그는 총용헌에 이어 1895년 제 3대 페낭 주재 중국 부영사를 맡았다. 이를 계기로 치아춘셍은 1898년 아체의 사업을 자식에게 물려주고 페낭으로 이주해 '객가 거상'으로서 영향력을 행사했다(Wright, 1908: 770).

치아춘셍이 메단 총 씨 3인방의 객가 네트워크 일원이라면, 쿠츄통은 신케 객가인 총 씨 3인방과 페낭 화인사회의 복방 인맥을 상징하는 인물이다. 그는 1840년[32] 페낭에서 태어난 '페낭 화인'이면서 페낭 바깥에서 활약한 '페낭 디아스포라'였다. 쿠츄통은 페낭을 대표하는 두 명문가의 후손이다. 외증조부가 페낭의 카피탄 치나 코라이환이고, 조부는 페낭 쿠콩시 창설자의 일원인 쿠왓셍이다. 쿠츄통은 페낭 초기 화인사회에서 페라나칸을 대표하는 코 가문과 복건 출신 신케를 대표하는 쿠 씨 종친의 동맹을 상징한다.

쿠츄통은 페낭에서 중국어 교육을 받고 화인 회사에서 일하다 페락으로 건너가 독립했다. 이후 수마트라의 메단 동남부 아사한으로 이주해 네덜란드 당국에 식료품 공급 사업으로 부를 축적했다. 1874년 말라카의 쌀 무역상 림쵸Lim Cheoh의 딸과 결혼했고, 1878년에는 아사한의 카피테인에 임명됐다. 영어와 네덜란드어 모두 유창한 그는 1904년까지 26년간 아사한 카피테인을 맡으며 아사한과 딜리에서 징세청부업과 교역으로 거부가 됐다. 1909년 페낭으로 '귀향'해 1916년 사망했다(Wright, 1908: 777). 쿠츄통은 총파츠가 주도한 신디케이트의 일원으로서 딜리은행을 비롯해 1907년 메단 아편팜, 1904~9년의 페낭 아편팜, 1915년의 수마트라 전역의 도박장팜에 참여했다(Godley 1993: 265). 이는 신케 객가 거상인 총파츠와 복방 페라나칸 거상이 주도한 페낭 화인사회 사이에서 쿠츄통의 역할을 짐작하게 한다. 페낭 화인권의 남서 축이었던 페낭-메단의 실력자 총파츠, 치아춘셍, 큐츄통이 1916년에 모두 세상을 떠난 것이 공교롭다.

총 씨 3인방과 화인 비밀결사의 직접적인 관련은 확인되지 않고 있다. 하지만 메단에서도 화인사회가 급격히 확산되던 1880년대 화인 비밀결사의 경쟁이 농원 노동자 폭동으로 발전하기도 했다. 당시 담배 농원 쿨리만 2만 명에 달한 메단의 화인사회는 광방인 의흥회와 복방 건덕당의 동맹 비밀결사인 화승으로 갈라져 있었다. 1884년 화승 소속의 농원 노동자들이 도시를 점거하고 매음굴과 농가를 습격해 의흥회 소속 노동자들을 살해하는 사태가 발생했고, 이는 네덜란드 군대가 개입해 진압됐다. 메단 폭동은 1885년부터 시작되는 메단 아편팜의 경매를 앞두고 발생한 탓에 메단 아편팜을 장악하려는 페낭 화인 거상들이 배후라는 주장도 나왔다(Wong, 2007: 78~79). 당시 라부한 덜리의 루테난트 쿠텡코Khoo Teng Ko와 카피테인 림텍쉬Lim Tek Swee林德水, 빈자이Bindjei의 루테난트 림칭케Lim Tjing Keh가 모두 비밀결사 화승의 지도부였을 가능성이 높다는 것이다. 실제 쿠텡코와 림텍쉬는 페낭 쿠콩시와 림콩시의 일원이었다.

신케 객가인 총 씨 3인방이 19세기 후반 메단 건설의 주역인 것은 부인할 수 없지만, 수마트라 북동 연안 지역 화인사회와 페낭의 관련은 더 오래고 뿌리 깊었다고 볼 수 있다. 이를 상징하는 것이 메단 화인사회의 공통어가 혹키엔이라는 점이다. 수마트라 동부 연안의 화인사회에서 주류는 광동 출신이고 광동 방언이 널리 쓰였지만, 메단은 복건 출신 비중도 높았고 복건 방언이 우세했다(Buiskool, 2009: 124). 이는 담배농원의 노동자는 광방과 조주 출신이 주류였지만, 메단의 도시 상업사회는 복방이 주도했다는 의미이다. 아울러 메단을 비롯한 수마트라 동북 연안의 화인사회는 네덜란드어보다 영어 교육을 더 선호했다. 메단의 부자 화인들은 자녀를 페낭의 영어 학교로 유학시키곤 했다. 19세기 '페낭 화인권'은 식민지의 경계에 구애되지 않는 지리 경제적, 지리 문화적으로 '월경越境하는 화인사회'였던 셈이다.

'확장된 가족':
페낭 화인권의 혼맥

페낭의 화인사회는 기존의 교역하는 디아스포라 화인 네트워크에 콩시·비밀결사라는 상징자본과 아편팜으로 축적된 물리적 자본을 결합해 해협 북부 지역에 페낭 화인권을 건설했다. 페낭 화인권에는 또 다른 자본도 작용했다. 페낭 화인사회 엘리트의 혼맥婚脈이란 '사회·문화적 자본'이 그것이다.

페낭 복방 거상들은 지연과 방언과 혈연에다 타 지역, 타 성씨, 타 종족과 다분히 정략적인 혼인을 함으로써 '혼맥'의 유대를 추가했다. 이들의 혼맥은 지역적으로 말라카해협 북부의 말레이반도(커다, 페락), 수마트라 북부(아체, 메단, 아사한), 태국 남부(푸켓, 라농, 트랑), 버마 남부(양곤)를 망라했다. 혼맥으로 본다면 페낭 화인권은 페낭 화인엘리트의 '확장된 가족'이었다. 페낭 화인사회는 페낭 교역권의 유력 상인, 정치인과 혼맥을 통해 다양한 가문과 방파와 인종을 포괄하는 동맹체를 구축했다(Wong, 2007; 張少貴, 2002, 2003; Wu, 2010). 무능한 자유방임의 식민 당국도, 유동적인 토착 정치세력도 상업적 이익을 보호해준다는 확실한 보장이 없는 상황에서 혼맥은 불가피한 전략이었던 셈이다.

페낭 화인사회에서 복건 5대 성씨(쿠, 치아, 림, 여, 탄)와 또 다른 복건 출신 명문가인 코Koh辜 씨, 옹Ong王 씨, 간Gan顏 씨, 리Lee李 씨 등의 거상들은 거의가 사돈이나 겹사돈으로 얽혔다. 이들의 혼맥은 다시 타 종족과 타 지역의 혼맥으로 확장됐다.[33]

복방 비밀결사 건덕당의 2인자인 쿠텐포는 딸들의 정략결혼에 적극적이었다. 그의 첫째 딸은 코라이환의 손자 코텡춘의 아내가 됐다. 둘째 딸을 림 가문에, 넷째 딸을 여 가문에 각각 시집보냈다. 쿠텐포의 또 다른 딸은 아체의 후추 무역 거상인 시에드 모하메드 알라타스의 아내가 됐다. 알라타스는 페낭의 인도인-말레이계 비밀결사인 홍기회의 지도자이기도 했다.

치아 씨의 혼맥도 화려하다. 18세기 말 페낭에 이주한 치아 씨는 페낭의 인도 출신 출리아를 대표하는 누르딘 가문과 인척관계다. 페낭 최대 부자의 하나인 인도 출신 모하메드 메리칸 누르딘의 차남 니나 메리칸 누르딘Nina Merdican Noordin은 치아 씨의 뇨냐를 며느리로 들였다. 니나 누르딘도 홍기회에 관여했다.

페낭 복방 엘리트는 주석광산 거상들과도 혼맥을 형성했다. 페낭 아편파머인 복건 영정永定 출신 객가 거상 푸타이신Foo Tye Sin胡泰興은 페낭 치아콩시 설립자의 아들인 치아분헨Cheah Boon Hean謝文賢과 사돈이고, 페락 라룻 주석광산 개발의 주역인 광동 증성增城 출신 객가 청켕퀴는 페낭 탄 씨의 뇨냐를 아내로 맞았다. 19세기 말 페락 이포의 주석왕인 영정 객가 푸추춘Foo Choo Choon胡子春은 청켕퀴의 형인 청켕셍의 딸과 혼인했다. 청켕퀴 이후 페락의 '주석왕' 자리를 이은 푸추춘이 청켕퀴의 조카사위였다. 청켕퀴의 넷째 아들 청타이핀Chung Tye Phin鄭太平은 페낭 쿠 씨와 탄 씨의 뇨냐를 아내로 맞았다.

태국 남부 최대의 명문가인 커許 가문은 페낭의 치아 가문과 혼맥을 형성했다. 커수챵의 아들 커심콩Khaw Sim Kong許心光은 페낭 치아초우판Cheah Chow Phan謝昭盼의 딸을 아내로 맞았다. 커심콩의 아들 커주레이Khaw Joo Ley許如利는 태국 방콕의 명문가인 분나그Bunnag 가문의 사위가 됐다. 커주레이의 장인 원 분나그는 태국 남부의 행정은 물론 무역과 외무, 토지 등을 총괄하는 남부장관(재임 1869~1888)을 지낸 인물이다. 이 혼사에는 커주레이의 외삼촌이자 페낭 아편파머였던 치아텍타이Cheah Tek Thye謝德泰가 다리를 놨다. 페낭의 치아 씨와 라농의 커 씨가 방콕 중앙정부와도 연줄이 닿았다는 뜻이다. 커수챵의 아들 커심비는 태국 지방 명문가인 나 나콘 가문의 딸 누나 나 나콘Nuna Na Nakhon을 세 번째 아내로 맞았다.

페낭 화인 엘리트의 혼맥은 경제적·정치적 영향력을 확대하기 위한 거상들의 전략이었다. 페낭 복방 엘리트는 페낭의 명문가는 물론 양곤, 푸켓, 커다와 페락, 메단에서 상권을 장악한 유력 가문이나 정치 실권자와 인종과 종족을 가리지 않고 인척관계를 맺었다. 이를 통해 교역에서 영향력을 발휘하고, 식민 당국은 물론 토착권력과도 정치적으로 결탁해 영향력을 발휘할 수 있었다(Wong, 2007: 55~6). 또한 페낭의 명문가가 대를 이어가며 혼맥을 유지했다는 점도 주목된다. 특히 코라이환의 후손들은 쿠 씨, 치아 씨와 지속적으로 혼맥을 맺었다. 이는 코 가문이 5대 성씨의 비밀결사인 건덕당의 회원은 아니지만, 혼맥을 통해 복방의 일원으로서 사업상 동맹관계를 형성했음을 보여준다.

하지만 혼맥을 페낭 화인사회의 전근대적 특성으로 간주할 이유는 없다. 영국의 부르주아 계급의 형성도 혈연과 혼맥을 빼고 설명되기 힘들기 때문이다. 19세기 영국 신흥 엘리트는 금융과 국제 교역을 지배하는 거대 가문들, 사업가, 제조업자, 선주, 은행가, 의원, 법학자, 귀족, 젠트리 가문의 복잡한 혼맥으로 얽혔다. 영국 엘리트의 혼맥이 제국의 중심부를 지배했다면, 페낭 화인의 혼맥은 페낭 화인권이란 주변부를 장악했다는 차이만 있을 뿐이다.

이러한 명문가의 혼맥은 페낭이란 좁은 화인사회에서 불가피했던 것이라기보다는 다분히 의도적인 것이었다. 혼맥은 경쟁자를 따돌리고 주도권을 지키는 사업 동맹으로 이어졌다. 페낭은 물론 페낭 화인권의 아편팜 신디케이트를 이어준 것도 혈연과 혼맥이었다. 달리 말해 사촌과 사돈으로 뭉친 페낭의 아편팜 신디케이트가 페낭은 물론 커다, 페락, 조호르, 리아우, 말라카, 싱가포르, 방콕, 양곤, 홍콩까지 파고들었던 것이다. 그리고 그 전략적 혼맥이 불가피했던 이유는 아편팜의 독점이었다. 이렇게 페낭 화인사회의 지연-혈연-혼맥의 사회적·문화적 자본은 다시 핵심종 아편팜으로 환원된다.

07

비밀결사 시대의 종언

1867년
페낭 폭동

19세기 후반 '백색 골드러시'는 페낭 화인사회의 부자들을 거부와 거상으로 바꿔놓았다. 하지만 빛이 강하면 그림자도 짙다. 흑색 골드러시가 한층 격렬하고 치열해졌다. 주석과 아편팜과 자본을 장악한 페낭 복건 출신 엘리트의 독점이 이어졌지만, 이를 깨뜨리기 위한 경쟁자들의 도전도 거셌다. 자본으로 대적할 수는 없는 노릇이었다. 자본으로 안 되면 노동을 파고들어야 했다. 농원과 주석광산은 노동이 무너지면 자본도 힘을 쓰지 못한다. 적어도 노동집약적이었던 19세기 말까지 그랬다.

앞서 보았듯이 19세기 페낭 화인권에서 노동을 장악하기 위해서는 아편팜을 장악해야 했다. 아편팜의 가장 취약한 고리는 밀수와 밀거래이다. 전매권을 민간에 팔 땐 정부가 공권력으로 업자의 독점을 지켜주어야 마땅했지만, 영국 식민지의 해골정부는 그럴 의지도 능력도 없었다. 해협식민지와 말레이반도에서 비밀결사가 유독 극성을 부린 이유가 여기에 있다. 그렇다면 복건 거상의 독점을 깨뜨리기 위해서 물리적 자본이 취약한 경쟁자들이 택할 수 있는 유일한 전술은 비밀결사라는 사회적 자본으로 맞서는 것이었다. 독점을 사수하려는 측과 독점을 깨뜨리려는 측의 경쟁은 폭력으로 분출했다. 독점과 폭력, '백색 골드러시'와 쌍둥이로 진행된 '흑색 골드러시'의 그림자였다.

물론 폭력은 중국인 사이에서 벌어지기도 하고, 때론 영국 식민정부를 향하기도 했으며, 현지 정치권력이나 싱가포르의 자본가가 표적이 되기도 했다. 페낭 화인권의 폭력은 19세기 후반 화인 거상의 시대에 나란히 달렸던 쌍둥이 러시의 부산물이자, '자본의 시대'에서 '제국의 시대'로 넘어가는 과도기에 화인사회 내부의 패권 경쟁이라는 정치적 함의도 동시에 지닌다.

1867년 8월 3일 조지타운 시가에 폭력과 살육이 난무했다. 복건 출신 비밀결사 건덕당과 동맹인 인도인-말레이인 비밀결사 홍기회紅旗會Red Flag Society가 편을 먹고, 광방 비밀결사 의흥회와 손을 잡은 인도인-말레이인 비밀결사 백기회白旗會White Flag Society가 맞서 시가전을 벌인 것이다.[34] 중국인 3만 명과 인도인·말레이인 4,000명이 참가한 이 폭동으로 조지타운은 10일 동안 마비됐다. 이 과정에서 450~500명이 숨지고 조지타운의 건물 1,000여 채가 불에 탔다. 해협식민지 당국은 이 폭동이 중국인 비밀결사 간의 오랜 분쟁에서 비롯되었다고 진단했다(Wynne, 1941: 249~250).

하지만 페낭 폭동은 비밀결사의 분쟁으로 단순화하기 힘든 복잡한 사안이다. 인도인-말레이인 비밀결사인 홍기회와 백기회가 전면에 나선 것을 단순히 화인 비밀결사 건덕당과 의흥회의 대리전이라고 단정하기도 힘들다. 1786년 영국의 페낭 점서 이래 80년에 길친 다양한 정치적·이념적·종교적·인종적·문화적 갈등과 무책임한 식민 당국을 향한 불만이 내재되어 있기 때문이다. 사실 영국 식민 당국은 페낭 폭동에서 페낭의 화인과 인도인-말레이인이 비밀결사를 통해 동맹을 맺은 정치적 함의에 관해 가장 촉각을 곤두 세웠다(Musa, 1999: 151, Pieris, 2002: 9~12). 구조적인 원인들이 중첩되기는 하지만 페낭 폭동의 도화선이 아편팜에 있다는 점은 분명해 보인다. 표면적으로는 아편팜을 둘러싸고 중국인 비밀결사들이 동맹세력인 홍기회와 백기회를 앞세워 대리전을 펼친 양상이었던 것이다. 중요한 것은 왜 아편팜의 독점이 비밀결사에게 그토록 중요했느냐는 점이다. 이는 페낭의 사회경제적 배경에 닿아 있다.

1867년 5월 1일부터 1869년 4월 3일까지 2년간 페낭 아편팜의 경매를 앞두고 입찰금액이 연간 9만 4,200달러로 예상됐다. 이전 기간 연간 전매료 7만 8,000달러를 크게 상회한 금액이었다. 이 경매에서 의흥회가 건덕당의 오랜 독점을 깨뜨리고 아편팜을 수중에 넣었다. 페낭 건덕당 지도부는 위기감에 휩싸였다. 본부인 페낭의 아편팜이 흔들리면 페낭 화인권의 아편팜들도 덩달아 흔들린다. 게다가 주석 러시가 속도를 더할 때였다. 당시는 다가올 1870년의 세계적 대불황의 먹구름이 짙어지고 있었지만, 주석시장만큼은 호황이었다. 미국 남북전쟁 (1861~65)이 끝나면서 군용으로 쓰이던 통조림이 시장으로 쏟아져 나왔다. 주석은 더 캐야 하고, 쿨리도 더 수입되어야 했다. 그런데 아편팜을 잃으면 노동 통제도 잃는다. 아편 문제로 광산이나 농원이 굴러가지 않는 일이 흔했다.

의흥회가 아편팜의 독점을 깨뜨리자 건덕당이 동맹관계인 홍기회를 앞세워 의흥회의 아편팜을 방해했다. 그러자 의흥회는 백기회를 내세웠다. 페낭의 인도인과 말레이인은 19세기 초 화인 비밀결사의 영향을 받아 비밀결사를 결성한 것으로 알려졌다. 중국인의 아편팜 갈등에 인도인-말레이인 비밀결사 지도부가 나선 것은 자신들도 화인 비밀결사와 경제적 이해가 맞물렸기 때문이다. 앞서 봤듯이 건덕당 지도부와 홍기회 지도부는 사업과 혼맥으로 얽혀 있다.

두 세력이 맞붙은 곳은 건덕당과 복방 5대 콩시가 있는 곳에서 약간 떨어진 조지타운의 상업 밀집 지구였다. 첫 전투에서 사고는 없었다. 하지만 곧바로 건덕당과 홍기회는 의흥회의 아편팜을 방해하기 위해 비밀결사의 행동대원 수천 명을 동원해 의흥회와 백기회가 운영하는 상점과 창고, 부두를 공격했다. 복건 출신과 인도인, 말레이인, 아체인, 자바인, 그리고 푸켓과 커다, 페락의 중국인들이 가세했다. 의흥회-백기회 동맹도 맞받아쳤다. 푸켓과 프라이, 커다, 페락에서 온 인도인, 말레이인과 광동·조주·객가 출신 의흥회 행동대원들이 건덕당-홍기회 동맹에 반격했다.

재력에서 앞선 건덕당은 소총과 소형 대포로 무장하고 쿠콩시의 옥상에서 대포를 쏘아댔다. 페낭의 복방은 무기 수입의 독점권을 지니고 있었다. 이는 페낭 식민 당국이 그간 페낭 화인사회에서 복방의 건덕당을 파트너로 인정하고 있었다는 것을 뜻한다. 건덕당 앞의 도로가 '캐논가Cannon St.'란 이름을 얻은 것도 페낭 폭동 이후의 일이다. 의흥회-백기회 진영은 회원이나 동원된 행동대원의 수에서 월등했지만, 총포 등의 화력에선 건덕당-홍기회에 크게 미치지 못했다.[35] 조지타운은 혼돈에 빠졌다. 하지만 이는 건덕당이 바라던 바였다. 이 틈에 건덕당은 아편을 대량 밀수했다. 아편팜의 최대 적은 밀수와 밀매였다.

건덕당은 쿠콩시 내에 있고, 5내 콩시의 세 곳도 길 하나 사이로 인

1867년 페낭 폭동 당시 조지타운의 비치가와 처치가 교차로에서
경찰과 유럽인 자경단이 바리케이드를 설치하고 무장한 채 경계를 서고 있다.
⟨Royal Collection Trust⟩

접해 있다. 쿠콩시에서 비치가를 건너면 곧장 부두로 이어진다. 포탄이 날고, 양측 행동대원들이 난투극을 벌이는 틈에 쿠콩시와 건덕당으로 밀수된 아편 상자와 외부의 행동대원들이 속속 들어왔다. 그리고 밀수된 아편이 의흥회 아편팜보다 싼 값에 아편 가게와 아편굴로 팔려나갔다(Wong, 2007: 63~70).

폭동은 걷잡을 수 없이 확대되었고, 해협식민지 군대가 동원되고서야 진정됐다. 열흘간의 폭동과 포격으로 조지타운 시가가 엉망이 됐다. 이보다 더 큰 피해를 입은 것은 의흥회의 아편팜이었다. 10일간의 밀수와 밀거래로 의흥회의 아편팜 독점권은 손 쓸 수 없이 훼손되었다. 아편팜을 확보한 지 석 달 만에 벌어진 폭동으로 의흥회는 식민 당국에 해마다 내기로 한 전매료를 납부할 수 없는 처지가 됐다. 마침내 페낭의 식민 당국은 의흥회의 아편팜을 취소하고 이듬해인 1868년 6월 다시 경매에 붙였다. 당시 건덕당의 영수 쿠텐테익이 페낭 폭동의 주모자로 지목되어 수감된 상황에서 건덕당의 지도부였던 리셍토Lee Seng Toh/Lee Toh李成都와 옹분켕Ong Bun Keng王文慶이 9만 달러로 응찰해 1868년 7월부터 1870년 3월까지 2년간의 페낭 아편팜을 탈환하는 데 성공했다. 1855~1870년의 15년간 의흥회의 범광방이 페낭의 아편팜을 확보한 건 페낭 폭동으로 얼룩진 1867년 5월~1868년 6월까지의 1년뿐이다(Wong, 2007: 70).

1867년 페낭 폭동은 페낭 화인사회의 약점을 노출했다. 역설적으로 폭동의 최대 피해자는 페낭 화인사회였다. 그간 영국 해골정부는 자치라는 이름으로 화인사회를 방임하고, 화인 비밀결사를 인정했다. 이러한 느슨한 간접지배 아래서 페낭의 화인사회가 자율성과 정치력을 발휘할 수 있었던 것도 사실이다. 이는 화인사회의 엘리트와 비밀결사가 내부 갈등을 조정할 수 있었기에 가능한 일이기도 했다. 영국 식민 당국의 자유방임이란 실상 '안전을 지켜주지는 못하지만 이익은 보장해주겠다'며 화인사회 엘리트와 맺었던 동맹으로 지탱되었다. 그런데 화인사회의 엘리트는 1867년의 폭동을 스스로 제어하지 못했다. 해골정부와 화인사회 엘리트의 동맹에 균열이 불가피해진 것이다.

페낭 폭동 이후 영국의 식민정책도 변화가 일기 시작했다. 페낭 폭동 직전 페락 라룻의 주석광산에선 중국인 방파 간에 두 차례의 '전쟁'이 벌어졌다. 페낭 폭동만큼은 아니었지만 싱가포르에서도 방파 갈등으로 인한 폭동이 잇달았다. 게다가 페낭 폭동이 발발하기 넉 달 전 해협식민지는 영국 정부가 관할하는 '직할 식민지Crown Colony'로 바뀌었다. 직할 식민지로의 전환은 영국 동인도회사의 '방임'에서 영국 제국의 '관리'로 식민정책의 전환을 의미했다. 폭동 이후 해협식민지는 화인사회의 통제를 강화하기 시작했다. 1871년 해협식민지 전역을 관할하는 경찰국이 신설됐고, 화인사회의 비밀결사를 규제하는 법령도 제정됐다. 흰색과 검은색의 쌍둥이 러시가 속도를 더해가던 19세기 후반 페낭의 화인사회는 폭동 이후 근본적인 전환의 국면을 맞았다. 식민정책은 방임에서 관리로 전환했고, 페낭 화인사회는 비밀결사라는 자체 정부를 통한 정치적 자치를 잠식당하고 식민지 행정의 대상으로 포섭되어갔다.

화인보호관제,
'우유에서 크림을 걷어내다'

영국 식민지 페낭의 화인사회는 애초부터 '국가 속의 국가imperium of imperia'로 형성됐다. 이는 식민지 행정의 근육이 없는 '해골정부'와 페낭 화인권을 구축할 정도로 경제적, 정치적, 사회적 영향력을 행사한 화인사회의 이상한 동거에서 비롯된 결과였다. 영국은 자유항과 자유무역, 자유이민을 기치로 식민지배의 틀을 위협하지 않는 한 상업활동을 방임하는 새로운 식민지를 페낭에서 처음으로 실험했다. 네덜란드의 중상주의적 독점 무역이 위세를 떨치던 18세기 말 해협에서 자유방임laissez faire의 영국 식민지 페낭은 빠르게 사람과 물자를 끌어들였다. 하지만 페낭 식민정부의 자유방임은 아시아계 이주자들의 안전과 복지를 방치한 무능하고 졸렬한 것이었다. 이러한 상황에서 1826년 '카피탄 치나' 제도가 공식 폐지되면서 페낭 화인사회와 식민 당국과의 공적 통로는 사라졌다. 관점을 달리한다면, 이는 식민 당국이 치안과 사법, 자치와 내의기구로서의 카피탄 치나를 화인 비밀결사로 대체한 것으로 볼 수 있다. 인도인-말레이인의 비밀결사 홍기회와 백기회의 탄생도 이러한 사정과 무관하지 않다. 19세기 초중반 페낭의 비밀결사는 영국 식민지에서 '국가 속의 국가'인 화인사회의 정부로서 기능했던 셈이다.

식민 당국도 비밀결사를 '비밀'로 여기지 않았고, 비밀결사의 지도부를 구성하는 부자들을 비공식적인 정책 파트너로 삼았다. 하지만 19세기 후반 페낭 화인사회 내부에 아편팜과 주석광산 개발 주도권을 둘러싼 이권 경쟁이 격화되면서 식민 당국에게 비밀결사는 골칫거리로 바뀌었다. 사회 혼란을 막기 위해서는 비밀결사를 규제해야 마땅하지만, 사실상 화인사회 정부인 비밀결사를 금지하는 것은 식민지 경영을 위해 화인 엘리트와 맺은 동맹을 파기해야 한다는 위험 부담이 있었기 때문이었다.

페낭과 해협식민지의 화인 비밀결사는 1890년 비밀결사령Societies Ordinance이 발효되면서 불법화됐다. 이는 1867년 페낭 폭동 직후 비밀결사에 관한 식민 당국의 법적 규제가 처음 등장한 지 23년 만의 일이다. 이 기간은 영국의 식민정책이 '졸렬함'에서 '교묘함'으로 바뀌는 이행기였다. 아울러 19세기 후반 주석 시대의 석양이자, 20세기 고무 시대의 여명이기도 했다.

1867년 4월 1일 페낭과 싱가포르, 말라카로 구성된 해협식민지가 인도총독부 관할에서 벗어나 런던의 식민부가 관할하는 직할 식민지로 바뀌었다. 싱가포르에 총독이 주재하고, 페낭은 해협식민지 부총독(지사)이 주재하는 지사부로 재편됐다. 초대 페낭지사로 아치볼드 앤슨Archibald Anson이 부임해 16년간 재임했다. 앤슨은 싱가포르의 총독 유고 시 여러 차례 총독 대행을 맡았던 인물이다. 해협식민지 초대 총

●
화인보호관서

1877년 싱가포르에 개설된 해협식민지 화인보호관서.
페낭의 화인보호관서는 1880년에 문을 열었다.
⟨National Museum of Singapore⟩

독으로 부임한 영국 공병대 소장 출신 해리 오드Harry Ord(1819~1885, 재임 1867~73)는 아시아 지역 근무가 처음이었다. 오드 총독은 취임 직후 식민지 치안유지에 바람직하지 않은 인물을 추방할 수 있는 추방법Banish Act을 제정했다. 비상사태가 선언될 때에만 가능하도록 법 적용은 제한적이었지만, 영국의 화인사회 정책이 '방임'에서 '관리'로 전환함을 예고하고 상징하는 법령이었다. 이 무렵 서양 열강의 제국주의 경쟁이 본격화했다.

이런 상황에서 1867년 8월 페낭 폭동이 벌어진 것이다. 해협식민지 정부는 곧바로 폭동조사위원회를 구성했고, 이 위원회의 보고서를 바탕으로 1869년 비밀결사의 등록을 강제하는 법령을 제정했다. 비밀결사등록령Societies Registration Ordinance은 10인 이상의 회원을 둔 민간결사에 등록을 의무화했다. 비록 모든 민간결사 자체를 불법으로 규정한 것은 아니었지만, 식민 당국은 1786년 페낭 점거 이래 처음으로 화인 비밀결사에 '등록과 추방'이라는 규제 수단을 갖게 됐다. 물론 이 법령으로 식민 당국이 비밀결사를 장악하지는 못했다. 식민 당국이 비밀결사를 통제할 수 있게 된 것은 1877년 '화인보호관서Chinese Protectorate' 설립 이후의 일이다.

화인보호관서가 개설될 무렵, 페낭의 화인 비밀결사는 강력한 영향력을 행사하던 이전 '화인사회의 정부'와는 다른 모습이었다. 역설적이게도 페낭의 비밀결사가 '국가 속의 국가'로 기능할 수 있었던 것은 건덕당과 의흥회라는 화인사회 내부의 경쟁이 있었기에 가능했다. '분할통치divide and rule'는 지배 대상이 분열되었을 때 효과적으로 작동한다. 하지만 1867년 페낭 폭동 이후 의흥회는 급속히 와해됐다. 페낭 주립도서관이 소장한 두 개의 지도가 이를 방증한다. 1820년에서 1851년 사이에 작성된 것으로 추정되는 '조지타운 지도'에 표시되어 있는 의흥회가 1877년 제작된 지도에선 자취를 감추고 그 자리에 '신지가숙愼之家塾'으로 표시됐다. 신지가숙은 페락의 주석광산 개발을 둘러싸고 의흥회와 라룻전쟁을 벌였던 해산회의 영수 청켕퀴가 의흥회 건물을 사들여 자신의 소유로 만든 것이다. 영국의 분할통치 전략에 비춰본다면, 건덕당을 견제할 수 없을 정도로 의흥회가 약화된 시점에서 식민 당국이 화인 비밀결사를 깡패 집단으로 매도하고 통제에 나선 것을 우연으로 보기 힘들다.

초대 화인보호관에 임명된 윌리엄 피커링William A. Pickering(1840~1907)은 1869년의 비밀결사등록령이 화인사회의 우스갯거리에 지나지 않았다고 했다. "등록되지 않은 중국인 비밀결사도 없었지만, 실제 비밀결사 지도부의 실명과 주소도 파악되지 않았고, 해산된 결사도 전무했다"는 것이다(Jackson, 1965: 51). 피커링에 따르면 당시 해협식민지에는 중국어로 소통할 수 있는 유럽인 관리가 단 한 명도 없었다.

중국 남부와 대만에서 세관 일을 하며 복건어와 광동어 등 중국 남부 4개 방언을 자유롭게 구사한 피커링은 1872년 싱가포르 해협식민지 정부의 관리가 됐다. 그는 해협식민지 정부 최초의 유럽인 중국어 통역관이었다. 영국이 말레이반도로 식민지배를 확장하게 된 1874년 팡코르조약 체결 과정에서 중국어 통역관 이상의 역할을 수행한 피커링은 해협식민지 정부의 신임을 받았다(Jackson, 1965: 47~8). 당시 '국가 속의 국가'인 화인사회의 문제를 해결하기 위해 항구적이고 효과적인 방책을 고민하던 식민 당국은 중국어에 능통할 뿐 아니라 화인사회의 물정에도 밝은 피커링에게 해협식민지 화인사회 문제를 전담하는 특별 행정기구인 화인보호관서를 맡겼다.

화인보호관서 개설은 영국 식민정책의 변화를 대변했다. 화인사회의 관점에서 보자면 화인보호관서의 파급력은 1874년의 팡코르조약이 말레이반도에 미친 영향에 필적했다. 화인보호관서는 영국의 화인정책이 간접지배에서 직접지배로의 전환을 상징했다. 해골정부 아래서 방임되었던 화인사회는 화인보호관서 개설 이후 비로소 통치govern 대상이 되었다(Tang, 1970: 66).

해협식민지의 화인보호관서는 영국 식민 제국의 역사에서 유례를 찾을 수 없는 독특한 제도였다. 화인보호관은 중국인 문제 전반에 걸쳐 해협식민지 정부에 공식 자문하는 역할을 수행했다. 해협식민지 총독의 직접 지휘를 받는 화인보호관에 법적 구속력이 있는 실권은 주어지지 않았지만, 급여 수준으로 본다면 해협식민지 경찰장관Inspector General of Police과 직위가 같았다(Tang, 1970: 66). 화인보호관서는 1877년 6월 1일 싱가포르에서 문을 열었고, 화인보호관 아래에 두 명의 부보호관이 싱가포르와 페낭을 각각 담당했다. 페낭에서 화인보호관서의 부보호관이 파견되어 실질적인 업무를 본 것은 1880년부터였다.

식민 당국이 공식적으로 표방한 명목상 화인보호관서의 임무는 중국인 이주노동자인 쿨리의 '보호'였다. 하지만 화인보호관서의 감춰진 실질적 목적은 비밀결사의 '통제'였다. 사실 이 부서의 명칭을 '보호'로 옮기는 것도 과도하다. 피커링은 보호관이 된 지 2년 만인 1879년 6월 9일 개최된 해협식민지 정부의 화인 비밀결사 대책회의에서 "해협식민지의 30만~40만 명을 헤아리는 중국인은 소수를 제외하곤 죄다 영국 제국의 인간쓰레기scum of the Empire"라고 말했다(Pickering, 1879: 10). 중국인은 저마다 출신 지역에 따라 서로 말도 통하지 않고, 영어는 물론 영국의 지배 동기에 관해서도 무지하다는 것이다. 이는 19세기 영국 빅토리아 시대의 전형적인 인종주의 관점이다. 당시 영국의 정복자들은 소수의 백인이 이룬 문명의 성취를 대다수 유색 인종은 생물학적 이유로 획득할 수 없다고 여겼다(홉스봄, 1998: 115). '문명 인종'인 해협식민지 영국인 관리가 과연 제국의 수치이자 골칫거리를 '보호'하려고 가뜩이나 아편을 팔아 마련한 '세금'을 투입했을까를 생각해본다면 고개를 갸웃하지 않을 수 없다.

화인보호관 피커링은 '중국인 이주민 보호관The Protector of Immigrants and Emigrants'에 이어 '비밀결사 등록관The Registrar of Societies'이란 공식 직책도 겸했다. 유명무실한 비밀결사 규제와 통제를 실효성 있게 강화하겠다는 것이 식민 당국의 본뜻이었던 셈이다. 달리 말해 '등록과 추방'이라는 규제 수단을 통해 국가 속의 국가로 존재해온 화인사회를 영국 식민정부가 직접 관리하고 통제하겠다는 것이 화인보호관서 설립의 목적이었다.

식민 당국이 중국인 이주자의 '보호'를 내세운 것이야말로 실질적이고 교묘한 비밀결사 '통제' 전술이었다. 앞서 보았듯이 페낭의 쿨리무역과 쿨리수용소는 전적으로 화인 비밀결사의 수중에 있었다. 화인보호관서 개설 이전 싱가포르에서 중국인 이주자 문제를 담당했던 피커링은 식민 당국이 중국인 쿨리에 관해 아무런 정보도 자료도 없다는 사실과 함께 이러한 당국의 무능과 무지가 화인사회에서 비밀결사의 권력을 강화시키는 원인임을 비로소 '발견'했다. 피커링은 해협식민지 정부 '이민조사위원회'의 1877년 조사보고서에서 이렇게 적시했다.

해협식민지 정부는 중국인을 전혀 모르거나, 거의 알지 못한다. 중국인 노동자가 해협식민지의 핵심 노동력인데도 그렇다. 아울러 중국인들도 해협식민지 정부에 관해 별로 아는 바 없다. 쿨리들은 도착해서 곧바로 일터로 간다. 이들은 죄를 짓지 않는 한 영국 정부를 접할 일이 없다. 중국인 이주노동자 대부분은 해협식민지에 정부가 있기나 한지 알지 못한 채 중국으로 돌아간다.…… 신케 쿨리가 고용주를 만난 이후 비밀결사 말고 자신을 보호해줄 무언가를 발견할 가능성은 전혀 없다고 봐야 한다(Jackson, 1965: 61).

화인보호관서는 쿨리 보호와 관련해 두 가지 대책을 내놓았다. 쿨리무역업자와 쿨리수용소depot를 허가제로 바꾸고, 해협식민지로 들어오는 모든 쿨리의 입국 수속과 고용 상황을 화인보호관서가 직접 감독한다는 것이었다. 그 취지로 피커링은 "중국인이 해협식민지에 도착해 곧바로 (식민) 정부와 접촉하게 하고, 그럼으로써 중국인으로 하여금 이곳에 자신을 보호해주고 질서를 유지하는 (정부) 권력이 있음을 느끼게 만드는 것"(Jackson, 1965: 68)이라고 했다.

화인보호관서 개설 이후 식민 당국은 비로소 중국인이 1년간 몇 명이나 이주하고 귀국하는지, 이주자 가운데 뱃삯을 외상으로 한 쿨리, 즉 저자豬仔의 비율은 얼마나 되는지에 관한 정보와 자료를 갖게 됐다. 1877~1889년의 12년간 페낭을 포함한 해협식민지에 이주한 중국인은 70여 만 명이었고, 그 가운데 뱃삯을 외상으로 하고 그 빚을 갚기 위해 일정 기간 의무노동을 해야 했던 쿨리의 수는 12만 7,000명으로 집계됐다(Jackson, 1965: 65, 69). 이 기간 전체 중국인 이주자의 약 18퍼센트가 외상 뱃삯 방식의 노동자였던 것이다.

게다가 쿨리의 고용 계약서를 화인보호관서의 직원 앞에서 직접 서명하도록 함으로써, 이주자가 해협식민지 현지에 누구와 연고가 있는

지, 누구에게 고용되는지도 파악되었다. 식민 당국은 비로소 화인사회의 '꽌시關係' 네트워크에 관한 구체적인 정보를 갖게 된 것이다. 페낭 화인사회에서 비밀결사의 중요한 사회적 역할이 쿨리무역을 통한 노동 장악이라는 점을 감안한다면, 화인보호관서의 쿨리 '보호'는 비밀결사 '통제'와 동의어인 셈이다.

화인보호관서 이후 비밀결사 등록의 내용이 1869년과 질적으로 달라졌다. 중국 남부의 방언과 물정에 밝았던 피커링은 모든 화인 비밀결사의 전면 재등록을 실시하면서 필요한 모든 정보를 받아냈다. 이를 바탕으로 피커링은 비밀결사와 지도부 엘리트를 분리할 수 있는 틈을 찾아냈다. 회원을 모두 등록하게 한 뒤 이 가운데 특정인이 범죄 혐의에 연루되면, 혐의자가 사법 당국에 출석하도록 하는 책임을 해당 비밀결사의 지도자가 지도록 했다. 비밀결사의 지도자가 이를 어긴다면, 추방시키는 강제력을 동원했다.

추방은 곧 기득권의 상실을 뜻했고, 비밀결사의 지도부는 잃을 것이 많은 부자들이었다. 실제 1879년에 비밀결사의 수령 2명이 추방되기도 했다. 앞서 봤듯이 페낭 화인사회에서 비밀결사의 지도부는 곧 거상이자 아편파머였고, 농원주이자 광산주였다. 비밀결사를 지키려 축적한 부를 잃을 것이냐, 비밀결사를 버리고 기득권을 지킬 것이냐의 양자택일을 강요받은 화인 비밀결사의 엘리트는 후자를 선택했다. 피커링은 "비밀결사 수장들의 이기심을 정부 쪽으로 돌리게 만들어 비밀결사 통제라는 소기의 목적을 달성할 수 있었다"며 그 수법을 일러 "우유에서 크림 걷어내기skimmed off the cream"라고 했다(Jackson, 1965: 78). 화인보호관서를 통해 식민 당국의 '등록과 추방'이란 비밀결사 통제 수단이 비로소 제대로 작동하게 된 것이다.

1889년 2월 26일 빅토리아 영국 여왕의 즉위 50주년을 기념하여
중국식 관복을 차려입은 화인사회 엘리트들이 대리석으로 만든 여왕 조각상을
싱가포르 해협식민지 총독부 청사에서 세실 클레멘티 스미스 총독(재임 1887~1993)에게 헌정하는 기념식 장면.
그 이듬해 해협식민지는 화인사회 비밀결사를 불법화했고,
우유와 크림 분리정책을 노골화했다.
〈National Archives of Singapore〉

비밀결사의 통제 방법과 통제권을 확보한 식민 당국의 대응은 1880년대 들어 한층 공격적으로 바뀌었다. 1882년 "비밀결사 등록관에게 특별히 혐오감을 주는 삼합회나 건덕당의 등록을 거부할 권한을 부여"한 위험결사령이 제정되어 등록관이 임의로 결사의 위험성을 재단할 수 있게 했다. 1885년 추방법은 위험인물을 비상사태가 아닌 평상시에도 추방할 수 있도록 개정됐다.

마침내 비밀결사령이 1890년 발효되면서 100여 년 화인사회의 정부로 기능해온 비밀결사는 불법 민간단체로서 해체됐다. 이 법령은 식민 당국이 승인하기 전까지 모든 민간결사를 불법으로 간주했다. 요컨대 민간의 모든 결사는 불순하지 않다고 입증되기 전까지 모두 불법이라는 것이다. 이에 따라 페낭의 모든 사회조직은 등록해야 했고, 등록을 신청하더라도 식민 당국이 승인하지 않는 한 불법단체가 됐다. 식민 당국이 민간 영역에 절대적이고 직접적인 통제권을 강화함에 따라 페낭 화인사회는 사회적 자율과 정치적 자치, 그리고 경제적으로 페낭 화인권을 떠받친 사회적 자본을 잠식당했다.

특기할 것은 비밀결사 불법화 과정에서 드러난 교묘함이다. '우유에서 크림 걷어내기'의 수법이 그것이다. 영국 식민 당국은 비밀결사를 불법으로 몰아가면서도 비밀결사의 지도자를 탄압하지는 않았다. 비밀결사 금지 이후에도 페낭의 거상들은 기득권을 누렸다. 비밀결사를 불법화하기 1년 전 식민 당국은 화인사회와의 합법 대화창구로 화인자문위원회Chinese Advisory Board란 제도도 도입했다. 화인보호관이 의장을 맡고 식민 당국이 임명한 화인사회의 엘리트로 구성됐다. 우유에서 떠낸 '크림'을 화인사회의 대표로서, 영국 식민지의 '신사gentleman'로서 식민 당국이 공인하고 포섭한 것이다. 이로써 정치적·경제적·사회적으로 화인사회의 정부였던 비밀결사는 비로소 '깡패 집단'으로 됐다. 달리 말해 화인 비밀결사는 깡패 집단이어서 규제된 것이 아니라 화인사회를 통제하기 위해 식민 당국이 기존의 정치적·경제적 기능을 박탈하면서 깡패 집단이 될 수밖에 없었던 것이다.

1890년 불법화로 완전히 자취를 감춘 것은 아니지만 화인사회 구석구석 영향력을 행사하던 비밀결사의 예전 모습은 사라졌다(Turnbul, 1977: 89). 하지만 식민 당국의 비밀결사 통제가 강화된 19세기 말 페낭의 화인사회는, 풍랑을 만난 배에 비유컨대 "표류했지만, 좌초하지는 않은 형국"이었다(Ho, 2002: 9).

표류와 좌초 사이:
평장회관

앞서 1867년 페낭 폭동 이후 '깡패 집단'으로 매도된 화인 비밀결사가 1890년 해산되기까지 23년이 경과했음을 언급했다. 이는 여러 요인이 있겠지만 단순화해 보자면, 영국 식민 당국에겐 크림을 떠내고 남은 우유를 처리하는 난제를, 페낭 화인사회에겐 격변기에 좌초되지 않는 과제를 풀어야 하는 시간이었다. 옛것은 사라졌지만, 새것은 아직 모습을 드러내지 않은 전환기에 식민 당국의 난제와 화인사회의 과제만 던져진 1881년, 페낭 화인사회의 새로운 대표 조직으로 평장회관平章會館/公館Penang Chinese Town Hall이 생겨났다.

팡코르조약을 성사시킨 해협식민지 2대 총독 앤드루 클라크가 화인보호관서 신설을 논의하던 1876년만 해도 식민 당국은 즉각적인 화인 비밀결사 금지를 구상했던 것으로 보인다. 화인보호관 피커링은 1879년 해협식민지의 비밀결사 대책회의에서 "3년 전의 견해와 180도 달라진 것"이라고 전제하고, 당장 비밀결사를 없애버리면 수천 명에 달하는 중국인 무뢰배를 통제하지 못하니 비밀결사를 용인하는 것 말고 달리 방법이 없다고 밝혔다. 그는 예전에 비해 비밀결사의 화인 통제력이 약화되었고, 비밀결사 지도부를 정부가 완전히 통제할 수 있게 됐다는 것을 이유로 들었다(Pickering, 1879: 10~11). 달리 말해, 부자 화인이란 크림을 분리한 비밀결사를 당장 해체하지 말고, 화인사회의 정부로서가 아니라 "제국의 인간쓰레기"를 통제하기 위한 도구로 활용하자는 것이다.

페낭 화인사회의 엘리트도 1867년 폭동 이후 국제 질서는 물론 정치, 경제, 사회 전반에 걸친 환경 변화를 실감했다. 전근대적인 비밀결사 체제의 낙후성에서 벗어나지 않고는 변화의 물결에 휩쓸려 화인사회마저 좌초할 수도 있다는 위기감이 커졌다. 비밀결사를 통한 방파 간 경쟁이 무의미해진 상황에서 새로운 리더십 기구의 필요성을 인식한 페낭 화인사회는 방파 간 협력을 모색하게 되었고, 그것이 평장회관 설립으로 나타났다(黃賢强, 2015: 130).

'평장平章'은 본디 〈서경書經〉 요전堯典에 나오는 "9족이 화목하니 백성이 평안하다九族旣睦, 平章百姓"는 구절에서 따온 것으로, 방파 협력으로 화인사회가 화합하자는 의미를 담고 있다(陳劍虹, 1983: 37). 평장회관은 화인사회에 분규가 발생하면 지도부가 적극적으로 나서 중재하고, 평상시에는 화인사회의 복지와 화평을 도모하자는 취지로 설립됐다. 평장회관은 영문 명칭[The Chinese Town Hall]에서 화인사회의 새로운 리더십 기구임을 분명히했다.

그러나 여러 가지 정황으로 보자면, 환경 변화를 자각한 페낭 화인사회 엘리트가 독자적으로 평장회관 설립을 주도했다고 보기는 힘들다. 평장회관 설립 때 페낭 식민 당국이 회관의 부지를 포함해 지원한 금액이 1만 달러에 달한다. 이는 복방과 광방이 설립 기금으로 모금한 총액의 37퍼센트에 해당한다(吳龍雲, 2009: 26). 게다가 평장회관의 규약 개정과 이사 인선은 페낭 식민 당국의 동의를 얻어야만 했다. 화인사회가 추천해도 식민 당국이 거부하면 평장회관의 이사가 될 수 없었던 것이다. 화인보호관서 신설 이후 식민 당국이 화인사회를 압박하며 재편을 강요하던 시기였음을 고려한다면, 평장회관은 식민 당국이 주도하고 화인사회가 호응해 탄생한 것으로 보인다.[36]

화합을 내세운 만큼 페낭 화인사회의 양대 방군인 복방과 광방의 소속 콩시들이 평장회관의 설립 기금을 공동 조성했다. 지도부도 두 방군이 각각 7명씩 종신 이사로 참여하는 14명으로 구성됐다.[37] 초대 평장회관 지도부는 대부분 화인사회의 분쟁 조정 기구로 1800년에 설립된 광복궁의 이사였다. 평장회관 설립으로 페낭 화인사회의 엘리트 판도에 확연한 변화도 없었고, 기존 두 방파 지도자의 지위가 손상된 것도 아니었던 셈이다(黃賢强, 2015: 131).

평장회관 초대 대표[大總理]는 림화참Lim Hoa Chiam林花鐕(1835~1912)이 맡았다. 복건성 장주 태생인 림화참은 1848년 페낭으로 이주해 1859년 영국 시민권을 취득했으며 1894년에는 중국어 신문《빈성신보檳城新報》를 발행했다(陳劍虹, 2007: 31). 페낭 림콩시의 지도자였지만 재력으로나 지위로나 페낭 화인사회를 대표하는 인물이 아니었던 림화참이 평장회관의 대표에 선임된 데서 영국 식민 당국의 개입을 엿볼 수 있다. 그럼에도 불구하고 평장회관 14인 이사진은 건덕당 영수 쿠텐테익과 의흥회 영수 커부안 등 기존 비밀결사와 종친 콩시의 지도자로 구성됐다. 이는 1880년대만 해도 식민 당국이 화인사회의 기존 리더십을 인정할 수밖에 없었던 정황을 보여주는 것이기도 하지만,

페낭 화인사회의 대중과 엘리트가 피커링의 표현처럼 '우유와 크림'으로 완전히 분리되지 않았음을 시사한다.

30년 뒤인 1910년대 평장회관 지도부의 바뀐 면모는 우유에서 크림 떠내기의 결과를 그대로 보여준다. 창립 주역들이 타계하여 자연적인 세대교체가 이뤄지면서 지도부의 속성도 달라졌다. 20세기 초 핵심 지도부에 오른 콰벵키Quah Beng Kee柯孟淇(1872~1952)가 바로 그러했다. 코코넛농원주의 아들로 페낭에서 태어난 콰벵키는 영어 학교인 페낭프리스쿨과 인도 캘커타의 로버츠컬리지를 졸업하고, 증기여객선 해운회사인 관리힌증기선회사Guan Lee Hin Steamship Company源利興船務公司를 설립한 해운업자였다(Wright, 1908: 755). 그는 이전 지도부와 달리 비밀결사와 무관했고, 종친회관의 지도자도 아니었으며, 화인사회에 거액의 기부금을 낸 자선가도 아니었다. 이전 지도부가 화인사회라는 집단권력의 대표자였다면, 콰벵키는 개인권력에 기초했다.

콰벵키는 영국 식민 당국과의 관계를 통해 페낭 화인사회의 지도력을 구축했다는 점에서 이전 세대와 달랐다. 평장회관의 대표가 되기 전 그는 화인 명예판사(1910)와 페낭 화인자문위원회 위원(1911)에 선임되었다. 영국의 화인엘리트 포섭 과정을 거친 것이다. 영국 식민 당국의 신임을 얻어 평장회관의 대표가 됐고, 평장회관의 대표 자리가 콰벵키에게 화인사회를 이끌 권력을 부여한 셈이다(吳龍雲, 2009: 40~41). 20세기의 페낭은 영국에의 충성과 식민 당국의 인정 여부로 화인사회의 리더십이 만들어지는 새로운 시대를 맞았다. 평장회관 지도부의 변화로만 본다면, 후술할 '고무의 시대'의 페낭 화인사회 엘리트는 '콰벵키들의 시대'이기도 했다.

그러나 평장회관이 페낭 화인사회를 대표하지는 못했다. '콰벵키들'

이 새로운 시대를 맞았지만, 페낭의 상인 계층이 '콰벵키들의 사회'이지도 않았다. 중국인의 페낭 이주는 지속되었고, 19세기 중반 적수공권으로 페낭에 이주해 변화의 흐름을 포착하고 부를 일군 '신케' 거상들이 등장했다. '콰벵키들'이 페낭 전통 라오케의 후광을 업은 신세대 엘리트라면, 신케 거상들은 자수성가의 신흥 엘리트였다. 기존 라오케 거상들이 기득권의 무게에 눌려 변화에 적응하지 못했다면, 신케 거상들은 아편팜과 비밀결사도 해체된 상황에서 서양 자본이 파고들 수 없는 사업 영역에서 발군의 기업가 정신을 발휘했다. 고무의 시대에도 '교역하는 디아스포라'의 전통을 이어간 페낭 화인사회에서 신케 거상들이 지도력을 발휘했다.

주석 시대의 두 권력: 쿠텐테익과 청켕퀴

주석 붐의 19세기 후반은 화인사회에 이전과 비교할 수 없는 풍요를 가져다줬지만, 한편에서는 부의 독점을 놓고 폭력이 경합했던 시기이기도 했다. 페낭 화인권에서 중국인의 분쟁은 대체로 아편팜과 비밀결사를 둘러싸고 조직적으로 벌어졌다. 이른바 방파 정치의 구도였다(Wu, 2010: 57). 영국 식민 당국과 중국인 이주자의 문화적·도덕적 차이가 근본적인 원인이지만, 폭력은 주석과 아편의 이권을 둘러싼 집단 갈등으로 표출됐다.

19세기 후반 페낭 화인권의 독점과 폭력의 시대를 페낭 건덕당의 영수 쿠텐테익과 페락 해산회의 영수 청켕퀴보다 더 선명하게 상징하는 인물도 드물다. 이들은 흑백 쌍둥이 골드러시의 페낭 화인권을 이끈 화인사회의 엘리트이면서 영국 식민 당국과 유럽 자본가의 눈에는 '깡패'로 비쳤던 주인공들이기도 하다. 화인사회에서 비밀결사는 비록 방군으로 갈라지기는 했지만 저마다의 정부로 기능했다. 쿠텐테익과 청켕쾨는 독점과 폭력을 조율하던 화인 '정부'의 지도자였다.

쿠텐테익은 1860년부터 1890년 비밀결사가 해체되기 전까지 페낭의 복건 출신 거상들이 주도한 비밀결사 건덕당을 이끌었다. 그의 집권 30년은 건덕당이 페낭 화인사회를 넘어 해협 북부 지역을 관할하던 '페낭 화인권'의 황금기였다. 1867년 페낭 폭동의 주범으로 몰려 사형선고를 받기도 하며 서양 상인들로부터 '깡패 두목'이란 말을 들었지만, 쿠는 농원주이자 해운업자였고, 페락의 주석광산에 투자한 자본가였다. 페낭의 쿨리무역을 장악한 것도 그였다. 무엇보다 그는 건덕당을 통해 페낭 복방 거상의 이권을 물리적으로 지켜낸 인물이었다. 쿠텐테익은 1818년 페낭에서 태어났다(張少寬, 2002: 19).[38] 그는 페낭의 부잣집 셋째 도련님이었다. 그의 아버지 쿠퀵차오는 페낭의 초기 이주자로, 1835년 쿠콩시 창립 회원이자 무역업자이고 농원주였다. 쿠텐테익은 1860년 건덕당의 영수에 올랐고, 열다섯 살 어린 동생 쿠텐포를 건덕당의 2인자로 됐다.

건덕당의 토아코가 되기 이전부터 쿠텐테익은 상당한 사업가였다. 그가 소유한 정크선은 1850~60년대 페낭-몰러마잉-아체-타쿠아파-싱가포르를 운항했다. 기항하는 항구에서 지역 산물을 사들여 페낭으로 가져온 뒤 다시 이를 역내에 되파는 방식이었다. 해운업자이자 교역상이었던 것이다. 농원 개발에도 적극적이었다. 그는 부친이 운영하던 프라이의 코코넛농원 200에이커와 사탕수수농원 및 설탕공장도 물려받았다. 1874년 페낭과 프라이에서 중국인이 운영하던 코코넛농원이 1만 7,000에이커에 달했는데, 쿠텐테익도 그 농원주의 하나였다. 당시 추산으로 코코넛농장 132에이커에서 연간 40만 개의 코코넛이 생산되었고, 이는 4,000~8,000달러어치였다. 쿠의 200에이거 코코넛

● 쿠톈테익

● 청켕퀴

〈Pinang Peranakan Mansion Museum〉

농원에서 발생하는 연간 코코넛 판매 수익만 8,000~1만 6,000달러에 달했던 셈이다(Wong, 2007: 31).

부친의 사업을 승계한 쿠는 친비콩시Chin Bee Kongsi振美公司를 통해 사탕수수와 코코넛농원(프라이), 아편팜(홍콩과 페낭), 주석광산 개발(페락)을 이끌었다. 해상교역과 쿨리무역, 해운, 농원, 아편팜, 주석 무역 등 부문별 사업은 형제나 자식 혹은 종친에게 경영을 맡기고 자신은 건덕당을 통해 사업을 총괄했다.

1881년 화인보호관서의 연례보고서에 따르면, 쿠텐테익이 소유한 쿤호콩시는 쿨리 300명을 수용할 수 있는 페낭 최대의 쿨리수용소였으며, 식민 당국에서 면허를 받은 합법적인 회사였다. 종친 해운업자인 쿠퉁포는 페낭, 푸켓, 홍콩, 하문에 지사를 두고 쿠텐테익의 쿨리무역을 도왔다. 중국 광동성과 복건성의 쿨리 중개업자들은 해마다 쿠텐테익에게 수천 달러를 지급한 것으로 전해진다. 아울러 그는 페낭 아편팜 신디케이트의 일원이었다. 페낭 화인권의 지휘부 중심에 쿠텐테익이 있었던 셈이다. 그는 말년에 청켕퀴와 함께 페락의 주석광산 개발과 아편팜에 힘을 쏟았다.

19세기 후반기 독점과 폭력으로 격동하던 페낭 화인권에서 화인사회의 지도자가 되기 위해서는 부자라는 조건만으론 부족했다. 주석과 광산과 쿨리와 아편팜을 꿰뚫고, 비밀결사를 통솔하고, 영국 식민 당국은 물론 현지 정치권력과도 동맹을 맺을 수 있는 리더십이 요구됐다. 쿠텐테익의 장기 집권은 그가 페낭 화인권에서 지도력을 입증했고, 인정받았다는 방증일 것이다. 쿠텐테익이 토아코가 된 1860년 이래 페낭 건덕당은 해협 북부 주요 지역의 화인 비밀결사들을 총괄하는 '비밀결사의 본부'로 기능했다. 태국 푸켓에선 건덕당 푸켓지부를 통해, 페락에선 객가의 비밀결사인 해산회와의 동맹을 통해, 수마트라 메단에서는 화승과 연합함으로써 페낭 건덕당의 영향력을 행사했다. 심지어 버마 남부 주석광산 개발에서 의흥회와 손잡을 정도로 실리적이고 전략적 유연성도 갖췄다.

페낭에서 태어난 페라나칸이었지만, 쿠텐테익은 중국식 교육을 받았다. 그는 영국 식민 당국이 1890년 비밀결사를 금지한 지 1년 뒤 세상을 떴다. 자신의 이름을 딴 쿠텐테익의 직계 가족묘지 천덕원天德園에 묻혔다. 천덕원은 이후 쿠 씨의 종친 공동묘지 구씨가총邱氏家塚으로 바뀌었다. 쿠텐테익은 조지타운 쿠콩시에 있는 건덕당 본부에서 페낭 화인권의 독점과 폭력의 시대를 지휘했다. 그리고 건덕당이란 이름과 페낭 복방 거상의 '정부'가 역사 속으로 사라지는 것을 지켜보며 세상을 떴다. 이 때문에 쿠텐테익은 '금수저를 물고 태어난 깡패'의 이미지가 강하다. 페낭에서 그의 이름은 쿠콩시의 구석과 그의 농원이 있던 변두리 지역 도로명으로만 기억될 뿐이다. '깡패'에서 '신사'로 변신할 시간이 허락하지 않았던 탓인지 모른다. '신사'로의 변신은 그의 30년 비밀결사 동맹자인 청켕퀴가 대신했다.

역사적으로 저평가된 쿠텐테익과 달리 청켕퀴에게는 '라룻 주석광산의 선구자', '타이핑의 건설자', '19세기 말 페낭과 페락을 대표하는 큰손 자선가' 등의 수식어가 '비밀결사 해산회의 토아코'라는 설명보다 앞선다. 쿠텐테익에겐 인색했던 영국 식민 당국도 청켕퀴를 페락의 번영을 일군 선구자로 대접했다.

청켕퀴는 1821년 광동성 증성현 신촌新村에서 태어난 객가이다. 그가 페락으로 이주한 것은 1841년 무렵이라고 한다. 그의 어머니가 아버지와 형의 소식을 알아보라고 그를 페낭으로 보냈다. 청켕퀴의 아버지 청싱파Chung Hsing Fah鄭興發는 가족을 부양하기 위해 남양으로 떠났다. 남편의 소식이 없자 둘째 아들 청켕셍Chung Keng Seng鄭景勝을 보냈는데, 그 또한 함흥차사였다. 청켕퀴가 중국에 아내를 남겨두고 말라야로 떠난 건 스무 살 전후였다. 청켕퀴는 애초 페낭에 도착해 수소문을 하다 페락으로 갔고, 라룻의 클리안 파우에서 이미 사업 기반을 다진 그의 아버지와 형을 만났다. 당시 청싱파는 증성 객가의 회관인 증용회관增龍會館의 지도자가 되어 있었다. 그의 형 청켕셍은 페락 화인사회에서 '뤼콩셍Lui Kong Seng雷公勝'으로 불렸다. '번개의 신 청켕셍'이란 의미인데, 비밀결사와 무술을 연상케 한다(Chan, 2011: 5).

아버지의 장사를 돕던 청켕퀴가 독립해 광산업에 뛰어든 것은 1858년 무렵으로 알려졌다. 그는 곧바로 광산업에서 두각을 나타냈고, 1860년 라룻 해산회의 '토아코'가 됐다. 당시 해산회의 회원은 페낭과 라룻에서 1만 명에 달했다. 청켕퀴와 쿠텐테익이 각각 '토아코'에 오른 시점이 1860년이란 건 예사롭지 않은 우연이다. 이때부터 아편팜과 주석광산의 독점을 둘러싼 폭력이 가시화했기 때문이다.

1879년 라룻의 주석광산 80개 가운데 절반이 청켕퀴의 소유였다. 당시 광산 한 곳당 평균 쿨리의 수는 86명이었는데, 카문팅의 콩룬콩시Kong Loon Kongsi는 광부가 300명이나 됐다. 이 또한 청켕퀴의 광산이었다. 앞서 이사벨라 버드 비숍이 1879년 카문팅에서 400명의 노동자가 일하는 대형 주석광산을 봤다고 한 것이 콩룬광산일 가능성이 높다. 1887년까지 청켕퀴가 소유한 광산의 연간 주석 생산량은 1,700톤으로, 페락 전체 연간 주석 생산량 1만 3,000톤의 13퍼센트에 달했다. 청켕퀴는 1889~1895년 킨타계곡에서 1,000에이커(4평방킬로미터)의 주석광산 부지를 무상으로 임차했고, 1880~1897년 쿠텐테익을 비롯한 페낭의 복방 5대 성씨 엘리트와 신디케이트를 결성해 280만 달러를 투자하며 페락 전역에 걸친 일괄 징세청부권도 장악했다.

쿠텐테익과 청켕퀴는 라룻전쟁에서는 물론, 이후에 영국 식민지의 징세청부제 개편을 저지한 동지였다. 1875년 주석광산의 이권을 노린 싱가포르 거상과 영국인 주재관이 구역과 품목으로 나뉘었던 페락의 징세청부권을 통합하려 할 때였다. 페낭 건덕당의 자본가는 광산 운영자금 지원을 끊고, 라룻의 해산회는 광부 3,000~5,000명을 철수시켰다. 결국 식민 당국은 계획을 철회했고, 1876년 중반 라룻의 주석광산은 재개됐다. 1879년 9월 일괄 징세청부제를 둘러싸고 2차전이 벌어졌다. 다시 건덕당-해산회 동맹은 광부 파업과 광산촌 상점 철시로 맞섰다. 페락 최대 도시인 타이핑이 다시 마비됐다. 1879년 10월 3일 300~400명의 광산 노동자들이 아침부터 영국인 주재관 휴 로의 관저를 에워싸고 개혁 철회를 촉구했다. 무장경찰이 동원되어 진압하는 과정에서 중국인 노동자 27명이 숨지고 23명이 다쳤다. 휴 로는 10월 4일 페낭 건덕당의 쿠텐테익과 해산회의 청켕퀴를 협상 테이블로 불러야 했고, 건덕당-해산회 동맹의 이권을 인정하고서야 분쟁을 마감할 수 있었다(Wong, 2007: 73~77).

청켕퀴는 1895년 자신의 75세 생일을 페낭의 새로운 거처에서 맞았다. 그는 라룻전쟁의 상대였던 의흥회의 페낭 본부 건물을 사들여 해기잔海記棧Hai Kee Chan이란 현판을 내걸고 자신의 거소이자 사무실로 삼았다. 페락에서 주석광산으로 거부가 되어 페낭으로 은퇴한 셈이다. 물론 청켕퀴와 페낭의 인연이 이것이 처음은 아니다. 그는 1860년대 후반부터 번 돈으로 페낭의 부동산을 사들였다. 조지타운 상가 밀집 지역의 주요 건물과 땅은 19세기 초 만해도 대부분 유럽인 소유였는데, 19세기 중반 이후 중국인 거부들로 주인이 바뀌었다. 청켕퀴는 그중에서도 큰손이었다. 비숍가의 상가엔 그의 이름을 딴 '아퀴빌딩Ah Quee's building'이 큰 자리를 차지할 정도였다(GTWHI, 2015: 44).

청켕퀴는 20세 청년으로 처음 밟았던 페낭에 75세 노인으로 돌아왔다. 주석과 쿨리와 아편과 폭력으로 점철된 55년을 페락에서 보낸 그는 비밀결사도 불법이 되고, 30년 토아코 동지 쿠텐테익도 없는 변화한 페낭에서 '신사紳士'로 거듭났다. 1850~1910년의 60년간 페낭 화인사회의 고액 기부자를 조사한 바에 따르면(Mak, 1987, 258~9), 복건 출신 거상 15명이 모두 4만 5,489달러를 기부했고, 객가와 광동성 출신 4명의 기부액은 1만 5,816달러였다. 페낭 화인사회의 특성상 복건 출신의 기부액이 많은 건 당연하다. 그런데 객가와 광동 출신 고액 기부자 4명의 기부 총액 가운데 청켕퀴의 기부액이 92퍼센트(1만 4,516달러)를 차지했다. 방파를 막론하고 개인별 기부액 순위에서 청켕퀴가 단연 1위였다. 흥미로운 점은 복건 출신 고액 기부자 1위는 쿠텐테익의 아들 쿠훈양(8,480달러)이고, 2위는 쿠텐테익(6,854달러)이었다. 쿠 씨 부자의 기부액을 합하면 1만 5,334달러로 청켕퀴의 기부액보다 많다. 페낭 5대 성씨 가운데에서도 쿠 씨 일족의 기부액이 가장 많다. 쿠텐테익은 페낭 화인사회의 통큰 자선가였지만 깡패의 이미지를 벗지 못했고, 청켕퀴는 신사로 우대됐다.

청켕퀴는 1901년 페낭의 저택 해기잔에서 숨을 거뒀다(ST, 1901. 12. 16). 그는 주석광산 부지는 물론 페낭, 페락, 홍콩, 중국의 많은 부동산 등을 유산으로 남겼다. 그의 넷째 아들 청타이핀이 가업을 이었다. 청켕퀴는 사후 5개월 뒤 조지타운 북서쪽 어스킨산Mount Erskine의 가족묘지에 안장됐다(ST, 1902. 5. 16). 이 가족묘지는 청켕퀴가 해기잔을 완공하던 해인 1895년부터 3년에 걸쳐 조성됐다. 페낭의 화인들은 야트막한 어스킨산을 백운산白雲山으로 불렀다. 페낭 화인권의 독점을 둘러싼 폭력의 시대가 끝나는 시점에서 쿠텐테익이 '깡패'로서 생을 마감했다면, 청켕퀴는 페낭의 '벨 에포크Belle Epoch', 즉 '아름다운 시대'라는 역사의 막간에 '신사'로서 이승을 떴다.

08

페낭의
'벨 에포크'

19세기 말에서 20세기 초에 걸친 제국주의의 전성기에 유

럽은 전례 없는 평화와 풍요를 누렸다. 프랑스와 프로이센의 전쟁 (1870~1871) 이후 세기말의 유럽은 예술과 문화가 번창하고 미래의 낙관주의가 넘쳐났다. 물랭루주와 레스토랑 맥심을 자랑하던 프랑스의 파리인은 장기 평화와 번영의 이 시기를 '아름다운 시대'라고 했다. 역사가 에릭 홉스봄(1998: 138)은 제1차 세계대전 이전 유럽의 분위기를 이렇게 요약한다.

1890년대 중반에서 제1차 세계대전에 이르기까지 세계 경제의 오케스트라는 공황의 단조가 아니라 번영의 장조를 연주하였다. 활발히 움직이던 기업에 기반한 풍요는 오늘날에도 유럽 대륙에서 아름다운 시대라 알려진 시대의 배경을 형성했다. 우려에서 행복감으로의 변동은 너무나 갑작스러웠고 극적인 것이어서, 속류 경제학자들은 그것을 설명하기 위해 기

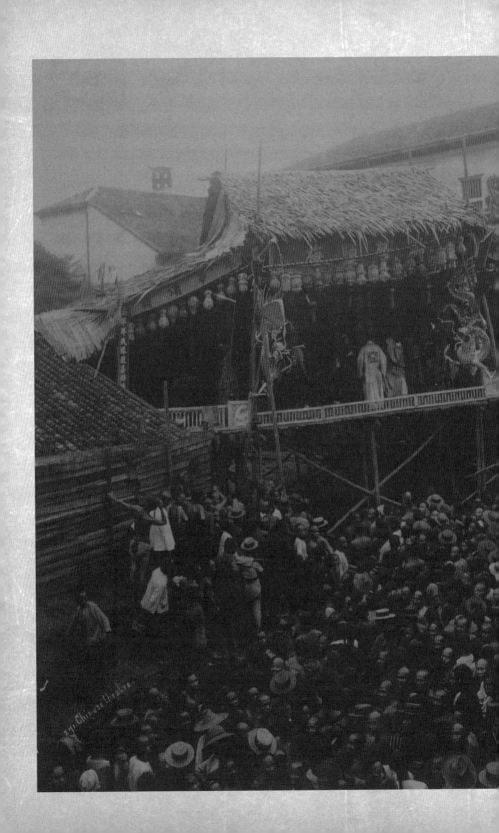

계 속에 존재하는 신과 같이 어떤 외적인 힘을 끌어들이기까지 했다.

유럽 중심부에 필적할 만한 '아름다운 시대'가 해협 북부의 페낭에서도 펼쳐졌다. 식민지는 암흑기로 통칭되곤 하지만, 페낭과 페낭의 화인사회는 세계 경제라는 오케스트라의 일원이었고, 19세기 후반 주석붐을 주도한 화인사회 거상들이 연주한 음조는 분명 장조였다. 물론 중심부 유럽이 그러했듯, 페낭 화인사회도 계층 피라미드의 밑바닥을 이루는 '우유'의 삶은 '크림'의 그것에 비할 바는 아니었겠지만 말이다. 빈손으로 이주한 신케들은 사람과 물자가 늘어난 페낭에서 도시 노동자로 살길을 찾았다. 거리의 이발사들은 동족의 변발을 손질해주었고, 중국인 인력거꾼들은 아름다운 시절에도 여전히 승객이 목적지를 대면 "하오 하오" 해놓고는 엉뚱한 곳에 내려놓기를 반복했다. 페낭과 페낭 화인권의 화인사회에서 저택 신축 붐이 일면서 화인 목수들은 호시절을 누렸다.

1890년대 페락 남부 킨타계곡에서 2차 주석 러시가 일었고, 페낭은 말라카해협 북부를 아우르는 지역의 경제와 문화의 중심으로 빛을 발했다. 종족을 불문하고 페낭 화인권의 사람들에게 페낭은 '세계의 관문'이었고, 페낭의 상가는 금과 다이아몬드 머리핀으로 장식한 올림머

●
조지타운의 경극
1910년 페낭 조지타운에서 화인들이
중국 경극 공연을 지켜보고 있다.
〈KITLV〉

리sanggul에 호사스런 커바야kebaya 차림의 부자 뇨냐 쇼핑객으로 북적였다. 빈손의 신케 가운데 행운을 잡은 이들은 부자의 대열에 올라서기도 했다. 적수공권赤手空拳에서 '거부 신화'가 만들어진 것도 이 시기였다. 화인 거상과 후손들은 주석 러시를 통해 축적한 부로 '궁전' 같은 거대한 저택을 잇달아 지었다.

하지만 홉스봄의 말마따나 유럽의 아름다운 시대가 제1차 세계대전 이전의 '예외적인 마지막 봄'이자 대전 이후 '상실될 운명에 처하게 될 일시적인 천국'일 뿐이었듯이, 페낭 또한 그러했다는 점에서 벨 에포크였다. 페낭 화인사회의 아름다운 시대가 주석 시대의 석양이었다는 점, 그리고 전쟁이 아니라 고무 러시로 파국을 맞았다는 점에서 차이를 보일 뿐이다.

열세 살
메단 소녀가 본 페낭

네덜란드인 이슬람 학자 스노우크 후르흐론예Snouck Hurgronje(1857~
1936)는 1892년 아체에 관한 보고서에서 "아체인에게 페낭은 진정 세
계로 통하는 관문이었다. 그렇다, 세계 그 자체였던 것이다"라고 했다
(Lubis, 2007: 150). 수마트라 북부의 아체와 페낭의 관계가 경제는 물론
정치적·문화적으로도 밀접했다는 의미이다. 이는 비단 아체인만의 일
이 아니었다.

나는 집집마다 다양한 인물들과 너무나 다른 일들을 보면서 마치 꿈이
라도 꾸는 것처럼 혼란스러웠다. 페낭에는 너무나 많은 부자들과 아름
다운 저택들이 있었다. 이들 대부분은 주석광산 개발로 부를 일궜다. 그
리고 그들은 그들의 거대한 저택을 짓고 과시하려 했다. 집집마다 금박
가구와 크리스털 샹들리에, 베네치아 유리 등과 자잘한 장식품으로 사
치를 뽐냈다(Chang, 1981: 67).

총아피의 맏딸 퀴니 창Queeny Chang/Tjong Foek Yin은 자서전《뇨냐의 추억Memories of a Nonya》에서 열세 살 소녀의 눈에 비친 1909년의 페낭을 이렇게 묘사했다. 메단에서 방이 35개나 되는 2층짜리 거대한 '총아피 맨션'에서 공주처럼 살아온 퀴니 창이지만, 페낭과 페낭 부자들의 삶은 '마치 꿈이라도 꾸는 것' 같은 신천지였던 것이다.

퀴니 창은 1896년 메단에서 태어났다. 총아피는 페낭의 뇨냐와 초혼을 했다가 사별하고, 열여덟 살 아래인 메단의 뇨냐와 재혼해 퀴니를 얻었다. 오늘날 메단의 페라나칸 전시관으로 쓰이는 '총아피 맨션'은 퀴니 창이 태어나기 한 해 전인 1895년 완공됐다.

> 부두는 어디나 붐비고 북적였다. 갑판 난간에 서 있던 나는 토카이 한 분과 뇨냐 세 분이 배 위로 올라오는 것을 보았다. 그 토카이는 헐렁한 전통 상의에 펑퍼짐한 검은색 비단 바지를 입었다. 뇨냐 셋은 사롱과 커바야 차림이었고, 머리는 내 어머니와 마찬가지로 금과 다이아몬드로 장식된 머리핀으로 올려 화관처럼 꾸몄다(Chang, 1981: 63).

퀴니 창의 가족을 마중 나온 토카이는 페낭 주재 중국 부영사를 지낸 치아춘셍(재임 1895~1901)이었다. 치아춘셍은 총아피의 형 총용헌과 사돈이었다. 세 뇨냐는 치아춘셍의 첫째 부인과 두 딸이었다.

메단 거부 집안에서 부족한 것 없이 자란 퀴니였지만, 페낭은 신세계였다. 퀴니는 페낭의 치아춘셍 저택에 머무는 동안 어머니가 이래라저래라 하는 잔소리를 듣지 못했다고 했다. 이유는 "어머니가 치아춘셍의 딸들과 쇼핑을 하느라 바빠" 딸에게 잔소리한 틈이 없었기 때문이었다(Chang, 1981: 64). 어머니가 쇼핑 나간 사이 퀴니와 어린 동생은 치아춘셍의 셋째 부인이 돌봐줬다. 광동 출신인 셋째 부인의 당시 나이는 18세였다.

퀴니는 치아춘셍의 첫째 부인이 아편을 피우는 모습도 보았다. "몸을 누일 수 있는 넓은 의자 곁에 아편 흡연 세트가 놓여 있었고, 그녀는 아편을 태울 준비를 했다. 길고 가느다란 쇠막대로 검은색 찬두를 찍어내 작은 기름 램프의 불꽃에 갖다 대자 지글지글 소리가 나며 둥근 공처럼 부풀었다. 그녀는 엄지와 검지로 그 찬두를 집어 긴 아편 빨대로 옮기고 환한 표정으로 깊이 빨아들였다. 연기는 역한 냄새를 풍겼다"(Chang, 1981: 64). 그녀는 영국 런던에서 법학을 공부하고 돌아온 장남이 마차 사고로 숨진 이후 아편에 손을 대기 시작했다.

퀴니의 페낭 관광 안내는 치아춘셍의 둘째 부인이 맡았다. 페낭 거부들의 집 구경은 어린 퀴니에게 "흥분의 도가니"였다. 그가 처음으로 방문한 곳은 치아춘셍의 이웃집이자, 오늘날 '총파츠 맨션' 혹은 '블루 맨션'이란 이름으로 관광명소가 된 총파츠의 저택이었다. 총파츠가 여러 첩과 하녀들을 거느리고 반갑게 맞았고, 큰절을 올린 퀴니는 금화 네 냥이 든 앙포ang pow紅包를 받았다.

퀴니가 방문한 곳은 모두 객가 출신 거상의 저택이었다. 열세 살 퀴니의 눈에 가장 강렬했던 곳은 청켕퀴의 아들 청타이핀의 저택이다.

마치 언덕 위에 지어진 2층짜리 성채를 연상케 했다. 정원은 해안까지 뻗어 있었다. 검은색 대리석 계단이 현관으로 이어졌고, 전랑의 양편에는 장밋빛 그리스 대리석상이 놓여 있었다. 커다란 거실로 들어섰을 때 나는 아주 잘 생긴 젊은 사내가 영국식 복장으로 그려진 실물 크기의 유화에 눈길이 멈췄다. 흰색 승마용 반바지에 사파이어 블루의 모닝코트

● 총파츠 맨션

자바와 수마트라, 말라야, 싱가포르, 중국에 걸쳐 사업을 펼쳤던 객가 거상 총파츠는
19세기 말 자신의 궁전 터로 페낭을 선택했다.
@Kang

를 걸치고, 흰색 셔츠와 높게 맨 크라바트(넥타이처럼 매는 스카프-역주) 차림이었다. 머리에는 흰색 가발wig을 쓰고 손은 작은 탁자에 살짝 댄 모습이다. 그의 손가락에는 커다란 다이아몬드 반지가 끼어 있었는데, 장인의 솜씨로 세공된 다이아몬드는 명료한 푸른빛을 반사했다. 그의 왼손에는 레이스가 달린 흰색 손수건이 들려 있다. 초상화 속의 그는 너무나 우아하고 위풍당당했기에 나는 차마 눈을 뗄 수가 없었다(chang, 1981: 67).

"페낭에서 가장 아름다운 보석을 가지고 있다"는 청타이핀의 둘째 부인이 저마다 달리 장식된 방들을 퀴니에게 보여줬다.

침실은 환상적이었다. 침실 옆의 드레싱룸에 전신을 비출 수 있는 삼면 거울도 있다. 탁자 위에는 크고 작은 향수병이 가지런했다. 크리스털 병에는 다양한 분이 들어있다. 내 눈이 휘둥그레진 것을 본 성채의 안주인은 웃으면서 이렇게 말했다. "나는 쌀가루로 만든 분만 쓴단다. 그게 피부에 제일 좋거든." 옷장에는 사롱과 커바야, 금실과 은실로 수를 놓고 작은 구슬로 장식한 슬리퍼들로 가득했다. 문으로 연결된 욕실도 호사스러웠다. 색깔별로 가지런한 수건들, 비누, 욕조와 그 밖의 모든 것들이 말이다. 그것들을 보면서 내가 "차라리 목욕을 안 하고 말겠다"고 하자 모두들 웃음이 터졌다. 하지만 나는 처음으로 일종의 질투심을 느꼈다. 사치스럽고 아름다운 것들에 항상 둘러싸여 있다면 참으로 근사할 것이라는 생각이 든 것이다(Chang, 1981: 69).

페낭의 아름다운 시대를 살아간 화인 거상들의 생활은 메단의 '공주'를 질투나게 했다. 퀴니는 "나는 돈으로 할 수 있는 게 어떤 것인지를 상상도 하지 못했더랬다. 눈으로 보고나서야 페낭의 부자들이 실제 어떻게 사는지, 인생을 어떻게 즐기는지 비로소 알게 됐다. 이 모든 것을 보고난 뒤 메단의 커다란 우리 집은 초라해 보였다"고 했다. 그리고 열세 살의 경험을 여든 살이 넘어 회고하면서 "나는 내가 본 호화로운 저택에서 사는 사람들도 같은 생각일까에 관해서는 알지 못한다"고 여운을 남겼다.

'적수공권'의
거부 신화

푸아힌룽Phuah Hin Leong潘興隆(1844~1901)은 페낭의 근대식 정미·정유업의 개척자이다. 그의 본명은 림추관Lim Choo Guan林資源으로 복건성 안계安溪에서 태어났다. 마을에 재난이 닥치자 이웃 마을의 푸아潘 씨 집안에 양자로 보내졌고, 성이 바뀐 것이다. 그는 1860년대 페낭으로 이주한 것으로 알려졌고, 말라카해협 해상에 정박한 대형 선박의 여객들을 페낭까지 실어 나르는 소형 선박의 뱃사공으로 일을 시작했다(陳劍虹, 2007: 104).

그의 성공 신화는 이렇게 시작된다. 어느 날 유럽인 신사를 배에 태워 페낭에 내려줬는데, 그 신사는 가방을 배에 두고 내렸다. 돈과 서류 뭉치가 든 가방이었다. 푸아는 신사를 내려준 곳에서 꼼짝하지 않고 기다렸다. 마침내 그가 되돌아왔고, 돈 가방을 찾아갈 수 있게 되었다. 유럽인은 정직한 뱃사공에게 후한 답례를 했고, 푸아힌룽은 그것을 종잣돈으로 자신의 잡화점을 열 수 있었다. 마침내 메단 인근 담배농원에

●

페낭의 정미소

19세기 말 조지타운의
피낭강Sungai Pinang 주변에 들어선 기계식 정미소.
ⓒLim Kheng Chye Collection

식료 등 생필품을 공급하는 교역업자로 성장했다.

푸아는 정미업의 기계화에 눈을 돌렸다. 19세기 후반 광산과 농원 개발로 쿨리의 주식인 쌀 수급이 중요했고, 당시 정미업은 노동집약적인 산업이었다. 그는 증기 동력의 정미기를 도입해, 페낭 최초의 기계식 정미소인 키헹비Khie Heng Bee開恒美를 세웠다. 키헹비에는 커다에서 아편팜과 정미업으로 부를 일군 페낭 림콩시의 일원인 림렝착Lim Leng Cheak林寧綽(1856~1901)도 투자했다. 키헹비 정미소와 함께 팜오일 정유소인 반테익비Ban Teik Bee萬德美도 세웠다. 커다, 페락, 버마, 태국 및 인도차이나에서 수입한 쌀을 도정한 키헹비 정미소의 공장 부지는 1만 7,000제곱미터(약 5,160평)에 달했다. 19세기 말 200명을 고용한 이 정미소는 페낭 최대의 산업 시설이었다(Wright, 1908: 824). 그는 정미업 뿐만 아니라 커다에 8,000에이커에 달하는 카사바와 코코넛농원을 운영했고, 태국 커 가문 등과 손잡고 동방해운회사에 출자한 해운업자이기도 했다.

푸아힌룡의 거부 신화가 신뢰에 방점이 있다면, 룡피Leong Fee梁輝 (1857~1912)의 신화는 라오케-신케의 후견관계를 잘 보여준다. 광동성 가응嘉應 매현梅縣 출신 객가인 룡피는 1876년 페낭으로 이주했다. 옷 가지 두어 벌 든 등짐이 전부였던 그는 주석광산으로 노다지를 잡으며, 1902~1908년 제 4대 페낭 주재 중국 부영사를 지냈고, 1909년에는 화인 최초로 말레이국연방 입법위원회 중국인 위원에 선임된 입지전적 인물이다.

룡피 신화는 두 개의 에피소드로 이뤄진다. 하나는 페낭에서의 6개월이고, 다른 하나는 이포Ipoh에서의 '노다지'이다. 널리 알려진 이포의 두 번째 노다지 신화부터 보자. 페낭에 도착한 룡피는 식당 주방에서 일하기도 하고, 길거리에서 음식을 팔기도 하며 6개월을 보낸 뒤 이포로 떠났다. 이는 룽피가 뱃삯을 빚진 저자猪仔가 아니라 자유이주자였다는 걸 뜻한다. 당시만 해도 이포는 페락 남부 킨타강 유역의 작은 주석 광산촌에 불과했다. 킨타강 주석 러시는 1880년대 후반에 본격화했다. 밀림 속의 강을 거슬러 올라간 그는 16명의 다른 중국인들과 이포 정글 구석의 허름한 움막에서 새로운 생활을 시작했다(Wu Ramsay, 2003: 11).

1880년대 후반 룽피는 전기를 맞았다. 페락의 한 영국인 광산 감독원을 파트너로 삼아 탐분Tambun이란 곳에서 커피농원 부지를 확보했다. 커피농원은 실패를 거듭했다. 영국인 동업자가 떠난 뒤 노다지 신화가 시작됐다. 그는 커피나무를 조사하던 중 흙에 주석 알갱이가 많이 섞여 있는 것을 발견했다. 주석광산 터에 커피를 심은 셈이었다.[39] 룽피는 본격적으로 주석광산 개발에 착수했고, 탐분 광산이 이내 페락 최대의 주석광산이 되면서 돈방석에 올라앉게 됐다는 것이다.

탐분 노다지처럼 극적이진 않지만 페낭에서의 6개월이야말로 빈손의 룽피가 거부가 된 보다 실질적인 내막을 전해준다. 룽피는 페낭에서 동향의 객가 거부 치아춘셍 밑에서 일했다. 치아는 갓 이주한 룽피에게 자신의 맏딸을 돌보는 역할을 맡겼다. 그리고 13년 뒤 룽피는 탐분에서 노다지를 잡은 1889년 치아춘셍의 그 맏딸과 결혼했다.

맏딸을 돌보도록 한 것은 라오케 거상 치아춘셍이 적수공권의 신케 룽피를 처음부터 눈여겨봤을 개연성을 보여준다. 그렇다면 룽피의 1876년 이포행은 치아춘셍의 후견 아래 사윗감 검증을 위한 것일 수도 있다. 행운이든 노력이든 그는 30대 초반에 이포 최대의 주석광산업자가 됐고, 페낭 객가 출신 거상의 맏사위가 됐다. 룽피도 여느 거상들처럼 돈은 페락에서 벌고, 페낭에서 살았다. 룡피의 페낭 6개월 미스터리는 신케의 거부 신화와 라오케의 후견이 얼마나 밀접하게 연관되었는지를 여실히 보여준다.

19세기 말~20세기 초 커다 화인사회에서 중심적인 인물로 충쳉키엔Choong Cheng Kean 莊淸建(1857~1916)이 꼽힌다. 그는 커다의 술탄의 직속 대리인 자격으로 페낭 거상과 커다 왕실의 가교 역할을 했다. 커다의 술탄의 두터운 신임을 바탕으로 페낭-커다의 아편 거래를 실질적으로 중개했고, 1880~1909년 커다의 아편팜을 독점한 것도 그였다. 그 또한 커다에서 부를 일궈 페낭에 저택을 짓고 정착했다.

충쳉키엔은 복건성 동안同安[40]에서 태어나 19세이던 1876년 고향을 떠났다. 애초 태국 푸켓의 통카에서 점원으로 일하다 커다로 이주했다. 충의 거부 신화에는 여러 설이 있다. 커다에서 장인의 도움으로 사업을 시작했다고도 하고, 1881년 커다의 알로르 스타에서 아내로 맞은 림Lim林 씨가 자신의 목걸이를 팔아 사업자금을 마련해 줬다는 이야기도 있다. 하지만 그가 커다의 술탄과 깊은 신뢰를 쌓은 내막에 관해 페낭의 충 가문에서 대대로 전해지는 신화는 아래와 같이 훨씬 극적이다(Wu, 2010: 54~55).

충이 푸켓에서 커다로 이주해 잡화점 점원 노릇을 할 때였다. 잡화점 주인이 커다의 술탄의 동생과 친구였다. 술탄의 동생은 잡화점을 자주 찾았고, 시중을 드는 충을 눈여겨보았다. 충의 인생행로를 바꿔 놓은 운명의 날이 찾아왔다. 춘절 전야였다. 충이 주인에게 찻물을 가져다주면서 실수로 전통 초롱을 받친 기둥을 쓰러뜨렸다. 건강과 복을 가져다준다는 새해맞이 초롱을 쓰러뜨린 건 불길한 징조로 여겨졌다. 주인이 불같이 화를 내며 충을 해고하고 말았다. 마침 이 광경을 보고 있던 술탄의 동생은 충을 자기 집의 정원사로 고용했다. 충은 새 주인에게 충성을 다했고, 2년 뒤 술탄의 동생은 충에게 사업자금을 대주었다. 충이 사업에서 성공하자, 술탄의 동생은 그에게 거부로 직행할 수 있는 탑승권을 주었다. 커다의 아편과 도박장의 징세청부권을 준 것이다. 그 술탄의 동생이 커다의 태자Raja Muda인 툰쿠 압둘 아지즈Tunku Abdul Aziz(1868~1907)였다. 압둘 아지즈는 술탄인 형[Tunku Abdul Hamid(1864~1943)]이 1895년 중병으로 정사를 돌보지 못하게 된 이후 실질적으로 커다를 통치했다.

커다의 왕실은 18세기 후반 강력한 페낭 거상의 자본을 끌어들이면서도 주도권을 잃지 않기 위해 왕실에 충성하는 커다의 화인을 전속 대리인으로 내세우는 전략을 구사했다. 이를 위해 간택된 인물이 충쳉키엔이었고, 충은 왕실과의 신뢰를 바탕으로 커다의 징세청부권을 장악해 거부가 됐다. 충은 1900년경 페낭에 정주했다. 고향을 떠나기 전 결혼했던 중국의 첫째 부인과 두 아들을 페낭으로 불러들였다. 충쳉키엔의 두 아들[41]이 설립한 혹힌브라더스Hock Hin Brothers福興兄弟公司는 페낭 4대 팜오일 정유회사의 하나였다(GTWHI, 2016: 81).

적수공권의 거부 신화에서 백미는 앞서 본 총파츠의 그것일 것이다. 19세기 말~20세기 초 남양화교를 대표하는 전설적인 인물인 그는 자바, 수마트라, 페낭, 말레이반도, 싱가포르에 이어 중국에서도 정치적·경제적 영향력을 발휘했다. 1890년대 후반 산동성 연대烟臺에서 포도농원을 열고 장유양주공사張裕釀酒公司를 설립해 포도주를 생산했다. 1906년에는 남양화교 자본으로 중국 광동성의 조주와 산두를 잇는 조산철도潮汕鐵道를 부설한 주역이기도 하다. 1895년 총파츠의 재산은 은화 8,000만 냥으로 추정되었는데, 이는 청나라 연간 국고 수입과 맞먹

Bellevue Hotel, Penang

페낭의 중국 부영사관이 있었던 '5층루'의 1910년 모습.
1880년대 페낭 최초로 지어진 5층 건물로, 3대 페낭 주재 중국 부영사가 된 치아춘셍이
이 건물을 임차해 1899년부터 부영사관으로 삼았다. 5층루는 호텔로 개조되기도 했고, 1938~1994년
중국어 학교인 시중학교時中學校의 분교로도 쓰였으나 지금은 폐허가 됐다.

ⓒMarcus Langdon

었다.[42] 1915년 중화총상회 회장 자격으로 중국 신사유람단 단장을 맡아 미국을 방문하고 당시 우드로 윌슨 대통령을 접견하기도 했다. 미국 언론은 그가 사망하자 '아시아의 록펠러'라 추도했다.

총파츠는 초대 페낭 주재 중국 부영사를 맡았다. 청나라 조정은 1877년 싱가포르에 개설한 영사관을 1893년 총영사관으로 승격하면서, 페낭에 중국 부영사관을 열었다. 초대 총영사 황준헌黃遵憲(1848~1950)은 페낭 부영사로 총파츠를 선임했다. 이는 총파츠가 남양을 대표하는 화인 거상일 뿐 아니라, 황준헌과 같은 광동 객가라는 유대가 고려됐다(黃賢强, 2015: 133~135). 1894년 황준헌이 귀국하면서 총파츠가 싱가포르의 총영사를 맡았고, 후임 페낭 주재 부영사에 수마트라 메단의 총용헨이 임명됐다. 이후 페낭의 중국 부영사는 객가 출신으로 채워지게 됐다. 치아춘셍이 3대, 치아춘셍의 사위인 룡피가 4대, 타이키윤Tye Kee Yoon臺喜云이 5대 부영사를 역임했다. 복건 출신이 압도하는 페낭 화인사회에서 중국 부영사를 객가 거상들이 독점한 것은 이례적이다. 총파츠 외 4인 부영사들은 부자이긴 해도 페낭 화인사회에서 존재감이 크지 않던 인물이었지만, 부영사로 임명된 뒤 적극적인 기부와 자선활동을 통해 페낭 화인사회의 지도자로 받아들여졌다.

총파츠의 거상 신화는 여느 부자들과 격이 다르다. 총파츠를 어려서부터 큰아버지라고 불렀던 총아피의 딸이 전하는 전설은 다음과 같다.

어려서부터 소몰이꾼으로 생계를 꾸리던 총파츠는 18세 때 계약노동자로서 바타비아 땅을 밟았다.[43] 그는 바타비아의 화인 미곡상에 고용되어 물지게로 물을 나르는 일을 했다. 상점 주인은 총파츠에게 무더운 바타비아에서 살아남으려면 하루 세 번 찬 물로 몸을 식혀야 한다고 일러줬다. 주인의 말을 따라 그는 집 근처의 냇물에 갈 때마다 낙타 등처럼 굽어진 돌 위에 앉아 멱을 감곤 했다. 그런 그를 몰래 훔쳐보는 처자가 있었다. 혼기를 넘긴 상점 주인의 외동딸이었다. 중매쟁이들이 여러 차례 들락거렸지만, 그녀는 모두 뿌리쳤다. 외동딸의 고집을 꺾을 수 없었던 상점 주인은 딸이 마음을 바꾸기만을 기다려야 했다. 마침내 그 외동딸은 아버지에게 물지게를 지고 날마다 집 근처 냇물에서 멱을 감는 신케를 연모하고 있다고 털어놓았다. 잡화점 주인은 마뜩치 않았지만, 일단 총파츠에게 종잣돈을 쥐어주고 사업을 시작하도록 했다. 사업 수완을 발휘해 성공하면 사위로 받아들일 참이었다. 총파츠는 사업에서 성공했고, 잡화점 주인의 사위가 됐다. 그 후 늘 그랬던 것처럼 냇가에 멱을 감으러 간 총파츠는 낙타 등처럼 생긴 바위가 없어진 것을 발견했다. 그가 늘 앉던 그것은 바위가 아니라 악어의 등이었다는 사실은 나중에 알게 됐다고 한다(Chang, 1981: 172~173). 총파츠가 크게 될 인물임을 악어도 알아봤다는 전설이다.

아편과
깡통의 궁전

주석 러시로 사람과 물자와 부가 몰리면서 페낭 조지타운의 도시 풍경이 바뀐 것도 아름다운 시대의 일이다. 1880년대 후반부터 증기기관으로 움직이는 도시형 철도가 깔리고, 도심은 벽돌 콘크리트 건물 신축 붐이 일었다. 영국 동인도회사의 졸렬함으로 궁색했던 식민 당국의 관공서들은 1880년대 후반부터 번듯해졌다. 대륙 간 대형 증기선이 페낭 항구에 접안할 수 있게 된 것도 1906년 '스웨트넘 부두'가 개설되면서부터였다. 이전에는 대형 증기선이 말라카해협 한가운데 닻을 내리면 작은 배로 사람과 물자를 실어 날라야 했다. 페낭 건설 초기 콘월리스 요새 인근에 넓게 마련했던 공터[44]에 조지타운 주민들의 여가를 위한 크리켓 구장이 1884년에 생겨났고, 1890년에는 페낭 레크리에이션 클럽PRC도 들어섰다. 남의 건물에 세 들어 지내던 페낭 식민 당국은 1903년 4월에야 조지타운 시청사를 갖게 됐다.

조지타운의 상가 밀집 지역인 비치가를 따라 해변에서 바다로 뻗어

1881년 페낭 '화인클럽'에 화인 상인들과 인도인 마부의 마차가 늘어선 모습.
페낭의 백인 전용 클럽이 화인의 출입을 제한하자 이 클럽을 모태로 1892년 페낭의 복건 거상들이
'화인 레크리에이션클럽Chinese Recreation Club Penang'을 만들었다.

〈Wikimedia Commons〉

나간 '클랜 제티clan jetty'가 형성된 것도 19세기 후반이었다. 페낭의 화인사회가 번창하면서 복건 출신 5대 성씨를 비롯해 먼저 자리를 잡은 이들은 더 많은 종친과 동향 사람들을 끌어들였다. 이 가운데 해상 운송과 어업에 종사하던 이들이 성씨 별로 잔교jetty를 따라 모여들었다. 처음에는 잔교에 배를 대고 선상에서 숙식을 하던 이들이 성씨 별로 하나둘 잔교 위에 판잣집을 짓기 시작하며 클랜 제티가 형성됐다.

1906년 인구조사에서 프라이를 제외한 페낭의 인구는 13만 1,917명에 달했다. 이 가운데 57퍼센트인 7만 5,494명이 중국인이었다. 조지타운의 전망 좋은 곳과 도심의 상가는 모두 중국인 부자들의 차지였다. '아름다운 시대'에 조지타운의 임대료는 턱없이 비쌌다. 유럽인이 가구나 편의 시설도 없는 방갈로를 월 임대료 70~100달러에 얻을 수만 있어도 다행으로 여길 정도였다(Wright, 1908: 731). 100달러는 당시 도시 노동자의 연간 평균 소득에 상당했다.

말레이시아 최대의 불교 사찰인 극락사極樂寺Kek Lok Si가 위용을 드러낸 것도 이 무렵이다. 페낭의 벨 에포크에 축조된 극락사야말로 '페낭 화인권'의 실체를 시각적으로 증거하는 기념물이라 하겠다. 극락사 창건의 시원은 중국 복건성 복주福州의 고산 용천사 소속 승려 보우렌 Beow Lean妙蓮(1844~1906)이 페낭에 당도한 1885년으로 거슬러 올라간다. 용천사 증축 불사의 시주를 받을 목적이었던 보우렌은 페낭에 정착하며 불교 포교에 나섰다. 당시 페낭에는 광복궁을 비롯한 사원이 여럿 있었지만, 승려가 있고 법회가 열리는 불교 도량은 없었다. 보우렌은 페낭 화인사회 최초의 정식 승려였던 셈이다. 화인사회의 지도자인 광복궁 이사진은 그에게 새로운 사찰을 맡겼고, 특히 거상의 뇨냐 신도들이 적극 후원했다. 1890년 보우렌은 아이르 이탐Air Itam계곡에 터를 정하고, 그곳을 학이 날개를 펼친 지세라며 학산鶴山이라 명명했다. 극락사의 공식 명칭 '페낭 학산극락사檳城 鶴山極樂寺'는 여기서 유래했다.

1896년 대웅전을 시작으로 1904년 극락사의 가람이 1차 완공됐다. 이에 청조의 서태후는 자필 현판 '해천불지海天佛地'와 더불어 청 황실의 불교경전인 용장龍藏 장서도 하사했다. 보우롄이 이를 직접 받아와 1905년 1월 극락사 완공식을 성대하게 거행했다. 초기 건설 비용으로 18만 달러가 소요됐다. 65명의 거액 시주자 명단 가운데 수마트라 메단의 객가 총 씨 3인방과 당시 페낭 주재 중국 부영사였던 룽피와 페락 주석왕 청켕퀴 등 객가 거상의 이름이 앞자리를 차지했다.

이후로도 불사가 이어져 1915년부터 15년에 걸쳐 30미터 높이의 7층탑인 만불탑萬佛塔Ban Po Thar이 완성됐다. 1만 개의 불상을 안치한 만불탑엔 세 가지 탑 양식이 섞여 있다. 아래로부터 1~2층은 중국, 3~6층은 태국, 7층과 탑두는 버마의 양식이다. 중국의 대승불교와 태국과 버마의 테라바다Theravada 불교를 상징하는 양식들이 저마다의 특징을 그대로 드러낸 채 하나의 탑을 이루고 있는 것이다. 탑파의 미학을 떠나 다분히 혼종적이다. 극락사 만불탑의 시각적 혼종성은 19세기 페낭 화인사회를 중심으로 말라카해협 북부에 형성되었던 경제적·문화적 지역권으로서 '페낭 화인권'을 전제하지 않고는 온전히 설명하기 힘들다.

조지타운이 유네스코 문화유산으로 지정되는 데 큰 몫을 한 숍하우스도 이 무렵에 완성됐다. 동남아 화인사회의 가옥구조에서 숍하우스만큼 남중국 해안 도시에 사는 중국인의 삶을 특징적으로 드러내는 건축물도 드물다. 광동성과 복건성 일대 해안 도시의 가옥구조에 그 기원을 두고 있다. 정면은 좁고, 안쪽으로 길게 장방형을 이루며, 가운

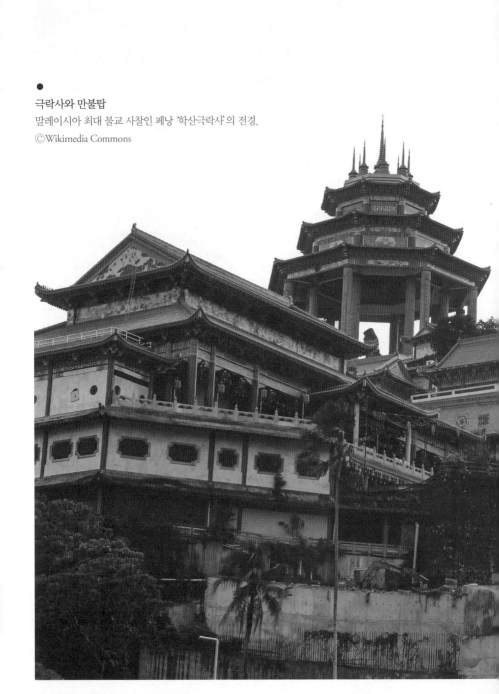

극락사와 만불탑
말레이시아 최대 불교 사찰인 페낭 '학산극락사'의 전경.
ⓒWikimedia Commons

'페낭 화인권'을 상징하는 만불탑의
1930년 완공 당시 모습을 담은 우편엽서.
ⓒKang

데 천정을 뚫어 중정中庭을 둔다. 대체로 1층은 상업 공간으로 하고 2층을 주거용으로 쓴다. 실용적이며 다채롭고 경제적이다.

주거와 상업 공간을 결합한 숍하우스는 19세기 후반 들어 형태와 용도가 바뀌기 시작했다. 콘크리트 기술이 발전하면서 숍하우스는 넓이와 깊이가 커졌다. 영국 식민 당국이 도시 건축물의 경우 '1.5미터 보도 규제5-foot ways'를 둠에 따라 숍하우스의 1층은 도로에서 1.5미터 들여 짓고, 2층은 도로까지 내어 짓게 되면서 거리에는 자연스럽게 지붕이 있는 보도가 이어지게 됐다. 19세기 후반 들어 외형은 커졌지만, 숍하우스의 용도는 달라졌다. 주거와 상업 공간이 분화하기 시작한 것이다. 부자들이 도심을 벗어나 별도의 주거지로 빠져나가면서 도심의 숍하우스는 상업용이거나 도시 노동자 빈민들의 주거용으로 바뀌었다. 도심에 화인 중산층이 주거 목적으로 지은 집은 숍하우스와 구분해 테라스 하우스terrace house라는 이름을 얻었다(Krupp, 2012: 22~23).

도심 테라스 하우스의 내부를 궁전처럼 꾸미고 사는 화인 부자도 있었지만, 더 큰 부자들은 규모도 훨씬 크고 실내도 동서양의 호화 장식품으로 치장한 저택을 짓기 시작했다. 타향에서 쌓은 부를 성채와 같은 저택으로 과시할 수 있었다는 점에서 화인 거상에게 페낭의 세기 말은 아름다운 시대였다. 정원이 있는 거대한 저택, 그들만의 궁전이 잇따라 세워졌다.

페낭에서 가장 이른 시기에 확인되는 화인의 저택은 '에든버러 하우스Edinburgh House'이다. 여기서 페낭의 최고最古 명문가인 코훗 가문이 다시 등장한다. 에든버러 하우스의 주인이 카피탄 치나였던 코라이환의 증손 코샹탓辜尙達(1833~1910)이다.

코샹탓은 페낭 프리스쿨에서 영어 교육을 받고 페낭 최고법원에서 중국어 통역관으로 일했다. 하지만 적손인 그는 가업을 이어야 했다. 코라이환에서 시작된 코 가문의 핵심 가업은 아편팜이었다. 코는 페낭 프리스쿨 동창인 푸타이신과 동업으로 무역회사 타이신탓Thye Sin Tat & Co.泰興達公司을 설립하고, 페낭 아편팜 신디케이트를 이끌었다. 코샹탓은 1853년 수마트라 딜리의 카피탄 치나였던 운간타이Oon Gan Thay의 누이 운곡티아Oon Geok Teah溫玉錠를 아내로 맞았다. 운간타이는 총파츠의 수마트라 아편팜 네트워크의 핵심 일원이었다(Godley, 1993: 97).

여느 화인 부자들과 달리 첩을 두지 않은 코샹탓은 1903년 성대하게 금혼식을 열 정도로 부부금슬이 좋았지만(Wright, 1908: 775, 張少寬, 2002: 167), 애초 이들의 결합은 아편팜을 위한 정략결혼일 가능성을 배제하기 힘들다. 앞서 봤듯이 코샹탓은 페낭의 두 명문가인 코 씨와 쿠 씨의

에든버러 하우스
코샹탓이 1869년 완공한 화인 최초의 서양식 저택
'에든버러 하우스'. 이 저택은 일본 군정기에 파손되었다.
〈The Cornell University Library, Southeast Asia Visions Digital Collection〉

결합으로 태어났다. 페낭 건덕당의 핵심인 쿠콩시와 외가로 연결된 코샹탓이 수마트라를 거쳐 페낭으로 북상한 총파츠의 사람과 혼맥을 맺은 것이다. 코샹탓은 페낭 아편팜 신디케이트를 이끌고 1890년대 싱가포르 아편팜을 확보하기도 했고, 그의 아들 코쳉시엔Koh Cheng Sian 辜禎善(1863~?)은 1899~1903년 홍콩 아편팜까지 수중에 넣기도 했다. 코샹탓의 자연적 수명이 해협식민지에서 아편팜의 폐지와 때를 같이했다는 점에서 코 가문은 5대에 걸쳐 페낭 아편팜 왕조를 지속한 셈이다.

하지만 페낭 최고 명문가를 일군 코라이환의 직계 증손으로서 코샹탓이 페낭 화인사회에서 미친 가장 큰 충격은 1869년에 완공한 '에든버러 하우스'일지 모른다. 비록 오늘날 그 원형이 남아있지 않지만 말이다. 저택이 완성되고 얼마 있지 않아 영국의 에든버러 공작이 페낭을 방문했다. 당시 에든버러 공작은 빅토리아 여왕의 둘째 아들인 알프레드 왕자Prince Alfred였다. 코샹탓은 새 집을 왕자의 숙소로 제공했다. 이후 코샹탓의 저택은 에든버러 하우스로 불리게 됐다. 왕자의 숙소를 걱정했던 페낭 식민 당국으로서는 코샹탓의 호의에 깊은 인상을 받았다. 페낭 당국은 코샹탓에게 왕자와 숙소에서 친교할 수 있는 특전을 베풀었다(Anson, 1920: 298). 영국 권력자와의 친분이 코 가문의 사회적 위상을 높여주고, 아편팜 확장에도 뒷배가 되었을 것임은 불문가지다. 실제 1890년대 코샹탓이 싱가포르 아편팜을 장악하는 과정에서 해협식민지 정부의 지원이 결정적이었다(Trocki, 2009: 209~11).

주목할 것은 에든버러 하우스란 별칭을 얻게 된 경위가 아니라, 그의 저택이 지닌 역사적 상징성이다. 코라이환 이래 코 가문은 조지타운의 도심이나 농원에서 여느 중국인과 어울려 살았다. 페낭 5대 콩시의 거상엘리트라고 별반 다르지 않았다. 코라이환 이전 페낭 화인엘리트의 고거故居는 흔적도 없고 기억되지도 않는다. 공동묘지의 묘비와 콩시의 명판만 있을 뿐이다. 그들은 페낭에 묻히면서도 수구초심首丘初心이었을 수 있다. 라오케든 신케든, 페라나칸이든 토톡totok土生[45]이든 페낭은 그들의 타향이었을 것이다.

그런데 코샹탓은 '차이나타운'을 벗어나 유럽인 거주 구역에 서양식 저택을 지었다. 페낭의 최고 명문가의 직계 후손이 화인사회와 공간적으로 분리된 유럽인 구역에 서양식 '궁전'을 건설한 것이다. 그의 저택이 완공되기 2년 전, 페낭의 지위는 인도총독부 관할에서 런던의 직할 식민지로 바뀌었다. 서양 제국주의의 경쟁은 달아오르고 있었다. 게다가 페낭 화인사회에 변화의 물결을 몰고온 페낭 폭동도 경험했다. 옛 것이 허물어지던 시기였다. 코샹탓의 서양식 저택 건축은 화인사회 엘리트의 새로운 정체성을 선취한 것으로 해석될 수 있다(Khor, 2006: 72).

옌칭황(Yen, 1970: 28)은 해협식민지 화인의 호사스런 저택이 개인적 취향이라기보다 사회적 지위와 위신을 높이기 위한 것으로 봤다. 19세기 후반 부자들이 중국의 명예 관직을 사들인 것처럼 저택 짓기도 부를 과시하는 방편이었다는 해석이다. 물론 코샹탓은 청명절이면 코라이환의 묘소를 벌초하며, 서양식 저택의 한가운데 가족 사당을 두고, 변발을 한 채 영국인 관리와 유창한 영어로 소통했을 것이다. 그의 작은할아버지는 중국으로 건너가 아편전쟁의 투사 임칙서의 막료가 되었지만, 코샹탓은 페낭에서 아편팜의 가업을 이어야 했다. 그러나 페낭에서 설명이 필요 없는 최고 명문가의 4대 적손이자 영국 제국의 신민[46]인 그가 서양식 저택을, 그것도 페낭 조지타운시 청사와 영어 학교가 위치한 유럽인 지역에 지은 것을 부의 과시로만 보는 것은 지나치게 평면적이다. 그의 '에든버러 하우스'는 화인사회라는 종족의 틀과 국경을 넘어서는, 환향의 이상을 내려놓고 페낭에 정착한 '페낭인'이라는 새로운 정체성을 드러낸 사건으로 해석될 수 있다. 타향에서 고향으로의 전회轉回, 머묾에서 뿌리내림의 선언으로서 말이다.

'신케' 거상 청켕퀴도 페락에서 페낭으로 거처를 옮기면서 '해기잔海記棧Hai Kee Chan'이란 이름의 궁전 같은 저택을 지었다. 오늘날 페낭 '페라나칸 맨션'이 된 그 저택이다. 해기잔이 들어선 자리는 본디 두 개의 건물이 있던 곳이었다. 하나는 광동 출신 비밀결사 의흥회의 본부였다. 객가 비밀결사인 해산회의 영수 청켕퀴가 페락의 라룻에서 주석 광산 개발의 주도권을 다퉜던 의흥회의 본부를 자신의 궁전 터로 택한 것은 의미심장하다. 다른 또 하나의 건물은 중국어 학교였다. 의흥회 본부 건물을 매입해 헐어버렸지만, 청켕퀴는 중국어 학교에 대체 부지를 마련해주고 신축 비용도 기부했다.

해기잔은 1895년 청켕퀴의 75세 생일에 맞춰 완공됐다. 해기잔 완공 1년 전 중국은 해외 도항 금지규정을 공식적으로 폐지했다. 신케 청켕퀴는 금의환향할 능력도, 기회도 있었다. 하지만 그는 중국에서 숙련된 장인 100여 명을 불러들여 조지타운의 중국인 거리인 차이나 가China Street에 '궁전'을 지었다. 이 또한 단순한 부의 과시라고 보기 힘들다.

해기잔은 2층에 가족이 거주하는 거실을 두고 1층을 집무실 삼아 페낭과 페락의 주요 인사들을 접견했다. 1층 뒤편에는 청켕퀴의 경호를 맡은 비밀결사 해산회의 회원들이 머무르는 별도의 공간을 뒀다. 비밀결사가 1890년에 영국 식민 당국에 의해 해체됐지만, 완전히 소멸된 것은 아님을 해기잔은 증거한다. 실제 해기잔은 현관을 제외하고는 3면을 높은 담으로 둘러치고 창문에 철창을 두른 것으로 미루어 애

중국에서 태어나 페락에서 주석왕에 오른 객가 청켕퀴는
1895년 페낭에 오늘날 '페라나칸 맨션 뮤지엄'이 된 궁전을 지었다.
©Kang

초부터 보안에 각별히 신경을 썼던 것으로 보인다. 이는 페락 라룻 지역의 주석 러시를 처음부터 주도했던 청켕퀴가 자기 궁전의 주춧돌이 아편과 깡통(주석)이며, 궁전의 들보가 독점과 폭력이었음을 분명하게 자각하고 있었다는 의미이기도 하다.

해기잔은 동·서양의 건축 양식과 요소들이 혼합된 절충형 건물이다. 위치도 에든버러 하우스와 달리 중국인 거리에 있다. 서양의 19세기 말 네오클래식 건축 양식이 대폭 수용됐고, 중국의 장인들은 19세기 말 상해와 광주의 최신 유행 방식으로 내부를 장식했다. 자재도 유럽과 중국에서 생산된 최고급을 썼다. 기둥과 난간 등 영국산 철제 장식물과 중국인 장인들이 조각한 중국식 벽면 장식이 뒤섞였다. 중국에서 풍수가風水家를 데려와 풍수 원리에 맞춰 내부를 꾸몄다. 해기잔 왼편의 '신지가숙愼之家塾'은 가족사당이고, 신愼은 청켕퀴의 호이다. 1875년 고지도에도 등장하는 신지가숙이 가족사당으로 개축된 것은 해기잔보다 4년 늦은 1899년의 일이다. 하지만 1901년 청켕퀴 사망 이후 그의 궁전은 이내 쇠락하고 말았다.

청켕퀴의 가업을 물려받은 청타이핀은 자신의 궁전을 두 채나 지었다. 하나는 조지타운의 동북 끝자락 해변(오늘날 거니 드라이브)에, 다른 하나는 페낭 최초로 개인 풀장을 갖춰 지었다. 첫 번째 청타이핀의 궁전을 1909년에 방문했던 총아피의 딸 퀴니 창은 저택의 아래층 식당을 보고 어리둥절했다. 이 식당은 바다 밑에 지어졌다. 퀴니는 천장 위를 보곤 처음에는 그림인 줄만 알았다. 그런데 유리 돔 위로 실제 바다 속의 물고기들이 유영하고 있었다. 퀴니 창의 눈이 휘둥그레진 모습을 보고 성채의 안주인은 이렇게 설명했다.

그렇단다. 진짜 물고기들이야. 남편이 바다 밑에 식당을 두도록 디자인했지. 남편은 물고기들과 어울려 식사를 한다면 우리의 **따분함**(강조—필자)이 덜해질 것이라고 했단다. 아쉽게도 남편은 지금 경주마를 구입하러 런던에 가 있어. 다음 달 있을 골드컵 경마까지는 돌아올 거다. 그러면 그가 소장한 진귀한 것들을 더 보여줄 거야(Chang, 1981: 69).

페낭의 아름다운 시대에 페락 타이핑의 '카피탄 치나'이자 페낭 최고 부자이며, 호화로운 성채의 주인인 청타이핀은 따분해했다. 1935년 청타이핀이 사망하면서 그의 두 궁전도 청켕퀴의 해기잔처럼 쇠락했다. 바다 밑에 식당을 뒀던 저택은 호텔로 쓰이다가 헐렸다. 해기잔은 쇠락했지만 헐리지 않은 것과 대조된다.

아름다운 시대의 화인 궁전으로 총파츠의 저택을 빼놓을 수 없다. 페낭 화인권뿐 아니라 자바와 싱가포르, 홍콩 등지에 사업 거점을 두고, 청 황실에서 '애국화교'로 대접받은 총파츠는 국경으로 가둘 수 없는 '남양인南洋人'이었다. 그런 그가 '남양의 제국' 중에서도 페낭에 장대한 궁전을 지은 것이다. 1897년 착공해 1904년에 완공된 이 궁전은 대지 4,900제곱미터(약 1,490평)에 건평 3,160제곱미터(약 955평)로 말레이시아에 현존하는 최대 규모의 정원을 갖춘 중국식 저택이다. 38개의 방과 5개의 정원을 갖췄다. 바깥 벽면을 당시로는 귀한 염료인 인디고 블루로 도색해 '블루 맨션Blue Mansion藍屋'이라는 별명을 얻었다.

1909년 열세 살에 총파츠 맨션을 방문했던 퀴니 창은 팔십이 넘은 나이에도 "붉은 벽돌담으로 둘러쳐진 거대한 중국식 저택"을 또렷하게 기억했다.

넓은 정원은 붉은색 타일로 덮여 있었고, 가운데 커다란 연못의 가장자리에는 네모필리아가 분홍색과 흰색의 꽃을 피웠고, 달리아, 국화, 장미, 카렐리아 등을 심은 화분들이 그 둘레에 놓여 있었다. 저택 안의 벽과 천장은 화려한 역사적 인물들과 함께 용과 봉황으로 장식됐다. 조상을 모시는 제단은 아름답게 조각해 금을 입혔다. 가구는 흑단과 장미나무에 자개가 상감됐다. 커다란 거실에는 금을 입힌 틀에 유리를 끼운 중국식 등이 걸려 있다. 실내에도 서양의 것으로 보이는 장식은 일절 없었다(Chang, 1981: 66).

●
용비봉무
총파츠 맨션의 정문에는 '용이 날고 봉황이 춤춘다'는 뜻의
'용비봉무龍飛鳳舞'라는 글자가 새겨져 있다. 용비봉무는 남양을 웅비하겠다는
총파츠의 다짐일 수도, '페낭 화인권' 거상들의 기개일 수도 있다.
©Kang

총파츠 맨션의 건축 양식은 독특하다. 중국 광동성 객가와 조주의 전통건축 방식을 따르면서도 19세기 유럽의 영향도 작지 않다. 퀴니 창은 실내에 서양 장식은 일절 없었다고 했지만, 기둥과 계단 난간 등에 사용된 철제 장식물은 영국산이다. 청켕퀴의 해기잔에 견줘 중국 양식이 더 두드러질 뿐이다.

자바에서 수마트라를 거쳐 페낭으로 북상한 객가이자 신케인 총파츠는 자신의 궁전 터를 리스가에 잡았다. 코샹탓처럼 총파츠도 중국인 거리에서 벗어난 유럽인 지역으로 간 것이다. 그리고 인근에 객가 거부들을 불러모았다. 일대에 객가의 저택이 잇따라 생겨났다. 3~5대 페낭 주재 중국 부영사를 지낸 치아춘셍과 룽피, 타이키윤의 저택이 총파츠의 저택과 이웃했다. 이 일대는 '객가 백만장자의 거리'라는 별명을 얻었다. 총파츠 맨션은 20세기 초 페낭 화인사회에서 객가 거상의 영향력을 대변했다.

페낭의 아름다운 시대를 장식한 거부들의 저택은 이밖에도 여럿 있다. 그러나 저택이란 유물이 '기억의 궁전'이 되기 위해서는 부의 과시를 뛰어넘는 무엇을 필요로 한다. 기억은 시간을 역류하는 것이기 때문이다. 코샹탓의 에든버러 하우스는 비록 사진으로나마 페낭 라오케가 선취한 새로운 정체성을 더듬어 볼 수 있게 한다. 신케 청켕퀴가 아편과 깡통으로 일군 '사적 제국'의 궁전 해기잔은 21세기에 '페라나칸 맨션'이란 이름으로 역사를 소환하고 있다.

3

고무바퀴 아래의
페낭 화인사회

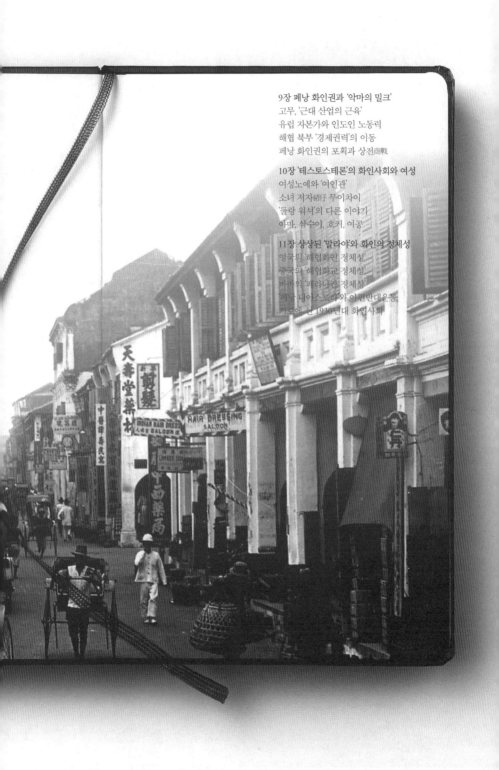

페낭 화인권과
'악마의 밀크'

20세기 초 말레이반도 전역이 온통 고무나무농원으로 바뀌었다. 자동차와 타이어 산업의 부상으로 고무 수요가 급증하면서 말레이반도는 브라질의 아마존 지역을 제치고 세계 최대의 고무 원료 생산기지로 급부상했다. 런던 금융시장의 거대한 돈줄에 기댄 영국의 자본과 자유방임에서 관리·개입으로 전환한 영국 식민정책이 합작한 결과였다. 가히 '고무의 시대'였다. 아편과 주석의 시대에 구축된 페낭 화인권은 고무의 시대를 통과하지 못했다. 페낭의 화인 거상들이 아편팜과 비밀결사를 바탕으로 자본과 노동을 장악하고, 생산과 소비를 주도하며 100여 년에 걸쳐 해협 북부에 구축한 '아편과 깡통'의 페낭 화인권은 고무바퀴 아래에 깔리고 말았다.

물론 말라야 고무나무농원 개발에 중국인의 기여는 컸다. 1930년대까지 많은 중국인이 고무나무농원을 경영하고 주석광산 광부의 2배나 되는 중국인 쿨리들이 고무나무의 수액을 받아냈다. '고무왕'으로 불리

고무의 시대

20세기 초 영령 말라야 전역에 고무나무농원 개발 열풍이 불어 닥쳐 광대한 원시림이 사라졌다.
고무의 시대는 이처럼 전면적이고, 획일적이며, 약탈적이었다.
〈KITLV〉

며 성공한 중국인 거부도 있다. 그러나 여기서 페낭 화인권을 해체한 '고무'는 고무나무농원만을 가리키는 것이 아니다. 주석이 페낭 화인 거상의 시대를 의미하듯, 페낭 화인사회의 관점에서 볼 때, 고무는 20세기를 전후해 페낭의 화인사회와 페낭 화인권에 밀어닥친 새로운 질서까지 포괄한다.

고무의 시대라는 새로운 질서 속에서 페낭의 화인사회는 어떻게 변화했는가를 살피는 것이 3부의 주제이다. 말레이반도에서 고무나무농원 개발은 1910년을 전후해 개화했다. 광산 개발이 본격화된 1860년대를 중심으로 1840년대 후반부터 1910년대 초반까지 주석의 시대를 살폈듯이, 고무의 시대는 영국의 식민지배가 '졸렬함'에서 '교묘함'으로 바뀌는 1870년대 중반부터 1930년대 말까지를 범위로 한다.

역사학자 존 튤리John Tully는 고무의 사회사를 추적한 책의 제목을 '악마의 밀크The Devil's Milk'(2012)라고 했다. 고무 산업의 눈부신 성취에도 불구하고, 열대의 밀림이나 고무나무농원에서 라텍스를 채취하던 식민지 인민과 20세기 초 열악한 환경에서 타이어를 생산했던 노동자들의 어깨 너머로 볼 때 그렇다는 것이다.

악마의 밀크 없이 타이어가 만들어질 수 없고, 타이어 없이 자동차로 대표되는 20세기를 상상할 수 없다. 고무가 페낭 화인사회에 '악마의 밀크'로 유비되는 이유이다. 아편팜과 비밀결사라는 구체제가 무너지고 페낭 화인사회는 새롭게 재편되어야 했다. 고무의 시대에 영령英領 말라야British Malaya라는 '상상의 공동체'가 대두하고, 한편으론 중화민족주의 물결이 밀어닥치면서 화인사회는 정체성 문제에 직면했다. 게다가 남성 이주자 중심의 경쟁과 폭력으로 점철된 '테스토스테론 과잉'의 페낭 화인사회에서 중국인 여성 이주가 확대되면서 새로운 삶의 질서가 만들어졌다.

고무,
'근대 산업의 근육'

고무가 상업적으로 쓰이게 된 것은 19세기의 일이지만, 유럽 사회가 고무를 알게 된 것은 이른바 '신대륙의 발견' 시대까지 소급된다. 중남 미에서 탄성 있는 생고무가 유럽에 소개됐다. 1734년 프랑스인 콩다 민Charles Marie de la Condamine이 아마존을 탐사하면서 두 가지 중요한 발견을 했다. 하나는 말라리아의 치료제로 쓰이는 키니네의 원료 식물 인 신코나이고, 다른 하나가 고무나무였다(Tully, 2012: 36). 아마존에 자 생하는 이 고무나무를 영국이 19세기 말 말레이반도에 이식했다.

18세기 프랑스에서는 남미 원주민이 고무나무 수액을 헝겊에 발라 비옷으로 활용하는 것을 응용해, 방수포를 개발하고 거대한 열기구도 만들었다. 하지만 생고무는 상온에서 끈적거리며 역한 냄새가 났고, 열을 가하거나 차갑게 하면 딱딱해지는 약점이 있었다.

19세기 들어 고무는 새로운 산업의 핵심 소재로 부상했다. 1823년 영국인 찰스 매킨토시Charles Macintosh가 획기적인 방수포를 내놨다.

두 겹의 헝겊 사이에 나프타 처리한 고무를 끼워 넣는 방법을 고안한 것이다. 그는 맨체스터에서 고무로 방수 코팅된 우비와 코트를 제작해 자신의 이름을 따 '매킨토시'라는 상표로 시장에 내놓았다. 1950년대 화학 소재의 방수복이 나오기 전까지 천연고무를 이용한 '매킨토시' 혹은 줄임말인 '맥스Macs'는 영국 맨체스터 산 방수 코트를 가리키는 일반명사로 쓰일 정도로 유행했다. 19세기 말 전 세계 방수 코트 시장의 90퍼센트가 매킨토시였다(Tully, 2012: 39).

그러나 매킨토시의 나프타 처리 방식도 완전하지 못했다. 낮은 온도에서 뻣뻣해지는 약점을 극복하지 못했던 것이다. 이 숙제를 미국인 찰스 굿이어Charles Goodyear가 풀었다. 그는 고온에서 생고무에 황을 첨가해 온도에 상관없이 고무의 성질을 안정시키는 가황 처리 Vulcanization 기법을 찾아내 1843년 특허를 냈다. 굿이어에 의해 "19세기 최대의 산업 비밀"이 해결되면서 고무혁명이 시작됐다(Tully, 2012: 40). 이후 고무 산업은 산업과 생활 속으로 파고들었다. 호스, 벨트, 신발 바닥재, 스포츠 용품, 방수, 철로 진동 완충재, 병마개, 지우개, 장화, 고무 콘돔 등이 잇따라 개발됐다. 무엇보다 고무는 산업혁명을 가능케 한 펌프와 엔진의 필수품이었다. 미국의 '굿이어타이어고무회사' 회장을 지낸 폴 리치필드Paul W. Litchfield는 1939년 미국화학협회 연설에서 근대 산업구조를 생명체에 비유해 "금속과 시멘트가 골격, 석유가 혈액이라면, 고무는 곧 생명체의 유연한 근육과 힘줄"이라고 했다(Tully, 2012: 17). 고무를 근대 산업의 근육이라고 할 때, 고무의 시대에 영국 식민 당국의 해골정부가 비로소 행정의 근육을 갖추었다는 점이 공교롭다.

고무가 근대 산업의 근육이라는 표현은 결코 과장이 아니었다. 기계화만이 아니라, 19세기 제국주의 시대 본국과 식민지를 실질적으로 통합시킨 전보電報 혁명도 고무의 실용화로 가능했다. 1880년까지 해저에 20만 해리(37만 400킬로미터)의 전신 케이블이 설치됐다. 케이블의 피복이 고무였다.

20세기 자동차의 시대 또한 고무혁명에 빚지고 있다. 바퀴는 인류 역사상 가장 중요한 발명의 하나로 꼽힌다. 그 인류의 발명은 19세기 말 튜브에 공기를 넣은 고무 타이어의 출현으로 완전해졌다. 1888년 영국 스코틀랜드의 수의사 존 보이드 던럽John Boyd Dunlop은 자전거의 쇠 바퀴에 생고무 타이어를 두르던 것을 튜브형 고무 타이어로 대체하는 방안을 고안했다. 이는 고무 튜브에 공기를 채우고 그 둘레를 헝겊으로 감은 조잡한 것이었지만, 바퀴의 해묵은 과제를 푸는 실마리를 제공했다. 고무 튜브 타이어로 자전거는 안락하고 빨라졌으며, 마차도 덜컹거림이 크게 줄었다. 1889년 던럽고무회사에서 자전거와 마차용 고무 타이어가 생산되기 시작했다.

고무 타이어 산업은 자동차의 출현으로 전기를 맞았다. 19세기 후반 미국에서 자동차가 생산되었고, 1895년 시카고에서 미국 최초로 자동차 경주도 열렸다. 1902년 미시건주 디어본에 포드자동차회사를 설립한 헨리 포드Henry Ford는 1908년 '모델 T'를 생산하면서 자동차 대중화의 물꼬를 텄다. 미국의 등록된 자동차 수는 1905년 7만 7,000대에서 1910년 35만 대로 5년 사이에 4배 이상 늘었다. 제1차 세계대전 직전 125만 대에서 대공황이 벌어진 1929년에는 무려 2,650만 대로 미국의 자동차 시장은 폭증했다. 자동차용 고무 타이어 공급이 확대되면서 1915년 미국은 전 세계에서 생산된 생고무의 70퍼센트를 소비했다. 1913년 파이어스톤 공장에서만 고무 타이어 생산량이 연간 60만 개를 넘었다(Tully, 2012: 137~8).

유럽 자본가와
인도인 노동력

19세기 말에서 20세기 초 자동차 산업의 발흥기를 맞아 세계적으로 고무 수요가 급격히 증가했다. 영국의 대응은 신속했다. 말레이반도 전역을 고무나무농원으로 바꾸기 시작한 것이다. 이는 근대 상·농업 발전의 최후 단계에 해당하는 '농원혁명'으로 불렸다(Joseph, 2008: 11). 20세기 초까지 세계 생고무 수요의 대부분을 공급하던 아마존 지역에서는 원주민이 밀림에 자생하는 고무나무에서 라텍스를 채취했다. 하지만 영국은 거대한 고무나무농원을 만들고 인도인과 중국인 노동자를 투입하는 집약적 생산 방식을 채택한 것이다.

1890년대부터 1910년까지 생고무 수요가 커지면서 투기자본이 몰려들었지만, 아마존 분지의 생산량은 1910년 이후 정체되고 자본수익률도 급속히 줄어들었다(Tully, 2012: 65~6). 말레이반도의 자본집약적 고무나무농원이 시장의 판도를 좌우한 탓이다. 본격적인 고무나무농원이 개시된 지 10여 년 만인 1913년 말레이반도의 생고무 생산량은 전

●
'고무광' 리들리

영국인 식물학자 리들리(왼쪽)가 1900년 말라야 고무나무농원에서
라텍스 채취 현장을 조사하고 있다.
〈Wikimedia Commons〉

세계 생산량의 3분의 2를 점했다(Joseph, 2008: 11). 말레이반도는 전 세계 생고무 수요의 57.28퍼센트를 공급한 1932년을 정점으로 점유 비율이 줄어들기는 했지만, 20세기 중반까지 세계 최대 생고무 생산 기지의 지위를 유지했다.

고무의 상품가치에 주목한 영국은 1876년부터 런던의 큐 왕립식물원에서 고무나무 묘목을 들여다 싱가포르에 이식하는 시험 재배를 시작했다(Wright, 1908: 345). 거듭된 시행착오 끝에 1883년 이식에 성공했고, 1890년대 초 말레이반도에서 고무나무의 시험 재배가 시작되었다. 싱가포르식물원에 1888년 주임으로 부임한 리들리H. N. Riddley는 고무나무 재배를 독려해 '고무광 리들리'라는 별명을 얻기도 했다.

하지만 리들리는 말레이반도 고무나무 재배의 선구자이자 최대 공헌자로 말라카의 화인 탄차이얀Tan Chay Yan陳齊賢(1870~1916)을 꼽았다(唐松章, 1999: 48). 식물 연구가였던 탄차이얀은 1896년 리들리의 권유로 말라카 인근의 땅 40에이커에 싱가포르식물원의 고무나무 묘목을 시험 재배했다. 그는 3년 뒤 실적이 좋게 나타나자 재배 면적을 3,000에이커로 늘렸다. 말레이반도에서 고무나무 재배 가능성을 확인한 영국인 투자자가 1901년 22만 5,000파운드에 탄차이얀의 고무나무농원을 사들였다. 탄은 초기 투자금의 6배에 달하는 수익을 올렸다. 이후 영국인 농원주를 비롯해 싱가포르와 말라카의 화인 거상들이 고무나무농원 개발에 뛰어들었지만, 1910년 이전까지 말레이반도의 생고무 생산량은 남미에 비할 바가 못 되었다. 1905년 말레이반도 고무나무 농원의 연간 생고무 생산량이 200톤이었던 데 반해 남미의 연간 생산량은 3만 5,000톤에 달했다(唐松章, 1999: 49~50).

1910년을 기점으로 말라야가 생고무 생산 기지로 급부상했다. 정치와 자본과 기술이 복합적으로 작용한 결과였다. 영국 식민 당국은 법과 제도를 동원하며 유럽 자본가들의 고무나무농원 개발을 지원했다. 우선 토지법을 손봤다. 19세기 말 말레이국연방에서 대규모 땅을 100년간 장기 임차할 수 있는 토지임대차령을 제정했다. 이는 유럽인 농원 투자자들이 값싸게 농원 부지를 확보할 수 있게 한 '보이는 손'이었다. 20세기 초에는 보다 편파적이고 급진적인 토지정책을 폈다. 페락의 경우 식민 당국은 1906년 중국인과 말레이인이 소유한 나대지를 유럽인 상인과 농원주가 무상으로 이용할 수 있도록 했다. 특히 고무나무농원 개발 과정에서 도로와 철로에 인접한 목 좋은 땅은 거의가 유럽인 농원주에게 돌아갔다(Wong, 206: 151~2).

농원 노동자도 식민 당국이 직접 통제했다. 이전 주석광산 개발 과정에서 광부 노동력을 페낭의 화인자본에 위탁하고 방임한 것과는 판이했다. 유럽인 자본과 식민 당국은 고무나무농원의 노동자로 인도인을 끌어들였다. 1907년 식민 당국은 인도인 이민위원회와 타밀인 이민기금을 각각 개설했다. 이민위는 노동자 조달의 기준을 정하고, 이민기금은 노당자의 뱃삯 등 이주 비용을 보조하는 역할을 맡았다. 이덕분에 인도인 노동자 1명을 확보하는 데 드는 비용이 1인당 17달러로, 당시 중국인 노동자 1인당 비용(22달러)보다 5달러나 낮아졌다. 게다가 1912년 해협식민지 당국은 중국인 쿨리의 말레이반도 유입을 통제했고, 1928년에는 이민규제령을 통해 중국인의 해협식민지 이주도 제한했다. 이로써 1907년에서 1938년까지 말레이반도 전역의 다양한 농원에서 인도인 노동자 비중은 73.7퍼센트로 높아졌다(Wong, 2006: 142). 이 무렵 수마트라의 담배농원에서도 자바인이 중국인 쿨리의 노동력을 대체했다.

토지법과 화인 노동 이주 규제는 중국인 거상들을 배제하고 유럽인 자본가들이 손쉽게 농원 개발을 주도하도록 식민 당국이 정치적으로 개입한 대표적인 예이다. 정치와 경제가 한층 더 밀착된 '제국의 시대'의 특징을 단적으로 드러냈다(홉스봄, 1998: 149~50). 19세기 중반 자본의 시대에 '보이지 않는 손'은 19세기 말 제국의 시대에 '보이는 손'으로 바뀌었다. 식민 당국의 노골적인 지원 아래 고무나무 재배에서 생고무의 국제 교역까지 유럽의 자본과 교역망이 주도했다. 런던 금융시장의 자본력을 바탕으로 해운과 보험 및 선진 경영 기법으로 무장한 유럽인 무역회사들이 독주하기 시작하면서 페낭 화인권은 위축됐다.

정치와 자본의 결합 못지않게 고무나무 품종 개발의 기술 발전도 큰 몫을 차지했다. 자생하는 고무나무에서 수액을 얻는 남미의 방식은 노동력 투입 정도가 생산량을 결정했지만, 농원 방식은 단위 면적당 라텍스의 생산성이 관건이었다. 그 실마리는 엉뚱하게도 영국이 아니라 네덜란드가 풀어냈다. 뒤늦게 고무나무 재배에 뛰어든 네덜란드는 고무나무의 품종 개량으로 승부를 걸었다. 1913년 자바의 보고르와 수마트라의 메단에 고무나무연구소를 설립해 라텍스를 더 많이 생산하는 신품종을 개발했다. 1910년대 생고무 생산량이 평균 1에이커당 500파운드에서 1920년대 1,000파운드로 2배 늘었고, 1930년대에는 다시 4,400파운드로 급증했다(Joseph, 2008: 11~12). 생산성 높은 개량품종을 수입하면서 말레이반도는 세계 최대 생고무 수출국이 됐다.

식민 당국의 전폭적인 지원과 런던 금융시장의 거대한 돈줄, 여기에 고수확 품종 개발의 기술력이 합쳐지면서 말레이반도의 고무나무 농원은 재배 면적도 확대되고 생산량도 크게 늘었다. 1905년 200톤에 불과하던 말라야의 연간 생고무 생산량은 1910년 6,000톤, 1920년에는 17만 4,000톤으로 급증했다(唐松章, 1999: 50). 말레이반도의 전체 수출액에서 생고무가 차지하는 비중이 주석을 두 배 이상 앞질렀다. 하지만 생고무의 생산과잉과 1929년 대공황이 겹치면서 고무나무농원도 급격한 구조 조정을 겪어야 했다. 생고무 1파운드 가격이 1900년 2실링 3펜스(27펜스)에서 1910년 12실링 9펜스(153펜스)로 치솟았다가 1932년에는 2펜스로 폭락했다. 이 바람에 고무나무농원의 땅값도 100분의 1 이하로 곤두박질쳤다. 이때 중소 규모의 고무나무농원을 운영하던 화인 농원주들이 대거 도산하는 사태가 벌어졌다.

1920년대 말까지 말레이반도에서 대형 고무나무농원은 대부분 유럽 자본이 장악했지만, 화인 농원주와 노동자의 참여 비중이 결코 낮지 않았다. 1931년만 해도 말레이반도에서 고무나무농원주와 관리자층의 44.1퍼센트, 노동자의 36.3퍼센트가 화인이었다. 하지만 1936년 이후 화인 가운데 대규모 고무나무의 농원주는 거의 찾아볼 수 없게 됐다. 대공황을 거치며 유럽인 고무나무 농원주의 영향력이 한층 강화됐다. 1936년 조사에서 100에이커 이상인 고무나무농원의 총면적은 183만 8,581에이커였고, 이 가운데 화인 소유는 34만 662에이커로 집계됐다. 100에이커 이상 대규모 농원이 말레이반도 전체 고무나무농원 면적의 60퍼센트를 점했다는 점을 감안한다면, 화인이 소유한 고무나무농원의 비중은 11.1퍼센트에 불과했다(唐松章, 1999: 53).

페낭 거상의 입장에서 고무야말로 '악마의 밀크'였다. 고무나무농원 경영이야 여느 상업작물 농원 경영과 크게 다를 바는 없다. 그러나 고무는 특성상 벼나 사탕수수, 코코넛, 감비아 등과 달랐다. 식재에서 수확까지 최소한 3년 이상이 걸렸다. 게다가 고무나무농원은 농사만 잘 짓는다고 될 문제가 아니었다. 세계 경제의 흐름을 알고 확실한 판로를 구축해야만 가능했다. 농원주는 토지 구입과 노동자 확보, 노동자를 위한 생필품 조달, 영농을 위한 기계와 운송장비 등 자본재 수입에도 밝아야 했다. 무엇보다 미국과 유럽으로의 원거리 해운을 확보하고, 서양 시장의 물정에도 밝아야 하며, 자본 시장의 돈줄을 끌어들이는 능력도 갖춰야 했다. 이는 유럽인 무역회사들의 몫이었다.

페낭 화인권의 교역망은 이와 달랐다. 지연과 혈연을 바탕으로 사적 신뢰와 개인관계로 얽혔다. 무엇보다 런던의 금융 시장에 돈줄을 대고 있는 유럽인 자본과 경쟁할 수 없었다. 자본력에서 열세였던 것이다. 화인 거상들이 조달할 수 있는 돈줄은 혈연 조직인 콩시와 인도인 대부업자가 고작이었다. 장기 대출이 불가피한 고무나무농원에 선뜻 목돈을 대출해줄 은행도 많지 않았다. 예컨대 페낭 림콩시의 2대 족장을 맡았고, 페락과 푸켓에서 주석광산회사 반관힌Ban Guan Hin萬源興礦業을 운영해 부를 쌓은 림분화Lim Boon Haw林文虎(1864~1934)는 1910~20년대 림콩시에서 40만 달러를 대출해 고무나무농원에 뛰어들었지만 성공하지 못했다. 대출 기간도 짧았을 뿐더러 농원 토지를 담보로 잡히고도 연간 12~36퍼센트에 달하는 이자를 감당할 수 없었기 때문이다(Wong, 2006: 140). 장기에 걸쳐 막대한 자본이 요구되는 고무나무농원 운영에서 유럽 자본과 경쟁할 방도가 없었다. 주석과 달리 노동자의 임금만 선대하면 곧바로 생산물이 나오는 것도 아니다. 토지를 구해 고무나무를 심고 라텍스를 채취하려면 최소한 3년이 걸린다. 런던 자본시장에서 투자를 받은 영국인 소유의 농원은 이자나 원금 상환 부담에서 자유로웠다.

고무 시대는 출발부터 영국인이 자본과 노동을 장악했다는 점에서 화인 거상이 자본과 노동을 장악한 주석 시대와 확연한 차이를 드러낸다. 비록 고무나무농원 초기에 화인의 역할이 컸다지만, 싱가포르 거상들에 비하면 페낭 화인사회의 기여는 상대적으로 낮았다. 물론 페낭의 거상들도 고무 시대의 도래를 외면하지 않았다. 1890년대 후반부터 커다와 프라이에 페낭의 치아, 탄, 림 등 유력 거상들의 고무나무농원이 잇달아 생겨났다.[1] 메단에서 총아피의 고무나무농원은 1908년 당시 수마트라 최대 규모를 자랑했다. 태국 남서부에서도 1901년부터 고무나무농원이 시작됐다.

하지만 이는 영국이 만든 판에 화인이 참여하는 것에 지나지 않았다. 페낭 화인사회에 비해 싱가포르 화인사회가 상대적으로 고무나무농원 개발에 기여가 컸지만[2] 대체로 유럽인 농원주와 국제무역업자를 중개하는 역할이었다. 그래서 고무 사업의 화상들은 이반상二盤商 혹은 구팔상九八商으로 불렸다. 중개수수료로 판매대금의 2퍼센트를 받았다고 해서 붙여진 이름이었다(唐松章, 1999: 54). 19세기 주석의 시대에 자본과 노동을 장악한 페낭 화인사회는 생산과 소비의 주체였다. 고무의 시대에 페낭의 화인 거상도 동남아 화인사회를 규정하는 '유럽 식민지의 중개인middlemen'의 지위를 강요받았다. 그것은 비단 고무나무농원의 일만이 아니었다는 점에서 고무의 시대가 페낭 화인사회에 미친 영향은 컸다.

해협 북부
'경제권력'의 이동

19세기 후반 영국 식민정책이 '자유방임'에서 '관리'로 전환한 것과 영국 런던 주식시장의 거대한 돈줄이 페낭 화인 거상들이 주도하던 해협 북부 경제권으로 밀려들기 시작한 것은 동시에 진행됐다. 식민 당국의 비밀결사 규제가 페낭 거상들의 노동 장악력을 해체했다면, 유럽 자본은 페낭 화인의 교역 지배력을 약화시켰다. 페낭 화인사회 관점에서 보자면, 고무의 시대는 페낭 화인권의 주도권이 유럽인 자본으로 넘어간 것을 의미했다.

1911년 식민 당국은 화인 거상들에게 아편 거래의 독점권을 주고 식민정부의 세원을 확보해온 아편팜도 폐지했다. 물론 아편팜의 폐지로 아편 판매 자체가 금지되지는 않았다. 아편 판매를 징세청부업자에게 위탁하는 방식에서, 식민지 정부가 생아편을 찬두로 만드는 공정을 독점하고 개별 아편 판매업자에게 전매료를 직접 징수하는 아편전매제로 전환했을 뿐이다. 하지만 이는 아편팜을 통한 식민 당국과 페낭 화인사회 거상엘리트의 120년에 걸친 동맹이 깨졌음을 뜻했다. 아울러 화인 거상에게는 '돈이 열리는 나무'의 뿌리가 뽑힌 것이기도 했다.

19세기 말 유럽 자본이 페낭 화인권에 전례 없는 속도와 규모로 파고들었다. 제국주의는 말라카해협의 북부에서 자율적이고 월경하던 페낭 화인의 지리-경제적 권역마저 영토화했다. 19세기 마지막 10년은 세계 경제가 상업자본주의에서 산업자본주의로의 본격 이행기이자, 동남아의 전환기였다(Trocki, 1990: 183). 산업 생산이 경제 성장의 동력이었고, 유럽 열강은 부와 권력의 확장 경쟁을 펼쳤다.

18세기 산업혁명을 주도해온 영국은 19세기 중반 이후 독일, 프랑스, 미국 등 후발 산업국가의 도전에 직면했다. 게다가 1873년 이래 20년간 지속된 세계 대공황은 열강의 자본주의 확장 전략을 바꿔놓았다. 자본주의의 지속적인 성장을 위해 원료는 더 빠르게 공급되고, 상품 수요는 끊임없이 늘어나며, 자본은 더 많이 투입되어야 했다. 유럽 열강과 미국은 그 최적의 해법으로 해외 식민지 확장에 눈을 돌렸다. 영국도 산업 생산의 엔진을 가동하기 위한 원료 생산 기지의 확보에 집중했다. 동남아는 이로써 산업혁명과 서양 열강의 원료 생산지 및 시장 확보 경쟁에 한층 더 노출됐다. 동남아에서 경제 자원과 교역 기회의 기득권을 지키기 위해 영국이 1871년 네덜란드의 수마트라 북상을 인정한 '수마트라조약'이나, 1874년 영국이 말레이반도를 식민지화하

●
HSBC
홍콩상하이은행 페낭 지점의 1906년 모습을 담은 우편엽서.
ⒸMarcus Langdon

Hong Kong Shanghai Bank, Penang.

는 '팡코르조약'을 맺은 것도 이런 맥락에서였다.

19세기 후반까지 페낭 화인권의 중심은 페낭 화인 거상들의 자리였다. 그 자리를 차지하기 위해 유럽 자본이 페낭으로 밀려들었다. 1875년 스탠더드차터드은행,[3] 1884년 홍콩상하이은행HSBC 등 은행을 비롯해 대양 간 원거리 교역에 치중해온 유럽 무역회사들이 잇달아 조지타운에 지사를 설립했다. 이는 앞서 언급했듯이 20세기 초 페낭의 유럽인들이 조지타운의 터무니없이 높은 주택 임대료에 혀를 차야 했던 사정과 무관하지 않다.

1890년대 들어 화인이 독점한 주석광산 부문도 자본과 기술을 앞세운 서양의 도전에 맞닥뜨렸다. 19세기 말 유럽 자본의 화인 주석광업 잠식은 20세기 고무나무농원 공세의 예고편이었다(Chuleeporn, 2009: 118). 자본력과 식민 당국의 지원을 업고 유럽 자본이 급속히 영향력을 키우면서 지역 중계항으로서 페낭의 위상은 낮아지고, 페낭 화인 거상의 영향력도 덩달아 위축됐다. 페낭은 페낭 화인권의 허브에서 말레이반도 교역에 의존하는 '말레이 항구'로 바뀔 수밖에 없었다.[4] 페낭 화인 거상의 자리를 유럽 자본가들이 차지했다. 20세기 고무나무농원으로 대표되는 유럽 자본과 제국주의의 직접지배로 해협 북부의 자율적이고 토착적인vernacular 페낭 화인권은 영국 제국과 국제교역 체제의 일부로 편입되고 말았다.

고무의 시대의 유럽 자본은 공격적으로 바뀌었다. 1880년대 이전 페낭 화상과 유럽인 상인의 직접적인 경쟁은 그다지 심각하지 않았다. 유럽인 자본은 대체로 페낭 화인권에서 화인 거상의 조력자 역할을 했다. 1880년대 중반을 지나면서 상황이 달라졌다. 제국주의의 물결 속에서 유럽 자본은 페낭 화인 거상들이 장악해온 지역의 교역과 해운을 공략하기 시작했다. 이들은 이전의 소규모 유럽인 무역회사와 달리 유럽과 미국의 거대 자본과 시장의 이익을 대변했다. 19세기 후반부터 말레이반도의 영역 지배로 전환한 영국은 화인사회의 '자본-노동-교역 네트워크'를 지탱하는 각종 장치들을 차례차례 해체했다. 비밀결사의 해산과 아편팜 폐지로 식민 당국과 화인 엘리트의 동맹이 깨졌고, 1890~1920년의 30년 사이에 페낭 화인권은 서양 자본에 압도되고 말았다(Loh, 2009: 84~88).

우리는 앞서 영국 식민 당국이 비밀결사를 해체하는 과정에서 화인 사회와 화인 엘리트를 분리한 '우유에서 크림 걷어내기' 수법을 살폈다. 고무의 시대에 유럽 자본은 '우유'에서 분리되어 사회적 자본이 약화된 '크림', 즉 소수의 화인 거상들을 자본으로 압도했다. 이는 화인 거상의 부를 빼앗는 것이라기보다 화인 거상을 페낭 화인권의 권좌에서 끌어내리는 것이었다.

페낭 화인권에서 이러한 흐름을 상징하는 것이 해협 북부의 역내 무역과 해운을 파고든 영국계 해협무역회사Straits Trade Company와 해협 증기선회사Straits Steamship Company 및 네덜란드계 해운회사 KPM[5]의 출현이다. 이들은 '주석의 시대'를 만든 페낭 화인 거상들의 사업 본령을 직격했다는 점에서 1880년대 후반 페낭 화인권의 질서를 바꾸는 사건이었다(Wong, 2007: 101~111).

해협무역회사는 독일인과 스코틀랜드인이 합자해 1887년 싱가포르에서 설립됐다. 해협무역회사가 노린 것은 페낭의 거상들이 장악해온 주석의 제련과 교역이었다. 런던의 금융 지원으로 자금력이 풍부한 이 회사는 주석 원광을 매입할 때 현금으로 결제했다(Wong, 2007: 104~5). 현금 결제 방식은 돈의 힘을 앞세워 화인의 주석 독점을 깨는 서양 자본의 전략이었다. 해협 북부에서 페낭의 화인 거상은 주석의 채광-제련-교역의 모든 과정을 장악해왔다. 자본가인 페낭의 거상들은 현지의 광산주에게 운영자금을 대주고, 대출금에 이자를 얹어 계약 때 정한 고정 가격으로 제련한 주석을 현물 회수했다. 그런데 해협무역회사는 광산주에게 주석 원광을 시세에 따라 현금으로 사들이는 새로운 방식을 내세웠고, 자금력이 약한 중소 광산주들은 현금 결제 쪽으로 기울어졌다. 페낭 화인 거상들의 오랜 주석 교역 독점이 깨진 것이다.

현금 결제의 신수법과 더불어, 식민 당국의 행정 지원까지 받으면서 해협무역회사는 슬랑오르의 주석 원광 수출을 독점했고, 페락에서도 주석 수출권을 따냈다. 이 회사는 매입한 주석 원광을 싱가포르에 신설한 주석제련소로 옮겨 제련했다. 주석 원광을 제련소로 전담 운송한 해협무역회사의 해운 파트너가 해협증기선회사였다.

해협증기선회사는 1890년 영국 자본 주도로 설립됐다. 이 회사 7명의 이사 가운데에는 싱가포르의 화인 거상 3명도 포함됐다. 유럽인 자본과 싱가포르 화인 교역 네트워크가 결합된 셈이다. 해협 북부 지역에서 페낭 화인이 장악한 주석과 해협 산물의 해운을 공략하는 것이 이 회사의 목적이었다. 자본도 충분하고, 지역 해운 네트워크도 갖춘 대형 해운사의 등장으로 페낭 화인권 화인 해운회사들의 존립이 위태로워졌다. 해협무역회사와 해협증기선회사는 1906년 푸켓으로 진출해 2년 만에 푸켓 주석 생산량의 절반을 차지할 정도로 급성장했다.

게다가 1910년대 중반 영국의 국제해운회사인 대양증기선회사 Ocean Steamship Company가 해협증기선회사의 최대 주주가 됐다. 자본력을 바탕으로 선단을 24척으로 늘리고, 해운 노선도 태국 남서부-버마 남부-수마트라 동안 등 페낭 화인권 전체로 확장했다. 1920년대까

1888년 설립되어 말라카해협 지역 해운을 공략한
네덜란드계 해운회사 KPM의 포스터.
〈Wikimedia Commons〉

지 해협증기선회사는 역내의 54개 주요 항구마다 최소한 한 개 이상의 무역 대행업체를 두며 자체 교역 네트워크도 구축했다. 페낭 화인 거상들을 페낭 교역권의 지휘부에서 끌어내린 것이다.

영국계가 페낭 화인권의 주석 독점을 해체했다면, 페낭과 수마트라의 화인 교역 네트워크는 1888년에 설립된 네덜란드계 해운회사 KPM의 공격을 받았다. 사실상 네덜란드 동인도 정부의 소유나 다름없는 KPM은 1891년 29척의 선단을 구성하고 13개 항로를 운항했는데, 가운데 4개 항로가 페낭 거상들의 주력 항로와 겹쳤다. 페낭과 수마트라 북동 연안의 해운에 KPM이 등장하면서부터 페낭의 후추와 담배 교역량이 급격히 줄었다. 1909년 수마트라 메단에서 수확한 담뱃잎의 절반이 KPM의 선박에 실려 곧바로 자바로 향했다.

KPM도 해협무역회사와 같은 방식으로 페낭 화인 무역상과 수마트라 현지 농민 및 상인의 교역 네트워크를 파고들었다. 1896년 KPM은 아체의 소농에게 낮은 금리로 영농자금을 대출하기 시작했다. KPM의 선대금 금리는 0.5~1퍼센트인데 반해 페낭 화상들의 선대금 금리는 10~30퍼센트에 달했다(Wong, 2007: 108~9). 당연히 페낭 화인 대신 KPM과 거래하는 현지 농민이 늘어났다. 수마트라의 화인 교역 네트워크를 KPM이 자본으로 포획한 것이다.

고무의 시대에 유럽 제국주의의 시장과 영토 확장 경쟁이 격화되면서 주석의 시대에 작동해온 교역의 인종·종족 간 분업체계가 급속히 재편됐다. 대양 간 국제교역과 해운은 유럽 자본이 장악하고, 지역 해운과 주석·후추·감비아 등 해협 산물의 생산·교역은 화인과 현지인 등 아시아계 종족이 주도하던 기존 틀이 바뀐 것이다. 1910년대 들어 유럽 자본은 화인과 현지인의 고유한 사업으로 여겨지던 영역까지 침투했다. 기계화를 앞세워 유럽인들은 주석광산업도 노동집약에서 자본집약으로 산업의 틀을 바꾸며 장악했다. 생산에서 교역까지 해협 북부 지역의 주도권은 유럽 자본에 넘어갔다. 페낭의 화인 거상들이 해협 북부의 지리-경제적 권역으로 구축한 페낭 화인권은 20세기 고무의 시대를 맞아 과거의 일이 되고 말았다.

페낭 화인권의 포획과
상전商戰

역사가 칼 트로키(Trocki, 2009)는 19세기 후반의 싱가포르를 분석하면서, 영국 제국주의의 '전진운동Forward Movement'과 유럽 자본의 본격 진출을 가리켜 '화인 경제의 포획capture'으로 규정했다. 싱가포르의 화인 거상들이 조호르와 리아우제도의 정치권력과 동맹을 통해 구축했던 화인 경제권을 영국이 수중에 넣었다는 것이다. 전자제품의 회로기판에 비유될 정도로 복잡한 지리-경제적 교역 네트워크의 주도권이 영국으로 넘어갔다는 의미에서 '포획'은 페낭 화인권에 더 적절하게 적용될 수 있다.

포획은 산 채로 잡아들이는 것을 가리킨다. 유럽 자본의 페낭 화인권 포획은 페낭 화인 거상이 차지했던 정상의 자리와 권력을 빼앗는 방식이었다. 유럽 자본의 대형 무역회사가 조지타운의 중심부를 차지했지만, 고무의 시대에도 페낭의 부는 여전히 화인사회의 수중에 있었다. 달리 말해, 비밀결사 해체와 아편팜 폐지, 유럽 자본의 공세로 페낭 화인 거상의 지배력은 위축됐지만, '교역하는 디아스포라'의 전통 아래 구축된 페낭 화인권의 교역 네트워크 자체가 소멸된 것은 아니었다.

하지만 해협 북부 페낭 화인권의 포획은 해협 남부 싱가포르의 그것과 작지 않은 차이를 보였다. 19세기 말 서양 자본의 압박이 페낭의 화인사회에 가한 충격은 싱가포르보다 심각했다(Chuleeporn, 2009: 110). 페낭과 싱가포르는 태생적으로 달랐던 탓이다. 조지타운 거리가 보여주듯, 페낭은 이민자의 자율성이 용인된 정착식민지였다. 반면 영국은 전략적으로나 경제적으로나 페낭보다 싱가포르 경영에 치중했다. 싱가포르는 애초 설계에서부터 페낭과 달리 인종과 종족에 따라 주거구역을 확연하게 구획했다. 식민 당국의 관심은 당연히 싱가포르에 집중됐고, 영국 자본도 해협 북부의 페낭 화인권을 방치하다시피 했다. 19세기 초 싱가포르에 진출했던 유럽의 은행과 무역회사들이 페낭에 사무소를 개설한 것은 1880년대 이후의 일이다. 싱가포르가 일찌감치 서양 자본의 영향력 아래 있었다면 페낭은 유럽 자본에 상대적으로 자율적이었다. 고무의 시대에 페낭 화인사회는 '교역하는 디아스포라'의 자율성과 월경越境하던 야성野性을 강탈당해야 했던 것이다.

페낭 화인권의 포획이 본격화하면서 페낭 화인사회는 세 갈래 갈림길에 섰다. 하나는 투항이었다. 이들은 대체로 대세를 받아들여 서양 자본의 중간상으로 역할을 축소했다. 제3의 길을 모색하는 다른 부류도 생겼다. '중국인과의 교역'을 중심으로 한 벼농원, 정미업, 정유업 등 유럽 자본이 관심을 두지 않는 사업 영역으로 눈을 돌린 것이다. 사업 방식을 바꿔 기존 화인사회의 네트워크 방식이 아니라 농원에서 해운까지 수직계열화한 기업 집단으로 돌파구를 찾는 흐름도 생겼다. 이러한 페낭 화인권의 지각 변동 과정에서 화인사회 내부도 세대교체가 진행됐다. 19세기 주석의 시대를 이끌었던 기존 페라나칸 혹은 라오케 화인 거상들은 유럽의 자본에 압도됐고, 바뀐 환경에서 새롭게 부상한 신케 화인 거상에게 주도권을 내줬다(Chuleeporn, 2009: 110~112).

세 번째 부류는 저항이었다. 고무의 시대에 페낭 화인사회가 유럽 자본의 포획에 저항한 응전의 역사는 기억할 만하다. 페낭 화인권의 최고 지휘부를 구성했던 거상들은 축적한 자본과 교역 기반을 바탕으로 20세기 초 유럽 자본과 상전商戰commercial war에 나섰다(Cushman, 1986: 65). 그 상전을 지휘한 인물이 '페낭 화인' 커심비許心美(1856~1913)였다.

1902년 해협식민지 총독 프랭크 스웨트넘은 당시 태국 남부 몬톤 푸켓의 최고행정관 커심비를 '페낭 화인Penang Chinese'으로 규정했고, 페낭지사를 지낸 찰스 키너슬리Charles W. S. Kynnersley(?~1904)도 1901년 보고서에서 "커심비가 영국 신민으로서 신뢰할 수 있는 인물"[6]이라고 했다(Cushman, 1986: 66). 오늘날 국민국가의 서사에서 '태국 화인'인 커심비가 20세기 초에는 '페낭 화인'으로 분류된 것이다. 여기에는 커심비의 교역 네트워크를 통해 영국 식민 당국이 태국으로 진출하고자 하는 희망 섞인 전략이 포함되었을 수는 있다. 하지만 태국 국적을 취득한 중국계 태국인이자 태국의 고위 지방행정관인 커심비를 '페낭 화인'으로 간주했다는 사실만큼 페낭 화인권의 속성을 잘 보여주는 사례도 드물 것이다.

커심비는 앞서 살핀 태국 남부 라농의 부윤 커수챵의 여섯 아들 중 막내이다. 라농에서 태어난 그는 열한 살 때 커수챵의 고향인 복건성 장주에서 사서삼경을 공부하고, 열다섯 살에 태국으로 돌아와 가업을 전수했다. 1885년 29세에 크라부리Kraburi부윤을 시작으로 1890년

태국 남부 트랑의 공원에 세워진 커심비의 동상과 사진.
커심비는 1900년부터 13년간 광역 행정구역인 몬톤 푸껫의 최고행정관을 지내면서
페낭의 화인사회와 힘을 합쳐 영국의 '페낭 화인권' 포획에
저항하는 상전을 이끌었다.
ⒸKang

트랑Trang부윤을 거쳐 1900년 몬톤 푸켓의 최고행정관이 됐다. 1897년 영국-태국 협정Anglo-Siamese Convention 이래 영국의 북상에 위협을 느낀 방콕 중앙정부는 지방 통제권 강화 차원에서 남부 해안 지역의 푸켓·탈랑·라농·팡응아·타쿠아파·크라부리·사툰의 7개 부를 '몬톤 푸켓'이란 광역 행정구역으로 통합하고, 서른네 살의 커심비를 초대 최고행정관에 임명했다. 커심비는 중국 남부 5대 방언과 태국어, 영어, 말레이어, 힌두어 등 9개 언어를 자유롭게 구사했다고 한다. 그는 1901년 최고행정관 자격으로 방콕에 머무는 동안 변발을 자르고 태국 국적도 정식으로 취득했다(He, 2018: 58~9; Songprasert, 1986: 256). 영국이 커심비를 태국 진출의 통로로서 '페낭 화인'으로 보았다면, 방콕 왕실은 영국의 북상을 저지할 '페낭 화인'으로 보았던 셈이다.

앞서 보았듯이 커심비가 최고행정관으로 부임하기 전까지 푸켓은 탄陳 씨 천하이자, 페낭 복방 비밀결사 건덕당의 지부가 관할하던 지역이었다. 커심비는 부임 후 곧바로 탄 씨와 동맹을 맺었다. 그는 최고행정관의 자문위원회를 신설하면서 10명 위원을 모두 탄 씨로 임명했다. 푸켓 화인사회도 커심비를 '우두머리의 우두머리[大頭]'로 받아들였다(Khoo, 2009b: 95). 같은 복건 출신이기도 했거니와, '페낭 화인'이라는 유대가 푸켓의 커-탄 동맹의 밑거름이었을 것임은 짐작하기 어렵지 않다. 커 가문은 페낭에 무역해운회사인 코에관콩시를 비롯해 1884년에는 중국 영토 바깥의 최초 화인 보험회사인 키엔관보험회사도 운영했다. 커심비도 페낭에 '홈 뷰티풀Home Beautiful'이란 별명의 이탈리아식 저택을 갖고 있었다.

태국 고위 관리이자 커 가문을 대표하는 사업가인 커심비가 상전에 뛰어든 직접적인 계기는 1902년 해협무역회사가 푸켓에 지사 설립을 신청하면서부터였다. 해협무역회사의 등장은 커심비에게 공적으로나 사적으로나 위협이었다. 태국 관리로서 영국의 북상을 저지해야 했고, 사업가로서 커 가문의 주석 개발 이권도 지켜야 했다. 커심비는 태국의 정치력과 페낭 화인권의 화인 경제력을 활용해 앞서 언급한 영국계와 네덜란드계 자본의 공세에 맞대결을 펼쳤다.

커심비는 해협증기선회사의 주식 매입을 추진하다 거절당하자, 1904년 커 가문의 무역회사인 코에관을 해운회사로 바꾸었다. 페낭의 화인 소유 해운회사에서 선박 8척을 사들인데 이어 뉴질랜드에서 대형 증기선 4척도 구입했다. 16척의 선단을 보유한 코에관은 페낭 최대의 해운회사가 됐다. 하지만 해협무역회사와 해협증기선회사는 커 가문의 푸켓 주석 이권을 잠식하는 협공을 강화했다. 1906년 해협증기선회사는 2척의 증기선을 푸켓 항로에 투입했고, 1907년 해협무역회사는 푸켓의 주석 원광 3,200톤을 매입했다. 커-탄 동맹의 푸켓 주석 제련 독점이 위태로워졌다.

커심비는 1907년 주석의 생산과 제련 및 교역을 지키기 위해 본격적인 상전에 돌입했다. 우선 커심비는 페낭의 해운업자 콰벵키와 손잡았다(Wright, 1908: 177). 커 가문의 코에관과 콰벵키의 관리힌이 파트너로 참가해 동방해운회사東方船務公司Eastern Shipping Company를 설립했다. 여기에 네덜란드계 해운회사 KPM으로 인해 수마트라 해운을 위협당한 총파츠의 해운회사 반주힌Ban Joo Hin萬裕興도 합세했다. 페락의 푸추춘과 슬랑오르의 로케초우타이Loke Chow Thye陸秋泰 등 주석광산 거부들도 투자한 동방해운회사는 자본금 140만 달러에 16척의 선단을 갖췄다. 1912년까지 이 회사의 선박은 40척으로 늘었다(Cushman, 1986: 68).

커심비는 이어 동방제련회사Eastern Smelting Company를 세웠다. 주석의 '교역-해운-제련'을 계열화한 영국 자본의 공세에 맞선 것이다. 해협무역회사는 싱가포르 남쪽 섬에 제련소를 세운 데 이어 1901년 페낭섬 건너편 버터워스에 제련소를 추가로 건설했다. 이에 커심비는 페낭의 화인 리친호Lee Chin Ho李振和(1862~1939)가 유럽의 제련기술을 받아들여 1898년 페낭에 세운 주석제련소를 인수해 동방제련회사로 바꾸었다. 여기에는 로케초우타이와 청타이핀 등 페낭 화인권의 주석광산 거부들도 투자했다. 특히 제련회사와 광산업자가 결합한 동방제련회사의 출현은 현금 결제를 내세워 화인의 주석 교역 네트워크를 포획하려던 영국 자본의 계산에는 없던 저항이었다.

커심비는 해운과 제련뿐 아니라 푸켓의 주석광산 개발에도 혁신을 이뤄냈다. 해협의 주석 벨트 지역에서 주석 채광은 통상 하천변의 충적지에서 이뤄졌다. 그런데 커심비는 바다 밑의 주석에 눈을 돌렸다. 푸켓의 통카항에 디젤 준설기를 설치하고 해저 바닥을 퍼올려 주석을 채굴하는 기법을 처음으로 시도한 것이다. 노동집약적인 방식의 한계를 인정한 커심비는 1905년부터 뉴질랜드의 기술자이자 사업가인 에드워드 마일스Edward Thomas Miles를 끌어들여 해저 탐사를 시작했고, 1906년 말 방콕 왕실을 설득해 통카항주석준설회사Tongkah Harbour Tin Dredging Company를 설립했다. 이 회사는 뉴질랜드와 호주 투자자가 대주주였고, 커 가문 등 아시아계의 지분은 20퍼센트를 약간 상회했다. 통카항 주석광산은 1919년 태국 전체 주석 생산량의 절반을 넘어설 정도로 급성장했다(Cushman, 1986: 72).

보험업에 주목한 페낭 화인권의 거상 14명은 1885년 공동 출자로 페낭키엔관보험회사Penang Khean Guan Insurance Company Limited檳榔嶼

建元保安公司를 세웠다. 동남아시아에서 비유럽인 자본의 보험사로는 키엔관이 최초였다. 이는 유럽 자본의 확장에 맞선 저항의 성격이 짙다. 1850년대만 해도 3~4개에 불과하던 해상보험회사의 페낭 지점이 1895년에는 15개 이상으로 늘어났다. 서양 선적의 무역선들은 운송과정에서 만약의 손실에 대비해 보험을 들었지만, 페낭의 화인 해운무역업자들은 1860년대 중반까지도 보험 없이 영업했다. 서양 해운무역회사의 공세가 커지면서 페낭 거상들도 보험에 관심을 갖게 된 것이다. 키엔관보험사 14명의 이사진에는 커심비는 물론 초대 페낭 명예판사를 지낸 객가 거상 푸타이신과 건덕당의 영수 쿠텐테익을 비롯해 페낭 복방 5대 성씨의 거상들이 참여했다. 경영 위기를 맞아 1896년에 새로 구성된 2기 이사진에는 청켕퀴도 이름을 올렸다. 키엔관보험사는 전형적인 해상보험회사라기보다는 금융과 보험이 결합된 형태였다(Wong, 2007: 116).

이처럼 유럽 자본의 공세에 맞서 페낭 화인권이 벌인 상전의 중심에는 커심비가 있었다. 페낭 화인권에서 커심비의 역할에 일찌감치 주목했던 쿠쉬만(Cushman, 1986)은 상전을 벌인 화인 연합체를 일러 '커심비 그룹'이라고 했다. 동방해운회사-동방무역회사-동방제련회사-통카항 주석회사-페낭키엔관보험회사 등으로 계열화한 거대 그룹을 구축해 유럽의 공세에 맞섰다는 것이다.

그러나 방파를 초월한 페낭 화인의 상전은 오래 가지 못했다. 1908~9년 국제 주석 시세가 급락하면서 가장 경쟁력이 있었던 동방제련회사부터 자금난에 봉착했다. 유럽 회사처럼 금융 지원을 받을 수 없었던 이 회사는 1911년 영국 자본에 매각됐다. 그리고 1913년 연합군의 사령관 격인 커심비가 숨지면서[7] 유럽 자본의 페낭 화인권 포획에 맞선 상전은 사실상 막을 내리고 말았다.

응전의 이러한 결과는 페낭 화인권을 구축했던 화인 거상들이 19세기 말 지구적인 경제적·정치적 지각변동에 적절하게 대응하지 못했기 때문일 수 있다(Wong, 2007: 128). 하지만 쿠쉬만(Cushman, 1986: 79)은 결과적으로 유럽 자본의 공세에서 페낭의 상업적 기반과 태국의 정치적 기반이 기대만큼 효과적으로 상호작용하지 못한 탓이라면서도 '실패'라는 단정적인 평가를 유보했다. '커심비 그룹'의 역사성은 상전의 승패를 떠나 페낭 화인권의 역동성을 증거하는 것이기 때문일 터이다.

10

'테스토스테론'의 화인사회와 여성

우리는 지금까지 페낭 화인사회가 형성되고 변모하는 과정을 '반쪽'만 살폈다. 경제와 정치가 역사의 줄거리를 이루지만, 인간의 서사에서 '세상의 절반은 여자'라는 사실은 언제나 참이다. 고무의 시대는 반쪽 서사의 균형을 맞추게 했다는 점에서 페낭 화인사회가 질적으로 변화하는 전환기였다.

페낭은 애초부터 남성들로 북적인 정착 식민지였다. 소수의 말레이인이 거주하던 페낭섬이 빠르게 영국의 식민지 무역항으로 번성하는 과정에서 아시아계 남성들이 모여들었다. 페낭 건설 초기의 화인사회는 해협 일대의 교역하는 디아스포라들이 이주하면서 성비의 균형이 상대적으로 양호하게 출발했음을 앞서 살핀 바 있다. 1792~93년 페낭 인구조사에서 중국인의 남녀 성비는 2대 1이었다. 하지만 19세기 들어 중국인 이주가 급격히 늘어나면서 남녀의 성비는 극도로 불안정해졌다. 1830년대 초반 연간 해협식민지로 이주한 중국인 가운데 여성은 1퍼센트를 밑돌았다.[8] 페낭의 중국인 남성들의 일부는 현지 아내를 얻기도 했지만, 대다수가 미혼이거나 중국에 아내를 두고 온 젊은 이들이었다. 1850년대 해협식민지에서 평균 남녀 성비는 12대 1이었고, 1880년대 페락 라룻 지역의 주석광산 화인사회의 경우 남녀 성비가 18대 1까지 벌어지기도 했다(Purcell, 1967: 86~87). 이는 비단 화인사회의 일만이 아니었다. 인도인도 영국인도 유럽인도, 상인이든 노동자든, 페낭 이주자의 절대 다수가 남성이었던 탓이다.

해골정부의 방임 아래 인종과 종족을 불문하고 혈기 넘치는 남성들로 북적였던 페낭과 페낭 화인권은 남성 호르몬 '테스토스테론'으로 넘쳐났다. 가히 '테스토스테론 과잉사회'였다고 해도 지나친 말이 아니다. 아편팜, 비밀결사, 주석광산, 페낭 화인권 등과 관련된 경쟁과 동맹과 폭력의 역사야말로 페낭 화인사회의 테스토스테론 과잉을 대변한다. 하지만 이러한 불균형은 19세기 후반부터 달라진다. 1880년대 이후 중국 여성의 이주가 확대되면서 해협식민지에서 태어난 화인의 수가 증가하기 시작했다. 해협 태생 화인은 1901년만 해도 해협식민지 전체 화인 가운데 10명에 1명꼴이었지만, 1910년에는 4명에 1명꼴로 늘어났다(Turnbull, 1989: 101). 1947년 인구조사에서는 해협식민지를 포함한 말레이반도 전체 화인의 성비가 남자 1,000명 당 여자 815명으로 거의 균형에 근접했다. 고무의 시대에 화인사회의 테스토스테론 과잉이 진정된 것이다.

그간 해협식민지 화인사회의 여성에 관한 논의는 종족과 혼혈에 초점이 맞춰졌다. 현지에서 태어난 여성 화인을 가리키는 '뇨냐Nyonya'를 어떤 관점에서 볼 것인가는 여전히 논란거리다. 페낭 화인사회도 동남아 화인사회의 일반적인 양상처럼 중국인 남성 이주자와 현지인 여성의 '혼혈'로 이뤄졌다고 보는 견해가 있다. 페낭 초기 중국인과 인도인, 말레이인 사이의 관계가 전적으로 조화로웠다고 보기는 힘들지만, 서로 넘나들 수 없는 종족 간 장벽은 없었다는 것이다(Hirschman, 1986: 338~9). 이와 달리 바바, 혹은 페라나칸으로 구성된 페낭의 화인사회는 중국인의 정체성을 유지하면서도 말레이 문화를 적극적으로 수용했지만, 실제 중국인과 말레이인의 통혼은 흔치 않았고 말레이의 문화를 수용했을 뿐이라는 주장도 제시된다(Clammer, 1983, Tan, 1979).

하지만 이러한 해석이 모두 종족과 국민국가 서사의 틀을 벗어나지 않는다는 점은 다르지 않다. 20세기 초 영국인 관찰자의 눈에 비친 페낭의 뇨냐는 '토카이의 아내'를 의미했다(Wright, 1908: 731). 앞서 총아피 딸의 말마따나, 딸에게 잔소리 할 시간도 없을 정도로 페낭의 상가에서 쇼핑에 열중하는 화인 부잣집의 여인들을 일러 뇨냐라 칭한 것이다. 태국 푸켓의 화인사회에서도 '바바'라는 호칭은 아무 화인 남자에게 썼지만, '뇨냐'는 부잣집 여인의 호칭이었다는 점은 전술한 바 있다. 오늘날 페낭에서 '뇨냐 음식'이라고 부르는 것도 20세기 초에는 청타이핀 '궁전'의 해저 식당이나 부자 화인들의 '바바 혼례' 때나 맛볼 수 있는, 달리 말해 '궁중 요리'에 해당한다. 그런 뇨냐가 현지에서 태어난 화인 여성을 지칭하게 된 것은 고무의 시대를 통과하면서부터라고 봐야 할지 모른다. 요컨대 페낭 화인사회가 불균형한 성비를 어떻게 해결했는가가 관건이다. 뇨냐로 뭉뚱그릴 수 없는 페낭 화인사회의 여성을 살필 필요가 있는 것이다.

고무의 시대는 페낭 화인사회에서 여성의 서사를 요구한다는 점에서 '여성의 시대'이기도 하다. 페낭 화인권의 엘리트에겐 '악마의 밀크'였지만, 고무의 시대에 비로소 페낭 화인사회는 '테스토스테론 과잉'을 진정시킬 수 있게 됐다. 비록 그것이 영국의 식민지 수탈 책략에 부수된 것이라고 해도 '역사의 간계奸計'가 아닐 수 없다. 이는 단순히 생물학적 균형에만 그치지 않는다. 화인사회의 정체성과도 긴밀하게 이어진다.

여성노예와
'여인관'

19세기 페낭의 화인사회에서 극심한 성비 불균형에도 불구하고 돈 많
은 화인 남성은 여러 여성을 정실부인이나 첩으로 두었다. 그 여성들
은 현지인일 수도 있고, 중국에서 불러들인 아내와 식솔, 친지일 수도
있다. 구체적으로 확인할 길은 없다. 대체로 페낭 화인사회에서 여성
의 이주는 크게 두 가지 범주로 갈린다. 팔려왔는가, 그렇지 않는가의
문제이다. 상대적인 자유의지 여부로 나뉘는 것이다. 고무의 시대 이전
페낭 화인사회에서 화인 여성은 소수의 '뇨냐'를 제외하면, 노예이거나
매춘부이거나 무이차이mui tasi妹仔였다고 해도 과언이 아니다. 중국인
여성이 독자적으로 자유이주하기 시작한 것은 1920년대 이후의 일이
다(Lai, 1986: 16).

　중국인의 페낭 이주부터 논란이 된 것이 여성노예의 문제였다. 노
예무역이 공식적으로 금지된 이후에도 노예는 지속적으로 페낭에 수
입되었다. 페낭의 화인들은 수마트라 서부 니아스제도의 니아스족 여

성노예를 특히 선호했다고 한다(Lubis, 2009: 154). 니아스족은 무슬림이 아닐뿐더러 외모도 중국인과 비슷하다는 이유에서였다. 1828년에는 페낭의 중국인 소유 무역선 세 척이 니아스섬에서 납치하거나 유괴한 니아스족 소녀노예 80명을 몰래 무역하다 적발된 사건이 발생했다(Hussin, 2006: 83~85). 20세기까지 니아스족 여성노예가 중국인 노예상인에게 팔렸다.

19세기 초 인구통계에 잡히지는 않았지만, 말레이제도 출신의 여성노예들이 상당한 것으로 추정되며, 이들이 페낭의 극단적으로 불균형한 남녀 성비 문제를 완충하는 역할을 한 것으로 여겨지고 있다. 여성노예들은 중국인 부자에게 팔려가 때로 부인이나 첩이 되기도 하고, 매음굴에서 성매매를 강요받았다. 페낭 초기에는 여성노예가 흔했던 탓에 중국인들은 매음굴을 찾기보다 여성노예를 사들이는 예가 흔했다고 한다. 이슬람을 믿지 않는 발리의 여성노예도 화인사회에 많이 팔렸다. 19세기 발리를 비롯해 말레이제도에서는 사소한 빚을 지고 노예가 되는 부채노예가 흔했다. 현지의 수장이나 라자들이 자신이 소유한 부채노예를 노예무역상에게 팔아넘기곤 했다.

1845년 말레이반도 동안의 파항에서 발리인 노예 50명을 태운 노예무역선이 적발되었는데, 그중 9명이 여성노예였다. 당국의 조사에서 한 여성노예는 남편이 사망해 장례 비용으로 쓸 10달러를 빚지는 바람에 부채노예가 되어 중국인에게 팔렸고, 그 중국인이 다시 부기스족 노예상인에게 자신을 넘겼다고 말했다.[9] 당시 발리에는 납치나 부채노예를 조직적으로 거래하는 노예무역이 활발했다. 그런데 식민 당국에 적발되어 구출된 여성노예들은 발리로 되돌아가 노예로 살기보다는 동포들이 많이 정착한 해협식민지에 남기를 원했다고 한다. 이는 발리의 많은 여성들이 노예로 팔려와 싱가포르나 페낭에 정착했음을 알려준다.

하지만 말레이제도의 여성들만 노예무역으로 팔려온 것이 아니었다. 1889년의 한 기사는 페낭의 화인 남성과 매음굴에 팔려온 열여덟 살 중국인 매춘부의 사연을 다음과 같이 전하고 있다.

페낭 캠벨가Campbell St.의 매음굴을 자주 드나들던 화인 헹관셍Heng Guan Seng이 한 매춘부에게 호감을 가져 페낭 화인보호관서 부보호관 레이Wray에게 다음과 같이 제보했다. 헹은 그 매음굴에 있는 참윗호Cham Yut Ho와 결혼하고자 하며, 그녀 또한 자신의 아내가 되고자 한다고 밝혔다. 레이는 화인보호관서의 수사관을 헹관셍과 함께 해당 매음굴로 보냈다. 매음굴 주인과 매춘부들이 참을 데려가지 못하게 방해할 것으로 예상했지만, 수사관이 찾아가자 해당 매음굴에서는 그녀를 순순히 내주었다. 부보호관이 그녀를 심문하는 과정에서 다음과 같은 사실이 밝혀졌다.

참윗호는 당국에 등록하지 않은 채 성매매를 했으며, 중국에서 열두 살 때 150달러에 팔려 페낭으로 왔고, 페낭의 매음굴에 400달러에 팔렸다고 했다. 참은 열네 살 때 포주의 강요에 못 이겨 몸을 팔기 시작했으며 4년간 성매매를 했다. 이전에 화인보호관서의 조사가 있을 때마다 (미성년자인) 참은 어떤 가정집으로 피신해 있었기에 지금까지 단속에 적발되지 않았다. 참은 돈을 잘 벌지 못하면 포주에게 매질을 당했다며 흉터도 보여줬다. 그녀는 그 매음굴에 심퐁Sim Fong이란 또 다른 소녀가 있으며, 그녀도 매춘부로 등록되지 않았다고 말했다. 참은 헹관셍을 알고 있으며 그를 따르겠다는 의향을 밝혔다. 이 정보에 의거해 당일 해당 매음굴에 영장이 발부되어, 미성년자에게 강제로 4년간 성매매를 강요한 혐의로 포주와 3명의 여성 등 4명이 체포되고, 이들은 1인당 1,000달러의

1910년대 조지타운 캠벨가의 모습.
1899년 페낭에는 약 100여 개의 매음굴이 구역별로 고급과 저급으로 나뉘었다.
캠벨가에 부자들이 드나드는 고급 매음굴이 있었고, 몇 블록 떨어진
쿠알라 캉사르로Kuala Kangsar Road에 저급 홍등가가 형성됐다.
ⒸPenang Tunnel Museum

357

보석금을 내고 풀려났다.[10]

이 기사는 페낭의 여성에 관한 많은 정보를 전해준다. 우선 열두 살 중국인 소녀들이 페낭으로 팔려왔다는 점, 이들이 매음굴에서 열네 살 무렵부터 성매매를 강요당한다는 점, 페낭의 남성들이 매음굴을 자주 찾았다는 점, 그리고 1877년 화인보호관서 설립 이후 팔려온 중국인 소녀들에 관한 식민 당국의 '보호' 조치가 이뤄지기 시작했다는 점 등이다.

이른 시기부터 페낭에는 매음굴인 '여인관Nu Jen Kuan'이 있었다(Yen, 1982: 248). 1871년 페낭섬과 프라이에만 281명의 매춘부와 포주가 있는 것으로 조사됐다. 1881년 인구센서스에선 프라이에만 197명의 매춘부가 확인되었는데, 주로 중국 광동 출신 여성들이었다(Manderson, 1996: 168). 페낭에는 중국인 이외에도 유럽인, 유라시아인, 태국인, 말레이인, 일본인 매춘부가 있었다. 페낭의 중국인 매춘부들은 대부분 인신매매의 희생자였다. 이들은 광동성 일대에서 삯바느질로 생계를 꾸리던 침모, 다원에서 찻잎을 따는 농부, 수상가옥에서 생활하는 소녀, 누에를 키워 비단을 짜던 직인이었다. 그리고 이들은 하나같이 찢어지게 가난했다. 이들은 가난했기에 부자 여인과 달리 전족纏足도 하지 않았다. 이들은 페낭에서 간호사나 봉제 노동자, 미용원, 부잣집 하녀로 일하며 보수도 두둑하게 받을 수 있다는 약속을 받았다. 하지만 이는 남성 쿨리무역과 마찬가지로 여성 인신매매 조직의 속임수였다.

쿨리무역 못지않게 매춘부 인신매매도 이문이 컸다. 페낭에 도착한 중국 여성들은 중개인에게 팔렸다. 페낭의 중개인은 100~300달러를 주고 여성을 '구입'해 매음굴 포주에게 웃돈을 얹어 '판매'한다. 매춘부로 팔려가기까지의 모든 비용이 고스란히 그녀의 빚이 된다. 애초 몸

동남아시아에서 가라유키상唐行きさん으로 불린 일본인 매춘부.
1880~1930년대 페낭의 가라유키상은 대부분 인신매매로 팔려온
일본의 가난한 농민의 딸이었다. 조지타운 페낭시립운동장 인근의 일본인 묘지에는
묘비도 남기지 못한 가라유키상들이 묻혀 있다.

값으로 지불한 돈과 뱃삯에다 매음굴에서 먹고 자는 비용, 약값과 옷값까지 포주는 "상상할 수 있는 모든 것"을 돈으로 계산해 그녀의 빚에 얹으며 쥐어짠다(Manderson, 1996: 168). 말 그대로 착취다. 매춘부 가운데는 해협식민지 매음굴에서 매춘부의 딸로 태어난 중국인 여성도 있었다.

페낭에서는 이른 시기부터 매음굴이 확인되지만, 매춘부 인신매매가 극성을 부리기 시작한 것은 주석의 시대부터다. 인신매매 피해자 문제가 불거지자 해협식민지의 화인보호관서는 1896년 소녀보호령 Girl's Protection Ordinance을 제정했지만, 매매춘을 여성들의 자유의지로 간주해 실제로는 규제하지 않았다(Purcell 1967: 174). 식민 당국은 비밀결사 불법화 등 화인사회에 관한 규제와 통제는 강화하면서도 화인 여성의 인신매매에 관해서는 자유방임을 유지하는 양면성을 드러냈다. 매음굴은 1927년까지 합법이었다. 싱가포르의 경우, 1870년대 이주한 젊은 중국인 여성의 80퍼센트가 매음굴로 팔려간 것으로 추산된다. 1863년 한 화인 비밀결사가 중국에서 젊은 중국인 여성 500명을 데려 왔고, 이들은 싱가포르에서 한 사람당 100~400달러에 팔렸다고 한다. 1863년 당시 싱가포르의 화인 여성 인구는 4,000명 남짓했는데, 이 가운데 인신매매로 팔려온 여성이 2,000~2,500명으로 추계됐다. 1884년에도 싱가포르에 인신매매된 13~16세 남짓한 소녀가 전체 화인 여성 인구의 약 30퍼센트를 차지했다(Lai, 1986: 28). 페낭의 사정도 이와 크게 다르지 않았을 것이다.

주석의 시대는 주석의 백색 러시와 아편의 흑색 러시가 쌍둥이처럼 진행됐다. 이에 비견할 만한 것이 쿨리무역과 매춘부 인신매매란 두 개의 인간시장이다. 중국인 남성이 저자, 즉 사실상의 부채노예로 팔려왔다면, 중국의 가난한 소녀들이 매춘부로 인신매매됐다. 이 쌍둥이 인간시장을 장악한 것도 화인 비밀결사였다. 여성 인신매매도 쿨리무역과 마찬가지로 교묘하고 악랄한 교역 네트워크로 작동되었음은 물론이다. 매음굴을 운영한 화인 부자 가운데는 아편파머와 비밀결사 지도자도 적지 않았다. 광산 지역에서 남성 쿨리의 생산활동은 공적인 public 것으로 여겨졌고, 따라서 공적인 남성 광부에게 매춘하는 여성의 활동도 '공적 서비스'로 간주되었다(Lai, 1986: 29). 테스토스테론이 넘치는 도시와 광산에서 매매춘이 성행하는 바람에 매춘부 확보와 매음굴 장악을 둘러싸고 비밀결사 사이에 분쟁이 끊이지 않았다.

불법화 이전까지 해협식민지의 매음굴 대책은 이중적이었다. 식민 당국은 매음굴을 선별 허가제로 관리했다. 부자 화인과 유럽인이 주로 출입하는 고급 매음굴은 허가하고, 점원이나 노동자들이 출입하는 저급 매음굴은 허가를 취소하거나 강제로 문을 닫게 한 것이다. 매음굴의 단속 업무를 화인보호관서가 주관한 것으로 보아 매음굴의 주요 고객이 화인이고, 매음굴의 성매매 여성의 대부분도 화인이었던 것으로 보인다. 일부 자발적인 매춘부를 제외하면 인신매매로 팔려온 매춘부들은 매음굴의 성노예나 다름없었다. 매춘부는 음식과 잠자리만 제공받을 뿐, 번 돈은 모두 포주가 가져갔다. 부모의 빚 때문에 부채노예로 팔려온 경우도 사정은 크게 다르지 않았다. 수입의 절반은 숙식비 명목으로 포주가 가져가고 나머지 절반으로 빚을 갚았지만, 이마저도 홍등가의 무뢰배인 삼셍samseng[11]에게 보호비 명목으로 뜯겨야 했다 (Purcell, 1967: 175).

식민 당국은 매음굴에 관해 두 가지 관점에서 단속했다(Lai, 1986: 36). 하나는 공공위생의 관점이다. 1870년 감염병법Contagious Diseases Act

을 제정해 매춘부의 등록과 정기 건강검진을 의무화했지만, 실효는 없었다. 1920년대 유럽인의 성병 질환이 아시아계보다 높은 것으로 나타나면서 당국은 예방 차원에서 유럽인의 매음굴 출입을 단속했다. 해협식민지 기록에 따르면, 1903~8년의 5년간 페낭에서 발병률이 가장 높은 감염질환은 말라리아였고, 그다음이 성병인 매독이었다.[12] 또 하나는 인도주의 관점으로, 미성년 인신매매 피해자의 구제였다. 인신매매의 희생자로 확인된 매음굴의 여성은 16세 이하 매춘부의 보호와 재활을 돕기 위해 1889년에 설립된 민간단체인 페낭 보량국保良局Po Leung Kuk[13]으로 보내졌다. 보량국은 매음굴에서 구조된 소녀를 18세까지 머물게 하면서 입양을 주선하거나 화인 남성과 혼인을 중매했다. 페낭의 화인보호관서에서 부보호관을 지낸 역사가 빅터 퍼셀은 보량국에서 알선한 혼례의 대부분이 성공적이었다며, 결혼이 지속되지 못했다면 지독한 가난 탓이라고 했다(Purcel, 1967: 178~9).

식민 당국은 1930년에 화인사회의 반발에도 불구하고 허가받은 고급 매음굴 이외의 성매매를 전면 금지하는 조치를 취했다. 이에 저급 매음굴은 지하로 숨어들면서 음성화했다. 보량국을 통해 매매춘 여성의 재활 노력을 기울였지만, 실효는 크지 않았다. 매춘부라는 사회적 낙인도 장애요인이었지만, 매음굴과 결탁해 보호료를 챙기는 무뢰배인 삼셍이 매춘조직을 장악하고 있었던 탓이다. 게다가 1930년대 세계 대공황이 밀어닥치면서 가뜩이나 생계가 막막해진 여성들은 음성적인 매매춘으로 몰려들었다(Purcel, 1967: 184). 매매춘 음성화로 매매춘 여성들은 포주와 깡패들에게 더 속박되는 악순환이 나타났다. 식민 당국의 단속이 강화되자 허가받은 고급 매음굴의 여성들도 지하로 숨어들기 시작했다. 정책이 있으면 대책이 있다는 말 그대로였다. 커피숍,

하숙집, 호텔, 댄스홀, 카바레 등 방이 있는 곳이면 어디서나 매매춘이 행해졌다(Lai, 1986: 39). 이들 여성은 가게 점원, 가수, 직업 댄서, 댄스홀과 카바레의 웨이트리스 등의 다양한 직업을 갖기도 했다. 이는 단속을 피하기 위한 위장일 수도 있고, 생계를 위한 겸업일 수도 있다. 분명한 것은 당시 식민지 페낭에서 여성들이 스스로 생계를 꾸려갈 수 있는 일자리가 극도로 제한적이었다는 점이다.

소녀 저자豬仔
무이차이

《말레이 연대기*Sejarah Melayu*》는 항리포Hang Li Po漢麗寶라는 중국 명나라의 공주가 말라카왕국 술탄의 왕비가 됐다는 기사를 전한다. 항리포가 술탄과 결혼하면서 말라카에 500명의 남자와 여자를 데려왔다는 것이다. 이를 두고 오늘날 말레이시아에서 중국계의 기원을 항리포 공주에서 찾기도 한다. 하지만 중국의 사서에는 등장하지 않는다는 이유로 항리포 공주는 전설에 불과할 뿐, 말레이시아 화인사회는 19세기에 이주한 '무이차이'의 후예라는 주장도 있다(Ho, 2015: ix).

무이차이mui tsai妹仔는 '어린 여자'를 가리키는 광동 방언이다. 복건 방언으로는 차보칸Cha Boh Kan查某鐦(仔)이라 하고, 중국 보통어로는 '페이누이婢女'라 한다. 영국 식민 당국이 홍콩 문제를 다루는 과정에서 무이차이라는 광동어가 널리 쓰이게 됐다. 무이차이는 직접적이든 제3자를 거치든 자신이 태어난 집에서 다른 누군가의 집으로 보내져 보수를 받지 않고 집안일을 거들면서 마음대로 그 집을 떠날 수 없는 처지의 소녀를 가리킨다(Tan, 2017: 56). 항리포가 중국의 공주라면, 무이차이는 중국인 하녀 혹은 사실상의 노예이다. 무이차이의 존재는 중국에서는 기원을 알 수 없을 정도이며, 페낭에서도 화인 이주의 역사만큼 오래되었다(Ho, 2015: 117).

중국에서 가난한 집은 딸들을 8~9세 때 부잣집에 하녀로 보냈다. 이 과정에서 일종의 계약이 맺어지고 얼마간의 돈이 오간다. 그러나 무슨 일을 하는지는 명시되지 않는다. "가난한 농가들은 홍수나 기근, 가뭄과 질병과 도적질로 인해 기아선상에 놓이고, 무이차이로 보내는 것은 달리 방법이 없는 빈곤 가정에서 어린 소녀를 굶어죽는 것에서 구하는 길이기도 하다. 이런 까닭에 무이차이를 들인 부잣집은 가난한 자에게 베푸는 시혜로 여겨 마음대로 부리게 된다"(Purcel, 1967: 181).

무이차이가 열여덟 살이 되면 주인은 그녀를 시집보내는 것이 상례이다. 혼례를 마치면 무이차이는 비로소 자유인이 된다. 무이차이는 하녀로 있는 기간에는 생가와 연락을 끊고 주인집의 소유물처럼 다뤄진다. 주인이 무이차이의 법적 보호인인 것이다. 중국에서 무이차이는 오랜 관습이며, 혼례의 혼수품으로 취급되기도 했다. 무이차이가 집안일을 돕는 것으로 되어 있지만 곱상한 아이들은 다른 역할을 강요받는다. 여주인은 남편의 바람기를 다스리고 집에 머물게 하기 위해 무이차이에게 남편의 성 시중을 들도록 하기도 했다(Tan, 2017: 56).

무이차이는 해협식민지에서 노예처럼 팔렸다. 초대 화인보호관 윌리엄 피커링은 1872년 중국어 통역관으로 일하면서 비밀결사가 중국인 여성과 아이들을 거래하는 것을 목격하고 "화인 부잣집에 노예로 팔리는 중국인 소녀들이 (싱가포르에서) 무이차이이며, 페낭에서는 차보칸"이라고 했다(Khor and Khoo, 2004: 31). 1933년 무이차이 의무등록제

가 시행되기 이전 영국 식민 당국은 무이차이에 관한 아무런 구체적인 자료도 갖고 있지 않았다. 1922년 화인보호관서는 매달 해협식민지에 무이차이가 60~70명꼴로 유입됐을 것으로 추산했다. 영국 정부가 1936년 무이차이조사위원회를 구성해 홍콩과 말라야의 무이차이의 실태를 조사한 바에 따르면, 당시 해협식민지에서 무이차이는 1명당 150~250달러에 거래되었고, 나이와 구입하는 가정의 형편에 따라 500달러까지 나가기도 했다.[14]

19세기 중반 이후 해협식민지와 말라야로 무이차이의 이주 또한 크게 늘었다. 이는 당시 전란과 기근으로 중국 남부 가난한 이들의 살림이 궁핍해진 결과였다. 어린 소녀들이 몇 푼의 돈에 팔려갔다. 정치 상황과 극도의 궁핍이 남양의 친지나 이웃, 친구에게 딸들을 팔아넘기게 만들었다. 이들에게 한가닥 희망이라면 장래에 좋은 일자리를 구하거나 좋은 남자를 만나 가정을 꾸릴 수 있기를 바라는 마음뿐이었다. 중국에서는 무이차이가 팔려가는 집은 인근이었고, 풍문으로나마 무이차이의 사정을 알 수 있었다. 하지만 해협식민지에서는 아무도 무이차이의 사정에 눈과 귀를 기울이지 않았다.

영국 식민 당국은 무이차이의 존재를 알고는 있었지만, 1920년까지만 해도 미성년자의 매매춘 강요만 단속할 뿐 무이차이 제도 자체는

●

무이차이
두 무이차이가 어린 아이 셋을 돌보는 모습의 1900년 우편엽서.
가난하게 태어난 죄로 어린 나이에 부잣집에서
노예처럼 살아야 했던 소녀를 무이차이라 했다.
〈Hong Kong Historical Postcards〉

방임했다. 이에 무이차이의 인권침해에 주목해 사실상의 노예라는 비판의 목소리가 높아졌다. 집주인에 따라 달랐지만, 무이차이는 대체로 중노동과 멸시, 성적 학대를 당하기 일쑤였다. 노예제 폐지에 단호했던 영국 정부도 무이차이에 관한 비판을 외면할 수 없었다. 1922년 영국 하원은 홍콩과 해협식민지 등 영국 식민지의 무이차이 제도에 관해 총리에게 대책을 다그쳤다. 당시 영국 총리 윈스턴 처칠은 "(홍콩) 총독과 나는 실현 가능한 가장 이른 시일에 이 제도(무이차이)를 폐지하겠다는 결심을 굳혔으며, 나는 총독에게 1년 이내에 변화가 있기를 기대한다는 나의 생각을 전달했음을 분명하게 밝히고자 한다"고 답변했다(Tan, 2017: 50).

1925년 해협식민지 의회가 제정한 하녀법이 1926년에 발효됐다. 이 법률에서 중국인 무이차이가 처음으로 법적으로 정의되었다. 물론 실효는 없었다. 무이차이를 '하녀'로 정의했으며, 무이차이인지 아닌지를 주인이 입증하도록 했기 때문이다. 열 살 미만 소녀를 하녀로 고용하면 징역형이나 벌금형에 처한다고 명시되었지만, 무이차이의 주인이 소녀를 양자로 들였다고 주장하면 당국의 단속이 미치지 못했다. 무이차이를 가족의 일원으로 간주하는 중국의 관습이 이런 핑곗거리를 제공한 것이다. 무이차이를 어린 아들의 약혼녀로 받아들이는 경우도 있다. 이를 산포차이san po tsai媳婦仔라 했다. 하지만 결혼할 나이가 된 아들이 약혼녀를 거부하면, 산포차이는 무이차이의 처지로 전락하고 만다. 물론 그 반대의 경우도 있다. 무이차이가 양자가 되거나 첩이 되기도 했다(Tan, 2017: 59~60). 식민 당국이 무이차이를 법으로 규제하기에는 어려움이 적지 않았다.[15]

1932년에는 하녀법을 개정한 무이차이금지령Mui Tsai Ordinance이 제정되었다. 1936년 영국 정부가 '무이차이조사위원회'를 파견해 말라야의 실태조사도 벌였지만, 사실상의 노예인 무이차이 제도를 이른 시일 내에 폐지하겠다던 윈스턴 처칠의 약속은 영국이 말라야 식민지배를 포기할 때까지 지켜지지 않았다.

1934년 해협식민지 자료에 따르면, 해협식민지를 포함한 영령 말라야 전역에서 등록된 무이차이는 모두 2,749명이었다. 이 가운데 32.4퍼센트가 현지 태생이고, 54퍼센트가 중국에서 팔려왔다. 전체의 10퍼센트는 출생 기록이 확인되지 않았으며, 이들 가운데 84퍼센트는 부모가 없는 고아였다. 등록된 무이차이 가운데 30퍼센트가 10세 미만이었고, 10세에서 16세 사이가 거의 60퍼센트를 차지했다. 말라야 태생의 무이차이는 매춘부를 포함해 가난한 가정이나 홀어머니 가정 출신이었다(Lai, 1986: 47).

앞서 소개한 페낭 매음굴 기사에서 중국인 남자 행관셍을 따르겠다던 매음굴의 참윗호는 매춘을 강요당한 무이차이였다. 이후 참윗호와 행관셍이 페낭에서 어떻게 살았는지에 관한 서사는 더 이상 이어지지 않는다. 수마트라 메단의 거부 총아피의 맏딸 퀴니 창이 '뇨냐의 추억'을 화려하게 풀어놓은 것과는 대조된다. 하지만 서사는 없어도 무이차이 매춘부 참윗호는 페낭 화인사회의 일부였다. 이름을 남기지 못한 채 쿨리 혹은 저자로 통칭되는 숱한 중국인 남자 이주자들이 그랬던 것처럼 말이다.

'둘랑 워셔'의 다른 이야기

1914년 싱가포르 신문에 '동방의 여인들Women of the East'이란 제목으로 장문의 기사가 실렸다.[16] 페락의 주석광산 마을에서 화인 여성을 취재한 영국인 기자는 "그들은 그렇게 기품decent 있을 수 없다"며 "매일매일 나는 진심으로 이 새로운 유형의 여성에게 감탄하지 않을 도리가 없다"고 했다. 광산촌에는 유럽인과 아시아계 여성들이 있지만, 다수를 차지하는 화인 여성이야말로 품위와 정숙함에서 단연 돋보인다며 이렇게 서술했다.

이들은 반듯하게 빗은 머리에서 샌들을 신은 발까지 어디 하나 품위를 잃은 곳이 없다. 수많은 화인 쿨리 여인들은 힘들게 일하고, 여러 자식을 기르고, 이런 곳에 살 수 있을까 싶은 곳에서 진짜 가정을 꾸리며, 늘 행복해하고, 분별력 있고, 활기차며, 웃음이 넘치고, 남편과 금슬도 좋고, 자녀에게는 더없이 사랑스런 엄마이다. 이들이야말로 이곳의 여성 가

운데 실제 살림을 하며 진짜 가정을 꾸리는 유일한 여성이다.…… 이곳
에서는 지어미가 일을 하러 집을 비운 사이라도 꼬질꼬질하거나 아무도
돌봐주지 않는 아이들을 볼 수가 없다.

기사는 "그 아이들의 엄마가 둘랑 워셔dulang washer"라며 둘랑 워셔
의 일상을 세세하게 기록했다.

이들은 매일 아침 8시면 수백 명이 웃고 재잘거리며 둘랑이라는 둥근 나
무광주리를 들고서 주석을 채취하러 길을 나선다. 모두 인력거꾼처럼
챙이 넓은 밀짚모자를 쓰거나, 크라운이 없이 넓은 챙 주위로 6인치 길
이의 모슬린 천을 커튼처럼 드리운 모자를 쓰기도 하는데, 마치 커다란
검은색 등잔 갓을 쓴 것처럼 보인다. 옷차림이 거의 똑같다. 검은색 마
바지에 끝단을 잘록하게 묶은 헐렁한 검은색 윗옷을 입는다. 윗옷의 깃
은 높고 빳빳하며, 두 개의 금단추로 단정하게 여민다. 둘랑 워셔들은 하
나같이 녹색의 옥귀걸이를 하고, 손목과 발목에 옥고리를 찬다. 검고 긴
머리카락을 단정하게 빗어 가볍게 뒤로 땋고 옥비녀로 고정한다. 광산
이나 정글에서 힘들게 일하고 돌아오는 이들은 아침에 길 떠날 때처럼
차림과 행색에 한 점 흐트러짐이 없다. 게다가 돌아올 때도 아침에 그랬
던 것과 마찬가지로 유쾌하고 즐겁기만 하다. 말레이 여인들의 허영과
인도인 여인의 과시욕을 날마다 보아온 나에게 화인 쿨리 여성(둘랑 워셔)
은 마음을 상쾌하게 씻어주는 청량제와도 같다.…… 이들은 대체로 오전
8시나 9시에 일터로 나간다. 남자들은 새벽 5시에 광산으로 출근한다.
여자들은 집안에서 오전에 할 일이 많다. 이들은 날이 밝기 전에 일어나
하루의 음식을 모두 장만하고, 땔감을 준비하고, 물을 긷는다. 남편과 이

른 아침을 함께 먹고, 그녀는 어린 아이들을 씻기고 옷을 입힌다. 곱게 단장한 아이들은 엄마나 아이를 돌보는 다른 여성과 학교로 향한다. 아이들을 돌보는 일은 할머니와 할아버지의 몫이다. 갓난아이는 둘랑 워셔의 등에 업혀 함께 일터로 간다.

영국인의 주관적인 관찰기이기는 하지만 둘랑 워셔는 앞에서 본 노예, 무이차이, 매춘부와는 다른 화인 여성의 이야기이다. 둘랑 워셔는 20세기 들어 테스토스테론 과잉의 화인사회에 '다른 여성의 서사'가 전개되기 시작했음을 상징한다. 인신매매가 아닌 중국인 여성의 대량 이주가 이뤄진 것이다.

둘랑은 대나무광주리와 비슷한 것으로 수마트라의 여성들이 강에서 사금이나 주석을 채취할 때 쓰던 도구를 가리킨다. 흙을 둘랑에 퍼 담아 흐르는 물속에서 돌려가며 씻어내 주석을 가려내는 방식을 영국인들은 둘랑 워싱dulang washing이라고 했고, 둘랑을 돌려 주석을 채취하는 여성을 둘랑 워셔라고 부른 것이다. 영어에서는 납작한 냄비 같은 팬으로 사금 등을 채취하는 것을 패닝panning이라고 하고, 말레이인들은 둘랑 돌리기라는 의미로 먼둘랑mendulang이라 부른다. '둘랑 워셔'는 말레이어와 영어의 합성어로, 여성 주석 광부를 가리킨다.

●

둘랑 워셔
하천변에서 둘랑을 돌려 주석을 채취하는
화인 둘랑 워셔.

화인 둘랑 워셔는 대체로 1900년을 전후해 중국인 여성 이주가 본격화하면서 생긴 현상으로 여겨진다. 영국 해협식민지 광업부는 1908년 둘랑으로 주석을 채굴할 수 있도록 여성에게 둘랑 워셔 면허증을 발급하기 시작했다. 국제 주석 가격 하락으로 인한 광부 가족의 경제적 곤경을 벗어나게 해주기 위한 조치였다. 19세기 후반 이후 페락의 주석광산은 전환기를 맞았다. 페락 주석광산의 중국인 쿨리 수가 1880년 1만 2,000명에서 1907년 9만 명으로 대폭 늘었지만, 실제 쿨리의 수는 주석의 국제 시세에 따라 들쭉날쭉했다. 1907~8년 경기침체로 3만 1,157명의 쿨리들이 1년 만에 중국으로 되돌아가야 했다(Ho, 2015: 103~5).

20세기 초 주석광산 쿨리의 운명은 확실하지도 행복하지도 않았다. 그들은 기계에 밀려나고 있었고, 미래를 확신하지도 못했다. 수력채광기hydraulic monitor 한 대가 쿨리 100명의 몫을 했다. 게다가 기계화는 원광 함량이 낮아 쿨리의 노동집약형 방식으로는 채산을 맞출 수 없는 광산에서도 이윤을 낼 수 있었다. 이런 환경에서 식민 당국이 여성 광부인 둘랑 워셔에게 채광권을 부여한 것은 남성 쿨리들의 세계였던 주석 광업의 판도가 바뀌는 사건이었다. 이는 19세기 주석의 시대를 개척한 남자 쿨리들에겐 석양이었지만, 둘랑 워셔라는 여성노동자의 시대를 여는 여명과도 같은 것이었다(Ho, 2015: 104).

식민 당국은 여성과 아동이 국유지는 물론 사유지라도 광산주의 동의만 있으면 어디서나 둘랑으로 주석을 채광할 수 있는 면허를 (광업부에) 신청할 자격을 부여했다. 면허증을 구입한 둘랑 워셔는 폐광의 선광 부스러기나, 광산 용도로 양도된 땅, 식민정부에 소속된 땅의 강변에서, 그리고 주석광산의 주변에서 독립 광부로서 주석을 채취할 수 있다. 이는 광산 지역의 여성과 아동이 생산적인 노동을 통해 돈벌이

독립 광부인 둘랑 워셔가 주석 원광을 중간상인에게 파는 모습이
이포의 한친펫수Han Chin Pet Soo閒眞別墅 주석광부 박물관에 재현되어 있다.
이 박물관은 객가 거상 룽피가 1893년 광부들의 클럽하우스로 지었던 곳을 개조한 것이다.
〈Han Chin Pet Soo Museum〉

를 할 수 있는 새로운 길이 열렸다는 것을 의미했고, 중국의 가난한 여성들이 말라야로 이주할 동기가 되기도 했다.

게다가 면허증이 있으면 채취한 주석을 중간업자에게 제값에 팔 수 있다. 이전에도 둘랑을 돌려 주석을 채취하는 여성들이 있었지만, 중간업자들은 절도 혐의를 씌우는 등 온갖 구실로 값을 후려치기 일쑤였다. 이제 광산 촌락의 빈곤 여성은 합법적인 둘랑 워셔로서 스스로 생계수단을 갖추게 된 셈이다. 게다가 말라야에서 고향으로 귀향하거나 잠시 다니러 간 사람들의 입을 통해 이러한 사정을 전해들은 중국의 여성들은 말라야에 가면 적어도 밥벌이는 할 수 있겠다는 생각을 갖게 했다.

식민 당국의 면허증을 소지한 둘랑 워셔는 1909년 8,278명에서 1920년 1만 2,867명, 1936년 1만 1,809명으로 늘었다. 1931년까지 말레이반도 주석광산의 전체 중국인 노동자는 모두 8만 9,618명이었는데, 이 가운데 11.3퍼센트인 1만 168명이 둘랑 워셔였다. 둘랑 워셔는 1940년대 말까지 고무나무농원과 서비스업 다음으로 중국인 여성노동자가 많이 활동한 직종이었다(Lai, 1986: 57). 페락에만 1910년에 6,559명이 넘는 여성이 주석을 채취하기 위해 둘랑을 돌렸다. 제2차 세계대전 이전 발급된 둘랑 워셔 면허는 연평균 6,000장에 달했다. 1948년의 주석 채광량은 유럽인 소유 광산이 58퍼센트, 화인 광산이 36.5퍼센트를 각각 차지했는데, 전체 주석의 5.5퍼센트를 둘랑 워셔가 채광했다(Ho, 2015: 108).

숙련된 둘랑 워셔는 하루에 주석 원광 10~15카티(cattie=약 600그램), 즉 6~9킬로그램을 채취했다. 1907년경 주석광산에 고용되지 않은 둘랑 워셔의 경우 하루 최대 5해협달러의 수입을 올릴 수 있었다(Ho, 2015: 105). 이는 가계에 도움이 되기도 했지만, 일자리를 잃은 남편을 대신해 생계를 꾸릴 수 있는 활로였다. 수력채광기를 도입한 유럽인 주석광산에서는 둘랑 워셔를 고용하기도 했다. 밤새 수력채광기로 길게 도랑을 만든 뒤, 다음 날 그 도랑에서 둘랑 워셔들이 주석을 골라내게 한 것이다. 하지만 둘랑 워셔의 고용은 정규직인 남자 광부와 달리 비정규직이 일반적이었다. 둘랑 워셔는 독립 광부보다 광산에 고용된 임금노동자가 더 많았다(Lai, 1986: 58). 물론 여성의 임금이 남성보다 낮았다. 하지만 광산촌에서 맞벌이인 경우, 가계의 기여도는 아내인 둘랑 워셔가 남편인 정규직 광부보다 더 컸을 것으로 추정된다. 남성은 일을 마치고 도박이나, 아편, 술 등의 여가에 소비했지만, 둘랑 워셔들은 일과 후에도 밤늦도록 가사를 전담했기 때문이다.

페락의 킨타계곡에서 둘랑 워셔로 활동한 화인 여성들은 광동 출신이나 객가 집단이 많았다. 특히 객가 여인들은 삼푸samfoo衫服[17] 차림으로 둘랑을 돌렸다. 삼푸는 앞서 영국인 기자가 서술했던 바, 면으로 된 윗옷과 헐렁한 바지로 이뤄진 중국 남부 전래의 복식을 가리킨다. 객가 여인들은 한족과 달리 전족을 하지 않았고 덩치도 컸다. 하지만 보수적이며 옷은 물론 머릿수건까지 온통 검정색으로 차려입었다. 반면 광동 출신 여성들은 밝은 붉은색 머릿수건을 즐겨 했다.

독립 둘랑 워셔들은 보통 십여 명이 무리를 지어 일을 했다. 만약의 사태에 대비한 자위적인 조치였다. 이들은 주석을 따라 외딴 곳도 마다하지 않으며, 새벽에 일터로 떠나 석양 무렵에 귀가한다. 숙련된 둘랑 워셔들은 하천의 어디에 주석이 풍부한지, 정글 어디쯤에 개천이 있는지 등을 찾아내는 직관이 발달해 있었다. 광산 감시인들은 둘랑 워셔를 가리켜 "정글 쥐jungle rats"라 불렀다(Ho, 2015: 106~7). 광산 감시인들은 둘랑 워셔가 광산 경계 안으로 들어오더라도 단속하기를 꺼려

했다. 만약 광산 영역 안으로 들어온 한 명의 둘랑 워셔를 체포하려 하다가는 무리가 일제히 벌떼처럼 공격할 것이었기 때문이다.

광부 가정에서 화인 소녀는 일곱 살이 되면 둘랑 돌리는 법을 배우고, 10대가 되면 이미 '전문가'가 된다. 애초엔 무료였지만 식민 당국은 나중에 둘랑 워셔에게 1년 시한의 면허증을 발급하면서 1인당 1달러의 면허료를 물렸다. 하지만 10대 둘랑 워셔들은 면허증 없이 불법으로 어머니를 따라 둘랑을 돌렸다. 설혹 적발되더라도 미성년자는 체포되지 않는다는 걸 알았기 때문이다. 둘랑 워셔의 삶은 위험으로 가득차 있다. 광산에서 불법으로 채광하다 처벌을 받기도 하고, 급류에 휘말리기도 하고, 뱀에 물리기도 한다. 그래도 광산촌의 화인 여성에게 생계를 마련할 수 있는 일거리는 극히 제한적이었다.

페낭과 같은 도시가 아니라면 화인 여성이 둘랑 돌리기를 대신할 수 있는 일자리는 고무나무농원에서 고무 수액을 받아내는 일이었다. 1910년대 이래 주석과 고무나무농원의 주기적인 불황으로 광산과 농원 지역에 화인 무단 점유자가 늘어났다. 유럽인 농원주들은 화인 무단 점유자들을 계약노동자로 고용하기 시작했다. 고무나무농원은 화인 여성에게 주요한 일자리였다. 고무나무농원에서 여성과 아동 노동이 차지하는 비중은 1933년 34퍼센트에서 1947년 45퍼센트로 늘었다. 고무나무농원의 여성노동자는 인도인 다음으로 중국인이 많았다. 1937년 전체 고무나무농원 노동자의 20퍼센트가 화인 여성노동자였다. 화인 여성노동자가 늘어나면서 아동 노동도 늘어나, 전체 화인 농원 노동자의 8퍼센트가 아동이었다(Lai, 1986: 69).

아마, 삼수이, 호커, 여공

'객가 거상의 거리'로 불린 조지타운 리스가의 한 저택에 아콰이Ah Kwai라 불린 여인이 1930년부터 60년간 살았다. 중국 광동성 동관東筦의 농촌에 살던 아콰이는 17세이던 1926년 기근을 피해 페낭으로 이주했다. 40달러의 여행 경비를 부담하고 5일간 갑판에서 먹은 찐밥과 절인 달걀을 배멀미로 다 토해내며 페낭에 도착한 그는 여러 일을 전전하다 20세의 나이에 룽엥키엔Leong Eng Khean의 저택에 일자리를 구했다. 룽엥키엔은 페낭 주재 중국 부영사를 지낸 이포의 주석왕 룽피의 장남이다. 가업을 이은 그는 룽피의 저택 인근에 자신의 궁전을 세웠다. 아콰이는 그 궁전에서 오전에는 2층 10개의 침실과 거실을 청소하고, 오후에는 옷 바느질을 하며 60년간 독신으로 일했다. 바느질 솜씨가 좋아 아이들의 교복은 물론 집주인의 외출복 총삼cheong sam長衫[18]도 지었다. 아콰이는 여든의 나이에 은퇴하고 사촌이 있는 중국 동관에서 여생을 마쳤다(Wu Ramsay, 2003: 71~6).

●

아마 아콰이

페낭의 객가 부호 룽엥키엔 저택의 '아마' 아콰이의 1960년대 모습.
광동 출신의 아콰이는 20세에서 80세로 은퇴할 때까지 60년간 독신으로 일했다.
아마는 화인 부잣집의 '그림자 가족'이었다.
ⒸWu Ramsay(2007)

룡엥키엔의 저택에는 아콰이 말고도 2명의 중국인 여성 가사노동자가 더 있었다. 이처럼 페낭을 비롯한 해협식민지와 말레이반도 도시에서 화인 부호나 유럽인 가정에 고용된 가사노동자를 가리켜 아마amah 阿嬤[19]라 했다. 아마는 주로 요리와 청소, 육아를 담당했고, 화인 가정에선 규모에 따라 1~3명을 고용했다. 유럽인 가정에서는 통상 육아와 요리를 별도의 아마에게 맡겼다. 무이차이가 금지되고 중국인 여성 이주가 급증한 1930년대 이래 유급 가사노동자가 늘어나기 시작했다. 이전에 부잣집 가사노동은 무이차이의 무급 노동이었고, 드물게 중국 해남도 출신 남자요리사를 유급으로 고용하는 정도였다. 1947년 말라야에서 서비스 부문의 전체 여성 임금노동자의 85퍼센트가 가사노동자였다. 대체로 독신을 유지한 광동 출신 아마는 사회적으로 평판이 좋았고, 전문 직업인으로 간주됐다(Lai, 1986: 77, 86).

19세기 후반부터 페낭 화인 거상들이 저마다 저택을 지었음을 살핀 바 있다. 그 궁전이 늘어나면서 아마의 수요만 늘어난 것이 아니었다. 저택 신축 경쟁은 건축 붐을 뜻했다. 고무의 시대에도 궁전 짓기는 이어졌고, 1920년대 이래 건축공사 현장에는 독특한 차림의 중국인 여성 건축노동자들이 활동했다. 이들은 '삼수이Samsui Women三水婦女'라 불렸다. 1920~40년대 중국 광동 중부 내륙 삼수三水 출신의 여성 이주자들이 주로 건축공사 현장에서 많이 일했다고 해서 생긴 이름이다. 이들은 청색이나 흑색의 삼푸 차림에 삼수 지역 고유의 전통인 커다란 붉은색 헝겊모자를 쓴다고 해서 홍두건紅頭巾이라고도 불렸다. 삼수이 건설노동자들은 특히 건축 기초공사에서 땅을 파고 흙을 나르는 일을 거의 전담했다. 건설 현장에 성별 노동분업이 이뤄졌던 것이다. 삼수이들은 19세기 남자 쿨리와 유사한 육체노동자였지만 보다 독립

●
삼수이

1920년대 해협식민지의 건축공사장에서
붉은색 헝겊모자를 쓴 삼수이들이 휴식을 취하고 있다.
⟨National Archives of Singapore⟩

적이었다(Lai, 1986: 101). 광산촌에 둘랑 워셔가 있다면 조지타운의 건축 현장엔 삼수이가 있었던 셈이다.

고무의 시대에 둘랑 워셔, 농원 노동자, 아마에 이어 중국인 이주 여성이 가장 많이 경제활동을 했던 영역이 호커hawker였다. 물론 길거리에서 음식을 팔거나 난전을 여는 것도 남자의 영역이었다. 하지만 1920년대 들어 여성호커들이 눈에 띄게 생겨났다. 1912~14년 경기 침체와 1930년 대공황으로 인한 중국인 노동자의 궁핍화pauperizaion가 주요 원인이었다. 경제 위기로 실업률이 높아지면서 도시와 광산, 농원 지역에서 빈곤 가정의 무단 점유자 인구가 늘어났고 생계유지를 위해 난전에 뛰어드는 여성도 증가한 것이다. 실제 포장마차를 직접 운영하지 않더라도 여성이 주로 음식 재료를 손질하고 준비했을 것을 감안하면, 호커 참여 여성은 더 많았을 것으로 추정된다(Lai, 1986: 100). 페낭의 조지타운이 유네스코 문화유산 지정을 받은 데는 길거리 음식 문화의 보존도 큰 몫을 차지했다. 이 또한 중국인 여성 이주자의 기여로 볼 수 있다.

중국인 여성 이주자들은 제한적이나마 고무 가공공장, 파인애플 통조림공장, 설탕공장, 봉제공장, 신발공장, 담배공장, 벽돌공장, 목재소, 정미소, 정유소, 양계장 등 경공업 공장에 여공으로 고용되기도 했다. 광동의 대표적인 비단 생산지였던 동관 출신 여성들은 견직공장 직공 경험을 살려 해협식민지에서 여공이 된 사례가 많았다. 해협식민지를 포함한 영령 말라야 전체 제조업 노동력에서 여성노동자가 차지한 비중은 1931년 11퍼센트(1만 2,017명)에서 1947년 19퍼센트(2만 8,319명)로 늘었다(Lai, 1986: 92). 아울러 음식점과 클럽, 세탁소, 이발소, 호텔 청소 등의 서비스업도 화인 여성의 일자리였다.

둘랑 워셔로 대표되는 중국인 여성 이주의 새로운 역사는 고무의 시대, 특히 20세기 초반 30년 사이에 집중됐다. 오늘날 말레이시아의 화인사회는 대체로 이들 이주 여성의 후예인 셈이다. 그렇다면 이 시기에 중국인 여성, 그 가운데에서도 광동 출신 여성들이 대거 이주한 것은 왜일까? 이는 19세기 중반 주석의 시대에 남자 쿨리의 대량 이주와 마찬가지로 중국의 배출요인과 페낭을 비롯한 영령 말라야의 흡인요인이 결합된 결과였다.

우선 1920~30년대 중국 남부에서 가난한 이들은 경제적 피폐, 기근, 전란 등으로 먹고살기 힘든 시대였다. 이전의 인신매매와 달리 1920년대부터 중국인 여성이 단독으로 이주하기 시작한 것은 이러한 요인이 작용했다. 이는 광동 일대에서 전개된 결혼 반대운동과 관련이 있다는 해석도 있다. 1930년대 여성 단독으로 이주한 이들 상당수는 광동의 견직과 면직공장의 노동자였으며, 세계 대공황의 여파로 일자리를 잃은 이들이 결혼 반대운동에 참여했고, 종속적인 중국인의 아내가 되기보다 기회의 땅 말라야에서 노동자의 삶을 선택한 이들이 많았다는 것이다. 19세기 후반부터 전개된 결혼 반대운동은 1919년 5·4운동 이후 임금 노동과 가사노동의 이중 부담 문제를 자각한 여성노동자의 신문화운동으로 확산됐다. 특히 일찍부터 경제적으로 독립할 여건이 성숙한 광주 일대 양잠지대 여성들 사이에서 20세기 초 결혼 거부운동이 확산되었다. 부모들이 딸의 결혼 거부 결정을 지지하기도 했다(Lai, 1986: 16, 23). 광동 지역 여성들이 대거 영령 말라야로 이주한 것은 1920년대 경제 침체와 공장에서 대량 생산된 견직물이 밀려들면서 경제적 독립성이 약화된 사정과 무관하지 않은 것이다.[20]

고무의 시대에 영국 식민 당국의 노동정책은 중국인 여성의 이민을 장려하는 뜻하지 않은 결과로 이어졌다.[21] 앞서 언급했듯이 식민 당국은 고무나무농원의 노동력을 인도인으로 대체하면서 그간 화인사회가 장악했던 노동의 주도권을 포획했다. 1933년 중국인 노동자 이주를 규제하는 '외국인령Aliens Ordinance'이 발효됐다. 이는 "말라야의 여러 행정단위에서 당면한 정치적·사회적·경제적 필요에 따라 외국인의 입국을 규제"한다는 취지를 내세웠다. 그러나 실제 목적은 중국인 남성 이주자의 제한이었다. 이른바 이민쿼터제이다. 식민 당국은 중국인 여성에게는 쿼터를 적용하지 않았다. 오히려 여성 이주를 권장했다. 이유는 두 가지였다. 하나는 성비 불균형을 해소하려는 인구정책이었고, 또 하나는 광산과 농원에 여성과 아동의 값싼 노동력을 공급하려는 노동정책이었다. 이에 따라 해협식민지 총독은 매달 신규 허용이주자의 수를 공지했다. 애초 이주 허용 쿼터는 매달 남성 1,000명을 기준으로 노동 수급에 따라 500~6,000명으로 운영됐다. 외국인령으로 인해 이전에 말라야에 들어온 외국인은 수수료 5달러를 내고 입국 증명서를 발급받아야만 말라야를 벗어났다가도 이민 쿼터에 걸리지 않고 돌아올 수 있었다. 또한 쿼터제가 적용되면서 중국인의 이주 경비가 크게 늘어났다. 승객이 줄어들자 해운회사들이 운임을 인상한 것이다. 여기까지는 영국 식민 당국의 계산 범위에서 일어난 일이다.

그런데 중국인 남성에게만 쿼터가 적용됨에 따라 쿼터의 제약을 받지 않는 중국인 여성 이주가 크게 늘었다. 이는 영국 식민 당국이 기대하지 않았던 일이다. 중국인 여성 이주가 크게 증가한 데에는 해운회사와 이주 업무를 대행하는 객두의 농간도 한몫했다. 쿼터제는 해운회사에 이주자의 총 수만 할당했다. 말라야로 가겠다는 중국인은 많았지만, 쿼터로 묶이게 되자 해운회사는 이주 희망자를 선별할 수 있는 입장이 됐다. 해운회사는 승객의 운임 수입을 늘리기 위해 쿼터 제약을 받는 남성노동자 티켓 1장당 쿼터 제약을 받지 않는 여성의 티켓 3~4장을 묶어 객두에게 판매했다. 이에 따라 객두와 모집인들은 비쿼터 티켓을 팔기 위해 여성의 이주를 부추겨야만 했다. 1933부터 1938년 5월까지 말라야로 이주한 중국인 여성이 19만 명에 달했다(Blithe, 1947: 103). 예상치 못한 중국인 여성 이주자 증가로 식민 당국은 1938년 5월부터 중국인 여성도 매월 500명으로 이민 쿼터를 적용하기에 이르렀다.

중국인 여성 이주자들은 주로 광동 출신이었다. 이들은 말라야에서 고무나무농원과 주석광산, 건설 현장, 공장 등에서 노동자로 일했다. 18세에서 40세 사이의 중국 여성들은 이주 심사를 하는 식민지 관리 앞에서 누구랄 것도 없이 모두 '남편 잃은 과부'라고 밝혔다(Blythe, 1947: 103). 실제 남편을 잃은 홀몸 여성도 있었겠지만, 이민 쿼터에 막힌 남편을 대신한 여성이 편의상 과부라고 밝힌 경우가 많았다. 중국인 여성 이주자 증가는 커다란 변화였다. 19세기에 남편이 페낭이나 말라야에서 송금한 돈으로 아내와 자식을 부양했다면, 20세기 들어 여성이 중국에 있는 남편과 가족을 부양하게 된 것이다.

이주한 중국인 여성들 상당수가 현지에서 중국인과 결혼해 정착했다. 신케로 이주해 외상 뱃삯을 갚고 자유노동자가 된 중국인 남자들은 가족이 있는 중국으로 되돌아가거나 중국에 남겨둔 아내를 데려오기도 했고, 이주 여성들과 새롭게 가정을 꾸리기도 했다. 페낭에서 기반을 다진 중국인들은 중국에서 며느리를 구하고, 처가에 혼례 비용을 보내주기도 했다. 블라이드(Blythe, 1947: 104)는 이민쿼터제 시행 이후 중국인 여성 이주 증가로 농원마다 가정을 가진 중국인 노동자가 확산될 것이라고 평가하면서 "경천동지할 일이 벌어지지 않는 한 앞으로 말라야에 중국인 노동자를 수입할 필요는 없을 것이다'라고 1941년에 전망한 바 있다.

중국인 이주 여성들이 늘어나면서 테스토스테론이 과잉한 '머무는 자sojourner'의 화인사회는 '터 잡고 살아가는 자settler'의 화인사회로 비로소 바뀔 수 있었다. 19세기 말 제국주의와 유럽 자본의 공세로 표류했던 페낭 화인사회가 좌초되지 않을 수 있었던 원동력은 '크림'으로 분리된 화인 부자엘리트의 테스토스테론이 아니라 무이차이와 둘랑워셔와 삼수이 등 '우유' 속으로 스며든 화인 여성의 '에스토스테론'인지 모른다.

11

상상된
'말라야'와
화인의 정체성

연구자들은 페낭 화인사회가 1786년 페낭이 건설된 이래 '아편의 시대'와 '주석의 시대'를 거쳐 1900~20년 질적 전환기를 맞았다고 본다(Yen, 1982; Loh, 2009b; Tan, 2003). 페낭 화인사회에 고무의 시대는 곧 옛것과 새것의 교체를 뜻했다. 해협 북부로 넓혀졌던 화인 거상의 경제적 영향력은 페낭과 말레이반도 북동안으로 위축되었고, 여성 이주가 늘어나면서 경제적·사회적 전환도 불가피했다. 여기에 영국 제국주의와 중화 민족주의라는 이중의 정치적 물결이 밀려들었다. 고무의 시대는 정치적 전환의 시대이기도 했다. 그 전환의 중심에 정체성의 문제가 자리했다. 고무의 시대가 페낭의 화인사회에 '정치적 정체성political identity'의 화두를 던진 것이다.

엔칭황이 적절하게 설명하듯이, 초기 페낭의 중국인 이주자들은 '정체성'을 문제 삼지 않았다. 비록 몸은 남양에 있지만, 천자天子가 다스리는 나라의 신민이라는 사실을 의심하지 않았던 것이다. 게다가 초기

이주자들은 대부분 잠시 머물기 위한 목적이었지 정착을 거의 생각하지 않았다(Yen, 1982: 184). 먼저 이주한 라오케든, 신규 이주자인 신케든, 부자 토카이든 모두가 페낭에선 객춍이었다. 엄밀하게 말하자면 19세기 후반까지 페낭의 화인사회는 정체성을 문제 삼지 않은 것이 아니라, 중국인이란 '문화적 정체성'을 의심하지 않았다고 보아야 할 것이다. 영국 식민 당국도 문화적 정체성을 용인했기에 화인 엘리트와의

페낭 주재 중국 부영사를 지낸 룡피의 장남 룡엥키엔은
1910년대 '영국 신사' 차림(왼쪽)과 '중국 관리' 복장(가운데)의 사진관 사진과 함께
1920년대 평상복 차림으로 7명의 자녀와 산책하는 스냅 사진(오른쪽)을 남겼다.
룡엥키엔에게 가장 잘 맞는 옷은 어떤 것이었을까?
세 사진처럼 고무의 시대에 페낭 화인은 세 가지 정체성에 맞닥뜨렸다.
ⓒWu Ramsay(2007)

동맹이 가능했다. 코샹탓처럼 동족을 아편에 중독시켜 쌓은 부로 저택을 짓고 '객'을 떼어내며 '바바' 혹은 '페라나칸'을 자임한 화인이 없지는 않았다. 그러나 그들은 고무의 시대 이전엔 끊임없이 신케가 밀려드는 화인사회에서 소수에 지나지 않았을 뿐더러 여전히 중국어 방언을 쓰고 변발을 하며 조상 제사도 잊지 않았다.

아편과 주석의 시대에 페낭의 화인사회는 중국인이란 문화적 정체성을 사회적 자본으로 삼고, 이를 다시 물리적 자본으로 환전해 해협 북부에 '페낭 화인권'을 구축하고 경영했다. 페낭 화인권은 페낭 거상이 정치적 경계 너머로 영향력을 발휘한 '월경越境하는 교역 네트워크'였던 것이다. 제국주의의 영토화는 페낭 화인권의 월경을 방해했다. 페낭 화인권의 주도권을 빼앗긴 페낭의 화인 엘리트는 고무의 시대에 새롭게 '정치적 정체성'이란 물음에 직면했다. 중국인이자 영국의 신민으로서 이방인 페낭에서 살아가는 '3중 정체성'이란 숙명을 지닌 페낭 태생 화인에게 '나는 누구이고, 우리는 무엇이며, 어디와 미래를 같이할 것인가'라는 정치적 정체성은 회피할 수 없는 물음이었다.

영국의
'해협화인 정체성'

20세기 초 영국에서 '해가 지지 않는 제국'을 선전하기 위한 백과사전 출판 기획이 진행됐다. 그 백과사전의 다섯 번째 책으로 1908년에 《20세기 영령 말라야의 실상》[22]이 출간됐다. 1786년 페낭 건설 이래 130년에 걸쳐 영국이 말라야에서 이룬 제국의 성취를 글과 사진으로 엮은 책이다. 그런데 이 책은 출간을 앞두고 갑자기 제목이 바뀌었다. 애초 제목은 '영령 말라야British Malaya'가 아니라 '해협식민지와 말레이국 연방Federated Malay States(FMS)'이었다. 해협식민지 총독을 역임한 프랭크 스웨트넘이 1907년에 《영령 말라야》를 펴내면서, 통치 형태가 다른 두 식민지를 하나의 영국 영토로 간주한 것에 영향을 받았다.

말라야Malaya는 말레이반도를 지칭하는 지리 용어로 19세기 중반부터 해협식민지의 영어 신문 등에서 널리 쓰였다. 1874년 팡코르조약 이후 영국의 보호령이 된 말레이반도 4개 술탄국을 해협식민지와 구분해 영령 말라야British Malaya로 지칭하기도 했지만 공식적인 것은 아니었다. 스웨트넘의 책이 출간되면서 사실상 공식적으로 해협식민지와 말레이국연방이란 두 개의 식민지colony가 영령 말라야라는 영토적 개념으로서의 '하나의 나라country'로 비로소 상상된 것이다(Cooray & Khoo, 2015: 97). 이는 해협식민지와 말라야에 거주하는 화인사회에 '하나의 나라'를 고민하게 만든 사건이기도 했다. 이후 1946년 하나의 국가state로서 말라야 개념이 구체화되기까지 상당한 시간이 필요했지만 말이다.

스웨트넘이 영령 말라야에 해협식민지와 말레이반도의 4개 술탄국으로 구성된 말레이국연방만 포함시켰지만, 이는 태국과의 외교관계를 고려해 영토의 범위를 줄여 표현한 것에 지나지 않는다. 20세기 초 영국은 이미 말레이반도 전역을 실질적으로 지배했기 때문이다. 당시 말레이국연방FMS(페락, 슬랑오르, 느그리 슴빌란, 파항)에 포함되지 않는 말레이 술탄국 5곳 가운데 남부 조호르를 제외한 북부 4곳(커다, 클란탄, 퍼를리스, 트룽가누)의 종주권은 명목상 태국에 있었다. 1909년 '방콕조약'으로 태국이 이들 4곳에 관한 종주권을 포기하면서 영령 말라야는 말레이국비연방Unfederated Malay States(UMS)도 공식적으로 아우르게 됐다.

●
영령 말라야
《British Malaya》(위)와 《Twentieth Century Impressions of British Malaya》(아래)가
각각 1907년과 1908년 출간되면서 해협식민지와 말라야는
'영령 말라야'라는 하나의 나라로 상상되기 시작했다.

Henry Keppel.

Frank Swettenham

BRITISH MALAYA

AN ACCOUNT OF THE ORIGIN
AND PROGRESS OF BRITISH
INFLUENCE IN MALAYA
BY SIR FRANK SWETTENHAM, K.C.M.G.
LATE GOVERNOR &c. OF THE STRAITS
COLONY & HIGH COMMISSIONER
FOR THE FEDERATED MALAY STATES
WITH A SPECIALLY COMPILED MAP
NUMEROUS ILLUSTRATIONS RE-
PRODUCED FROM PHOTOGRAPHS &
A FRONTISPIECE IN PHOTOGRAVURE

LONDON : JOHN LANE THE BODLEY HEAD
NEW YORK: JOHN LANE COMPANY MDCCCCVII

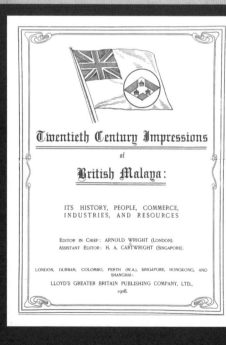

Twentieth Century Impressions

of

British Malaya:

ITS HISTORY, PEOPLE, COMMERCE,
INDUSTRIES, AND RESOURCES

EDITOR IN CHIEF: ARNOLD WRIGHT (LONDON).
ASSISTANT EDITOR: H. A. CARTWRIGHT (SINGAPORE).

LONDON, DURBAN, COLOMBO, PERTH (W.A.), SINGAPORE, HONGKONG, AND
SHANGHAI :
LLOYD'S GREATER BRITAIN PUBLISHING COMPANY, LTD.,
1908.

영령 말라야는 근대의 발명품인 '국민국가nation state'와는 거리가 멀었다. 행정체계와 통치는 해협식민지, 말레이국연방, 말레이국비연방으로 제각각이었다. 페낭과 싱가포르, 말라카로 이뤄진 해협식민지는 영국의 직할 식민지로서 싱가포르에 주재하는 해협식민지 총독이 총괄했다. 반면 영국과 보호령 협약을 맺고 영국인 주재관이 관할하는 말레이국연방은 연방정부를 별도로 구성했다. 해협식민지 총독이 연방정부의 수장인 총주재관을 겸했다. 하지만 연방정부에 소속되지 않은 말레이국비연방은 영사관만 두고 영국과 배타적인 양자관계를 유지했을 뿐이다. 달리 말해 영령 말라야는 영역만 공유된 '한 지붕 세 가족'이었다.

이처럼 느슨한 영령 말라야가 하나의 나라로 상상된 가운데, 19세기 후반부터 영국의 식민정책이 자유방임에서 관리와 통제의 개입주의로 전환되면서 화인사회의 정체성을 더욱 복잡하게 만들었다. 페낭에서 태어난 화인에게 세 가지 정체성은 숙명이었다. 혈연으로 이어진 중국, 식민지배국인 영국, 그리고 삶의 터전이자 고향으로서의 페낭이 그것이다. 이러한 화인의 삼중 정체성이 '한 지붕 세 가족'의 느슨하게 상상된 나라로서 영령 말라야의 정체성과 얽혔다. 해협 북부 지역에서 월경하던 페낭 화인사회의 활동 반경도 영령 말라야의 '상상된 영토'로 좁혀져야 했다.

영국 국적은 화인사회를 갈라놓았다. 영국이 자유이민 정책을 표방하고 중국인 이주를 받아들였지만, 이들에게 영국 신민subject이란 법적 지위를 부여한 것은 1852년 인도총독부가 '국적과 귀화에 관한 법'(Act 30, 1852)을 제정한 뒤였다. 이전까지 페낭의 화인은 영국 식민지 페낭에 이주한 중국인일 뿐이었다. 이 법으로 페낭을 포함한 해협식민지에서 태어난 중국인은 속지주의屬地主義 원칙에 따라 영국 국적을 얻었고, 해협식민지에서 오래 거주한 중국인도 귀화 신청을 통해 영국 국적을 취득할 수 있게 됐다. 영국 국적은 식민 당국의 보호를 의미했다.

영국 국적을 가진 페낭 화인 거상들은 단순히 영국 신민으로서의 보호 차원을 넘어 해협 북부 지역 및 중국과의 교역에서 상당한 혜택을 받았다. 자유무역항인 페낭은 중국, 태국, 버마, 수마트라 등 서로 다른 정치적 영역과 교역이 불가피했다. 영국 국적을 가진 화인은 이들 지역에서 교역할 때 현지 법령의 효력이 미치지 않는 영국 신민으로서의 치외법권을 인정받은 것이다. 치외법권은 영국이 아편전쟁 이후 만든 불평등조약의 대표적인 사례인데, 페낭의 화인 거상들이 이를 통해 페낭 화인권에서 영국인에 준하는 특권적 혜택을 누렸다는 사실은 아이러니하다.

하지만 영국 국적은 페낭 화인을 '보호'만 한 것이 아니었다. 해협에서 태어나 영국 신민이 된 소수의 '해협화인Straits Chinese'[23]과 중국에서 태어나 이주한 다수의 신케를 정치적 정체성으로 갈라놓는 식민 당국의 분할통치 수단이기도 했다. 1867년 직할 식민지로 바뀐 이후 해협식민지 정부는 협조적인 화인 엘리트를 '공인公人public man'[24]으로 포섭하는 제도를 시행하면서 '해협화인'을 자격요건으로 요구했다.

1869년 해협식민지의 의회격인 입법위원회Legislative Council[25]에 민간인 위원으로 화인 대표를 포함시켰고, 유력 화인들을 선별해 명예판사Justice of Peace로 임명했다. 싱가포르와 페낭에서 이러한 제도가 시행되는 시점이 달랐다. 페낭의 초대 명예판사로 코샹탓과 푸타이신 등 세 명이 처음 임명된 것은 1872년으로 싱가포르보다 3년 늦었다. 1913년에는 페낭에 조지타운 자치위원회Georgetown Municipal Commission가 신설되어 화인 대표가 위원으로 참여했다. 화인 비밀결사가 불법화되기 1년 전인 1889년 식민 당국과 화인사회의 공식 대화 기구로 신설된 화인자문위원회Chinese Advisory Board는 위원을 화인사회의 방파에 따라 배분했다.

하지만 해협식민지 당국은 영국 신민이 아닌 자가 정치적 발언을 할수 없도록 했다. 이에 따라 해협식민지에서 화인 '공인'의 자격도 '영어교육을 받은 영국 국적자'로 제한됐다. 식민 당국은 '공인'의 기준을 '해협화인'의 정치적 정체성으로 규정한 셈이다. 여기에 '해협화인'은 부자이고 서구화된 화인 집단이라는 계급적·문화적 편견이 비공식적으로 첨가됐다. 단순히 해협 태생이란 이유로 식민 당국에 의해 '해협화인'으로 인정된 것은 아니라는 의미이다. 그러나 실제 해협에서 출생한 화인 대다수는 부자가 아니었고, 모두 영어 교육을 받은 것도 아니며, 신케보다 더 친영적이지도 않았다(Turnbull, 1989: 102). '해협화인'을 해협에서 태어난 화인으로 단순화하거나, 페라나칸과 바바의 동의어로 간주할 수 없는 이유가 여기에 있다. '해협화인'은 고무의 시대에 영국 식민 당국이 계급에 바탕을 두고 만든 '정치적 정체성'[26]이었던 것이다.

이러한 공인 만들기는 영국이 화인사회를 통제하기 위해 동원했던수법인 '우유에서 크림 걷어내기'의 연장선에 있었다. 차이라면, 그간 화인사회가 지도자로 인정한 화인 엘리트와 비공식 동맹관계를 유지했던 식민 당국이 자신의 기준으로 인정한 화인 엘리트를 공인이란 이름으로 제도권에 포섭했다는 점이다. 게다가 해협식민지 정부는 비밀결사의 등록을 의무화한 위험결사령을 1885년에 개정하면서 "중국 태생의 중국인은 어떤 이름의 결사도 금지"하는 조항을 삽입했다. 영국은 화인사회를 영어 교육을 받은 영국 국적의 부자를 뜻하는 소수의 협력적인 '해협화인'과 그렇지 않은 기타 화인으로 분리한 것이다. 이는 크림인 '해협화인'에게 우유인 화인사회와 어울리지 말라는 경고의 의미이기도 했다.

'해협화인'이 식민지배를 위한 범주로 고안되었다는 것을 방증하는 것이 영국의 인종주의이다. 영국은 식민지배 내내 다양한 페낭의 이주자를 '인종'으로 구분했고, 페낭 태생의 바바든 중국 출생의 신케든 모두 '중국인'으로 간주했다(Reid, 2009a: 288~9). 영국 국적을 가진 화인도 '중국인'으로 분류하는 인종주의 틀을 고수한 것이다. 그런데도 '해협화인'으로 분류된 화인들은 영국 신민의 자격과 권리에 집착해, 신케와의 다름을 강조하고 화인사회가 아니라 식민 당국의 인정을 중시하는 바람에 문화적으로조차 퇴행하는 결과를 낳았다는 평가를 받기도 한다(Ho, 2002: 8~11).

영국 식민 당국은 20세기 들어 중국인이 대량 이주하고 중국 민족주의의 물결이 말라야로 밀려들자 외국인법과 귀화법 등을 강화하며 화인사회를 한층 압박했다. 화인사회의 정치적 영향력이 식민 당국의 통제권을 벗어나 대중운동으로 발전하는 것을 경계한 것이다. 어렵사리 분리한 '크림'이 다시 '우유'와 섞이지 않게 하겠다는 봉쇄전략이었다. 영국은 1920년대 이후 '중국인 민족성'을 이유로 말라야의 화인사회를 노골적으로 불신했다. 이 시기 '중화 제국주의Chinese Imperialism'라는 용어까지 등장했다. '중화 제국주의'는 1920년대 중국인의 대규모 이주로 인해 중국이 동남아의 유럽 식민지로 영향력을 확장하려 한다는 의심에 바탕을 두고 네덜란드 외교관이 만든 신조어였다.[27] 영국과 네덜란드 식민 당국은 중국 정부가 동남아 화인사회에 중국어 학교를 세우고, 화교의 보호와 교류 확대에 나서는 것에 촉각을 곤두세우고 있었던 것이다.

이에 식민 당국의 정의에 부합하는 엘리트 '해협화인'은 화인사회와 등을 돌렸고, 결국 영령 말라야의 화인사회는 식민 당국과 멀어지는 결과를 낳았다. 영국의 정치적 정체성 압박은 페낭은 물론 말라야 화인사회 내부에 분열의 골을 깊어지게 했다. 1930년대 영국의 잇단 인종 차별정책으로 화인사회는 식민지 행정에 비판적으로 돌아섰다. 특히 대공황 시기 식민 당국은 화인사회에 아무런 사회적 안전망도 제공하지 못했다. 영어식 교육을 받고 영국 국적도 지닌 하급 전문직의 화인 중산층은 다시 빈손 신세가 됐다. 페낭에서 1921년 결성된 점원 노동조합이 내부 분열로 해산되었다가 1937년 재결성된 것도 이러한 사정을 반영했다.

'한 지붕 세 가족'으로 행정과 법률이 다른 영령 말라야의 속성도 화인사회를 위협하는 요인이었다. 말레이국연방에서 화인의 지위는 불분명했다. 예컨대 말레이국연방의 페락에서 태어난 화인은 페락 술탄의 신민이면서 영국의 보호민British protected person이란 외교적 지위만 인정됐다. 해협식민지 정부는 페락에서 출생한 화인에게 영국 국적을 부여하지 않았던 것이다. 직할 식민지 페낭에서 태어난 화인은 추방법의 대상이 되지 않지만, 보호령 페락에서 태어난 화인은 '외국인'의 지위를 갖는 탓에 추방될 수 있었다. 페락의 화인사회가 페낭 화인사회와 밀접하게 관련되어 있고, 실제 페락에서 태어난 화인 가운데 상당수는 페낭 화인의 후예가 많았다. 청켕퀴의 아들 청타이핀이 페락의 타이핑에서 태어났고, 말레이국연방 입법위원회 위원을 지낸 치아챵림Cheah Cheang Lim謝昌霖도 타이핑에서 태어났지만, 이들은 페낭을 '실질적인 고향'으로 여기는 페낭 화인이었다. 치아창림은 1932년 말레이 국연방 입법위원회 발언에서 술탄의 신민인 비말레이인을 추방할 수 있는 추방법을 가리켜 "모든 주민의 머리 위에 위태롭게 걸려있는 진짜 다모클레스의 칼sword of Damocles"이라고 비판하기도 했다(Cooray & Khoo, 2015: 120). 영국은 '영령 말라야'라는 초보적인 나라의 밑그림을 제시해놓고도 주민을 국민으로 통합하려하기는커녕 인종과 국적으로 갈라놓는 분할통치를 고수했다.

중국의
'해협화교 정체성'

영국이 화인사회에 '정치적 정체성'을 강요하기 시작한 1870년대에 중국은 '화교華僑 정체성'을 강화하기 시작했다. 기존의 청나라 정부는 해외에 거주하는 중국인의 존재를 인정하지 않았고, 그들을 보호해야 한다는 의식도 없었다. 중국인의 해외 이주를 금지했기 때문에 보호해야 할 이유도 없다는 논리였다. 그런 청 정부가 1877년 싱가포르에 중국영사관을 개설하며 뒤늦게 화교 보호에 나섰다.

중국은 근대 국적 개념이 생겨나기 이전부터 전통적으로 속인주의屬人主義를 따랐다. 부계 혈통이 중국인이면 어디에 살든 중국인으로 간주됐다. 화교는 중국 영토 바깥에 거주하는 중국인을 가리킨다. 중국은 1909년 공식적으로 속인주의 국적 원칙을 표방했다. 하지만 이전에도 영국의 속지주의 원칙에 따라 영국 국적을 가진 해협 태생의 화인은 중국에서 보자면 해협에 거주하는 중국인, 즉 '해협화교'일 뿐이었다. 싱가포르의 중국영사관 개설은 영국의 '해협화인'에게 중국의

'해협화교' 정체성을 고양하는 이정표가 됐다(Yen, 1982: 286).

싱가포르의 중국영사관 개설은 1877년 초대 런던 주재 중국 공사에 임명된 곽숭도郭崇燾(1818~1891)가 주도했다. 남양화교를 보호하고, 그들의 재능과 재력을 조국 근대화에 활용하자는 두 가지 목적에서였다. 영국은 화인사회에 중국의 영향력이 미치는 것을 우려해 싱가포르의 중국영사관 개설에 부정적이었다. 초대 싱가포르 주재 중국 영사에 외교관이 아니라, 싱가포르의 거상이자 해협식민지 정부의 신뢰를 받는 후아카이Hoo Ah Kay胡亞基(1816~1880)가 임명된 것은 이러한 상황에서 양국이 타협한 결과였다. 영사관의 지위도 한시적이었다. 당시 해협식민지 입법위원회와 집행위원회의에서 화인을 대표하는 민간위원이었던 후아카이는 곽숭도의 구상에 부합한 인물도 아니었고, 실제 영사로서의 역할도 미미했다. 중국은 싱가포르에 영사관만 개설했을 뿐, 영사관 운영 비용을 영사가 부담하도록 했다. 후아카이에게 중국 영사 자리는 자원봉사 수준의 명예직에 지나지 않았다.

싱가포르 주재 중국영사관은 1880년 후아카이 사망 이후 상설 영사관으로 바뀌었고, 이듬해 중국인 외교관 좌병륭左秉隆이 부임해 10년간 재직했다. 옌칭황(Yen, 1982: 287~291)은 신세대 유학자 외교관의 부임으로 중국이 싱가포르에 영사관을 개설하고자 했던 두 가지 목적이 부분적으로 실현됐다고 평가했다. 싱가포르 화인사회 속으로 다가간 영사 좌병륭의 부드러운 접근 방식이 '해협화교'의 정체성 고양에 중요한 공헌을 했다는 것이다.

좌병륭은 기본적으로 해협의 화인을 화교로 간주했다. 영국 국적을 가졌더라도 화교는 정치적으로 청 황실에 충성해야 하고, 문화적으로 유교적 가치와 중국의 관습을 따르며, 모국어인 중국어를 써야 한다는 견해였다. 그는 해협의 화인사회가 중국에 관심을 갖게 하는 것이 급선무라고 봤다. 1882년 싱가포르 화인 식자층을 대상으로 일종의 문학회인 회현사會賢社를 조직했다. 좌병륭이 회현사 회원에게 주제를 제시하고, 한 달에 한 번씩 중국어로 쓴 산문과 시문을 품평해 포상하는 방식이었다. 우수한 글은 싱가포르의 중국어 일간신문《럭보叻報Lat Pau》[28]에 실렸다.

좌병륭은 중국어 식자층을 대상으로 회현사를 조직한 데 이어 영어를 쓰는 해협 태생 화인에게도 접근했다. 영국 신민임을 자랑스럽게 여기는 해협의 화인에게 화교 정체성을 심어주기 위함이었다. 좌병륭은 1888년 중국적 가치와 도덕에 관해 영어로 대화하는 토론회[Celestial Reasoning Association]도 조직했다. 좌병륭이 격주로 영사관에서 이 토론회를 직접 주관했다. 중국어를 모르는 해협의 화인 엘리트에게 영어로 접근함으로써 화교 정체성을 고양하는 실용주의적 방식을 취한 것이다. 그는 화교의 재능과 재력이 중국에 도움이 되기 위해서는 해협의 화인이 중국인이라는 '화교 정체성'을 갖는 것이 먼저라고 봤다. 좌병륭의 우호적인 접근 방식은 화인사회의 고정관념이었던 '중국 관리=탐관오리'라는 부정적 이미지를 완화하는 기회가 되었다.

좌병륭의 후임으로 개혁파이자 베테랑 외교관인 황준헌黃遵憲이 1891년 11월에 부임했고, 싱가포르의 중국영사관은 총영사관으로 승격했다. 총영사관 승격에 따라 페낭에는 부영사관이 개설되었고, 초대 페낭 주재 중국 부영사에 총파츠가 임명됐다. 황준헌이 페낭 부영사로 총파츠를 임명한 것은 광동 객가 출신이라는 방파의 유대와 영령 말라야 및 네덜란드 동인도에서 두루 성공한 거상이라는 점 말고도, 자신의 후임 총영사로 생각했기 때문이다(黃賢强, 2015: 132).

미국 샌프란시스코 주재 중국 총영사를 지낸 황준헌은 말라카 해협을 넘어 네덜란드 동인도까지 아우르는 명실상부한 남양화교의 총영사관을 구상했다. 그는 좌병륭의 해협화교 정체성 고양 방식을 승계하면서 문학 토론회의 이름도 남양 전부를 포괄하겠다는 의지를 담아 도남사圖南社라 했다. 그는 해협의 화인 거상에게 청 정부의 명예관직을 파는 일에도 적극적이었다. 이러한 공격적인 총영사 활동으로 인해 영국과 마찰을 빚었고, 황준헌은 결국 1895년 총영사 자리를 총파츠에게 넘겨주고 싱가포르를 떠나야 했다. 총파츠가 싱가포르의 총영사를 맡게 되면서 공석이 된 페낭 부영사가 된 이가 총파츠의 측근인 수마트라 메단의 총용헬이었다. 이로써 이후 페낭의 중국 부영사는 총파츠의 객가 인맥으로 채워지게 됐다. 아울러 싱가포르의 총영사도 전문 외교관이 아니라 화인 거상이 맡으면서 좌병륭과 황준헌이 15년에 걸쳐 진행한 해협화교 정체성 강화 노력도 일단락이 됐다. 하지만 중국 영사관이 해협의 화인을 상대로 시도한 문학회, 독서회, 토론회 등의 접근 방식은 이후 영령 말라야의 화인사회가 정체성을 모색하는 과정에서 널리 차용되었다.

해협의 화인에게 화교 정체성을 불어넣고, 중국과 청 정부에 관한 무관심을 관심으로 바꿔놓은 싱가포르와 페낭의 중국 총영사관과 부영사관의 영향력은 1894년 청일전쟁을 고비로 급격히 약화되고 말았다(Turnbull, 1989: 107). 이후 중국 정부는 '해협화교 정체성' 강화보다 남양 거부들을 중국의 부국강병에 끌어들이는 '애국화교' 유치에 주력했다. 이를 위해 1896년 청 정부는 귀국한 화교를 협박하거나 금품을 탈취하는 행위를 금지하는 조칙을 공포한 데 이어 1899년에는 복건성 하문에 귀국 화교의 공식 보호 기구인 보상국保商局도 설립했다(篠崎香

●

페낭의 손문

손문은 페낭의 중국어 일간신문 《광화일보光華日報》 창간을 준비하는 등
1911년 10월 10일 무창봉기 직전까지 페낭에서 동맹회를 이끌었다.
그가 머물렀던 조지타운의 숍하우스에 '손문박물관'이 마련됐다.
ⒸKang

織, 2004: 43)

해협 화인사회의 화교 정체성을 더욱 첨예하고 정치적으로 만든 것은 세기말 중국의 정치적 격변과 중화 민족주의의 대두였다. 1898년 무술변법에 실패한 개혁파 강유위康有爲에 이어 1907년 혁명파 손문孫文이 싱가포르로 망명했다. 개혁파와 혁명파 두 집단은 각각 보황회保皇會와 동맹회同盟會를 통해 화인사회의 마음과 돈을 얻으려 경쟁했다. 싱가포르와 페낭을 비롯해 중국인이 밀집된 주요 도시에서 강연회가 잇따랐다. 이러한 상황에서 해협의 화인사회는 어떤 식으로든 중국의 정치 현실에 관심을 기울일 수밖에 없었다. 1899~1901년 의화단운동은 열강에 침탈당하는 조국의 현실과 외세를 배격하는 반제국주의 민중운동의 대두를 동시에 드러냄으로써, 해협식민지 정부는 물론 화인사회에도 충격을 줬다. 세 가지 정체성의 모순이 동시에 제기되면서 어디에 소속감을 둘 것인가에 관한 화인사회의 고민은 깊어졌다.

개혁파와 혁명파의 입장을 대변하는 중국어 신문들이 싱가포르와 페낭에 잇달아 창간됐다. 화인사회 엘리트가 대체로 보수파였지만, 변화의 물결은 멈추지 않았다. 1910년까지 말라야 전역에 혁명파를 대표하는 손문의 동맹회 지부가 50여 개나 생겨났다. 이 가운데 가장 강력한 곳이자, 손문이 마지막으로 무장봉기를 계획한 곳이 페낭이었다. 1911년 10월 10일 무창武昌봉기로 혁명의 물결이 성과 성을 넘어 확산되면서 결국 청 왕조는 몰락했다. 그 여파는 이내 해협으로 밀어닥쳤다. 신해혁명 이후 페락의 이포에서 열린 대중집회에서 보수파였던 페낭의 화인 거상 푸추춘은 혁명파로 전향을 선언하면서, 청과 인연을 끊는 상징으로 변발을 자르기도 했다(Yen, 1976: 271).

1920년대 국민당과 공산당의 국공합작 영향이 해협식민지로 미쳤다. 공산주의자들이 싱가포르 국민당 지부를 장악했고, 1926년에는 '남양노동총동맹'도 결성됐다. 1890년 불법화 이후 '깡패 집단'으로 음성화된 화인 비밀결사가 중국의 정치 변화와 결합하면서 좌파 대중조직으로서 정치색을 띠기 시작했다. 영국 식민 당국은 인종주의적 차별을 강화하면서 '중국인'을 향해 노골적으로 불신을 드러냈고, 해협의 화인사회는 미래에 대한 불안감이 커질 수밖에 없었다. 중국의 '해협 화교 정체성' 압박은 페낭의 화인사회가 중국의 운명과 자신의 미래를 동일하게 여기는 민족주의 정체성으로까지는 아닐지라도, 조상의 나라인 중국의 운명에 보다 촉각을 곤두세우게 만들었다.

바바의
'페라나칸 정체성'

세 가지 정체성을 지닌 '교역하는 디아스포라' 중국인이 페낭에서 화인사회를 형성할 수 있었던 핵심 요소는 경제와 영국의 지배였다. '중국인과의 교역'을 바탕으로 주로 동족을 착취해 부자가 된 해협의 화인 엘리트는 영국 제국의 지배 아래서 자신들의 경제적 지위가 가장 잘 보호될 수 있다는 견해를 공유했다. 1930년대 말까지도 150년 역사의 페낭 화인사회는 세계체계의 헤게모니 국가인 영국과 영국 제국의 지배가 갑자기 붕괴될 수 있다고 결코 상상하지 못했을 것이다. 하지만 영국의 '해협화인'과 중국의 '해협화교'라는 두 가지 정치적 정체성 압박 속에서 해협의 화인사회는 스스로 정체성을 확인하고 천명해야만 했다. 이는 해협 태생의 '바바' 또는 '페라나칸' 가운데에서도 잃을 것이 많은 거부 엘리트에게 특히 민감한 문제였다. 이러한 논의는 19세기 말 부자이며 고등교육을 받은 싱가포르의 엘리트가 주도했다.

엔칭황(Yen, 1986: 285~293)은 1881년부터 해협 화인사회에서 중국인의 문화적 정체성을 강조하는 '문화민족주의cultural nationalism'가 대두했다고 봤다. 싱가포르 최초 중국어 신문 《력보》의 창간과 화인 문화 민족주의자 단체 '낙선사樂善社'[29]의 결성을 중시한 견해이다. 중국어 교육을 받은 상인들이 주축을 이룬 낙선사 활동은 이내 페낭에도 전파됐다. 문화민족주의자들은 서양화와 말레이화Babaization로 인해 중국인의 문화적 가치가 위협받고 있다며, 미래 세대는 중국인이라는 정체성마저 상실하게 될 것을 우려했다. 요컨대 해협 화인사회의 미래 세대가 야만인으로 전락하는 것을 두고 볼 수 없는 까닭에 유학儒學을 중심으로 한 전통적 가치의 복원이 시급하다고 본 것이다.

1880년대 낙선사운동은 1890년대 후반 강유위가 변법자강의 일환으로 주창한 유교부흥운동[30]으로 이어졌다(Yen, 1976a). 유교부흥운동은 공자 사당을 짓고, 공자의 생일을 국경일로 만드는 등 유교를 중국의 국교로 만들자고 주창했다. 낙선사가 유학을 통한 해협 화인사회의 도덕 재무장을 강조한 문화운동이었다면, 유교부흥운동은 공자를 우상화하고 종교로서의 유교를 중시했다는 점이 달랐다. 하지만 종교 색채가 강한 유교부흥운동은 중국적 가치를 대중화하는 데 더 효과적이었다(Yen, 1986: 295). 문화적이고 종교적으로 시작된 싱가포르 화인사회의 정체성 모색은 1897년 싱가포르에서 영어 계간지 《스트레이츠 차이니즈 매거진The Straits Chinese Magazine(SCM)》이 창간되면서 전기를 맞았다.

SCM은 싱가포르에서 태어나 영국에서 대학 교육을 받은 림분켕Lim Boon Keng林文慶(1869~1957)과 송옹샹Song Ong Siang宋旺相(1871~1941)의 주도로 창간됐다. 1889년 해협식민지 정부가 제공한 여왕장학금을 받아 림분켕은 영국 에든버러대학에서 약학과 의학을 전공했고, 송옹샹은 케임브리지대학에서 법학을 공부했다. 둘 모두 싱가포르의 '바바'였

1903년에 창립된 페낭 화인상공회의소PCCC의
1907년 집행부 12인 가운데 9명의 임원. 페낭의 PCCC는 싱가포르의 SCBA와
다른 해협화인의 정체성을 보여준다.
⟨The Cornell University Library, Southeast Asia Visions Digital Collection⟩

다. 이들은 1893년 싱가포르로 돌아왔고, 이내 19세기 후반 영어 교육을 받은 화인 전문가 계층의 지도자이자 싱가포르 화인사회를 대표하는 '공인'으로 급부상했다. 영국에서 대학을 나온 것 말고는 기존 화인사회 지도자의 자격으로 내세울 것은 없었다. 하지만 림분켕은 영국에서 돌아온 지 2년 뒤인 1895년 해협식민지 전체 화인사회를 대표하는 공인으로서, 1개의 자리만 허용된 해협식민지의 입법위원회 민간인 위원에 임명됐다. 그는 1897년 유교의 이념을 영어로 옮겨 '해협화인'에게 널리 알리기 위해 열서보사閱書報社Philomathic Society를 조직했고, 이어 송옹샹과 함께 SCM도 창간했다. 림과 송은 SCM을 통해 '해협화인'의 정체성 논의를 주도하면서 '해협화인'이 사회개혁의 주체가 되어야 한다고 역설했다. '해협화인' 정체성 논의는 1907년 SCM이 폐간되면서 일단락되었고, 이후 정체성 논의와 사회개혁의 주도권은 싱가포르에서 페낭으로 넘어갔다.

림분켕은 1880년대의 낙선사운동과 1890년 후반 유교부흥운동 등 이른바 '문화민족주의'를 흡수했다. 영국 유학 중 경험한 빅토리아 개혁운동에서도 영감을 받았다. 무엇보다도 영국 식민 당국이 제시한 '해협화인'의 정치적 정체성을 수용했다. 그의 논점은 서양의 근대성과 중국의 전통가치를 결합했다는 점에서 중국 개혁파의 중체서용中體西用과 방법론에서 다르지 않았다.

SCM을 통해 림분켕과 송옹샹은 문화적 정체성을 인정했지만 중국의 '해협화교' 정체성엔 반대했다. 모든 중국인은 어디에 살더라도 중국 국민이라는 속인주의를 거부하고, '해협화인'의 소속감 내지 충성심의 요체는 속지주의라고 역설했다. 해협 화인사회의 '삼중 정체성'에서 현재 살아가고 있는 터전의 소속감을 가장 중시한 것이다. 아울러 '제국의 시민市民'이 되기 위해서는 화인 스스로 진정한 '문화혁명'을 이뤄야 한다고 주장했다. 변발·축첩·아편 흡입 등의 구습과 악습을 타파하고 교육을 개혁하며 공적 사안에 헌신적으로 참여해야 한다고 역설했다.

그렇다고 SCM의 논지가 해협식민지 정부에 충성하자는 것도 아니다. '해협화인'의 소속감은 영국이 아니라 '영국 제국'에 있다고 천명하면서, 제국 내의 영령 말라야와 해협식민지라는 특정 영토에 초점을 두었다(Christie, 2000: 33). 여기서 영국 제국은 모든 인종이 동등한 역할을 수행하는 다인종 제국을 의미했다. 영국 제국의 소속감을 강조한 것은 해협의 화인 엘리트가 식민지 정부의 고위 공직에 진출할 수 없는 인종차별의 현실에 관한 우회적 비판이었다. 실제 영국의 정치적 정체성을 수용한 싱가포르 '바바' 엘리트의 구체적인 정치적 목표는 해협식민지 정부가 화인에게 공직의 문호를 개방하도록 하는 것이었다.

SCM의 논지에 호응한 싱가포르의 바바 엘리트가 1900년에 결성한 단체가 '영국 국적 해협화인 협회Straits Chinese British Association'(이하 SCBA)이다. 이 협회는 통상 '해협중영협회'로 번역되곤 했지만, 오해의 소지가 많다. 구성원과 취지로 본다면 '해협의 중국계 영국인 협회'로 옮기는 것이 더 타당할 것이다.[31] SCBA는 '영어 교육을 받은 영국 국적의 싱가포르 화인' 800명을 회원으로 출범했다. 부자 화인이라도 영국 국적이 없으면 회원이 될 수 없었다. 영국 제국과 영국 여왕에 충성하고, 해협에서 출생한 화인의 복지를 증진하며, 고등교육을 장려하는 것을 설립 취지로 내세웠다. SCBA의 출범은 싱가포르 화인사회 내부에서 '해협화인'의 정치적 정체성을 표방한 첫 민간결사의 등장이란 점에서 역사적으로 중요한 사건임에 틀림없다. 그러나 SCBA는 싱가포르의 화인사회 전체를 대표하는 단체가 아니었고, 전체를 대표할 의지도 없었다. SCBA의 영향력은 화인사회의 권위에 바탕을 둔 것이 아니라 식민 당국과의 관계에서 비롯됐다.

SCBA는 이듬해 말라카지부를 냈지만, 페낭에 SCBA가 생겨난 것은 20년 뒤였다. 페낭에서는 1903년 6월 '페낭 화인상공회의소Penang Chinese Chamber of Commerce檳城華人商務局'가 설립됐다. SCBA와 달리 화인상공회의소의 회원 자격은 "중국인으로서, 해협식민지에서 상업과 농원에 종사하는 모든 상인과 대리인 및 무역업자"였다. 영국 국적과 영어 교육을 내세우지 않은 것이다. 상공회의소는 앞서 본 평장회관과 마찬가지로 페낭 화인사회의 양대 방파인 복방과 광방이 동수로 이사회를 구성하고, 의장과 부의장은 두 방파가 교대로 맡도록 했다. 페낭의 상공회의소를 본떠 1906년 싱가포르 화인상공회의소가 생겨났다.[32]

페낭의 화인상공회의소는 영국 국적을 회원 자격으로 제한하지 않았지만, 싱가포르의 SCBA와 정치적 목적은 유사했다. 페낭 화인상공회의소의 정관 27조는 해협식민지의 입법위원회 민간 위원 후보를 페낭 화인상공회의소가 선출해 해협식민지 총독에게 추천하는 절차에 관한 조항이다. 1869년 창설 이래 해협식민지 입법위원회의 화인 위원은 1명뿐이었고, 그나마 싱가포르 화인의 차지였다.[33] 페낭 화인상공회의소는 해협식민지 입법위원회에 페낭 화인을 위원으로 선임되게 하고자 했다는 점에서 식민 당국이 화인에게 고위 공직의 문호 개방을 촉구한 SCBA의 정치적 지향과 닮았다. 페낭 화인상공회의소는 1908년 해협식민지 정부에 입법위원회 위원 후보자 지명 권한을 달라는 탄원서를 제출하면서 "(입법위원회 위원으로) 싱가포르의 경우 4,000명의 유럽인을 대표해 4명이, 17만 명의 중국인을 대표해 1명이 각각 임명되었지만,

페낭의 경우 1,300명의 유럽인을 대표해 2명을 임명하고, 10만 명 페낭 화인을 대표하는 위원을 임명하지 않은 것은 불공평하다"고 지적했다 (Shinozaki, 2006: 49). 입법위원회의 민간 위원에 화인의 의석이 3개로 늘어나 페낭 화인 대표가 참여하게 된 것은 1923년 이후의 일이다.

싱가포르의 화인상공회의소도 '영어 교육과 영국 국적'을 회원 자격으로 정하지 않았다. SCBA가 배제한 화인들, 즉 영국 국적은 있으나 중국어 교육을 받은 바바나 영국 국적이 없는 신케 상인들이 화인상공회의소에 가입할 수 있었다. 이후 싱가포르 화인사회의 엘리트는 '영어 교육을 받고 영국 국적을 가진' SCBA와 '중국어 교육을 받았거나 영국 국적이 없는' 화인상공회의소로 나뉘었다. 하지만 싱가포르에서 화인상공회의소가 화인사회에 미치는 영향은 더 강했던 것으로 보인다. 예컨대 1906년 11월 싱가포르에서 복건 출신과 조주 출신 화인 사이에 분쟁이 벌어지자 화인상공회의소가 나서 사태를 진정시킬 수 있었다(Wright, 1908: 296). 이는 싱가포르에서 SCBA가 영국 식민 당국과 가까운 관계일지는 몰라도 화인사회에 영향력이 있는 '정치 클럽'은 아니었음을 보여준다.

반면 페낭에서는 화인상공회의소가 평장회관과 함께 비밀결사가 금지된 이후 화인사회 전체를 대표하는 사회·경제·정치적 단체로 기능했다. 페낭의 두 단체도 점차 '해협화인'이 지도부를 차지하게 되면서 화인사회 전체를 대표하는 기능은 감소했다. 1920년 비로소 페낭 SCBA가 설립됐다. 기존 평장회관과 페낭 화인상공회의소가 해협식민지 입법위원회의 화인 위원 후보 선출조직으로 적합하지 않다는 이유에서였다. 하지만 뒤늦은 페낭 SCBA의 설립은 이 무렵 페낭의 '해협화인' 엘리트가 화인사회와 분리되었다는 것을 뜻하기도 한다.

물론 '해협화인'의 정체성을 스스로 규명하려 했던 바바 엘리트의 노력이 이후 민족주의 전개과정에서 중요한 역할을 한 것은 부인할 수 없다. 역사학자 클라이브 크리스티(Christie, 2000: 31~32)는 19세기 후반에서 20세기 초에 걸친 화인사회 엘리트의 '해협화인' 정체성 모색을 민족주의 이전 단계인 '문화적 각성 혁명revolution of cultural awareness'의 연장선에서 평가한다. 동남아 식민지의 토착엘리트가 종교적·문화적 형태로 유럽의 압도적인 문명과 권력에 대응하려 한 것과 다르지 않다는 것이다. 하지만 '해협화인'도 여느 문화적 각성 혁명의 주체들과 마찬가지로 종교와 문화를 좁게 정의했고, 다른 종족과 공동체를 배제하는 한계를 드러냈다. '해협화인' 혹은 소수 바바 엘리트의 페라나칸 정체성은 화인사회 전체를 아우르지 못하는 그들만의 정체성이었던 셈이다.

무엇보다도 해협의 바바 엘리트는 영국의 이중적인 태도에 좌절을 맛봐야 했다. 크리스티가 적절하게 지적하듯, 영국 식민 당국은 한편으론 화인사회와 '해협화인'을 분리시키면서, 한편으론 '해협화인'이 화인사회 전체를 대표하기를 원했다(Christie, 2000: 35). 이는 비유하자면 크림을 걷어내놓고, 크림더러 우유를 책임지라고 한 꼴이었다. 이러한 엘리트와 대중의 괴리는 이후 해협 화인사회가 경제력에 걸맞은 정치적 영향력을 행사하지 못한 이유이기도 했다.

페낭 디아스포라와
아편반대운동

또 하나의 정체성 '페낭 디아스포라'

싱가포르에 림분켕이 있었다면, 페낭에는 우렌테Wu Lien The伍連德
(1879~1960)[34]가 있었다. 우렌테는 광동성 태산台山 출신 이주자의 아들
로 페낭에서 태어나고 영어 고등교육을 받았다. 싱가포르의 림분켕처
럼 '여왕장학금'을 받아 1896년 영국 케임브리지대학의 이매뉴얼 칼리
지에서 의학을 전공했다. 해협식민지에서 영국 의학박사 학위를 딴 최
초의 화인이다. 직례총독 원세개袁世凱의 초빙으로 1907년 천진의 육
군군의학교天津陸軍軍醫學堂 부교장이 된 그는 1910년 동삼성東三省 방
질총의관防疾總醫官에 임명되어 하얼빈에 창궐한 치사율 99퍼센트의
괴질 퇴치의 책임을 맡았다. 괴질이 기존의 쥐에 의해 감염되는 것이
아니라 호흡기로 전파되는 폐페스트임을 규명해 방역에 성공한 그는
'역병의 투사plague fighter'란 별명을 얻었고, 이후 중국 근대의학의 토대

를 닦아 1935년 중국인 최초로 노벨상 후보에 오르기도 했다. 하지만 그는 1937년 중국에서의 삶을 정리하고 귀향해 동네 병원 의사 우롄 테로 여생을 보낸 '페낭 화인Penangite Chinese'이었다.[35] 달리 말해 그의 정체성은 '중국계 페낭인'이었던 셈이다.

영국 유학을 마친 우롄테는 1903년 페낭으로 돌아와 곧바로 싱가포르의 림분켕을 찾아가 3주간 그의 집에 머물렀다. 영국에서 경험한 정체성 위기를 상의하기 위해서였다. 페낭에서 영어 교육을 받은 영국의 신민이었는데도 영국인은 늘 그를 중국인으로 대할 뿐이었다. 중국인 부모를 두었지만 중국어 신문은커녕 자기 이름조차 한자로 쓸 수 없다는 사실에 깊은 자괴감을 느껴야 했다. 해협식민지에서 영국 신민으로 살아가는 화인의 정체성에 관해 10년 선배의 의견을 구한 것이다. 우롄테는 당시 림분켕에게서 학식과 열정을 사회개혁의 대의에 쏟아부으라는 말을 들었다고 회고했다(Wu, 1959: 221). 당시의 인연으로 우롄테는 나중에 림분켕의 처제와 결혼했고,[36] 해협의 두 지식인은 동서이자 사회개혁의 동지가 됐다.

우롄테는 1903년 9월 말레이국연방 정부가 쿠알라룸푸르에 개설한 의학연구소Institute for Medical Research에 일자리를 얻었다. 문제는 영국의 인종 장벽이 의학연구소에도 예외가 아니라는 점이었다. 케임브리지대에서 의학박사 학위를 받고 파리 파스퇴르연구소에서 연구원을 지냈지만, 중국인인 그에게 주어진 자리는 하급 연구원에 불과했다. 인종 장벽과 '2등 국민'임을 거듭 확인한 셈이다. 그는 1904년 말 페낭으로 돌아와 조지타운의 출리아가에 개인병원을 열었다. 하지만 '페낭 화인' 우롄테는 쿠알라룸푸르에서의 1년 남짓한 짧은 타향살이에서 귀중한 발견을 했다. 자신처럼 페낭을 '고향'으로 여기는 '페낭 화인'들을 만난 것이다. 우렌테는 그들을 '페낭 디아스포라Penang Diaspora'라고 불렀다(Wu, 1959: 225).

영국 식민지의 '2등 국민' 우렌테는 림분켕의 격려대로 쿠알라룸푸르에 도착하면서 곧바로 영어 교육을 받은 화인들과 '슬랑오르 문학토론회'를 조직했다. 토론회에 참가한 로케초우킷Loke Chow Kit陸秋傑, 로케초우타이Loke Chow Thye陸秋泰, 치아분텟Cheah Boon Teat謝文吉, 림친관Lim Chin Guan林振源, 푸화쳉Foo Wha Cheng胡華淸 등이 페낭 디아스포라였다. 이들은 페낭에서 태어나 영어 교육을 받은 '해협화인'이자 슬랑오르에서 성공한 광산주이거나 사업가이면서, 페낭을 '고향'으로 여기는 정체성을 공유했다. 로케 형제는 고향에 묻히겠다고 입버릇처럼 이야기했고, 실제 쿠알라룸푸르에서 생을 마친 뒤 페낭의 가족묘지에 안장됐다(Cooray & Khoo, 2015: 130). 이들 '페낭 디아스포라'는 이후 말라야 화인사회의 사회개혁을 이끈 주역이기도 했다.

우렌테는 1904년 5월 28일에 벌어진 문학토론회를 잊을 수 없는 사건으로 꼽았다. 이날의 토론 주제는 '화인사회 개혁의 첫걸음으로서 단발'이었다. 로케초우타이가 단발의 정당성을 발제하고, 치아분텟이 변발을 변호하며 토론이 진행됐다. 토론회에서 푸화쳉이 공개적으로 단발하기로 결론이 났다. 곧바로 단발 행사가 열렸고, 언론과 대중이 지켜보는 가운데 푸화쳉의 변발은 우렌테가 영국에서 가져온 복부 수술용 가위로 잘렸다. 이 행사는 언론에도 보도됐다(ST, 1904. 6. 6.). 이를 계기로 "말라야의 화인은 세계 산업 발전을 위해 주석을 채굴하는 재주만 있는 것이 아니라, 말라야의 주민으로서 사회활동도 한다는 사실을 만천하에 알렸다"고 우렌테는 회고했다(Wu, 1959: 227~30).

페락의 이포에서도 1904년 페락 문학토론회가 만들어졌다. 설립 총회에서도 우렌테는 푸추춘, 유통센Eu Ton Sen余東璇(1877~1941), 치아챵 림 등 거물 페낭 디아스포라를 만났다. 당시 푸추춘은 '주석왕'으로 불린 거상이었고, 유통센은 유안상Eu Yan Sang余仁生[37]을 국제적인 중국 전통의약품 회사로 키운 기업가였다. 복건성 영정永定 객가인 푸추춘의 이력이 특이하다. 할아버지가 페낭으로 이주해 아버지는 페낭 태생인데, 그는 영정에서 태어났다.[38] 13세 때 페낭으로 돌아온 푸추춘은 페락 주석 러시의 주역인 청켕퀴의 후원으로 1880년대에 킨타계곡의 이포에서 광산을 시작해 20세기 초 '주석왕'의 자리에 올랐고 영국 국적도 취득했다. 푸추춘은 앞서 언급한 '커심비 그룹'의 일원으로 유럽 자본의 페낭 화인권 포획에 맞서 상전에 나섰던 기업가이자, 이후 살필 말라야 화인사회 개혁운동을 주도한 사회개혁가였다.

'페낭 디아스포라'는 '해협화인'과는 또 다른 정체성이었다. 영어 교육이나 영국 국적보다 '고향'인 페낭을 중시했다. 수구초심이란 전통적 정서로 보아도 페낭 디아스포라는 더 이상 '화교'가 아니었다. 더 본질적인 것은 고향이자 중심인 페낭을 페낭 밖에서 바라봤다는 점이다. 림분켕이 싱가포르에서 영국 제국과 말라야를 전망했다면, 페낭 디아스포라는 말라야에서 페낭을 바라봤다. '해협'의 틀 밖에서 자신들의 경제적·정치적 이해를 느슨하게 상상된 말라야의 미래와 일치시키려는 움직임이 이른 시기에 시도된 것이다. 페낭 디아스포라의 정체성은 '말라야 화인'의 정체성을 선취한 것으로 해석될 수도 있다.

페낭 디아스포라를 대표하는 인물인 청켕퀴의 아들 청타이핀은 '해협화인'에 관해 "일전에 싱가포르의 림분켕과 만나 SCBA에 관해 대화를 나누었고, 당시 림분켕이 내게 페락에도 싱가포르와 같은 협회를 창설하라고 강하게 주장했던 것을 기억한다"면서, 다음과 같이 답했다고 말했다. "해협식민지에서 출생한 화인만으로 협회를 구성하는 것은 논점을 벗어난 것이다. 왜냐하면 말레이국연방에서 태어난 많은 이들을 고려해야 하기 때문이다. 이 땅에서 태어난 모든 이들(화인)을 아우르는 조직(협회)을 시작하기에 너무 늦지는 않았다"(MT, 1923. 7. 24).

해협의 화인사회가 자신의 정치적 운명이 말라야 전체 화인사회의 운명과 밀접하게 연결된다는 사실을 구체적으로 깨닫기 시작한 것은 1920년대 들어서였다(Christie, 2000: 36). 말라카의 탄쳉록Tan Cheng Lock 陳禎祿(1883~1960)[39]이 해협식민지 입법위원회 연설에서 다인종의 통합 말라야 자치정부 창설의 필요성을 역설한 것이 1926년 11월의 일이다. 화인의 정체성 논의와 사회개혁운동이 1907년 SCM 폐간 이후 싱가포르에서 급속히 냉각된 반면, 페낭의 화인사회로 주도권이 넘어간 것도 '페낭 디아스포라'의 존재와 무관하지 않다.

'민족적 시위' 아편반대운동

1906년 5월 런던의 영국 의회는 인도와 중국의 아편무역이 도덕적으로 용납될 수 없는 일이며, 재정수입에 손실이 따르더라도 신속하게 아편무역을 중단할 것을 영국 정부에 촉구하는 결의를 통과했다. 그해 9월 청 정부도 아편 금지 칙령을 내렸다. 10년 내에 중국 전역에서 아편 재배와 아편 흡연을 금지한다는 내용이었다. 이에 아편을 해협의 화인사회가 없애야 할 악덕으로 꼽고 아편 반대를 역설해온 림분켕이 발빠르게 싱가포르에서 아편반대협회를 설립했다. 림분켕은 아편 악습을 "전적으로 중국인의 문제"라며 "(중국과 해협의) 모든 중국인을

●
페낭의 아편 반대

아편에 반대하는 페낭의 화인단체 '계연사戒煙社'의 집행부.
사진 맨 오른쪽에 유일하게 변발을 하지 않은 인물이 우롄테이다.
ⒸWu(1959)

덮치고 있는 악마 인큐버스incubus를 퇴치하는 데 전력을 다하는 것이 중국인의 의무"라고 강조했다(Lim, 1906: 151).

1906년 중국을 방문해 청의 고위 관리들과 남양화교의 중국 투자를 논의한 푸추춘은 아편 금지 칙령에 지지를 보내며 그해 12월 페락 아편반대협회를 주도적으로 결성했다. 영국 식민 당국의 아편정책을 비판해온 영국인 의사 코널리R. M. Connolly가 페락 아편반대협회 회장을, 페락의 '페낭 디아스포라' 유통셴과 치아챵림이 각각 부회장과 총무를 맡았다. 1907년 1월에는 우렌테의 주도로 페낭 아편반대협회가 공식 출범했다.

1907년 5월 페락의 이포에서 '해협식민지-말레이국연방 아편반대회의'가 열렸다. 청중만 3,000명에 달했다. 이 회의는 영국 정부에 아편팜 폐지, 아편 중독자의 의무등록제 도입을 촉구하는 결의를 채택했다. 그해 8월 페락 아편반대협회 회장 코널리는 해협식민지-말레이국연방 아편반대회의 대표단과 런던을 방문해 당시 국무장관 윈스턴 처칠에게 결의문을 전달했다.

이 회의를 시작으로 전개된 아편반대운동은 말라야 차원에서 전개된 화인사회 최초의 사회운동이었다(Cooray & Khoo, 2015: 92). 바바와 신케가 합심했고, 해협식민지와 말레이국연방의 화인사회가 지지하며 방파의 울타리를 뛰어넘었다. 집회의 대중연설은 복건어와 광동어로 행해졌다. 일상어로 영어를 쓰는 젊은 바바들은 문학 토론회를 통해 길러진 우애와 연대의 정신으로 이 운동에 참여했다. 2년여에 걸쳐 참가자가 수천 명에 달하는 군중집회가 잇따랐다.

아편반대운동의 자금을 지원한 푸추춘은 1906년 말 자신의 주석광산 엥홧콩시Eng Hoat Kongsi에 다음과 같은 공고문을 붙였다.

아편 흡입 관행을 없애겠다는 청 정부의 칙령이 중국과 해외를 막론하고 모든 중국인에게 적용된다는 점에서, 이 광산 콩시는 내년 초부터 사전에 조사해 아편을 흡입하는 자는 고용하지 않기로 결정했다. 중국인 Chinese nationality 모두는 이 지시에 따라야 하며, 해묵은 관행을 서둘러 바꿔야 한다. 각자의 자유를 간섭할 뜻은 없지만, 나는 어떤 아편 흡입자도 이 광산에서 일을 하지 못하게 할 것이다. 따라서 여러분은 이 문제를 숙지하고, 나를 가혹하다고 비난하지 않기를 당부한다(Cooray & Khoo, 2015: 92).

1907년 해협식민지-말레이국연방 제2차 아편반대 회의의 개최지가 페낭으로 결정됐다. 이는 의미심장한 일이었다. 페낭은 페락과 태국 남부의 아편 공급 중심이었기 때문이다. 페낭이 발칵 뒤집혔다. 페낭 식민 당국과 아편팜의 화인 거상들이 2차 회의를 주도한 우렌테를 협공했다. 우렌테는 그때의 일을 "당시 아편 징세청부제 문제에 관해 입만 뻥끗하는 자는 누구든 반영反英 인물로 간주됐고, 모든 활동과 발언을 감시당했다"고 회고했다(Wu, 1958: 243~244). 1926~27년까지도 정부 세수의 31.8퍼센트를 아편 판매로 충당한 해협식민지 당국은 아편반대운동을 반정부활동으로 간주했던 것이다.

당국은 졸렬하게 공권력을 동원했다. 우렌테를 체포해 2차 회의가 열리기 3일 전 재판에 넘겼다. 페낭 경찰은 우렌테의 병원을 급습해 아편 1온스를 찾아내고, 급조한 '유해약물 금지령Deleterious Drug Ordinance' 위반으로 몰아간 것이다.[40] 소량의 아편은 의사들이 의료 목적으로 병원에 소장하는 것이 관례였지만, 아편반대운동을 주도한 의사 우렌테에게는 불법이었다. 동족의 쿨리에게 아편을 강권해 부를 키운 페낭의 화인 거상들은 동족의 개혁가 의사마저 범법자로 몰았다. 역설적이게도 우렌테의 체포 사실은 국제적 이슈가 됐고, 말라야 아편반대운동을 만천하에 알리는 꼴이 됐다. 중국의 실력자 원세개가 우렌테에 주목해 중국으로 초빙하게 된 것도 이 일이 계기였다.

우렌테를 막았지만 아편반대운동의 물결은 막을 수 없었다. 푸추춘은 2차 회의 의장 성명서를 발표했고, 이듬해 영국 총리 R. 레이들로 Laidlaw는 1908년 영국 하원 아편문제조사단을 이끌고 말라야를 방문했다. 영국에서도 아편반대집회가 열렸다. 말라야의 화인 수만 명이 아편 금연에 동참했다. 화인사회가 아편 흡입을 폐습으로 간주하기 시작한 것이다.

프랭크 스웨트넘이 화인사회 아편반대운동의 불길에 기름을 부었다. 화인이 말라야에서 가장 가치 있는 종족이라고 추켜세우고, 영령 말라야라는 느슨한 '나라'를 상상하게 한 장본인이 《런던타임스》(1908. 5. 13)에 기고한 '우리의 도덕과 다른 민족의 돈'이란 제하의 글이 화인사회의 분노를 자극했다. 스웨트넘은 식민지에서 아편을 금지해야 한다는 영국 국무장관의 발언을 비난하며, 이는 제국 정부가 매년 해협식민지에서 나오는 제국 방위비의 5분의 1을 포기해야 하는 것이라고 지적했다. 게다가 중국인은 아편을 금지하면 대신 술을 들이킬 것이라는 망언도 덧붙였다(ST, 1908. 6. 6).[41]

스웨트넘의 망언에 영국인조차 당혹감을 감추지 못했다. 아편반대협회 명예총무 J. G. 알렉산더는 "식민지가 아편 징세청부제로 걸어들이는 재정 수입이 누구의 주머니에서 나오는가?"라고 물으면서, "식민지 정부의 재정을 채워주는 바로 그 화인들이 영국 정부가 허가한 아편굴과 아편 상점에서 힘들게 번 돈을 더 이상 탕진하지 않으려 하는 것"이라고 반박했다(ST, 1908. 6. 15).

이에 스웨트넘이 도덕적으로 아편 반대를 주장하는 중국인과 식민
지 재정에 기여하는 중국인은 다르며, 아편을 흡입하는 중국인 노동자
를 아편반대 대중집회에서 찾아볼 수 없다고 강변하자, 아편반대운동
을 지지하는 익명의 독자는 아편반대집회 참가자 가운데 해협화인이
극소수라는 요지의 다음과 같은 반박문을 기고했다.

아편반대집회에서 중국 태생의 화인과 해협 태생의 화인을 구분하기는
힘들다. 하지만 참가자의 절대 다수가 해협 태생이 아니라는 점은 분명
하다. 왜냐하면 집회에서 말레이어가 일절 사용되지 않기 때문이다. 해
협에서 태어났더라도 상이한 중국 남부의 방언을 온전히 알아듣는 이는
영어를 알아듣는 이보다 훨씬 적다. 그래서 해협의 화인은 말레이어로
서로 소통한다. 하지만 아편반대집회에서 사용된 언어는 복건어와 광동
어 두 개의 방언이었고, 가끔 영어가 쓰이기는 했지만, 말레이어는 전혀
사용되지 않았다(ST, 1908. 6. 16).

아편반대협회를 지지해온 영국인 홀리W. E. Horley 목사는 1908년 8
월 쿠알라룸푸르의 아편반대회의 연설에서 "스웨트넘은 사태의 진상
을 전혀 모르고 있다"며 "말레이국연방의 경제를 주도하는 거의 모든
중국인 토카이가 이 운동에 참여하고 있으며, 수천 명의 대중이 우리
와 함께한다"고 강조했다. 홀리 목사는 아편반대운동을 화인사회의 "민
족적인 시위national agitation"라고 평가했다(ST, 1908. 8. 27).

아편반대운동 여파로 페낭과 페락의 아편팜 신디케이트는 1909년
에 파산했다. 식민 당국은 이런 상황에서도 아편을 금지한 것이 아니

라 졸렬한 수법으로 모면하려 했다. 1910년 아편팜을 없애는 대신 아편 전매제를 채택한 것이 그러했다. 예전에 아편파머에게 위탁했던 생아편의 찬두 가공을 식민 당국이 직영하고 아편 판매는 금지하지 않은 것이 아편 전매제의 실상이다. 이를 통해 식민 당국은 세수를 늘리며 이익을 봤지만, 아편 흡입은 줄지 않았고, 아편팜의 화인 거상만 '돈이 열리는 나무'를 잃었을 뿐이었다.

1912년 1월 23일 네덜란드 헤이그에서 열린 첫 국제아편회의에서 국제아편조약International Opium Convention이 채택됐다. 이 조약에 영국도 서명했다. 10년 뒤인 1922년 이 조약은 국제연맹의 조약으로 등록됐다. 말라야 아편반대협회는 1923년 10월 2,000명의 서명을 받아 국제연맹에 아편 거래 근절을 촉구하는 탄원서를 마련했다. 대표단 파견 환송 모임에서 슬랑오르의 '페낭 디아스포라' 로케초우타이는 이렇게 말했다.

아편 흡연자였던 아버지가 어린 나에게 절대 나쁜 습관을 따라 하지 말 것을 당부하면서, 아편은 독약으로 중국인을 우둔하고 게으르게 만들어 손쉽게 중국을 점령하려던 외국 정부의 술수라고 했다(SFP, 1923. 10. 13).

말라야에서 아편 거래는 1928년 7월 원칙적으로 금지됐다. 아편반대운동이 시작된 지 20년 만이다. 하지만 영국 식민 당국이 말라야에서 아편 판매를 공식적으로 포기한 것은 1947년의 일이다.

기로에 선
1930년대 화인사회

내가 시대의 징표를 잘못 읽지 않았다면, 오늘 우리는 열등하고 보잘것
없는 일만 해온 시대의 끝자락을 목도하고 있는 것이다. 이는 오늘부터
우리가 이 나라country의 복지와 관련된 모든 일에서 주도적인 역할을
떠맡으라는 운명의 명령인지 모른다. 이곳이 우리의 고향Home이라는
사실을 아무도 부정하지 못한다. 좋든 싫든 우리가 살고 있는 여기에 우
리의 모든 것이 있다.······ 우리는 중국인의 후예지만, 이곳에서 태어나
고 자랐으며, 영어 교육의 이점을 누려왔기에, 동류의식sympathy과 사고
방식, 생활양식에서 영국인일 수밖에 없다. 이제 이 협회는 나라 전체의
보편적인 복지를 위해 일할 **정치적으로 조직된 세력**(강조-필자)이 될 것
이다.······ 우리가 선량하고 충성스러우며 쓸모 있는 시민으로서 의무를
다하고, 모든 부담과 책임을 온전히 받아들이기 위한 이 협회를 그 어떤
것도 방해하지 못할 것이다. 이 나라의 미래 발전에서 조직된 실체로서
우리가 중요한 역할을 떠맡아야 할 운명이라는 점은 의심의 여지가 없

다(MT, 1923. 7. 24).

1923년 7월 푸화쳉[42]은 이렇게 웅변했다. 말라야의 SCBA인 '영국 국적 말라야 화인협회British Chinese Association of Malaya'(BCAM) 창립 총회에서였다. 푸화쳉은 1904년 슬랑오르 문학 토론회에서 변발에 관한 토론을 마치고 공개적으로 단발했던 인물이다. 페낭 디아스포라인 그는 화인의 고향인 말라야라는 '나라'에서 BCAM이 주도적인 역할을 떠맡는 정치조직이 될 것이라고 장담했다.

BCAM의 창설은 '해협식민지와 말레이국연방 태생 화인Straits and States Chinese'의 통합을 의미했다. 잠재적으로 해협식민지와 말레이국연방의 입법위원회를 겨냥한 정치적 로비를 구축하는 것이기도 했다. 이는 이른 시기 말라야 화인의 초보적인 정치조직으로 간주될 수 있다(Cooray & Khoo, 2015: 112~3).

앞서 1921년에는 '영령 말라야 화인상공회의소연합회Associated Cambers of Commerce of British Malaya'가 결성됐다. 해협식민지와 말레이국연방에 산재한 화인상공회의소들이 연합회로 통합된 것이다. '상인, 무역업자, 제조업자, 농원주, 광산주, 금융가, 지주 및 전문직에 종사하는 화인'을 가입조건으로 한 것은 여느 화인상공회의소와 같았다. 말라야뿐 아니라 중국에서 태어나 이주한 화인에게도 문호가 개방됐다. 이로써 해협식민지를 포함한 말라야의 화인사회는 두 개의 공식적인 조직을 갖추게 됐다.

1923년 해협식민지 입법위원회에 화인 대표 자리가 3개로 늘어나고, 말레이국연방 연방위원회에도 화인 대표가 참가하게 됐다. 1920년대는 화인사회의 엘리트에게 식민 당국의 '공인'이 될 기회가 조금씩

넓혀지면서 표면상으로는 푸화쳉의 장담이 실현될 것처럼 보였다.

여기서 잠시 고무의 시대 페낭의 경제계와 조지타운의 거리 풍경으로 눈을 돌려보자. '페낭 화인권'을 포획당했지만 페낭 화인사회의 경제적 활력이 사라진 것은 아니었다. 적수공권의 신케 거부 신화도 이어졌다. 림분켕이 영국 유학을 마치고 싱가포르로 돌아온 1893년에 쿨리 림롄텡Lim Lean Teng林連登(1870~1963)은 고향 광동성 조주부 혜래惠來현을 떠났다. 페낭에 도착한 그는 이내 커다의 농원으로 향했다. 그리고 그로부터 15년 뒤 페낭의 바바 엘리트에게 해협식민지 입법위원의 자리가 주어지던 무렵 신케 림롄텡은 페낭 조주회관의 대표이자 페낭 화인사회 지도자가 되는 신화의 주인공이 되었다(林水檺, 2001).[43]

커다에서 농원 쿨리, 돼지 백정, 화장품 행상 등으로 8년을 전전한 끝에 조주 출신의 농업 장기를 발휘한 림롄텡은 카사바농원을 시작으로 부를 쌓기 시작했다. 림은 카사바농원을 열고, 타피오카 녹말 가공 공장을 세우고, 처리가 끝난 카사바 찌꺼기로 가축 사료를 만들고, 카사바 사이에 고무나무를 심고,[44] 타피오카를 페낭으로 실어 나를 선박을 구입하고, 커다농원의 보급품을 조달할 회사를 페낭에 세웠다. 수직 계열화였다. 여기에 주정공장을 더해 커다의 술 징세청부권을 장악하고, 축적한 부로 페낭의 부동산을 사들이는 사업 다각화도 시도했다. 기존 페낭 화인권의 네트워크 방식 대신 림롄텡은 계열화된 기업집단을 만든 것이다. 1930년대 림롄텡은 말라야 최대 농원주로 꼽혔고, 페낭과 싱가포르의 조주 출신 화인사회에서 영향력을 인정받는 거상이 됐다.[45]

림롄텡은 페낭의 근대식 중국어 중등교육기관인 한강중학교韓江中學校 설립의 주역이었다.[46] 특히 1910년 손문이 동맹회의 남양 본부를 싱

'페낭 화인권' 지역에서 최고의 중국어 중등 교육기관으로 인정받는
페낭의 한강중학교韓江中學校 교정에 설립자 림롄텡林連登 동상이 서 있다.
'주석의 시대'와 다른 방식으로 우마차처럼 차근차근 화인사회의 존경받는 거부가 된 그는
페낭 화인사회에서 '우마차 림롄텡牛車登'이란 별명을 얻었다.

가포르에서 페낭으로 옮긴 뒤 창간한 중국어 일간지 《광화일보光華日報》가 폐간 위기를 넘길 수 있었던 데에도 림롄탱의 공이 크다. 림롄탱은 1938년 문을 닫을 처지였던 광화일보사의 이사장을 맡아, 자신의 건물에 신문사 사옥을 내주는 등 재정 지원을 아끼지 않았다.

복건성 남안南安에서 태어난 얍초이Yeap Chor Ee葉祖意(1867~1952)는 1885년 페낭으로 이주했다. 열일곱 살의 가진 것 없는 그는 거리에서 변발한 화인의 머리를 손질해주는 일을 했다. 변발을 자기 손으로 다듬지 않는 것이 중국인의 관습이었다. 얍초이는 이 일을 5년간 하면서 '티타우이thi tau Ee剃頭意'란 별명을 얻었다. 이발사 얍초이라는 뜻이다. 이렇게 마련한 종잣돈으로 잡화점 반힌리Ban Hin Lee萬興利를 열었고, 페낭의 설탕 유통과 교역을 장악하면서 거부가 됐다. 거리의 이발사 얍초이는 1937년 페낭에 반힌리은행Ban Hin Lee Bank萬興利銀行[47]을 개설했다. 말라야에서 화인 단독으로 은행을 개설하기는 얍초이가 처음이었다. 페낭 화인권이 포획된 이후 페낭 화인사회에서 림롄탱과 얍초이와 같은 신케 거상의 발언권이 강해졌다. 적수공권으로 이주해 거부가 되고, 기존 바바/페라나칸의 자리를 차지한 신케가 다시 바바가 되

●
모던 걸
모던 걸을 내세운 1935년 중국의 아스피린 광고.
1930년대 페낭 화인사회의 신여성들은 머리핀으로 올림머리를 하고
살롱-커바야의 투피스로 차려입던 '뇨냐 패션'에서,
단발머리에 바지를 입거나 치파오를 상해식으로 변형시킨
'총삼'으로 바꿔 입었다.
〈U.S. National Library of Medicine〉

는 화인사회의 역동성이 고무의 시대에도 이어졌다. 화인상공회의소가 SCBA와 달리 영어와 영국 국적을 가입조건으로 제시하지 않은 것도 이러한 신케 신화의 역동성과 무관하지 않다.

조지타운의 거리 풍경도 총아피의 딸이 보았던 1909년과 사뭇 달라졌다. 1920년대 이후 다인종 식민지 항구 도시 페낭은 코스모폴리타니즘cosmopolitanism의 세례를 듬뿍 받았다. 페낭에도 모던 걸Modern Girl 바람이 거셌다. 단발에 바지를 입거나 상해식 총삼 차림을 한 화인 신여성들이 조지타운의 도심과 공공장소를 활보했다. 싱가포르는 물론, 페락의 타이핑과 슬랑오르의 쿠알라룸푸르에서도 화인 모던 걸은 낯선 풍경이 아니었다. 여느 곳에서와 마찬가지로 모던 걸은 논쟁적이면서도 문명의 진보를 위한 필연적인 현상으로 여겨졌다.

당시 대중문화의 세계적 현상인 모던 걸은 영국 식민지 페낭에서 새로운 민족을 상상하게 하는 근대화 담론의 일부이자, 다인종 사회의 소속감을 확인하는 정치적 문화현상이었다. 페낭의 인도계와 말레이인 사회는 화인 모던 걸과 전근대의 전통을 벗어나지 못하는 동족 여성의 현실을 비교하며 아시아계 종족 간 근대성의 격차를 인식하기도 했다. 1920년 이래 모던 걸로 대표되는 코스모폴리타니즘은 페낭의 중국인, 인도인, 말레이인 사회가 서로 소통하고 논쟁하며 각자의 차이를 확인하고 공통의 열망을 모색하는 공론장의 토대였다(Lewis, 2009: 1387, 1391).

하지만 1930년대 들어 푸화쳉의 장담은 흔들리기 시작했다. 1929년 세계적 대공황이 시작되던 무렵 해협식민지에 부임한 세실 클레멘티Sir Cecil Clementi 총독은 화인사회를 겨냥해 개입주의를 강화했다. 중국인과 공산주의자들이 주도하는 반식민지운동을 차단하기 위해 중국어 신문의 검열 강도를 높였고, 중국을 지원하기 위한 화인의 모금 활동도 금지했다. 특히 이민법을 개정해 중국인의 신규 이주를 규제했다. 페낭 건설 이래 지속되어온 자유이민 정책을 공식적으로 폐기한 것이다. 말라야 화인사회는 바바와 신케 구분 없이 반발했다. 탄청록은 1932년 입법위원회 연설에서 "오랜 중국인의 헌신에 어울리지 않는 형편없는 보상"이라고 비난했다(Turnbull, 1989: 134).

이민법에 이어 광산법을 통해 외국인의 광산 개발을 제한하고 말레이인의 토지 소유권 보호를 강화했다. 광산법은 외국인이나 대자본이 주석광산용으로 땅을 임차하지 못하게 함으로써 말레이인을 보호하려는 취지에서 만들어졌다. 영국 식민 당국은 말레이 술탄의 위상을 강화하는 쪽으로 정책을 선회했다. 이는 영국의 말라야 정책에서 우선순위가 경제에서 정치로 옮겨졌음을 의미했다.

클라이브 크리스티(Christie, 2000: 36)는 이러한 일련의 변화로 영령 말라야에서 화인사회의 위상이 주변으로 밀려났다고 분석한다. '해협화인' 엘리트의 정치적 영향력이 급격히 약화되었고, 그 과정에서 '해협화인' 정체성의 중심적인 딜레마가 드러났다는 것이다. 19세기 말부터 림분켕을 중심으로 한 해협의 바바 엘리트는 해협식민지에서 더 많은 대표자를 두어 화인의 정치적 영향력을 키우고, '해협화인'이 그 중심적인 역할을 수행한다는 목표를 추구했다. 이를 위해 바바 엘리트는 '해협화인'이 해협 및 말라야의 기존 화인사회와 다름을 강조했다. 그런데 그 결과가 자신들의 주변화로 귀착된 것이다.

바바 엘리트는 비로소 자신의 정치적 영향력이 화인사회와의 연관을 전제로 한다는 사실을 깨닫게 되었다. 영국에 충성하고 제국의 시민으로서 사회개혁에 헌신한다고 푸화쳉의 장담이 실현될 수 없다는 현실 인식은 뼈아픈 것이었다. 바바 엘리트에게 비밀결사와 콩시에 바탕을 두었던 화인사회의 권력은 영국이 요구하는 신사紳士가 되기 위해 폐기해야 할 깡패의 과거일 뿐이었다. 하지만 현실의 정치는 그렇지 않았다. 바바 신사들은 화인사회를 대표하지 못한다는 점에서 영국의 신뢰를 받지 못한 것이다. 해협식민지 입법위원회의 민간 위원이 1923년 이후 늘어나기는 했지만, 전체 26명의 위원 가운데 민간인 위원 13명에서 화인 위원은 3명뿐이었다.

스스로 충성스런 엘리트로 간주하는 것과 전체 말라야 화인사회의 자연스런 지도자를 자칭하는 것 사이의 이러한 혼란스러움 때문에, 바바 엘리트는 1930년대에 우왕좌왕했다는 인상을 주게 된다. 영국은 1933년 화인 등 아시아계의 진출을 차단했던 공직의 인종 장벽을 없앴다. 하지만 화인 엘리트의 기대만큼 문호가 개방되지도 않았다. 말라야의 바바 엘리트에겐 아무리 해도 제국의 2등시민이란 굴레를 벗어날 수 없다는 회의가 밀려들었다. 말라야의 미래를 위한 동등한 파트너로 여겨지지 않음을 거듭 확인해야 했다.

이러한 화인사회의 회의와 의심은 비단 식민지 정책에 참여할 기회가 적다는 데에서만 비롯한 것은 아니었다. 영국은 1930년대 들어 '타나 믈라유tanah Melayu'(말레이인의 땅), 즉 '말레이인의 국가' 구상을 구체화하기 시작했다. 느슨하게 상상된 나라인 영령 말라야를 독립된 말레이 술탄국의 연합국가로 만드는 구상이었다. 이는 사실상 화인사회와 바바 엘리트를 배제하는 움직임이었다. 1930년대 말라야 화인사회의 입장을 대변한 페낭의 사회단체 보우사補友社Hu Yew Seah[48]를 이끈 히아주샹Heah Joo Seang連裕祥(1899~1962)이 《말라얀 차이니즈 리뷰*Malayan Chinese Review*》(1931~1933)를 통해 모든 종족이 참여하는 통일 말라야를 역설한 것도 영국의 '타나 플라유' 정책에 관한 화인사회의 위기감을 반영했다. 히아주샹의 논점은 통합 말라야와 공직에 화인의 접근을 개방해 다인종 사회를 건설하자던 1920년대 후반 탄쳉록의 주장과 맥을 같이했다(Christie, 2000: 35).

영국의 '타나 플라유' 구상은 모던 걸로 대변되는 코스모폴리타니즘의 흐름에 역행했다. 기존 중국인-인도인-말레이인의 종족 간 분업체제로 운영된 식민지배의 틀을 바꾸는 것이었다. 영국 식민지의 종족 간 분업체제에 관해, 바바라 안다야(Andaya & Andaya, 2001: 242)는 "거칠게 표현해 유럽인은 행정을 장악해 식민지를 통치하고, 중국인과 인도인 이주자들은 주석과 고무로 대표되는 추출경제extractive economy[49]의 노동자이자 교역 부문의 상인으로 기능하고, 말레이인들은 농촌의 들녘을 채우면 그만인 체제였다"고 일갈한다. 이러한 관점은 중국인, 인도인 이주자와 현지 말레이인의 종족성과 정체성의 문제를 개별적인 것으로 간주했다는 비판을 받기는 하지만, 영국 식민지배의 골격을 예리하게 적시한다는 점은 부인하기 어렵다. 종족 간 분업체제를 위해 영국 식민 당국이 기존에 맺었던 종족 엘리트와의 정치적 동맹을 재편하는 것이 바로 '타나 플라유'였다. 영국은 고분고분한 농민과 어민이기를 바랐던 말레이인을 식민지의 정치적 파트너로 삼고자 한 것이다.

이러한 영국 식민지배 정책의 변화는 '오래된 불신'과 '새로운 자신감'이 결합된 결과였다. 영국은 기본적으로 노동자이자 상인·사업가로서 식민지 경제를 담당해온 '이방인'인 중국인과 인도인이 결국에는 축적한 부를 싸들고 자신의 조국으로 돌아가리라고 봤다(Andaya & Andaya, 2001: 254). 프랜시스 라이트가 페낭 건설 초기에 화인 코라이환을 두고 '늙은 여우'라고 했던 오래된 의심과 식민지 확장을 위해 드러내지 않았던 불신이 1930년대에 표면화된 것이다. '페낭 화인권'을 포획함으로써 유럽의 자본이 식민지 경제를 주도할 수 있게 되었다는 점이 화인사회와의 계약을 다시 쓰게 만든 영국의 새로운 자신감이었다. 달리 말해, 영령 말라야를 영국인이 통치하고, 영국 자본이 주도하며, 말레이인이 식민지 행정을 보조하게 하려 한 것이다.

1929년 대공황의 영향도 컸다. 화인사회의 계급 갈등이 심화됐다. 페낭의 점원이나 사무원 노동자들이 일자리를 잃었고, 주석과 고무 가격이 폭락하면서 광산과 농원의 노동자들은 실업자로 전락했다. 회관, 콩시, 비밀결사 등 화인사회의 상호부조 기능이 약화되는 바람에 노동자 계급은 자구책을 모색해야 했다. 1930년 창당된 '말라야 공산당 MCP'의 주력이 화인 노동자였던 것도 이러한 사정을 대변한다. 이를 계기로 대중의 정치세력화를 우려한 영국은 화인사회를 더 불신하게 되었고, 영국 식민 당국과의 동맹을 강화하려던 바바 엘리트와 화인사회 대중의 거리는 더 멀어졌다.

일자리를 잃은 화인 노동자들이 농업에 뛰어들면서 말레인과의 종족 간 분업체제도 위협받았고, 말레이인의 위기감도 증폭됐다. 1931년 인구조사에서 영령 말라야 전체 인구 가운데 중국인이 170만 9,392명으로 말레이인 인구(164만 4,173명)를 앞섰다. 이는 말레이인 엘리트를 정치적으로 자극했다. 영어학교에 말레이인 재학생이 급증한 것도 이 무렵이다. 영령 말라야에서 영어학교의 말레이인 재학생은 1923년 700~800명에서, 1933년 2,464명으로 세 배 가까이 늘었다(Andaya & Andaya, 2001: 244~245). 영어 교육을 받은 말레이인이 늘어나면서 예전에 영어학교 출신의 중국인과 인도인이 차지했던 식민지 정부의 하급직이 말레이인으로 채워지기 시작했다.[50]

말레이 민족주의가 부상하고 영국의 '타나 믈라유' 구상이 구체화된 1930년대 말 페낭의 화인 엘리트는 갈림길에 섰다. 말라야 전체 화인 사회를 규합해 코스모폴리타니즘에 바탕을 둔 다인종·다문화의 통합 말라야를 추구할 것인가, 아니면 말라야의 정치적 전개와 절연한 채 해협식민지의 기득권에 안주할 것인가의 기로였다(Christie, 2001: 36). 그러나 어떤 선택지도 화인 엘리트는 종속 변수일 뿐이었다. 영국이 어떤 결정을 내릴 것인지, 페낭과 말라야가 영국 제국의 일부로서 지속될 것인가가 관건이었다.

1941년 영국은 일본에 힘없이 무너졌다. 일본군이 상륙했을 때, 페낭에는 항복문서에 사인을 할 영국 식민 당국자가 단 한 명도 없었다. 하지만 영국이 언젠가는 떠날 종족이라고 했던 화인이 페낭에 남았다. 우렌테도 그중 한 명이다. 페낭의 페라나칸이자 영국 박사학위의 바바 엘리트이면서 아편이란 사회적 역병과 싸운 투사로서 영국 식민 당국에 미운 털이 박힌 '해협화인'이었고, 중국에선 페페스트를 퇴치하는 데 앞장섰던 '역병의 투사' 우렌테는 페낭으로 귀향했다. 중국의 1등국민이냐 영국 식민지의 2등국민이냐의 기로에서 그가 페낭행을 택한 것은 왜일까? 그 귀향의 속내를 속속들이 알 수는 없다. 그러나 분명한 한 가지 사실은 우렌테에게 기꺼이 묻힐 고향이 있었고, 그곳이 페낭이었다는 점이다.

'아편과 깡통의 궁전'과
페라나칸

페낭 조지타운의 '페낭 페라나칸 맨션'은 2003년 '해협화인 문화유산 박물관'으로 문을 열었다. 이 건물은 본디 1895년에 완공된 청켕퀴의 고택이었다. 바바·뇨냐 유물 컬렉터인 피터 순Peter Soon이 2001년에 매입한 이 건물은 2년간의 복원 과정을 거쳤다. 피터 순은 역사적 인물인 청켕퀴의 고택이 바바·뇨냐의 유물을 전시하기에 제격으로 판단했다고 한다(Chan, 2011: 170). 이렇게 19세기 후반 '신케' 거상 청켕퀴의 저택은 21세기에 '페낭 페라나칸 맨션'으로 탈바꿈했다. 그리고 '페낭 페라나칸 맨션'의 실물 위에 구축한 가상의 '아편과 깡통의 궁전'에서 아편, 주석, 고무의 세 전시실을 우리는 방금 둘러본 참이다.

페낭의 화인사회는 동남아 각지의 화인사회와 유사성을 공유하면서도 역사적 경험에서 몇 가지 차이점을 드러낸다. 우선 페낭은 1786년 기존의 문화적·사회적·정치적 권위가 부재한 곳에 건설된 영국의 정착 식민지였다. 영국 깃발 아래 모인 아시아계의 다양한 종족은 모두가 원주민의 눈치를 보지 않아도 되는 이주자였다. 페낭 화인사회의 인구 구성도 여느 지역, 이전 시대와 질적으로 달랐다. 상인만이 아니라 장인과 노동자, 남성만이 아니라 여성도 함께 이주했고, 우리가 관찰한 1930년대 말까지 중국으로부터 이주의 흐름은 끊임없이, 그것도 대규모로 이어졌다. 현지화의 사회적·문화적 압박보다 화인사회 내부의 경제적·정치적 역학이 더 강력하게 작용할 수밖에 없었다. 19세기 후반 페낭의 화인사회가 자본과 노동을 장악하고 페락과 푸켓의 주석 광산 개발을 전적으로 주도한 역사적 경험은 특기할 만하다. 이는 말라카해협 북부 연안에 정치적으로 자율적이고, 경제적으로 유럽 자본에 독립적인 '지역 경제권'을 형성한 동력이 됐다. 해협 북부의 '페낭 화인권'이야말로 페낭 화인사회와 싱가포르 화인사회를 구분해봐야 할 이유가 아닐까 싶다. 우리는 아편-주석-고무의 전시실을 둘러보며 페낭 화인사회의 역동성과 '페낭 화인권'이 유럽 자본에 포획되는 과정을 살핀 바 있다.

이제 처음의 질문으로 돌아가보자. 페낭 화인사회에서 페라나칸은 무엇일까?

'페라나칸'은 여권도 국적도 국경도 없던 시절에 원주민이 아닌 이주자의 후예로서 '현지에서 태어난 자'를 가리키는 역사적 용어이다. 이방인 남성과 현지인 여성의 결합이 불가피했던 시절이란 점에서 페라나칸에는 종족 간 '혼혈'과 문화적 '혼종'의 의미가 더해졌다. 페라나칸이 자바에서 널리 쓰였다면, 화인사회의 역사가 오래된 말라카를 비롯해 말라카해협에서는 '바바'라는 말이 일반적이었다. 바바는 어원이 분명하지는 않다. 페라나칸 화인 남성의 존칭이라고도 하고, 여성의 존칭인 뇨냐를 더해 '바바·뇨냐'로 표기되기도 한다. 페라나칸과 바바는

'현지 태생'이란 점에서 동의어로 간주될 수 있다. 하지만 '아편과 주석의 궁전'에서는 페라나칸과 '해협화인Straits Chinese'을 동의어로 간주하지 않았다. '해협식민지의 화인'이 '해협식민지에서 태어나 영어 교육을 받은 영국 국적의 화인'을 뜻하는 용어로 바뀐 것은 19세기 후반의 일이다. 게다가 당시 해협식민지의 화인사회에서 바바와 '해협화인'이 동의어로 통용되었을지도 의문인 까닭이다.

'아편과 깡통의 궁전'에서는 페라나칸을 두 가지 관점에서 바라본다. 먼저 '교역하는 디아스포라'의 관점이다. 오랜 해상교역의 전통에 비춰 페라나칸은 '현지 물정에 밝은 이방인'으로 볼 수 있다. 동서고금을 막론하고 교역은 상품만으로 이뤄지지 않는다. 상품의 생산에서 거래와 운송까지 복잡한 과정을 거친다. 더구나 중국 상인이 외국에서 '비중국인'과 교역하기 위해서는 현지 언어는 물론 현지 시장에도 정통하고, 토착권력이나 유럽 상인과도 거래하는 법을 알아야 한다. 말라카 해협에서 교역하던 중국인들은 계절풍의 바람이 바뀌면 대부분 중국으로 돌아갔고, 소수만 현지에 남았을 것이다. 남은 소수의 중국인은 비중국인과 어울려 살며 현지 물정을 익히고, 이듬해 계절풍을 따라온 중국 상인의 상품을 팔아주고, 가져갈 상품을 사주었을 터이다. 남은 자의 일부는 현지에서 가정을 꾸렸을 것이고, 다시 그중 사업 수완이 좋거나 행운을 잡은 소수는 큰 부를 쌓아 화인사회의 지도자가 되고, 비화인사회에도 영향력을 행사했다. '현지 물정에 밝은 이방인'으로 본다면, 중국에서 태어났더라도 사업 수완이 좋은 중국인은 페라나칸이나 바바로 불렸을 개연성이 크다. 18세기 말 페낭 초기 이주자인 코라이환, 19세기 후반 '페낭 페라나칸 맨션'의 집주인 청켕퀴, 적수공권의 신케에서 말레이국연방의 연방위원이 된 룽피 등이 그러했다.

또 하나는 페라나칸이 역사적인 용어이고, 그 역사성은 '구분'에 있다는 관점이다. 페라나칸이 화인사회 내부에서 비롯된 것인지, 화인사회 바깥에서 규정된 것인지는 분명하지 않지만, 화인 중에 다른 화인을 구분할 필요에서 생겨났을 것이란 점은 분명하다. 그 기준은 물정에 밝은지 어두운지일 수 있고, 현지 태생 여부일 수도 있다. 어떤 기준이든 페라나칸을 구분하게 하는 타자他者는 중국에서 이주한 신케였다. 신케가 페라나칸보다 현지 물정에 어두울 것은 자명하다. 달리 말해, 신케를 전제하지 않을 경우 페라나칸은 화인사회의 내부 문제가 아니라 현지 사회의 문제가 된다고 보는 것이다.

우리는 '아편과 깡통의 궁전'에서 세 개의 전시실마다 페라나칸의 뉘앙스가 미묘하게 달라짐을 감지했다. 아편의 시대인 초기 페낭 화인사회에서 페낭 태생 여부는 중요한 문제가 아니었을 것이다. 같은 이주자이지만, 페라나칸은 물정 모르는 신케와 달리 교역하는 디아스포라로서 현지 물정에 밝은 '라오케'의 의미가 강했을 것으로 추정된다. 중국에서 태어난 코라이환은 기능적으로 페라나칸의 덕목을 갖춘 라오케로서 페낭 화인사회의 초대 카피탄 치나가 됐다. 말 설고 물 설은 신케는 라오케의 주위로 몰렸을 것이고, 코라이환은 비슷한 시기에 가족을 이끌고 이주한 라오케를 규합해 물정 모르는 신케를 통제하고 조직하며 화인사회의 틀을 잡아갔다. 라오케는 '돈이 열리는 나무' 아편 팜을 장악하고 물정 모르는 신케를 아편에 중독시키며 거부의 고속도로를 달렸다. 그렇게 한 세대가 흐른 1820년대에 물정에 밝고 사업 수완도 좋은 신케가 새로운 라오케가 되면서 구 라오케의 독점을 위협했다. 비밀결사가 분화되고 새로운 라오케는 친족 콩시를 통해 세를 과시하기 시작했다. 복건 출신 5대 성씨의 콩시는 페낭 화인사회에서 신구 라오케의 세대교체를 상징한다 하겠다.

우리는 '주석 전시실' 말미에 코라이환의 증손자 코샹탓이 1869년에 지은 서양식 저택을 봤다. 그 저택을 금수저를 물고 태어난 라오케 부잣집의 도련님이 부를 과시하기 위한 것으로 보는 것은 너무 단편적이라고 전술했다. '아편과 깡통의 궁전'은 19세기 중반 주석의 시대가 열리면서 페낭 화인사회에서 페라나칸이 새로운 의미를 획득했다고 봤다. 아편의 시대엔 현지 물정에 밝은 라오케나 물정에 어두운 신케나 모두 영국 식민지 페낭에서 이방인으로서의 객客이긴 마찬가지였다. 코샹탓의 에든버러 하우스는 페낭의 라오케가 스스로 '객'의 정체성을 지우고, 페낭인으로서의 페라나칸을 선언한 사건이 아니었을까. 현지 태생으로서의 페라나칸이 아니라, 기꺼이 페낭에 묻히겠다는 적극적 의미의 페라나칸으로서 말이다. 누구나 태어나는 곳을 선택할 수 없지만, 자신이 묻힐 곳은 선택할 수 있다. 오늘날 '페낭 페라나칸 맨션'의 원주인 청켕퀴는 페낭에서 태어나지 않은 신케였지만, 자신이 생전에 마련한 페낭의 가족묘지에 묻혔다는 점에서 페라나칸이었다. 주석의 시대 '페낭 화인권'을 움직인 많은 부자 신케는 아편과 깡통으로 페낭에 자신의 궁전을 지었다. 이들은 태어난 곳이 아니라 묻힐 곳으로서의 '고향'을 선택했다는 점에서 페라나칸이었다.

고무의 시대는 페낭 화인사회의 전환기였다. '페낭 화인권'은 포획되었고, 영국은 '영령 말라야'라는 상상된 나라를 제시했다. 주석 시대의 석양이자 고무 시대의 여명이던 1880년대 후반 이래 중국인 여성 이주가 증가하면서 해협식민지와 말레이국연방에서 태어난 페라나칸도 늘어났다. 중국의 중화 민족주의의 물결도 밀려들었다. 해협의 페라나칸은 영국 식민 당국이 던져준 '해협화인'이란 새로운 정치적 정체성

조지타운 북쪽의 야트막한 어스킨산에 왕릉처럼 조성된 청켕퀴의 묘원.
청켕퀴는 생전에 자신이 묻힐 이 묘원을 만들었다. 페낭에서 태어나지 않았지만,
기꺼이 페낭에서 묻히길 원했다는 점에서 그는 '페라나칸'이자 '중국에서 태어난 페낭인'이었다.

ⓒKang

을 놓고 고민에 빠졌다. '해협식민지에서 태어나 영어 교육을 받은 영국 국적의 화인'이 명시적인 조건이고, 암묵적이고 절대적인 기준은 부富였다. 인종주의와 계급위계가 결합된 해협식민지에서 싱가포르의 엘리트는 그들만의 '해협화인' 클럽(SCBA)도 만들었다. 한편 페낭의 화인사회에서는 새로운 페라나칸 정체성이 생겨났다. '아편과 깡통의 궁전' 제3전시실에서 본 '페낭 디아스포라'가 그것이다. 말레이반도에서 활동하던 페낭의 페라나칸은 스스로 '타향에 머무는 페낭인'을 자부했다. 이들은 '해협화인'을 넘어 '말라야 화인'으로서 페라나칸의 역할을 모색했다.

'아편과 깡통의 궁전'에서 살펴본 바, 적어도 페낭 화인사회에서 페라나칸의 정체는 현지 태생이나 혼혈, 문화 혼종성보다 기꺼이 페낭에 묻히겠다는 선택에 방점이 있는 것이 아닐까? '페낭 페라나칸 맨션'에는 페라나칸 갑부들의 취향만 물리도록 전시되어 있을 뿐이다. 페라나칸, 그것도 화인 거상들이 페낭 화인사회의 지도자였을 수는 있어도, 화인사회의 삶을 대표하는 것은 결코 아니다. '아편과 깡통의 궁전'에서 아편과 주석의 전시실은 물정 밝고 수완 좋은 화인들의 거부신화가 대부분 물정 어두운 화인을 착취한 결과라고 일러준다. 고무전시실에선 소수의 부자 페라나칸이 '중국계 영국인'을 자처하며 화인사회에서 멀어져 간 사연도 훑어봤다. 태생을 기준으로만 본다면, 거의 모두가 현지 태생인 21세기의 말레이시아 페낭에서 '페라나칸'은 시효가 끝난 역사적 용어일 뿐이다. 게다가 '아편과 깡통의 궁전'에서 보았듯이 페라나칸의 개념은 유동적이며 전체 화인사회 서사의 일부에 지나지 않는다.

말레이시아, 싱가포르, 인도네시아 등에서 페라나칸을 소환하는 데는 저마다 정치적·경제적·사회적·문화적 복선이 깔려 있다. 중국인 정체성이나 문화적 혼종성의 관점에서 페라나칸을 일반화하는 것은 부분과 전체를 뭉뚱그리는 오류로 이어질 위험이 다분하다. 이것이 페라나칸 문화로 들어가기에 앞서 '아편과 깡통의 궁전'부터 세워본 이유이다.

주석

1부 아편 권하는 사회

[1] 이후 서한의 내용은 Swettenham(1907: 33~61) 참조.

[2] 영국 동인도회사는 1773년 이전까지는 인도 서부의 봄베이(뭄바이), 동중부의 마드라스(첸나이), 북동부 벵골의 캘커타(콜카타)의 세 곳에 지사Governor가 통괄하는 지사부Presidency를 두었다. 영국 동인도회사의 부패와 경영난이 심해지자 프레드릭 노스Frederick North 총리의 영국 정부는 1773년 규제법Regulation Act(1773)을 제정해 영국 동인도회사를 감독하기 시작했다. 기존 세 곳 지사부를 총괄하는 총독General-Governor을 신설하고, 벵골의 캘커타에 인도총독부를 됐다. 총독과 지사는 영국 정부가 직접 임명했다. 워런 헤이스팅스Warren Hastings(1732~1818)는 1771년 당시 캘커타 지사Governor였으며, 1774년 초대 인도총독General-Governor에 임명돼 1785년까지 재임했다. 이 글에서는 캘커타, 봄베이, 마드라스를 오늘날 바뀌기 이전의 지명으로 표기한다.

[3] 태국의 아유타야왕조가 버마의 공격으로 망하고, 중국인의 피가 흐르는 아유타야의 장군 탁신이 1766년 혼란을 수습해 방콕에 새로운 왕조를 열었다. 탁신은 커다를 비롯한 말레이반도 북부의 속국에 조공을 강요하며 대외적으로 팽창적인 자세를 취했다. 커다의 술탄 무하마드 지와Muhammad Jiwa Muazzam Shah II(재위

1710~1778)는 영국의 힘을 빌려 태국의 공세를 막으려 했다.

4 Abdullah Mukaram shah I(재위 1778~1797). 술탄 압둘라는 1771년 라이트와 페낭 할양 협상을 했던 술탄 무하마드 지와의 아들이다.

5 이사벨라 버드 비숍은 말레이인들의 각별한 편지 예절과 관련해 "편지를 쓰는 이의 모습은 시인이나 문인을 방불케 한다.…… 세세한 것에서 조금이라도 어긋남이 있으면 받는 이는 모욕감을 느낀다. 이처럼 말레이인의 엄격한 편지 예절을 유럽인이 무심결에 어긴다면 자칫 목숨을 잃을 수도 있다"고 했다. 비숍(2017: 40).

6 20세기 초까지 동아시아 교역에서 가장 널리 쓰인 화폐는 스페인달러로 불리는 '스페인 8레알 은화'였다. 1786년부터 1904년까지 페낭을 비롯한 해협식민지와 말라야의 공식화폐도 스페인달러다. 당시 공식 환율은 1스페인달러=5실링이다. 영국 파운드 스털링화는 1파운드=20실링, 1실링=12펜스였다. 따라서 4스페인달러가 1 파운드 스털링으로 환산된다. 1903~1939년까지 해협식민지가 자체로 발행한 해협달러Straits Dollar가 통용됐다. 해협달러는 영국 파운드 스털링화로 환산해 1해협달러=2실링 4펜스로 고정됐다. 해협달러는 스페인달러보다 액면 가치가 낮았다. 이하 이 책에서 표기하는 '달러'는 별도의 표기가 없는 한 1904년까지는 스페인달러, 이후는 해협달러를 가리키는 것으로 한다.

7 존 맥퍼슨 총독 대행은 1786년 12월 찰스 콘월리스 총독으로 교체되었다. 페낭의 콘월리스 요새는 콘월리스 총독의 이름에서 따온 것이다.

8 페낭의 초기 징세청부제에 관해서는 Hussin(2007: 253~61)을 참고했다.

9 페낭 확보 이후 인도의 영국 식민 당국은 과연 페낭이 유럽-중국 원거리 교역을 관장할 이상적인 곳인가에 대해 의심을 품고 있었다. 페낭이 중요한 교역항이 될 것인지, 식민지 행정 비용을 자체 충당할 수 있을지를 확신하지 못했던 것이다. Cowan(1950b: 36~59) 참조. 실제 19세기 초까지 확신도 못하고 전략도 부재했던 인도총독부는 페낭을 영국의 중요한 식민지로 여기지도, 식민지 건설에 충분한 지원도 하지 않았다. Stevens(1929: 379) 참조.

10 초기 페낭의 인구에 관해서는 Hussin(2007: 184~194) 참조.

11 Straits Settlement Records, "Fort William Consultations, 10. April 1789, Appendix to Consultations." Loh(2009: 31) 재인용. 이 자료에는 1788년 12월 현재 페낭 조지타운에 거주한 중국인을 405명이라고 해, Hussin(2007: 185)에서 제시된 1788년 12월 페낭 거주 중국인 총인구 537명과 차이를 보인다. 그 이유를 확인하지는 못했지만, 페낭 초기 중국인 이주의 특성을 보여준다는 점에서 병기한다.

12 1750년 중국 복건성에서 이주한 우랑Wu Rang/Wu Yang吳讓(?~1784)이 송클라부윤
府尹에 임명되었는데, 그의 후손들이 20세기 초까지 송클라부윤의 직위를 승계하
면서 태국 왕실로부터 '나 송클라Na Songkla'라는 성을 하사받았다. 광복궁의 비문에
나타난 송클라의 '카피탄 우'는 우랑의 아들로 추정된다. Loh(2009: 31) 참조.

13 '교역하는 디아스포라'는 미국의 아프리카 역사가인 필립 커틴Philip D. Curtin
(1922~2009)이 1984년 펴낸 책[*Cross Cultural Trade in World History* (Cambridge
University Press)]에서 제시한 것으로, 인류학자 이브너 코언Abner Cohen(1921~2001)
이 이스라엘의 국경마을의 아랍인을 30년간 추적한 연구서[*Arab Border-villages in
Israel*(New York; Manchester University Press. 1964)]에서 제시한 '교역 디아스포라trade
diaspora' 개념을 차용한 것이다. Clark(2006: 390) 참조.

14 자위 페라나칸은 '동남아시아'를 가리키는 아랍어 '자위'와 현지 태생을 가리키는 말
레이어 '페라나칸'의 합성어이다. 페낭에서는 '자위 페칸'으로 통용됐다. 페낭 건설
초기에 이주한 인도 남동부 출신 무슬림 남성이 현지 말레이 여성과 혼인한 경우
'자위 페칸'이라고 했고, 이들의 후예를 '자위 페라나칸'으로 불렸으며, 이후 인도인
무슬림과 그 후손을 모두 가리키는 말로 '자위 페칸'이 쓰였다. Musa(1999: 15) 참조.
인도인 여성의 이주가 본격화한 1860년대 이후 페낭의 자위 페칸은 혼혈의 의미보
다 말레이어를 쓰는 인도계 무슬림을 가리키는 용어로 자리 잡았다.

15 청조는 옹정·건륭雍正·乾隆 연간(1722~1795) 해금조례를 발령하고 해외 도항을 금
지했다. 가경·도광嘉慶·道光 연간(1796~1850)에 해금조례 자체는 존속됐지만 유명
무실해졌다. 청조가 조례를 존속시킨 채로 해외 도항을 단속하지 않은 시점과 페낭
의 영국 식민지 건설 시기가 맞물린다는 점이 흥미롭다. 페낭 건설 초기부터 복건
성과 광동성 중국인들이 대거 페낭으로 이주할 수 있었던 것은 이러한 정책 변화
를 반영한다. 도항을 금지한 해금조례가 폐지되고 이주자의 귀향이 합법화된 것은
1894년의 일이다.

16 코라이환은 페낭의 아내 서잇뇨Saw It Neoh 사이에 4남 2녀를 뒀고, 커다의 아내 관
보이뇨Guan Boey Neoh에게서 2남 1녀를 뒀다. Wright(1908: 775) 참조.

17 카피탄 치나는 영문으로 'Kapitan China', 'Captain China'로 표기되기도 하지만, 이
글에서는 말레이어에 차용된 '카피탄 치나Kapitan Cina'로 통일한다. 코라이환의 페
낭 카피탄 치나에 관해서는 대체로 프랜시스 라이트에 의해 1787년 무렵에 임명된
것으로 받아들여지지만, 공식 임명 여부와 임명 시기에 관해서는 설이 분분하다.
카피탄 치나 임명에 관한 식민지 공식 자료가 없으며, 코라이환을 카피탄이라 하는

건 '명예 칭호'일 뿐(李恩涵, 2002: 638)이라는 주장도 있다. 반면 영국 식민지 자료의 카피탄 치나의 영문 이름 표기가 "Chewan, Cheki, Chu Khee" 등으로 다양해 혼선을 주지만, 코라이환이 초대 페낭 카피탄 치나로 임명된 것은 사실이며, 그 시점은 1794년이라는 주장도 있다(Hussin, 2007: 245).

[18] 네덜란드 동인도 정부는 1829년 서마랑Semarang의 화인사회에 처음으로 마요르를 임명했고, 바타비아에는 1837년 마요르가 도입됐다. Lohanda(1996: 61) 참조.

[19] 코켕옌은 코라이환의 넷째 아들 코키진Koh Kee Jin辜雨水의 딸이다. 쿠쳉림은 페낭 쿠콩시의 설립자 쿠왓셍Khoo Wat Seng邱悅成의 아들이다. Khor (2006, Apendix I), Wong(2007: 183) 참조.

[20] 고홍명의 복건 방언 표기는 코홍벵Koh Hong Beng이지만, 중국에서 주로 활동했다는 점에서 한자의 우리말 발음으로 표기한다. 고홍명은 코치훈Koh Chee Hoon辜紫雲과 유라시아인(포르투갈인-말레이인 혼혈) 어머니 사이에서 태어났다. 코치훈은 코라이환의 셋째 아들 코룡티Koh Leong Tee辜龍池의 아들이다. Khor(2006, Apendix I) 참조.

[21] 1901년 이후 페낭 인구조사에서 페라나칸, 즉 현지 태생도 출신 지역의 방적으로 분류하기 시작했는데, 페낭 화인사회에서 복건 출신의 비중은 1901년 29퍼센트에서 1911년 49퍼센트로 늘었다. 아울러 1920년대 자산을 기준으로 보자면 페낭 복방의 경제력은 광방의 13배에 달했다. 吳龍雲(2009: 33~34) 참조.

[22] 페낭 주립도서관에는 페낭 화인사회의 사회조직을 알려주는 두 개의 지도가 있다. 1820~1851년 사이에 작성된 것으로 추정되는 '조지타운 지도'와 1877년 제작된 '프린스 오브 웨일스섬 조지타운 도시계획' 지도가 그것이다. 앞의 지도에는 의흥공사義興公司Ghee Hin Kongsi, 화승공사和勝公司Ho Seng Kongsi, 대백공大伯公Tua Pek Kong Kongsi(복방의 비밀결사 건덕당建德堂의 다른 이름) 등 페낭 화인 비밀결사를 비롯해, 향산회관香山/中山會館Heong San Kongsi, 흥령회관興寧/台山會館See Nian Kongsi, 수지공사手指公司Chiu Chee Kongsi, 화합사和合社Ho Hap Seah Kongsi, 종화청원회관從化清遠會館Tsong Ching Kongsi과 페낭 복건 출신 5대 성씨를 대표하는 콩시인 쿠콩시邱公司Khoo Kongsi와 치아콩시謝公司Cheah Kongsi, 탄콩시陳氏開章聖王廟Tan Sing Ong Kongsi가 기록되어 있다. 1877년 제작된 지도에는 앞의 지도에 나타난 것 말고도 증용공사增龍公司Chang Long Kongsi, 가응회관嘉應會館Kah Eng Chew Kongsi, 오씨종사伍氏宗祠Song See Kongsi, 보주사방寶珠社旁(寶福社)Poh Hock Seah, 오복당五福堂Oon Fock Tong, 조주회관潮州會館Teo Chew Hoay Kuan, 혜주회관惠州會館Fee Chew Kongsi, 림콩시林氏九龍堂Lim Kongsi도 보인다.

23 'Hokkien'은 복건福建의 방언 발음을 알파벳으로 표기한 것이다. 혹키엔은 복건 방 언이나 복건성 사람을 가리키며 복건 출신 디아스포라를 지칭하기도 한다. 이 글에 서 혹키엔은 '복건 방언'으로 국한한다. 통상 'Hokkien'을 '호키엔'으로 표기하지만, 복건 방언의 '혹Hok福/키엔Kien建'에서 비롯한 것인 만큼 이 글에서는 '혹키엔'으로 표기한다.

24 해협식민지 화인 비밀결사의 수령을 복건 방언으로 '토아코'라고 했다. 비밀결사는 여러 지회의 연합으로 구성되는데, 토아코가 각 지회를 총괄한다. 지회에는 지회 장인 총리Teong Li總理를 필두로, 시엔셍Sien Seng先生-시엔홍Sien Hong先鋒-앙쿤Ang Kun紅棍 등으로 지도부가 구성된다. 시엔셍이 입회의례를 주관하고, 신입회원에게 규약을 일러주는 역할을 한다. 앙쿤은 회당의 규율을 어긴 회원을 처벌하는 지위이 다. 아울러 본부나 지회의 대문[紅門]에는 36촌(약 1.18미터) 길이의 '붉은색 몽둥이 [紅棍]'를 두는데, 출입자는 홍곤에 손을 얹고 정해진 암구호를 대야 한다. 이는 회 원이 아닌 자의 출입을 차단하는 기능을 했다. 1870년대 싱가포르 의흥회의 경우 1 인당 입회비는 3.5달러였다. 당시 주석광산의 신케 월급이 4~5달러였던 점을 감안 하면 비밀결사 입회비는 가볍지 않았다. Pickering(1879: 2~3,6) 참조. 한자 '大哥'의 만다린 발음인 '따꺼'는 20세기 대만과 홍콩의 흑사회黑社會가 소개되면서 한국에 알려졌다. 하지만 이 글에서는 페낭의 화인 비밀결사를 깡패 집단으로 보는 기존의 견해와 관점을 달리하는 만큼, 당시 페낭 화인사회의 호칭인 '토아코'로 표기한다.

25 건덕당 영수 쿠텐테익에 관해서는 2부에서 살피기로 한다.

26 Anson, Archibald, *About Other and Myself, 1745~1920*, London: John Murry,1920, p. 365. Trocki(2009: 215) 재인용. 1870년 당시 싱가포르에서는 페낭의 2배가량인 생 아편 기준 45~50상자가 판매된 것으로 앤슨은 추정했다. 페낭의 아편 소비는 한 달에 23~25상자 팔린 셈이다. 1825년 한 달 평균 2.5상자 팔린 것에 비하면, 페낭 의 아편 판매량이 45년 사이에 10배 이상 늘어난 것이다.

27 페낭의 후추가 수마트라의 아체에서 들여온 것과 달리 육두구와 정향은 향료군도 에서 들여왔다. 나폴레옹전쟁으로 영국은 1796년 몰루카제도를 점령하고 1802년 까지 육두구 묘목 7만 1,000그루와 정향 묘목 5만 5,000그루를 페낭으로 이식했다. 1840년대 육두구 재배가 페낭 전체로 확산됐다. Joseph(2008: 8~9).

28 《해록》은 중국 청나라의 상인 사청고謝淸高(1765~1821)가 1783년부터 1797년까지 14년간 해상교역을 하며 페낭을 비롯해 인도양 일대 97개국에 관해 언급한 여행문 학서이다. 이 책은 시력을 잃은 사청고가 구술하고 다른 이가 글로 옮긴 것으로 인

도양 일대에 관한 중국인 최초의 기록으로 꼽힌다.《해록》의 페낭 관련 기록은 張少寬(2003: 279) 재인용.

[29] 해협식민지 정부는 '화인보호관'의 직무를 흡수해 중국인 문제 전반을 장관이 관할하는 '화인정무부Secretary of Chinese Affairs'로 승격했다.

[30] 여기서 콩시는 앞서 보았던 쿠콩시와 같은 친족회관이 아니라 농원이나 광산에서 고용주와 노동자가 성과를 공유하는 일종의 조합을 가리킨다.

[31] 1890년 해협식민지가 페락의 주석광산에서 쿨리 계약의 기준으로 마련한 지침에 따르면, 계약기간은 1년, 1년 임금은 42달러, 외상 뱃삯은 22달러를 넘지 못하게 되어 있다(Blythe, 1947: 75). 이론상으로는 쿨리는 1년 계약노동 기간 뱃삯으로 진 빚 22달러를 갚고 최대 20달러를 수중에 넣을 수 있었다.

[32] Siah U Chin(Seah Eu Chin), "General Sketch of the Number, Tribes, and Avocations of the Chinese in Singapore", in *Journal of the Indian Archipelago and Eastern Asia*, Vol. 2(Singapore, 1848), p. 285, Yen(1987: 426)서 재인용. 페낭의 화인 인구는 1794년에 3,000명으로 늘어난 이후 1851년 1만 5,457명에서 1860년 2만 8,018명으로 크게 늘면서 전체 페낭 인구의 46.73퍼센트를 차지했다. 1891년 화인 인구는 6만 4,327명으로 화인의 비중이 51.92퍼센트로 상승했다. 이후 20세기 초 인구 증가율은 감소했지만, 페낭의 화인 인구는 일본 점령 이전까지 꾸준히 증가했다(Loh, 2009: 96).

[33] R. E. S. Little. "On the Habitual Use of Opium in Singapore." *Journal of the Indian Archipelago and Eastern Asia*. Vol. 1(1848), pp. 20~21. Trocki(1999: 141) 재인용. 리틀은 이 글에서 당시 싱가포르에서 한 해에 아편에 소비되는 41만 7,448달러가 복지에 쓰인다면 중국인의 삶은 더 나아질 수 있을 것이라며 아편팜의 폐지를 주장했다.

2부 깡통과 거상의 시대

[1] C.D. Cowan, "Governor Bannerman and the Penang Tin Scheme, 1818~1919", *JMBRAS*, Vol. 23(1), 1950. King(2009: 133)에서 재인용.

[2] 페락 라룻 지역 주석광산 개발의 주역인 객가 청켕퀴Chung Keng Quee鄭景貴는 먼저 이주한 부친과 형을 찾아 1841년 페낭행 배를 탔고, 수소문 끝에 페락의 라룻에서 이미 기반을 다진 부친과 형을 만났다고 한다. Chan(2011, 4) 참조.

[3] 19세기 페락의 화인 주석광산의 운영 방식은 복잡하고 용어도 다양하다. 대체로 소

규모 광산 콩시의 광산주를 토카이 롬봉이라 했다. 말레이어로 롬봉lombong은 광산을 뜻한다. 반면 소규모 광산주에게 각종 광산 도구와 식량 및 운영자금을 선대하고 생산된 주석의 교역권까지 장악한 자본가를 토카이 라부르 혹은 토카이 반투라고 했다. 말레이어로 라부르labur는 음식이나 돈을 준다는 의미이고, 반투bantu는 돕다는 뜻이다. Ho(2009:21), Khoo and Lubis(2005:71) 참조.

[4] 농원주가 신케 쿨리에게 계약금으로 30달러를 지급하는데, 이는 19.5달러의 외상 뱃삯에 신케의 1년 임금 10.5달러를 더한 것이다. 수마트라 농원 쿨리는 작물을 계약재배하고 농원주에게 정해진 가격으로 판매한다. 이때 판매 가격과 30달러의 선지급금을 정산하고 남는 금액이 농원 쿨리의 소득이 되는 구조다. Blythe(1947: 80) 참조. 하지만 쿨리의 몸값이 높아진다는 것이 계약노동을 해야 하는 신케 쿨리에게 유리한 것은 아니다. 고용주가 비싸게 계약할수록 신케의 빚이 늘어나기 때문이다.

[5] 해협식민지 경제는 전통적으로 교역과 중계무역 및 농원 개발 위주였다. 19세기 중반 이후 페낭의 경제 중심이 말라카해협 북부 지역에서 주석광산 개발이었다면, 싱가포르는 말레이반도 남단의 조호르와 리아우제도에서 후추와 감비아농원 개발에 주력했다. 싱가포르의 농원 노동력은 대부분 조주 출신이었다. 페낭과 달리 싱가포르 화인사회에서 조주 출신, 즉 조방의 영향력이 상대적으로 강한 것도 이 때문이다.

[6] 초대 카피탄 치나였던 코라이환의 증손 코샹탓이 주도한 페낭 아편팜 신디케이트는 1879년 싱가포르 아편팜을 장악했고, 이 신디케이트는 싱가포르 신디케이트와 손잡고 1880년대 두 번(6년간)이나 홍콩의 아편팜을 장악하기도 했다.

[7] 키닌의 외손자 호탁밍Ho Tak Ming은 페락의 이포에서 개업한 가정의이자 향토사학에 조예가 있는 저술가이다. 이 글에서 19세기 페락 주석광산의 중국인 노동자의 생활상과 각기병에 관해서는 Ho(2010: 38~54)를 참조했다.

[8] 2017년 한국인 1인당 연간 쌀 소비량 61.8킬로그램을 기준으로 환산하자면, 19세기 페락의 주석광산 중국인 노동자들은 오늘날 한국인 평균보다 6배의 쌀밥을 먹은 셈이다.

[9] Hamilton Wright. 1902. "An inquiry into the etiology and pathology of beri-beri," *Studies from the Institute for Medical Research, Federated Malay States*, Vol. 2(2). Ho(2010: 45) 재인용. 이 보고서가 나올 당시 각기병의 원인이 밝혀지지 않은 상태였고, 해밀턴 라이트는 각기병이 인분을 비료로 쓰는 데서 감염되는 것으로 추정했다.

[10] 하루 평균 임금 1실링 6펜스는 30일 기준 월급으로 환산하면 2.25파운드 스털링,

즉 9달러이다. 당시 통용되던 달러(스페인달러)의 환율은 1파운드 스털링=4스페인
달러였다. 1장의 '주6' 참조.

[11] 트럭 시스템의 영어 'truck'은 교환 또는 물물교환을 뜻하는 프랑스어 'troquer'에서
차용된 것이다. 우리말로 트럭 시스템을 '현물급여'라고 번역하는 것은 그래서이다.
하지만 19세기 말라야의 경우 현물급여의 성격과 거리가 멀다는 점에서 이 글에서
는 '트럭 시스템'으로 표기한다.

[12] Blythe(1947: 106) 재인용. 식민지 관료를 지낸 말레이시아 역사가 빅터 퍼셀은 휴 로
를 일러 영령 말라야에서 주재관 제도가 정착하는 초석을 다졌다고 높이 평가한
바 있다. 주재관Resident은 1874년 팡코르조약 이후 영국이 페락 등 네 곳의 말라야
술탄국에 파견한 '사실상의 총독'이었다.

[13] 라룻전쟁에 관해서는 Khoo(1975: 159~175) 참조.

[14] 페락 24대 술탄 알리 알-무카말 이나얏 샤Sultan Ali-Mukammal Inayat Shah(재위 1865~71)
가 사망할 당시 태자는 라자 압둘라Raja Abdullah였고, 25대 술탄에 오른 이스마일은 페
락 최고위 재상인 븐다하라Bendahara였다.

[15] 탄킴칭(1829~1892)은 중국 복건 출신으로 탄톡셍 병원을 설립한 싱가포르의 카피
탄 치나 탄톡셍Tan Tock Seng陳篤生(1798~1850)의 아들이며, 19세기 후반 싱가포르
의 아편팜의 실력자였다. 탄킴칭은 비밀결사의 영수로 알려졌다.

[16] 1907~8년 해협식민지 정부의 재정 적자로 페낭 당국은 페락을 포함한 말레이국연
방에서 60만 달러를 차입했다. Khoo(2009a: 64) 참조.

[17] "Penang and Phuket to be sister cities", *The Star*(2014. 8. 2).

[18] 커심비에 관해서는 3부 참조.

[19] 탄친관은 태국 팡응아Phang Nga에서 복건 출신의 주석광산업자 아버지 탄첵웃Tan
Check Ut과 태국인 어머니 사이에서 태어나, 열네 살 때 중국에서 중국식 교육을 받
고 돌아와 가업을 이었다. 주석광산에 신기술을 도입해 1930년대 푸켓의 '주석왕'
으로 불렸다. 탄친관도 법령에 따라 창씨개명했다. 그의 후손은 정계와 경제계에서
영향력을 행사하고 있다. "Phuket's Tin man with a heart of gold", *Phuket Gazette*(2011.
8. 19).

[20] Anderson(1962, Apendix ix~iixiv) 참조.

[21] 탄가익탐은 탄쳉탐Tan Cheng Tam陳清淡 또는 탄탐Tan Tam陳淡으로 표기되기도 한다.

[22] 소도회는 1850년대 결성된 정치적 결사로 복건, 광동 일대의 천지회와 마찬가지로
반청운동을 벌인 것으로 전해진다. 태평천국과 의화단에도 소도회가 언급된다.

23 19세기 태국의 지방 행정 체제와 구역 및 직제에 관해서는 혼선이 있다. 영어로는 라농의 행정구역을 'province'라 하고, 그 수장을 'governor'로 표기한다. 라농의 경우 몇 개의 디스트릭트 혹은 현縣을 관할하는 지방 행정구역으로, 현재의 도道나 성省 보다는 작고, 중국 청대나 조선 후기의 부府와 가깝다고 여겨진다. 이의 수장을 지방 행정관이란 의미로 태수太守로 옮긴 경우도 있다. 하지만 본디 중국 고대 군현제 시대 군郡은 군사적 성격이 강할 뿐더러 태수가 사법과 재정 권한까지 장악했다는 점을 감안한다면, 방콕 왕실에서 일종의 면허를 얻어 지방의 징세를 담당하던 것이 주 업무였던 19세기 태국 지방관의 번역으로는 적합하지 않아 보인다. 이 글에서는 부윤府尹으로 옮긴다.

24 태국 왕실은 중국 고대의 5등작과 유사한 귀족 작위제를 시행했는데, 아래로부터 쿤Khun-루앙Luang-프라Phra-프라야Phraya-차오프라야Chao Phraya는 각각 남작-자작-백작-후작-공작에 준한다. 관료의 관직과 작위가 고정된 것은 아니다. 예컨대 라농부윤의 작위는 루앙일 수도 프라야일 수도 있는 것이다. 라마 5, 6세 시기 방콕 왕실은 부유한 화인에게 명예 작위를 하사하기도 했다.

25 학살 사건에 관해 두 가지 설이 있다. 건덕당에서는 의흥회의 급습 정보를 입수하고, 통카의 건덕당 건물에 지뢰와 다이너마이트로 부비트랩을 설치했는데, 이를 모르고 습격한 의흥회 회원이 사망했다고 주장한다. 반면 의흥회에서는 비밀결사 간에 분쟁이 있은 뒤 건덕당이 휴전 기념으로 의흥회 회원을 초대해 만찬을 열어 술에 취하게 한 뒤 건물에 불을 지르는 바람에 떼죽음을 당했다고 주장한다. Khoo(2009b: 88) 참조.

26 총파츠는 중국 광동성 대포大埔 태생으로, 본명은 장진훈張振勳이며 객가 방언의 알파벳 표기로 'Tjong Tjen Hsoen'이다. 필사는 그의 자이다. 총파츠의 이름 알파벳 표기는 문헌에 따라 다양하게 나타나는데, 페낭의 총파츠 맨션과 관련해 대중적으로 가장 널리 알려진 표기가 'Cheong Fatt Tze'이다. 위에 언급한 본명이나, 중국에서 불리던 이름原名의 복건 방언 표기인 'Thio Thiau Siat張兆燮'으로 기록되기도 한다.

27 총용헌은 중국 광동성 매현梅縣에서 태어난 객가로, 본명은 張煜南Tjong Yu Nam이며, 용헌榕軒은 자이다.

28 총용헌의 동생인 총아피의 본명은 張鴻南Tjong Fung Nam이며, 자는 耀軒Yiauw Hian 이다. 총아피張阿輝로 더 널리 알려졌다.

29 네덜란드는 포르투갈이 화인사회의 지도자를 임명해 간접 통치한 '카피탄 치나' 제도를 차용하면서, 정부의 공식 관직으로 제도화했다. 군대 계급과 같이 카피테인

Kapitein(대위) 위에 마요르Majoor(소령)와 아래로 루테난트Lieutenant(중위)의 등급을 뒀다. 총용헨은 당시 라부한의 루테난트에서 카피테인을 거쳐 최고 등급인 마요르 Majoor der Chinezen에 올랐다.

30 덜리은행은 총파츠가 20만 길더로 최대 주주였으며, 총용헨이 15만 길더, 총아피와 쿠츄통, 치아춘생이 각각 10만 길더씩 투자했다. 페낭 쿠 씨인 쿠츄통을 제외하면 대주주가 모두 객가였다. Buiskool(2009:116) 참조.

31 치아춘생의 이름 또한 알파벳 표기가 다양하다. '謝春生'의 복건 방언 표기는 'Cheah Choon Seng', 인도네시아식 표기는 'Tjia Tioen Sen'이다. 그는 치아멩치Cheah Meng Chi謝夢池 또는 시에융쾅Hsie Yung Kuang謝榮光으로도 불린다.

32 쿠츄통의 태어난 해에 관해서는 1849년(Wright, 1908: 777)과 1840년(인터넷 사이트 Overseas Chinese in the British Empire)으로 나타나 있다. 이 글에서는 최근 족보 연구를 바탕으로 말레이시아 저명 화인을 소개하는 후자의 기준을 따르기로 한다. http://overseaschineseinthebritishempire.blogspot.com/2012/11/khoo~cheow~teong.html(검색일:2018. 10. 5.)

33 페낭의 혼맥에 관해서는 Wong(2007: 46~55), Godley(1993: 97~98) 참조.

34 홍기회와 백기회는 페낭에서 조직되어 싱가포르와 말라야로 확산된 인도인-말레이인의 비밀결사이다. 두 결사는 1830년대 페낭의 자위 페라나칸과 인도인 무슬림 공동체의 종교적 상호부조 조직으로 결성되어 1850년대 후반 화인 비밀결사의 영향을 받아 자치·자조·자위의 비밀결사로 바뀌었다. 홍기회와 건덕당은 1863년, 백기회와 의흥회는 1865년 각각 동맹을 맺은 것으로 알려졌다. Musa(1999, 152) 참조.

35 페낭 폭동 당시 비밀결사의 회원 수가 건덕당(3,000명)과 홍기회(1,000명)는 4,000명인데 반해 의흥회와 백기회 동맹은 2만 5,000명에 달했다. Musa(1999: 163) 참조.

36 평장회관은 평장공관平章公館으로도 표기된다. 1945년 이후 사실상 없어졌다가 1971년 재건되면서 영문 명칭은 그대로 두고 '페낭주 화인대회당檳州華人大會堂'으로 이름이 바뀌었다. 오늘날 화인대회당은 1881년 설립 당시의 평장회관을 영국 식민 당국이 주도해 설립된 화인 '어용단체'로 규정하고 있다. http://www.pcth.org.my/index.php/en/about/history (2018. 10. 12. 검색) 참조.

37 제1대 평장회관 지도부 14인은 광방의 胡泰興, 朱昌懷, 黃秉文, 黃進聰, 周興揚, 許武安, 伍積齊와 복방의 邱天德, 邱心美, 楊章柳, 謝允協, 陳合水, 葉合吉, 林花鐕이다. 陳劍虹(1983: 136) 참조. 창립 회원에 객가를 대표해 청켕퀴鄭景貴가 이름을 올렸지만, 개인자격이어서 복방과 광방이 7인씩 양분한 이사진에는 포함되지 않았다.

38 쿠텐테익은 1826년에 출생한 것으로 알려졌다. Wright(1908: 155) 참조. 하지만 이후 족보 연구를 통해 쿠의 출생연도는 1818년으로 확인됐다.

39 탐분 광산 노다지 신화에 관해 다른 설명도 있다. 주석광산 개발 경험이 있던 룽피나, 영국인 광산 감독원이나 모두 탐분이 주석 매장지라는 사실을 알고 있었지만, 당시 페락 당국이 커피농원 개발을 장려하고 있어, 주석광산 용도로 땅을 양도받기 힘들었다는 것이다. 그래서 룽피와 영국인 감독원은 일단 커피농원으로 토지를 불하받은 뒤 때를 보아 주석광산으로 용도를 변경했다고 한다. Wu Ramay(2003: 12) 참조.

40 동안현은 본디 천주泉州부에 속했으며, 오늘날 하문시에 편입됐다.

41 충쳉키엔의 두 아들 이름이 라이혹Lye Hok來福(1882~1960)과 라이힌Lye Hin來興(1883~1948)이었다. 이 형제가 각기 이름 끝 자를 따서 회사 이름을 삼았다.

42 "张弼士为何被誉为中国葡萄酒之父?",《东方早报》(2008. 10. 18)
http://news.163.com/09/0703/11/5D9VN5EH000120GR.html

43 총파츠가 자바의 바타비아로 이주할 때의 나이에 관해서는 15세, 16세, 18세 등 설이 분분하다.

44 에스플러네이드Esplanade라고 부른다. 통상 해변가의 산책로나 도로를 뜻하지만, 페낭의 에스플러네이드는 군사용으로 설계된 것으로 요새 인근의 밀림을 밀어내고 초지를 조성한 것이다.

45 자바를 중심으로 한 네덜란드 동인도에서 외래인을 지칭하던 표현으로, 현지에서 태어난 이를 페라나칸, 외국에서 태어나 이주한 이를 토톡으로 구분했다. 화인사회는 토톡을 중국 태생이란 의미로 '토생土生'이라고 했다.

46 1852년 영국 식민 당국은 영국 제국법에 따라 페낭에서 태어난 화인에게 영국 시민권을 부여했다. 국적과 정체성에 관해서는 3부에서 다루기로 한다.

3부 고무바퀴 아래의 페낭 화인사회

1 예컨대 시아텍타이Cheah Tek Thye는 커다의 고무나무농원 '엥모후이타이키Eng Moh Hui Thye Kee榮茂輝泰記'의 1,000에이커에 고무나무 3만 그루를 재배했다. Wong(2006: 138).

2 페낭의 화인 거상들이 해협 북부 주석광산 개발에 집중했다면, 싱가포르 화인 거

상들은 말레이반도의 조호르와 싱가포르 남쪽 리아우제도에서 후추와 감비아농원 개발에 치중했다. 페낭에 비해 싱가포르의 화인사회에서 농업 부문에서 재능을 발휘한 조주 출신의 영향력이 상대적으로 큰 것도 이와 무관하지 않다.

3 인도·호주·중국 차터드은행과 영령 남아프리카 스탠더드은행이 1869년 합병하면서 스탠더드차터드은행Standard Chartered Bank이 되었다.

4 페낭의 전체 교역 가운데 수입의 경우 말레이국연방에서의 수입 무역 비중은 1890년 18.5퍼센트에서 1902년 35.5퍼센트로 급증했고, 이후 1917년까지 30~40퍼센트의 비중을 유지했다. 이는 이 기간 서양 시장을 향한 말레이 수출상품과 말레이 시장을 향한 서양 수입상품이 페낭 교역에서 차지하는 비중이 확대되었다는 것을 뜻한다. Chuleeporn(2009: 103) 참조.

5 네덜란드어 'Koninklijke Paketvaart Maatschappij'의 약자로, '네덜란드 화물해운회사 Royal Packet Navigation Company'란 뜻이다.

6 C.W, S. Kynnersley, "Notes on a Tour through the Siamese States on the West Coast of the Malay Peninsula, 1900," *Journal of the Straits Branch of the Royal Asiatic Society*, No. 36(1901): 53. Cushman(1986: 66) 재인용.

7 커심비는 1913년 2월 25일 태국 트랑에서 정부였던 유부녀의 남편이 휘두른 칼에 찔렸고, 페낭에서 치료를 받았으며 페낭의 저택 '홈 뷰티풀'에서 4월 10일 숨졌다. 그의 유해는 라농으로 옮겨져 6월 1일 커 가문의 가족묘지에 안장됐다. He (2018:159) 참조.

8 1832~3년 싱가포르를 여행했던 한 영국인은 "연간 해협식민지로 이주하는 중국인이 4,000~8,000명에 달하는데, 이 가운데 중국인 여성은 40~50명에 불과하다"고 했다. G. W. Earl, *The Eastern Seas*, London. 1837. reprinted in Kuala Lumpur. 1971. Ho(2015:x) 재인용.

9 "Slave Trade in the Indian Archipelago", *The Singapore Free Press and Mercantile Advertiser*(1845. 11. 8.).

10 *Singapore Free Press and Mercantile Advertiser*(1889. 10. 22). 이 기사는 애초 페낭의 영어신문《*The Pinang Gazett*》에 게재된 것이다.

11 중국에서 삼생三牲은 본디 산 제물로 쓰던 세 가지 짐승인 소와 양, 돼지를 가리키는 말이다. 이것이 비밀결사의 행동대원과 연계되면서 광동어 발음으로 '삼셍'으로 불렸고, 말레이어에도 차용됐다. 비밀결사 해산 이후 깡패, 무뢰배, 조직폭력배 등을 뜻하게 됐다.

12 해당 기간 매독 감염자 수는 적게는 324명, 많게는 534명에 달했다. 감염질환 발병률은 말라리아-매독-한센병(나병)-각기병-이질 순이었다. 吳龍雲(2006: 250) 참조.

13 보량국은 1878년 홍콩에서 인신매매된 소녀를 구조하기 위해 처음 설립됐다. 페낭에서는 1889년 푸타이신胡泰興, 코샹탓辜尙達, 커심비許心美 등의 주도로 설립됐다. 푸타이신과 코샹탓은 페낭 초대 명예판사Justice of Peace를 지낸 거상이자 아편파머이고, 커심비는 전술했듯이 태국 몬톤 푸켓의 최고행정관을 지낸 인물이다.

14 "Mui Tsai Commission Arrives", *The Straits Times*(1936. 5. 10).

15 무이차이 거래의 특징은 돈이 오간다는 점이다. 그러나 법은 지불과 선물의 구분에서 헷갈린다. 중국어의 경우 팔려가는 것을 구沽라 하고, 한 가정이 딸자식을 다른 가정에 양자로 주는 것을 치賜라 한다. 중국에서는 두 경우 모두 돈이 오간다. 그러나 전자는 판매하는 것이고 후자는 선물이 된다. 돈이 오가는 것만으로는 중국인의 관습을 법으로 재단하기 힘들다는 뜻이다. Tan(2017: 60) 참조.

16 *The Straits Times*(1914. 7. 20). 이 글은 영국인 위티콤N. Withycombe이 잡지 《*the Lady*》에 게재한 것을 옮겨 실은 것이다.

17 광동어로 삼푸samfoo衫服는 윗도리 홑옷을 가리키는 삼衫과 아랫도리 바지를 가리키는 복服이 합쳐진 투피스의 옷이다.

18 총삼은 중국 청대에 여성들이 입던 원피스를 1920년대 상해에서 근대식으로 개량하면서 유행했다. 치파오旗袍라고도 한다. 상해의 장삼 유행이 광동을 거쳐 전해지면서 해협식민지에서 광동 방언의 총삼으로 불리게 됐다. 1930년대 페낭과 싱가포르의 모던 걸들은 커바야-살롱의 뇨냐 복장 대신 양장을 하거나 중국적인 총삼을 즐겨 입었다.

19 '아마'는 육아나 허드렛일 등의 가사노동을 하는 유급의 가정부 또는 식모를 가리킨다. 광동 출신이 많아 '광동 아마'라고도 했다. 아마의 어원에 관해서는 가정부를 뜻하는 포르투갈어 아마ama에서 유래한다는 설과, 중국어 아마阿嬤를 영어로 표기한 것이라는 설, 중국어로 유모를 뜻하는 내마奶嬤에서 비롯했다는 설 등이 있다. https://en.wikipedia.org/wiki/Amah_(occupation) 참조.

20 1950년대 싱가포르 거주 여성에 관한 연구에 따르면, 가사노동자인 아마의 대다수가 중국에서 결혼반대운동 참여자였던 것으로 확인됐다. Topley, M., "Marriage Resistance in Rural Kwangtung," in *Women in Chinese Society*, W. Wolf and R. Witke (eds.), California: Stanford University Press, 1975. Lai(1986: 78~79) 재인용.

21 중국인 남성 이주자 쿼터제로 인해 여성 이주자가 증가한 현상을 두고 해석이 엇갈

린다. 블라이드는 외국인력으로 인한 뜻하지 않은 효과라고 해석한(Blythe, 1947: 103) 반면, 여성 이주자를 늘려 중국인 남성 노동자들을 현지에 정착시켜 안정적인 노동력을 생산하기 위한 의도된 인구정책으로 보는 견해도 있다. Parmer(1960: 242).

22 Arnold Wright ed., *Twentieth Century Impressions of British Malaya: Its History, People, Industry, and resoureces*, London: Lloyd's Greater Britain Publishing Company, 1908.

23 인용부호로 강조한 '해협화인'은 영국이 해협의 화인에 부과한 정치적 정체성을 지칭한다. 해협의 화인을 뜻할 땐 해협화인으로 표기한다.

24 영국의 정치가이자 역사가인 매컬리 남작Thomas Babington Macaulay, 1st Baron Macaulay(1800~1859)은 1850년대 영국의 인도 지배에 강력한 동화주의를 주장했다. 영어 교육을 강화하고, 서양식 문명화를 강조하는 한편, 협조적인 인도인을 '공인'으로 육성하자는 제안을 했다. 이를 매컬리이즘Macaulayism이라고 한다. 비폭력 무저항운동의 상징인 마하트마 간디(1869~1948)가 대학교육을 받고 영국서 법학을 공부할 수 있었던 것도 매컬리이즘의 영향이다. Ho(2002) 참조.

25 입법위원회는 해협식민지 총독이 다양한 사안에 관해 여론을 수렴하는 공식 자문 기구이다. 입법위원회는 식민정부 고위 관리와 총독이 임명하는 민간인 대표로 구성된다. 입법위원회 위원은 해협식민지 집행위원회 위원을 겸한다. 위원들은 매년 정부 예산안 심의에서 각자의 의견을 발표할 수 있으며, 위원회에 상정된 법안을 수정할 수도 있고, 결의안에 관해 표결을 할 수 있는 권한도 있다.

26 '정치적' 정체성은 "오랜 시간 자연스럽게 진화한 것이라기보다 특정 시기 특별한 상황에서 만들어진 정체성"으로 정의한다. Clammer(1980: 132) 참조.

27 베이징의 네덜란드 특사로 있던 네덜란드 외교관 아우덴딕Oudendijk은 1920년 네덜란드 외교부에 보낸 서한에서 "일본 제국주의에 비해, 중화 제국주의는 다르다. 일본은 동아시아에서 헤게모니를 장악하는 과정에 있으며, 제국주의적이라는 점에서 위험한 양상을 보인다. …… '중국의 위협'은 네덜란드 동인도로 많은 중국인이 대규모로 이주하고 있다는 점이며, 중국 정부도 이들의 중요성을 인식하고 있다. …… 비록 중국이 근대적 의미에서 순수한 제국주의 국가로 간주할 만큼 충분히 성숙되지는 않았지만, 해가 갈수록 그러한 방향으로 가게 될 것이다. …… 중화 제국주의는 네덜란드의 미래에 치명적일 수도 있다"며 중국의 위협을 우려했다. "Letter from Oudendijk to Netherland Foreign Affairs"(April 7, 1920). Liu(2014: 87) 재인용.

28 랏파우는 1881년 창간된 싱가포르 최초의 중국어 일간 신문으로 1883년 하루 발행부수는 350부였다. Yen(1986: 286) 참조. 랏叻은 말레이어로 해협을 뜻하는 살랏

salat에서 '랏'을 취한 것으로, 싱가포르를 의미한다.

29 낙선사樂善社Lo Shan She는 매달 두 번씩 청 강희제가 1669년에 반포한 16개조 칙서
를 학습하는 모임이었다. 강희제의 칙서는 순치제의 6개조를 수정해 향리의 생활
실천 수칙을 상술한 것으로 중국 농민의 도덕 지침이 되었다. 중국의 향약이 글을
읽지 못하는 농민을 대상으로 강학했다면, 낙선사는 해협의 상인과 장인을 강학의
대상으로 삼았다.

30 유교부흥운동은 1895년 강유위와 양계초梁啓超에 의해 처음으로 시작된 것으로 중
국의 부국강병을 위한 제도개혁 프로그램에 통합되었다. 1897년 강유위는 광서성
계림에 유교 확산과 연구를 위한 성학회聖學會를 설립했고, 1898년 무술변법 기간
유교부흥운동이 본격화했다. 이는 말라야에도 전파되어 1899년 쿠알라룸푸르에서
는 유교부흥운동을 위한 말라야 화인들의 집회가 열렸고, 공자 탄신일인 음력 8월
27일을 화인의 공휴일로 지정하자는 결의안도 채택됐다. Yen(1986: 293~4) 참조.

31 SCBA는 식민 당국에 영향력을 행사하지도, 페낭 화인사회에서 지도력을 발휘하지도
못한 소수 엘리트의 정치 클럽에 지나지 않았다는 평가를 받는다. Chuleeporn (2009:
120) 참조. 페낭 출신의 인류학자 호엥셍(Ho, 2002: 11)에 따르면, 현지 학술조사 과
정에서 페낭의 바바 혹은 페라나칸이 SCBA에서 'B'가 바바Baba를 뜻하는지, 영국인
British을 뜻하는지 구분하지 못하는 것을 확인했다고 했다.

32 페낭 화인상공회의소는 1907년 중국 상부商部에 공식 등록하면서 기관명의 한자
표기를 '빈랑서중화상무총회檳榔嶼中華商務總會'로 바꾸었다. 싱가포르 화인상공회
의소의 설립 과정에 중국 상부가 총파츠를 통해 영향력을 행사했고, 해협식민지
와 말라야의 화인상공회의소들이 중국과 교역 강화를 위해 설립되었다는 해석이
주류를 이루었다. 하지만 적어도 페낭 화인상공회의소의 설립에는 중국의 영향력
이 확인되지 않으며, 중국과 교역 증진도 설립 취지가 아니었던 것으로 확인됐다.
Shinozaki(2006), 篠崎(2004) 참조.

33 후아카이Hoo Ah Kay胡亞基(1869~1880) 이후 2년여 공석을 거쳐 시아량시아Seah
Liang Seah余連城(1883~90), 탄지악킴Tan Jiak Kim陳若錦(1890~94, 1902~15), 림분켕Lim
Boon Keng林文慶(1894~1902)으로 이어졌다.

34 우렌테의 이름 표기는 그의 삶처럼 다양하다. 우렌테Wu Lien Teh는 예전 중국 보통
어 영문 표기이며, 페낭의 공통어인 혹키엔으로는 고렌턱Goh Lean Tuck, 광동어 표
기로는 응린턱Ng Leen Tuck, 현대 중국 보통어로는 우렌더Wu Liande이다. '응린턱'이
그의 정체성을 드러내는 표기이겠지만, 이 글에서는 오늘날 페낭의 도로 명으로도

기억되는 이름인 우롄테로 한다. 우롄테는 금세공 장인인 신케 웅키혹Ng Khee Hok 伍祺學과 페낭 태생의 객가 뇨냐[Lam Choy Fan林彩繁] 사이에서 태어났다.

[35] 1937년 중일전쟁으로 베이징이 함락되자 퇴각이 불가피해진 우롄테는 귀향을 택했다. 그는 페낭 대신 페락의 이포에서 병원을 개업하고 무료 진료와 공공도서관 사업에 힘을 쏟았다. 1959년 자서전《역병의 투사》를 발간하고 페낭으로 은퇴한 그는 이듬해 1960년 1월 조지타운의 자택에서 타계했다.

[36] 우롄테는 1905년 루스 황Ruth Huang Shu Chiung黃淑瓊(1883~1937)과 싱가포르에서 결혼했고, 1925년 상해에서 이숙정李淑貞과 재혼했다.

[37] 유얀상은 1879년 유퉁센의 부친 유콩파이가 페락의 고펭에서 창업한 중국약품회사이다. 1890년 유콩파이가 사망하고 당시 13세의 유퉁센이 가업을 이어받아 1900년 초에 유얀상의 지점은 말라야는 물론 중국 남부까지 확장됐다.

[38] 푸추춘의 부친 푸위치Foo Yu Chi胡玉池는 고향 영정에서 결혼을 했다. 13세까지 푸추춘은 중국어와 서당 교육을 받고, 페낭으로 돌아와 영어 교육을 받았다.

[39] 탄쳉록은 1771년 복건성 장주에서 말라카로 이주한 화인의 후예로, 1923년 말라카 화인사회를 대표해 해협식민지 입법위원회의 화인 민간 위원에 임명됐다. 말라야 화인협회MCA 초대 의장을 역임했다.

[40] 해협식민지로서 아편팜과 아편파머는 보호하고 장려해야 할 대상이었다. 예컨대 1906년 추방법에 따라 범죄자 434명 등 모두 509명이 해협식민지에서 추방되었는데, 이 가운데 16명이 모르핀과 관련된 혐의를 받았다. Wright(1908: 296) 참조. 당시 추방이 외국인만을 대상으로 했다는 점에서 거의가 중국인이었을 것임이 자명하다. 당시 유럽인들이 아편 대용품으로 값싼 모르핀을 몰래 들여와 판매했는데, 해협식민지 경찰이 이를 집중 단속한 것이다. 값싼 모르핀이 유통되면 아편 판매에 영향이 미칠 것을 우려한 조치였음은 물론이다. 모르핀을 단속하면서 우롄테의 병원을 압수 수색한 것은 영국의 아편정책이 이중적이고 졸렬했음을 드러낸다.

[41] 싱가포르에서 발행된《스트레이츠 타임스》는 스웨트넘의 발언이 논란이 되자 뒤늦게 그의 기고문과 이후의 반론을 함께 실었다.

[42] 푸화쳉(1878~1946)은 페낭에서 태어나 페낭 프리스쿨에서 영어 교육을 받았다. 그가 1905년 설립한 '연방고무도장회사Federal Rubber Stamp Company'는 우편엽서의 출판과 인쇄 및 판매를 행하는 회사였다. 푸화쳉은 1922년 싱가포르에서 개최된 말라야-보르네오 박람회에 중국인 주석광산의 실물 크기 모형을 전시해 화제가 되기도 했다. 그의 회사는 1937년 도산했다.

[43] 림렌텡에 관해서는 馬來西亞華社硏究中心Center for Malaysian Chinese Studies의 인터넷 사이트에 있는 林水檺(2001)의 '林连登 奋斗与回馈'을 참조했다.
http://www.malaysian~chinese.net/publication/articlesreports/articles/2348.html
(검색일 2018. 10. 10)

[44] 카사바는 묘목을 심어 수확하기까지 2~3년인데 비해 고무나무는 최소한 6년은 지나야 한다. 카사바와 고무나무를 함께 심어 자금 회전률을 높인 것이다.

[45] 림렌텡은 1949년에 싱가포르의 조주 출신 거상들과 자본을 투자해 화련은행華聯銀行을 설립하고 초대 이사장에 취임했다. 林水檺(2001) 참조.

[46] 림렌텡은 31에이커의 땅을 한강중학교 부지로 기부했다. 대부분 기부자들이 설립에만 관여한 것과 달리 림렌텡은 이후 학교의 재정 위기마다 부단히 관여하고 지원한 것으로 유명하다. 1950년 한강중학 이사회는 미국 컬럼비아대학 박사 출신으로 중국 광주의 중산대학 교수를 지낸 장택선莊澤宣을 교장으로 초빙했다. 1951년 2월 한강중학교 개교 당시 교장 이외에도 초빙된 교사 가운데 4명이 박사학위 소지자였다. 曹淑瑤(2011: 191).

[47] 반힌리은행은 1991년 말레이시아 금융그룹 CIMB에 합병됐다.

[48] 보우사는 페낭의 페라나칸인 충티암포Choong Thiam Poh(1888~1930)가 1914년 영어교육을 받은 페낭 화인을 대상으로 중국어와 중국 문화를 교육하기 위해 설립한 교육기관이자 사회개혁 조직이었다. 충티암포는 손문의 동맹회에 가담한 혁명파였다. 1927년 보우사 신축 건물 완공식에 노벨상 수상자인 인도 시인 타고르가 초석을 기증하기도 했다. 충티암포 사후 히아주샹이 보우사를 이끌었다.

[49] 바바라 안다야는 추출경제를 생산된 부가 현지 경제 안에서 순환하는 것이 아니라 외부로 유출되고 수탈되는 식민지 원료 생산 수출경제란 의미로 쓰고 있다.

[50] 1895년 페낭의 영어학교 재학생 600명 가운데 중국인 학생이 500명에 달했다. 李恒俊(2009) 참조.

참고문헌

신문(Newspaper SG-NLB eResources: eresources.nlb.gov.sg/newspapers)

  ST: The Straits Times

  SEP: The Straits Free Press

  MT: The Malaya Tribune

강희정, 〈아편, 주석, 고무: 페낭 화인사회의 형성과 전개, 1786~1941〉,《동남아시아연구》, Vol. 23/3, 2013.

국립중앙박물관,《싱가포르의 혼합문화 페라나칸》, 국립중앙박물관, 2013.

다뚝 자이날 아비딘 빈 압둘 와히드 편저, 소병국 편역,《말레이시아史》, 오름, 1998.

박번순, 〈화교의 고향을 찾아서〉,《루트아시아》, 동아시아, 2015.

이화승, 〈상업〉, 오금성 외.《명청시대 사회경제사》, 이산, pp. 555~577, 2007.

신윤환, 〈인도네시아의 화인: 경제적 지배와 정치적 배제 사이에서〉, 박사명·박은경·신윤환·오명석·전경수·조흥국,《동남아의 화인사회》, 전통과 현대, pp. 424~474, 2000.

신윤환, 〈동남아의 화인(화교): 아세안 4개국 사례 비교연구 시론〉, 고우성 외 7인,《동남아의 정치경제: 산업화와 발전전략》, 21세기한국연구재단, 1995.

양승윤,《인도네시아사》, 대한교과서주식회사, 1994.

에릭 홉스봄 저, 김동택 역, 《제국의 시대》, 한길사, 1998.

오금성 외, 《명청시대 사회경제사》, 이산, 2007.

오명석, 〈말레이시아 화인사회: 다종족국가 내에서의 공존과 갈등〉, 박사명·박은경·신윤환·오명석·전경수·조흥국, 《동남아의 화인사회》, 전통과 현대, pp. 186~312, 2000.

유인선, 《베트남과 그 이웃 중국》, 창비, 2012.

이사벨라 버드 비숍 저, 유병선 역, 《이사벨라 버드 비숍의 황금반도》, 경북대출판부, 2017.

조흥국, 〈태국의 화인: 원만한 동화와 중국적 정체성 사이에서〉, 박사명·박은경·신윤환·오명석·전경수·조흥국, 《동남아의 화인사회》, 전통과 현대, pp. 26~110, 2000.

주경철, 《대항해시대》, 서울대학교 출판문화원, 2008.

최병욱, 《동남아시아사-전통시대》, 산인, 2015.

_____, 《동남아시아사-민족주의 시대》, 산인, 2016.

최성만, 《발터 벤야민 기억의 정치학》, 길, 2014.

충남대학교 박물관, 《동남아시아의 역사와 문화》, 충남대학교 박물관, 2013.

페르낭 브로델 저, 주경철 역, 《물질문명과 자본주의》 I·II·III, 까치, 1997.

_____, 주경철 등 역, 《지중해-펠리페 2세 시대의 지중해 세계》 I, II-1, 2, 까치, 2017.

호미 바바, 나병철 역, 《문화의 위치》, 소명출판, 2012.

_____, 류승구 역, 《국민과 서사》, 후마니타스, 2011.

허성따賀聖達, 박사명 역, 〈미얀마의 화인사회〉, 박사명·박은경·신윤환·오명석·전경수·조흥국, 《동남아의 화인사회》, 전통과 현대, pp. 476~502, 2000.

홍성구, 〈종족〉, 오금성 외, 《명청시대 사회경제사》, 이산, pp. 263~286, 2007.

鬼丸武士, 〈阿片·秘密結社·自由貿易〉, 《東南アジア研究》, Vol. 40(4): 502~519, 2003.

唐松章, 《マレ~シア·シンガポル華人史概說》, 鳳書房, 1999.

林水檺, 《创业与护根~马来西亚华人历史与人物 儒商篇》, 中央研究院东南亚区域研究计划, 2001.

麥留芳, 《方言群認同:早期新馬華人的分類法則》, 臺北:中研院民族社, 1985.

山田洋, 〈シンガポール多元主義の中でのLim Boon Keng再評価-Straits Chineseを巡る比較文化論的考察〉, 《日本国際情報学会誌》, Vol. 8(1): 35~46, 2011.

石滄金, 《馬來西亞華人社會團研究》, 中國華僑出版社, 2005.

篠崎香織, 〈シンガポール華人商業会議所の設立(1906年)とその背景: 移民による出身国 での安全確保と出身国との関係強化〉,《アジア研究》, Vol. 50(4): 1~14, 2004.

安里陽子, 〈再構築される歴史とプラナカン概念: プラナカンとは誰のことなのか〉,《同志社グローバル・スタディーズ》, No. 4: 29~47, 2013.

吳龍雲,《遭遇帮群:檳城華人社會的跨帮組織研究》, 新加坡國立大學中文系, 2009.

＿＿＿＿, 〈平章会馆与中华总商会及槟城华人社会：廿世纪初期的帮群, 领袖及其互动〉,

      Ph. D. thesis in National University of Singapore, 2006.

吳華,《馬來西亞華族會館史略》, 新加坡東南亞研究所, 1980.

王重陽, 〈泰國普吉省華人拓荒史〉,《南洋文摘》, Vol. 6(5), 1965.

李國卿, 〈マレ~シア及びタイにおける華僑の經濟社會の變容〉, 宋本三郎・川本邦衛 編著,《東南アジアにおける中國のイメ⏋ジと影響力》, 大修館書店, 1991.

李恩涵,《東南亞華人史》, 五南圖書出版公司, 2002.

李恒俊, 〈南華醫院與檳城華人社會: 1883~1941年〉,《客家研究·檳城華人》, 2009.

張少寬,《檳榔嶼華人史話》, 檳城: 燧人氏, 2002.

＿＿＿＿,《檳榔嶼華人史話續編》, 檳城: 南洋田野研究室, 2003.

曹淑瑤, 〈辦學與慈善: 以檳城韓江中學的經營為例〉,《東吳歷史學報》, No.26: 183~244, 2011.

朱杰勤,《東南亞華僑史》, 北京:中華書局, 2008.

陳劍虹,《檳城嶼華人史圖錄》, Penang: Areca Book, 2007.

＿＿＿＿, 〈平章公館的歷史發展輪廓, 1881~1974〉,《檳州華人大會堂慶祝一白周年暨落成開幕紀念特刊》, 檳城:檳州華人大會堂, 1983.

陳達,《南洋華僑社會》, 上海: 商務印書館, 1939. 복간 北京: 商務印書館, 2011.

陳耀威,《甲必丹鄭景貴的慎之家塾及海記棧》, Penang, 2013.

陳育崧, 陳荊和,《新加坡華文碑銘集录》, 香港: 香港中文大學出版社, 1972.

蔡少卿,《中國近代會黨史研究》, 中華書局, 1987.

蔡仁龍, 唐松章 譯,《インドネシアの華僑・華人》, 鳳書房, 1993.

川岐有三,《東南アジアの中國人社會》, 山川出版社, 1996.

平內良博,《東南アジア多民族社會の形成》, 京都大學學術出版部, 2009.

布野修司 編,《アジア都市建築史》, 昭和堂, 2003.

黄賢強,《跨域史學: 近代中國與南洋華僑人研究的新視野》, 龍視界, 2015.

Aiken, S. Robert, "Early Penang Hill Station", *Geographical Review*. Vol. 77(4): 421~439, 1987.

Akashi, Yoji, "Japanese Policy Towards the Malayan Chinese 1941~1945", *Journal of Southeast Asian Studies*. Vol. 1(2): 61~89, 1970.

Andaya, Barbara Watson and Andaya, Leonard Y., *A history of Malaysia*, second edition, Palgrave Macmillan, 2001.

Anderson, John, *Political and commercial considerations relative to the Malayan Peninsula and the British settlements in the Straits of Malacca, Penang, 1824*, reprinted in *Journal of the Malaysian Branch of the Royal Asiatic Society*(이하 *JMBRAS*), Vol. 35(4), 1962.

Andrew, Elizabeth W., "Opium and vice: recent personal investigations", LSE Selected Pamphlets, 1895.

Anson, A., *About Others and Myself 1745~1920*, London: John Murry, 1920.

Bailey, Warren and Lan Truong, "Opium and Empire: Some Evidence from Colonial-Era Asian Stock and Commodity Markets", *Journal of Southeast Asian Studies*, Vol. 32(2): 173~193, 2001.

Barlow, Henry S., "Two Communist Pamphlets from Kedah and Penang, 1949", *JMBRAS*. Vol. 67(1): 61~67, 1994.

Bassett, D. K., "Anglo-Malay Relations, 1786~1795", *JMBRAS*. Vol. 38(2): 183~212, 1965.

Bastin, John and M. Stubbs Brown, "Historical Sketch of Penang in 1794", *JMBRAS*. Vol. 32(1): 1~32, 1959.

Bauer, P. T., "Some Aspects of the Malayan Rubber Slump 1929~1933", *Economica*, New Series, Vol. 11(44): 190~198, 1994.

Benjamin, Geoffery, "In the Long Term: Three Themes in Malayan Cultural Ecology", in *Cultural Values abd Human Values in Southeast Asia*, Michigan Papers on South and Southeast Asia No. 27, K. Hutterer, A. T. Rambo and G. Lovelace(eds.), Ann Arber: University of Michigan Center for South and Southeast Asian Studies, 1985.

Blusse, Leonard, "Chinese Century. The Eighteenth Century in the China Sea Region", *Archipel*, Vol. 58:107~29, 1999.

Blythe, Wilfred, *The Impact of Chinese Secret Societies in Malaya 1880~1941*, London: Oxford University Press, 1969.

_____, "Historical Sketch of Chinese Labour in Malaya", *JMBRAS*, Vol. 20(1): 64~114, 1947.

Bonney, R., *Kedah, 1771~1821: The search for security and independence*, Kuala Lampur and Singapore: Oxford University Press, 1971.

Boyer, M. Christine, *The City of Collective Memory*, Cambridge, Mass.: The MIT Press, 1994.

Braddell, Roland St. John, "Chinese Marriages, as regarded by the Supreme Court of the Straits Settlements", *JMBRAS*. No. 83: 153~165, 1921.

_____, *The Law of the Straits Settlements: A Commentary*, London: Kelly, 1915.

Brereton, William H., "The truth about opium: being a refutation of the fallacies of the Anti-Opium Society anda defence of the Indo-China opium trade", Bristol Selected Pamphlets, 1883.

Buiskool, Dirk A., "The Chinese Commercial Elite of Medan, 1890~1942: The Penang Connection", *JMBRAS*. Vol. 82(2): 113~129, 2009.

Butcher, John G. and H.W. Dick (eds.), *The Rise and Fall of Revenue Farming: Business Elites and the Emergence of the Modern State in Southeast Asia*, London: Macmillan, 1993.

Butcher, John G., "The Demise of the Revenue Farm System in the Federated Malay States", *Modern Asian Studies*, Vol. 17(3): 387~412, 1983.

Campbell, J. M., E. Broadrick and R. J. Wilkinson, "Straits Settlements. Two cases suspected of being plague at Penang", *Public Health Reports*, Vol. 15(48): 2946~2947, 1900.

Carstens, Sharon A., *Histories, Cultures, Identities: Studies in Malaysian Chinese Worlds*, National University of Singapore Press, 2005.

_____, "Dancing Lions and Disappearing History: The National Culture Debates and Chinese Malaysian Culture", *Crossroads: An Interdisciplinary Journal of Southeast Asian Studies*, Vol. 13(1): 11~63, 1999.

Chan, Suan Choo, *The Penang Peranakan Mansion*. Penang: Media Art Printing Center, 2011.

Chang, Queeny, *Memories of a Nonya*. Eastern University Press, 1981. Reprint Singapore :Marshall Caverndish International, 2016.

Cheah, Boon Kheng, "Malay Politics and the Murder of J. W. W. Birch, British Resident in Perak, in 1875: The Humiliation and Revenge of the Maharaja Lela", *JMBRAS*, Vol.

71(1):74~105, 1998.

Cheah, Hwei-Fen, "Nyonya Needlework from Penang", *JMBRAS*, Vol. 82(2): 145~155, 2009.

Cheah, Jin Seng, *Perak: 300 Early Postcards*, RNS Publications, 2009.

Chen, Kuo-wei, "Meaning in archtectual and urban space of the Penang kongsi enclave", Proceeding in The Penang Story-International Conference 2002.

Cheo, Kim Ban, *A Baba Wedding*, Marshall Cavendish Editions, 2009.

Ch'ng, David, "Some old Penang tombstones: A Sequel", *JMBRAS*, Vol. 60(1): 75~80, 1987.

Ch'ng Kim See, "A Survey of the Literature on Chinese Peranakans and the Case for a Regional Resource Centre", *JMBRAS*, Vol. 82(2): 179~191, 2009.

Christie, Clive J., *A Modern History of Southeast Asia: Decolonization, Nationalism and Separatism*, New York: I. B. Tauris, 1996.

Chua, Ai Lin, "Imperial Subjects, Straits Citizen: Anglophone Asian and the Struggle for Political Rights in Inter-War Singapore", in *Paths Not Taken: Political Pluralism in Post-war Singapore*, Michael Barr and Carl Trocki (eds.), Singapore: National University of Singapore Press, 2008.

Chuleeporn, Virunha, "From Regional Entrepot to Malayan Port: Penang's Trade and Communities, 1890~1940", in *Penang and Its Region*, Yeoh Seng Guan and Loh Wei Leng, Khoo Salma Nasution, Neil Khor (eds.), Singapore: National University of Singapore Press, pp. 103~130, 2009.

Chung, Stephanie Po-Yin, "Surviving Economic Crises in Southeast Asia and Southern China: The History of Eu YanSang Business Conglomerates in Penang, Singapore and Hong Kong", *Modern Asian Studies*, Vol. 36(3): 579~617, 2002.

City Council of Georgetown, *Penang: Past and Present, 1786~1963, A Historical Account of the City Of Georgetown since 1786*, Penang: City Council of Georgetown, 1966.

Clammer, John., *Straits Chinese Society: Studies in the Sociology of the Baba Community of Malaysia and Singapore*, Singapore: National University of Singapore Press, 1980.

Clark, Hugh R., "Maritime Diasporas in Asia before da Gama: An Introductory Commentary", *Journal of the Economic and Social History of the Orient*, Vol. 49(4): 385~394, 2006.

Clodd, H. P., *Malaya's First British Pioneer, The Life of Francis Light*, London: Luzac & Co., 1948.

Cohen, Robin, "Diasporas and the Nation-State: From Victims to Challengers", *International Affairs*, Vol. 72(3): 507~520, 1996.

Comber, Leon, "Chinese Secret Societies in Malaya; an Introduction", *JMBRAS*, Vol. 29(1): 146~162, 1956.

Cooray, Francis and Khoo Salma Nasution, *Redoubtable Reformer: The life and times of Cheah Cheang Lim*, Penang: Areca Books, 2015.

Cowan, C.D., "Early Penang and the Rise of Singapore 1805~1832", *JMBRAS*, Vol. 23(2): 2~210, 1950.

_____, *Nineteenth Century Malaya: The Origins of British Political Control*, London: Oxford University Press, 1981.

Curtin, Philip D., *Cross Cultural Trade in World History*, Cambridge University Press, 1984.

Cushman, J. W., *Family and State: The Formation of a Sino-Thai Tin Mining Dynasty, 1797~1932*, Singapore: Oxford University Press, 1991.

_____, "The Khaw Group: Chinese Business in Early Twentieth Century Penang", *Journal of Southeast Asian Studies*, Vol. 17(1): 58~79, 1986.

Cushman, J. and Wang Gungwu (eds.), *Changing Identities of the Southeast Asian Chinese since World War II*, Hong Kong: Hong Kong University Press, 1988.

DeBernardi, Jean, "Space and Time in Chinese Religious Culture", *History of Religions*, Vol. 31(3): 247~268, 1992.

_____, "The Hungry Ghosts Festival: A Convergence of Religion and Politics in the Chinese Community of Penang, Malaysia", *Southeast Asian Journal of Social Science*, Vol. 12(1): 25~34, 1984.

De Bierre, Julia, *Penang Through Gilded Doors*, Penang: Areca Books, 2006.

Falarti, Maziar Mozaffari, *Malay Kingship in Kedah: Religion, Trade, and Society*, Lanham: Lexington Books, 2013.

Fels, Patricia Tusa, "Conserving the Shophouse City", Proceedings in The Penang Story-International Conference 2002.

Fielding, K. T., "The Settlement of Penang: by James Scott", *JMBRAS*, Vol. 28 (1): 37~51, 1955.

Flower, Raymond, *The Penang Adventure*, Singapore: Marshall Cavendish International, 2009.

Frank, Andre Gunder, *Reorient: Global Economy in the Asian Age*, Berkeley: University of California Press, 1998.

Freedman, Amy L., "The Effect of Government Policy and Institutions on Chinese Overseas Acculturations: The Case of Malaysia", *Modern Asian Studies*, Vol. 35(2): 411~440, 2001.

Furber, Holden, *John Company at Work: A Study of European Expansion in India is the late 18th Century*, Cambridge: Oxford University Press, 1951.

Garnier, Keppel, "Early Days In Penang", *JMBRAS*, Vol. 1(1): 5~12, 1923.

GTWHI(George Town World Heritage Incorporated), *George Town's Historic Commercial & Civic Precincts*, Penang: George Town World Heritage Inc., 2015.

Goh, Daniel P. S., "Unofficial contentions: The postcoloniality of Straits Chinese political discourse in the Straits Settlements Legislative Council", *Journal of Southeast Asian Studies*, Vol. 41(3): 483~507, 2010.

Godley, Michael R., "Chinese Revenue Farm Networks: The Penang Connection", in *The Rise and Fall of Revenue Farming: Business Elites and the Emergence of the Modern State in Southeast Asia*, J. Butcher and H. Dick (eds.) New York: St. Martin's Press, pp. 89~102, 1993.

_____, *Mandarin-Capitalists from Nanyang: Overseas Chinese Enterprise in the Modernisation of China 1893~1911*, Cambridge University Press, 1981.

_____, "Chang Pi-Shih and Nanyang Chinese Involvement in South China's Railroads, 1896~1911", *Journal of Southeast Asian Studies*, Vol. 4(1): 16~30, 1973.

Goto-Shibata, Harumi, "Empire on the Cheap: The Control of Opium Smoking in the Straits Settlements, 1925~1939", *Modern Asian Studies*, Vol. 40(1): 59~80, 2006.

Gullick, J. M., "The Economy of Perak in the mid-1870s", *JMBRAS*, Vol. 83(2): 27~46, 2010.

_____, "Governor's Houses", *JMBRAS*, Vol. 71(1): 123~137, 1998.

_____, *Malay Society in the Late Nineteenth Century: The Beginnings of Change*, Singapore: Oxford university Press, 1991.

_____, *Indigenous Political Systems of Western Malaya*, London: The Athlone Press, 1958.

Gruetzmacher, Lucy Case and Thomas Onsdorff, Mable C. Mack, *Canning for Home Food Preservation*, Oregon State Collage, 1948.

Hagan, James and Andrew Wells, "The British and rubber in Malaya, c1890~1940", in *The Past Before Us : Proceedings of the Ninth National Labour History Conference*, G. Patmore, J. Shields & N. Balnave (eds.) University of Sydney, pp. 143~150, 2005.

Hale, A., "On mines and miners in Kinta, Perak", *Journal of the Straits Branch of the Royal Asiatic Society*, No.16: 303~320, 1885.

Hall, Kenneth R., "Multi-Dimension a Networking: Fifteenth Century Indian Ocean Maritime Diaspora in Southeast Asian Perspective", *Journal of the Economic and Social History of the Orient*, Vol. 49(4): 454~81, 2006.

_____, "Local and International Trade and Traders in the Straits of Melaka Region: 600~1500", *Journal of the Economic and Social History of the Orient*, Vol. 47(2): 213~260, 2004.

Handlin, Oscar, ed., *The Historian and the City*, Cambridge: MIT Press and Harvard University Press, 1963.

Hirschman, Charles, "The making of Race in Colonial Malaya: Political Economy and Racial Ideology", *Sociological Forum*, Vol. 1(2): 330~361, 1986.

_____, "The Meaning and Measurement of Ethnicity in Malaysia: An Analysis of Census Classifications", *The Journal of Asian Studies*, Vol. 46(3): 555~582, 1987.

Ho, Engseng, "Gangster Into Gentlemen: The Breakup of Multiethnic Conglomerate and The Rise of A Straits Chinese Identity in Penang", Proceeding in The Penang Story-International Conference 2002.

Ho, Tak Ming, *Phoenix Rising: Pioneering Chinese Women of Malaysia*, Ipoh: Perak Academy, 2015.

_____, *Ipoh: When tin was king*, Ipoh: Perak Academy, 2009.

Horstmann, Kurt, "The Nanyang Chinese-History and present Position of the Chinese in SE Asia", *GeoJournal*, Vol. 4(1): 64~66, 1980.

Huang, Lan Shiang, "A Comparison on the Urban Spatial Structures of the British Colonial Port Cities among Calcutta, George Town and Singapore", Proceeding in The Penang Story-International Conference 2002.

Hussin, Nordin, *Trade and Society in the Straits of Melaka: Dutch Melaka and English*

Penang, 1780~1830, Singapore: National University of Singapore Press, 2007.

_____, "Network of Malay Merchants and the Rise of Penang as a Regional Trading Centre", *Southeast Asian Studies*, Vol. 43(3): 215~237, 2005.

_____, "Social Life in Two Colonial Port-towns: Dutch-Melaka and English-Penang 1780~1830", Proceeding in The Penang Story-International Conference 2002.

Jackson, James C., *Planters and speculators: Chinese and European agricultural enterprise in Malaya, 1786~1921*, Kuala Lumpur: Oxford University Press, 1968.

Jackson, R. N., *Pickering: Protector of Chinese*, Kuala Lumpur: Oxford University Press, 1965.

_____, "Changing Patterns of Employment in Malayan Tin Mining", *Journal of Southeast Asian History*, Vol. 4(2): 105~116, 1963.

_____, *Immigrant labour and the development of Malaya, 1986~1920*, Kuala Lumpur: Government Press, 1961.

Jones, D. S., "The 'Waterfall' Botanic Garden on Pulau Pinang: THE Foundations of the Penang Botanic Gardens 1884~1910", *JMBRAS*, Vol. 70(2): 75~96, 1997.

Jones, Russell, "The Chiangchew Hokkiens, the True Pioneers in the Nanyang", *JMBRAS*, Vol. 82(2): 39~66, 2009.

Joseph, K.T., "Agricultural History of Peninsular Malaysia: Contributions from Indonesia", *JMBRAS*, Vol. 81(1): 7~18, 2008.

Kato, Tsuyoshi, "When Rubber Came: The Negeri Sembilan Experience", *Southeast Asian Studies*, Vol. 29(2): 109~157, 1991.

Kawamura, Tomataka, "Maritime Trade and Economic Development of Penang, c.1786~1830", Penang & The Indian Ocean: An International Conference Proceedings. http:// penangstory.net.my/index.html, 2011.

Kee, Ming-Yuet, *Peranakan Chinese Porcelain: Vibrant Festive Ware of the Straits Chinese*, Tuttle Publishing, 2009.

Khoo, Joo Ee, *The Straits Chinese: A Cultural History*, Amsterdam: Pepin Press, 1996.

Khoo, Kay Kim, "Tanjong, Hilir Perak, Larut and Kinta: The Penang-Perak Nuxus in History", in *Penang and Its Region*, Yeoh Seng Guan, Loh Wei Leng, Khoo Salma Nasution, Neil Khor (eds.), Singapore: National University of Singapore Press, pp. 54~82, 2009a.

_____, "Malaysia: Immigration and the growth of a plural society", *JMBRAS*, Vol. 71(1): 1~25, 1998.

_____, "Taiping(Larut): The early history of a mining settlement", *JMBRAS*, Vol. 64(1): 1~32, 1991.

_____, *The Western Malay States, 1850~1873: The Effects of Commercial Development on Malay Politics*, Kuala Lumpur: Oxford University Press, 1975.

_____, "The Origin of British Administration in Malaya", *JMBRAS*, Vol. 39(1): 52~91, 1966.

Khoo, Salma Nasution, "Hokkien Chinese on the Phuket Mining Frontier: The Penang Connection and the Emergence of the Phuket Baba Community", *JMBRAS*, Vol. 82(2): 81~112, 2009b.

Khoo, Salma Nasution, Lubis, Abdur-Razzaq, *Kinta Valley: Pioneering Malaysia's Modern Development*, Ipoh: Perak Academy, 2005.

Khor, Neil Jin Keong, "Imperialism, Empire and the State: A Potrait of the Lim Chen Ean Family", Cultural Reproduction on its Interface: From the Perspectives of Text, Diplomacy, Otherness, and Tea in East Asia: 65~80(http://hdl.handle.net/10112/3378) 2010.

_____, "Peranakan Chinese Literature in Penang and the Region: With an Emphasis on Anglophone Penang Peranakan Writing", *JMBRAS*, Vol. 82(2): 131~143, 2009.

_____, "Imperial Cosmopolitan Malaya: A Study of Realist Fiction in the "Straits Chinese Magazine"", *JMBRAS*, Vol. 81(1): 27~47, 2008.

_____, "Economic change and the emergence of the Straits Chinese in Nineteenth-Century Penang", *JMBRAS*, Vol. 79(2): 59~83, 2006.

Khor, Neil Jin Keong, Khoo, Keat Siew, *The Penang Po Leung Kuk: Chinese women, prostitution & a welfare organisation*, Malaysian Branch of the Royal Asiatic Society, 2004.

King, Philip, "Penang to Songkhla, Penang to Patani: Two Roads, Past and Present", in *Penang and Its Region*, Yeoh Seng Guan, Loh Wei Leng, Khoo Salma Nasution, Neil Khor (eds.), Singapore: National University of Singapore, pp. 131~150, 2009.

Knapp, Ronald G., *The Peranakan Chinese Home: Art & Culture in Daily Life*, Tuttle Publishing, 2013.

_____, *Chinese Houses of Southeast Asia*, Singapore: Tuttle Publishing, 2010.

Kohl, David G., *Chinese Architecture in the Straits Settlements and West Malaya: Temples, Kongsis and Houses*, Kuala Lumpur: Heinemann Asia, 1984.

Kratoska, Paul H., *Southeast Asian Minorities in the Wartime Japanese Empire*, Routledge, 2002.

Kuhn, Philip A., *Chinese Among Others: Emigration in Modern Times*, Rowman & Littlefield Publishers, 2009.

Kynnersley, C. W., "Notes of Visits to Puket, Ghirbee and Trang", *Journal of the Straits Branch of the Royal Asiatic Society*, No. 42: 7~18, 1905.

Lai, Ah Eng, "Peasants, Proletariats and Prostitutes: A Preliminary Investigation into the Work of Chinese Women in Colonial Malaya", Institute of Southeast Asian Studies, Research Note and Discussions Paper No.59, 1986.

le May, Reginald, "Siam and Penang in the Eighteenth Century", *The Journal of the Royal Asiatic Society of Great Britain and Ireland*, No. 1: 48~49, 1942.

Lee, Peter & Jennifer Chen, *The Straits Chinese House*, 3rd edition, National Museum of Singapore, 2012.

Lee, Sharon M., "Female Immigrants and Labor in Colonial Malaya: 1860~1947", *International Migration Review*, Vol. 23(2): 309~331, 1989.

Lee, Su Kim, "The Peranakan Associations of Malaysia and Singapore: History and Current Scenario", *JMBRAS*, Vol. 82(2): 167~177, 2009.

Lees, Lynn Hollen, "Being British in Malaya, 1890~1940", *Journal of British Studies*, Vol. 48(1): 76~101, 2009.

Lei Guang, "Realpolitik Nationalism: International Sources of Chinese Nationalism". *Modern China*, Vol. 31(4): 487~514, 2005.

Leith, George, *A Short Account of the Settlement, Produce of Prince of Wales Island in the Strait of Malacca*, London: J. Booth, 1805.

Lena, Cheng U Wen, "British Opium Policy in the Straits Settlements 1867~1910", *Academic Exercise*, University of Malaya, Singapore, 1960.

Leong, Stephen, "The Malayan Overseas Chinese and the Sino-Japanese War, 1937~1941", *Journal of Southeast Asian Studies*. Vol. 10(2): 293~320, 1979.

_____, "The Chinese in Malaya and China's Politics, 1895~1911", *JMBRAS*, Vol. 50(2):

7~24, 1977a.

_____, "The Kuomintang–Communist United Front in Malaya during the National Salvation Period, 1937~1941", *Journal of Southeast Asian Studies*, Vol. 8(1): 31~47, 1977b.

Lewis, Su Lin, "Cosmopolitanism and the Modern Girl: A Cross–Cultural Discourse in 1930s Penang", *Modern Asian Studies*, Vol. 43(6): 1385~1419, 2009.

Li, Minghuan, "From 'Sons of the Yellow Emperor' to 'Children of Indonesian Soil': Studying Peranakan Chinese Based oh the Batavia Kong Koan Archaves", *Journal of Southeast Asian Studies*, Vol. 34(2): 215~230, 2003.

Lim, Boon Keng, "The Role of Babas in Development of China", *Straits Chinese Magazine*, No. 7: 94~100, 1903.

_____, "The Opium Question", *Straits Chinese Magazine*, No. 10:149~151, 1906.

Lim, Gaik Siang, "Khoo Kongsi Clanhouse and Community: Transformation of Social and Spatial Relation", Proceeding in The Penang Story–International Conference 2002.

Lim, G. S. Catherine, *Gateway to Peranakan Culture*, 8th edition, Singapore: Asiapac Culture, 2010.

Lim, Kean Siew, *Blood on the Golden Sands: The Memoirs of a Penang Family*, Selangor: Pelanduk Publications, 1999.

Liow, Benny Woon Khin, "Buddhist Temples and Associations in Penang, 1845~1948", *JMBRAS*, Vol. 62(1): 57~87, 1989.

Liu, Oiyan, "Countering 'Chinese Imperialism': Sinophobia and Border Protection in the Dutch East Indies", *Indonesia*, No. 97: 87~110, 2014.

Lo, Man Yuk, "Chinese Names of Streets in Penang", *Journal of the Straits Branch of the Royal Asiatic Society*, No. 33: 197~246, 1900.

Loh, Wei Leng, "Penang's Trade and Shipping in the Imperial Age", in *Penang and Its Region*, Yeoh Seng Guan, Loh Wei Leng, Khoo Salma Nasution, Neil Khor (eds.), Singapore: National University of Singapore, pp. 83~102, 2009a.

_____, "Penang as Commercial Centre: Trade and Shipping Networks", *JMBRAS*, Vol. 82,(2): 25~37, 2009b.

_____, "Introduction: Peranakan Chinese in Penang and the Region: Evolving Identities and Networks", *JMBRAS*, Vol. 82(2): 1~7, 2009c.

_____, "The Colonial State and Business: The Policy Environment in Malaya in the Inter-War Years", *Journal of Southeast Asian Studies*, Vol. 33(2): 243~256, 2002.

Lohanda, Mona, *The Kapitan Cina of Batavia, 1937~1942: A History of Chinese Establishment in Colonial Society*, Jakarta: Djambatan, 1996.

Logan, James Richardson, "Notes at Penang, Kedah, etc", *Journal of the Indian Archipelago*, V: 53~65, 1851.

Lombard, Denys and Jean Aubin (eds), *Asian Merchants and Businessmen in the Indian Ocean and the China Sea*, New Delhi: Oxford University Press, 2000.

Low, James, *A dissertation on the soil and agriculture of the British settlements of Penang or Prince of Wales Island in the Straits of Malacca, including Province Wellesley on the Malayan Peninsula*, Singapore, 1836. Reprinted in Singapore. 1972.

Lubis, Abdul-Razzaq, "Perceptions of Penang: Views from across the Straits", in *Penang and Its Region*, Yeoh Seng Guan, Loh Wei Leng, Khoo Salma Nasution, Neil Khor (eds.), Singapore: National University of Singapore Press, pp. 150~179, 2009.

Mackay, Colin Robert, *A History of Phuket and the Surrounding Region*, 2nd Edition, Kris Books, 2016.

MacKeown, Adam, "Conceptualizing Chinese Diasporas, 1842 to 1949", *Journal of Asian Studies*, Vol. 58(2): 306~337, 1999.

Mak, Lau Fong, "The Social Alignment Patterns of the Chinese in Nineteenth-Century Penang", *Modern Asian Studies*, Vol. 23(2): 259~276, 1989.

_____, "Chinese Subcommunal Elite in 19th Century Penang", *Southeast Asian Studies*, Vol. 25(2): 254~264, 1987.

_____, *The Sociology of Secret Societies: A study of Chinese secret societies in Singapore and Peninsular Malaysia*, Kuala Lumpur: Oxford University Press, 1981.

_____, "The Kongsis And The Triad", *Southeast Asian Journal of Social Science*, Vol. 3(2): 47~58, 1975.

Maitra, Sankar N., "Importance of Cultivating the Overseas Chinese", *Economic and Political Weekly*, Vol. 2(6): 361~364, 1967.

Manderson, Lenore, *Sickness and The State: Health and illness in Colonial Malaya, 1870~1940*, Cambridge University Press, 1996.

Middlebrook, S. M., J. M. Gullick and C. A. Gibson-hill, "Yap Ah Loy (1837~1885)",

JMBRAS, Vol. 24(2): 1~127, 1951.

Mills, J. V., "Malaya in The Wu Fei Chih Charts", JMBRAS, Vol. 15(3), 1937.

Mills, Lennox. A., British Malaya 1824~1867, reprinted in JMBRAS, Vol. 33(3): 1~424, 1960.

Musa, Mahani, "Malays and the Red and White Flag Societies in Penang, 1830s~1920s", JMBRAS, Vol. 72(2):151~182, 1999.

Newbold, T. J., Political and statistical account of the British Settlements in the Straits of Malacca, 2 vols, London: John Murray. 1839. Reprinted in Kuala Lumpur: Oxford University Press. 1971.

Ng, Chin Keong, Trade and Society: the Amoy Network on the China Coast 1683~1735, Singapore: Singapore University press, 1983.

Nyíiri, Páal, "Reorientation: Notes on the Rise of the PRC and Chinese Identities in Southeast Asia", Southeast Asian Journal of Social Science, Vol. 25(2): 161~182, 1997.

Omar, Ariffin, Bangsa Melayu: Malay Concept of Democracy and Community 1945~1950, Kuala Lumpur: Oxford University Press, 1993.

Parmer, J. N., Colonial Labour Policy and Administration: A History of Labour in the Rubber Plantation Industry in Malaya, 1910~1941, New York: Association of Asian Studies, 1960.

Penrose Jr., R.A.F., "The Tin Deposits of the Malay Peninsula with Special Reference to Those of the Kinta District", The Journal of Geology, Vol. 11(2): 135~154, 1903.

Pickering, W, A., "Chinese Secret Societies," Journal of the Straits Branch of the Royal Asiatic Society, No. 3: 1~18, 1879.

Pieris, Anoma, "Doubtful Associations: Reviewing Penang through the 1867 Riots", Proceeding in The Penang Story-International Conference 2002.

_____, The Hidden Hand and Divided Landscapes: A Penal History of Singapore Plural Society, Honolulu: University of Hawaii Press, 2009.

Pongsupath, C., "The Mercantile Community of Penang and the Changing Pattern of Trade, 1890~1941", Ph. D. thesis. University of London, 1990.

Prasenjit Duara, The Global and Regional in China's Nation-Formation, Routledge, 2009.

Purcell, Victor, The Chinese in Malaya, London: Oxford University Press, 1967.

_____, South And East Asia Since 1800, Cambridge University Press, 1965a.

_____, *The Memoirs of a Malayan Official*, London: Cassell, 1965b.

Quilty, Mary, "Free Ports and Other Freedoms: The Antislavery Movement and Competition Between The East and West Indies", Proceedings in The Penang Story–International Conference 2002.

Rashid, Mohd. Razha and Wazir-jahan Karim, "Ritual, Ethnicity, and Transculturalism in Penang", *Journal of Social Issues in Southeast Asia*, Vol. 3(1): 62~78, 1988.

Ray, Rajat Kanta, "Asian Capital in the Age of European Domination: The Rise of the Bazaar, 1800~1914", *Modern Asian Studies*, Vol. 29(3): 449~554, 1995.

Reid, Anthony, "Escaping the burdens of Chineseness", *Asian Ethnicity*, Vol. 10(3): 285~196, 2009a.

_____, *Imperial Alchemy: Nationalism and Political Identity in Southeast Asia*, Cambridge University Press, Kindle Edition, 2009b.

_____, "Introduction", in *The Last Stand of Asian Autonomies: Responses to Modernity in the Diverse States of Southeast Asia and Korea, 1750~1900*, Anthony Reid (ed.), New York: St. Martin's Press, pp. 1~25, 1997.

_____, "Flows and Seepages in the Long-Term Chinese Interaction with Southeast Asia", in *Sojourners and Settlers: Histories of Southeast Asia and the Chinese*, Anthony Reid (ed.), Sydney: Asian Studies Association of Australia in association with Allen & Unwin, pp. 15~50, 1996.

Shinozaki, Kaori, "The Foundation of the Penang Chinese Chamber of Commerce in 1903: Protecting Chinese bussiness interests in the two states", *JMBRAS*, Vol. 79(1): 43~65, 2006.

Sim, Katharine, "The 'White Tiger' in Penang", *JMBRAS*, Vol. 23(1): 142~144, 1950.

Skinner, A. M., *"Memoir of Captain Francis Light"*, *Journal of Straits Branch Royal Asiatic Society*, No. 28: 1~17, 1895.

Skinner, William, *Chinese Society in Thailand: an Analytical History*, Ithaca: Cornell University Press, 1957.

Songprasert, Phuwadol, "The Implications of Penang's Historical Connection with Southern Thailand", *Malaysian Journal of Tropical Geography*, Vol. 33(1): 1~10, 2002.

_____, "The Development of Chinese Capital in Southern Siam 1869~1932", Ph. D. thesis, Monash University, 1986.

Stevens, F. G., "A Contribution to the Early History of Prince of Wales Island", *JMBRAS*, Vol. 7(3): 377~414, 1929.

Stoddart, Brian, "Making a new culture of the Indian Ocean Rim: the 'Peranakan' in the Straits Settlements", *The Great Circle*, Vol. 33(2): 7~21, 2011.

Suryadinata, Leo, *Southeast Asian Personalities of Chinese Descent: A Biographical Dictionary*, Volume I~II, Singapore: Institute of Southeast Asian Studies, 2012.

_____ (ed.), *Peranakan Chinese in a Globalizing Southeast Asia*, Singapore: Chinese Heritage Centre/Baba House, 2010.

_____ , *Peranakan's Search For National Identity: Biographical Studies Of Seven Indonesian Chinese*, Cavendish Square Publishing, 2004.

_____ , *Prominent Indonesian Chinese: Biographical Sketches*, Singapore: Institute of Southeast Asian Studies, 1995.

Swettenham, Frank Athelstane, *British Malaya: An Account of the Origin and Progress of British Influence in Malaya*, London: John Lane The Bodley Head, 1907.

Tagliacozzo, Eric, *Secret Trades, Porous Borders*, New Haven&London: Yale university Press, 2005.

Tan, Chee Beng, "People of Chinese Descent: Language, Nationality and Identity", in *The Chinese Diaspora: Selected Essays*. Vol. I, Wang Ling-Chi and Wang Gungwu (eds.), Singapore: Eastern University Press, pp. 38~63, 2003.

_____ , "Chinese Identities in Malaysia", *Asian Journal of Social Science*, Vol. 25(2): 103~16, 1997.

_____ , *Chinese Peranakan Heritage in Malaysia and Singapore*, Kuala Lumpur: Penerbit Fajar Bakti Sdn, Bhd., 1993.

_____ , *The Baba of Melaka: Culture and identity of a Chinese peranakan community in Malaysia*, Pelanduk Publications, 1988a.

_____ , "Structure and change: cultural identity of the Baba of Melaka", *Bijdragen tot de Taal-, Land- en Volkenkunde*, Vol. 144(2/3): 297~314, 1988b.

_____ , "Baba Chinese, Non-Baba Chinese and Malays: A Note on Ethnic Interaction in Malacca", *Southeast Asian Journal of Social Science*, Vol. 7(1/2): 20~29, 1979.

Tan, Kim Hong (ed.), *The Chinese in Penang: A Pictorial Documentation*, Penang: Penang Chinese Town Hall, 1987.

Tan, Liok Ee, "Conjuncture, Confluences, Contestation: A Perspective on Penang History", in *Penang and Its Region*, Yeoh Seng Guan, Loh Wei Leng, Khoo Salma Nasution, Neil Khor (eds.), Singapore: National University of Singapore Press, pp. 7~29, 2009a.

Tan, Sooi Beng, "Peranakan Street Culture in Penang: Towards Revitalization", *JMBRAS*, Vol. 82(2): 157~166, 2009b.

_____, "The Thai "Menora" in Malaysia: Adapting to the Penang Chinese Community", *Asian Folklore Studies*, Vol. 47(1): 19~34, 1988.

Tan, Yen Ling, Sarah, "Mui Tsai in Strait Settlements(Malaya) 1920s~1950s: A Conflict of Law and Definition", *Sejarah*, Vol. 26(1): 50~71, 2017.

Tang, Eddie, "British Policy Towards the Chinese in the Straits Settlements: Protection and Control, 1877~1900", M. A. thesis in the Australian National University, 1970.

Tenison-Woods, J. E., "On the stream tin deposits of Perak", *Journal of the Straits Branch of the Royal Asiatic Society*, No. 13: 221~240, 1884.

Toda, Kenji, "Anti-Opium Movement, Chinese Nationalism and the Straits Chinese in the Early Twentieth Century", *Malaysian Journal of Chinese Studies*, No. 1: 85~100, 2012.

Tong, Chee Kiong, *Identity and Ethnic Relations in Southeast Asia: Racializing Chineseness*, Springer, 2010.

Tong, Chee Kiong and Yong Pit Kee, "Guanxi Bases, Xinyong and Chinese Business Networks", *The British Journal of Sociology*, Vol. 49(1): 75~96, 1998.

Tregonning, K. G., "The Early Land Administration and Agricultural Development of Penang", *JMBRAS*, Vol. 39(2): 34~49, 1966.

_____, *The British in Malaya: The First Forty Years, 1786~1826*, Tucson: University of Arizona Press, 1965.

_____, "Straits tin: A brief account of the first seventy five years of the Straits Trading Company Ltd.", *JMBRAS*, Vol. 36(1): 79~152, 1963.

Trocki, Carl A., "The Underside of Overseas Chinese Society in Southeast Asia", in *The Hidden History of Crime, Corruption, and States.*, Renate Bridenthal (ed.), Berghahn Books, pp. 149~170, 2013.

_____, "Koh Seang Tat and the Asian Opium Farming Business", in *Penang and Its Region*, Yeoh Seng Guan, Loh Wei Leng, Khoo Salma Nasution, Neil Khor (eds.), Singapore: National University of Singapore Press, pp. 213~223, 2009.

_____, "Chinese Revenue Farms and Borders in Southeast Asia", *Modern Asian Studies*, Vol. 43(1): 335~362, 2008.

_____, "Opium and the Beginnings of Chinese Capitalism in Southeast Asia", *Journal of Southeast Asian Studies*. Vol. 33(2): 297~314, 2002.

_____, *Opium, Empire and the Global Political Economy: A study of Asian opium trade 1750~1950*, Routledge, 1999.

_____, *Opium and Empire: Chinese Society in Colonial Singapore, 1800~1910*, Ithaca: Cornell University Press, 1990.

_____, "The Rise of Singapore's Great Opium Syndicate, 1840~86", *Journal of Southeast Asian Studies*, Vol. 18(1): 58~80, 1987.

Tully, John, *The Devil's Milk: A Social History of Rubber*, New York: Monthly Review Press, 2011.

Turnbull, Constance. M., "Penang's Changing Role in the Straits Settlements, 1826~1946", in *Penang and Its Region*, Yeoh Seng Guan, Loh Wei Leng, Khoo Salma Nasution, Neil Khor (eds.), Singapore: National University of Singapore Press, pp. 30~53, 2009.

_____, *A History of Singapore 1819~1988*, 2nd edition, Singapore: Oxford University Press, 1989.

_____, "Internal Security in the Straits Settlements, 1826~1867", *Journal of Southeast Asian Studies*, Vol. 1(1): 37~53, 1970a.

_____, "Convicts in the Straits Settlements 1826~1867", *JMBRAS*, Vol. 43(1): 87~103, 1970b.

_____, "Communal Disturbances in the Straits Settlements in 1857", *JMBRAS*, Vol. 31(1): 94~144, 1958.

Vaughan, Jonas Daniel, "Note on the Chinese of Pinang", *Journal of the Indian Archipelago*, No. 8: 1~27, 1854.

Wang, Gungwu, *The Chinese Overseas: From Earthbound China to the Quest for Autonomy*(The Edwin O. Reischauer Lectures), Harvard University Press, 2002.

_____, "Sojourning: The Chinese Exprience in Southeast Asia", in *Sojourners and Settlers: Histiries of Southeast Asia and the Chinese*, Anthony Reid (ed.), Sydney: Allen and Unwin, pp. 79~101, 1996.

_____, "Among Non-Chinese", *Daedalus*, Vol. 120(2): 135~157, 1991a.

_____, "Merchants without Empire: The Hokkien Sojourning Communities", in *China and the Chinese Overseas* Wang Gungwu (ed.), Singapore: Times Academic Press, pp. 79~101, 1991b.

Wang, Ling-chi, Wang, Gungwu (eds.), *The Chinese Diaspora, Selected Essay*, Vol. I, Singapore: Eastern University Press, 2003.

Wang, Tai Peng, *The Origins of Chinese Kongsi*, Kuala Lumpur: Pelanduk Publication, 1994.

_____, "The word 'Kongsi': A note", *JMBRAS*, Vol. 52(1): 102~105, 1979.

Wen, Cheng U, "Opium in the Straits Settlements, 1867~1910", *Journal of Southeast Asian History*, Vol. 2(1): 52~75, 1961.

Wicks, Peter, "Education, British Colonialism, and a Plural Society in West Malaysia: The Development of Education in the British Settlements along the Straits of Malacca, 1786~1874", *History of Education Quarterly*, Vol. 20(2): 163~187, 1980.

Wilson, Major General and Lieutenant Newbold, "The Chinese Secret Triad Society of the Tien-ti-huih", *Journal of the Royal Asiatic Society of Great Britain and Ireland*, Vol. 6(1): 120~158, 1841.

Win, Daw and Loh Wei Leng, "Regional Links: Yangon, Penang, and Singapore", *JMBRAS*, Vol. 82(2): 67~79, 2009.

Wolters, O. W., *Early Indonesian Commerce: A Study of the Origins of Srivijaya*, Ithaca: Cornell University Press, 1967.

Wong, Choong San, *A Gallery of Chinese Kapitans*. Ministry of Culture, Singapore, 1963.

Wong, L.K., "The Revenue Farms of Prince of Wales Island, 1805~1930", *Journal of South Seas Society*, No. 19: 55~127, 1964.

Wong, Yee Tuan, "The evolution of Penang's Chinese associations", *Penang Monthly* (May 30. 2012).

_____, "Penang's Chinese Merchants and Indian Ocean in the Entrepot Age, 1820s~1890s", Penang & The Indian Ocean: An International Conference Proceedings, 2011.

_____, "The Rise and Fall of the Big Five of Penang and their Regional Networks, 1800s~1900s", Ph. D. thesis of the Australian National University, 2007.

Wright, Arnold (ed), *Twentieth Century Impressions of British Malaya: Its History, People,*

Commerce, Industries, and Resources, London: Lloyd's Greater Britain Publishing, 1908.

Wu, Lien Teh, *Plague Fighter: The Autobiography of a Modern Chinese Physician*, Cambridge: W. Heffer and Sons Ltd., 1959.

Wu, Lien Teh and Ng Yok Hing, *Queen's Scholarships of Malaya, 1885~1948*, Ipoh: Penang Premier Press, 1958. reprinted in Penang: Areca Books, 2004.

Wu Ramsay, Christine, *The Days Gone by: Growing up in Penang*, Macmillan Art Publishing, 2003. reprint in Penang : Areca Books, 2007.

Wu, Xiao An, *Chinese Business in the Making of a Malay State, 1882~1941: Kedah and Penang*, Singapore: National University of Singapore Press, 2010.

_____, "Chinese-Malay Socio-Economic Networks in the Penang-Kedah-North Sumatra Triangle 1880~1909: A Case of the Entrepreneur Lim Leng Cheak", *JMBRAS*, Vol. 70(2): 24~48, 1997.

Wynne, Mervyn Llwellyn, *Triad and Tabut: A Survey of the Origin and Diffusion of Chinese and Mohamedan Secret Societies in the Malay Peninsular 1800~1935*, Singapore: Government Printing Office, 1941.

Yen, Ching-Hwang, *The Chinese in Southeast Asia and Beyond Socioeconomic and Political Dimensions*, Singapore: World Scientific, 2008.

_____, *Community and Politics: the Chinese in Colonial Singapore and Malaysia*, Singapore: Times Academic Press, 1995.

_____, "Class Structure and Social Mobility in the Chinese Community in Singapore and Malaya 1800~1911", *Modern Asian Studies*, Vol. 21(3): 417~445, 1987.

_____, *A Social History of Chinese in Singapore and Malaya 1800~1911*, Singapore: Oxford University Press, 1986.

_____, "Chang Yu Nan and the Chaochow Railway (1904~1908): A Case Study of Overseas Chinese Involvement in China's Modern Enterprise", *Modern Asian Studies*, Vol. 18(1): 119~135, 1984.

_____, "The Overseas Chinese and Late Ch'ing Economic Modernization", *Modern Asian Studies*, Vol. 16(2): 217~232, 1982a.

_____, "Overseas Chinese Nationalism in Singapore and Malaya 1877~1912", *Modern Asian Studies*, Vol. 16(3): 397~425, 1982b.

_____, "Early Chinese Clan Organizations in Singapore and Malaya, 1819~1911", *Journal of Southeast Asian Studies*, Vol. 12(1): 62~92, 1981.

_____, "The Confucian Revival Movement in Singapore and Malaya, 1899~1911", *Journal of Southeast Asian Studies*, Vol. 7(1): 33~57, 1976a.

_____, *The Overseas Chinese and the 1911 Revolution: With Special Reference to Singapore and Malaya*, Kuala Lumpur: Oxford University Press, 1976b.

_____, "Ch'ing's sale of honours and the Chinese leadership in Singapore and Malaya (1877~1912)", *Journal of Southeast Asian Studies*, Vol. 1(2): 20~32, 1970.

Yong, C. F. and R. B. McKenna, "The Kuomintang Movement in Malaya and Singapore, 1925~30", *Journal of Southeast Asian Studies*, Vol. 15(1): 91~107, 1984.

Yoshihara, Kunio, *The Rise of Ersatz Capitalism in South-East Asia*, Singapore: Oxford University Press, 1988.

Yow, Cheun Hoe, "Weakening Ties with the Ancestral Homeland in China: The Case Studies of Contemporary Singapore and Malaysian Chinese", *Modern Asian Studies*, Vol. 39(3): 559~597, 2005.

페낭 화인 인명

로케초우킷Loke Chow Kit陸秋傑 페낭 출신 슬랑오르 주석광산업자

로케초우타이Loke Chow Thye陸秋泰 페낭 출신 슬랑오르 주석광산업자

룽피Leong Fee梁輝(1857~1912) 객가, 광산업자. 페낭 주재 4대 중국 부영사(1901~1907)

루스 황Ruth Huang Shu Chiung黃淑琼(1883~1937) 우렌테의 첫 부인. 림분켕의 처제

리고우옌Lee Gou Yen李國英 의흥회 지도자

리셍토Lee Seng Toh/Lee Toh李成都 페낭 건덕당 지도자

리친호Lee Chin Ho李振和(1862~1939) 페낭 주석제련업자

림렌텡Lim Lean Teng林連登(1870~1963) 페낭 조주회관 대표. 한강학교 후원자

림렝챡Lim Leng Cheak林寧綽(1856~1901) 커다 아편파머, 페낭 림콩시 지도자

림분켕Lim Boon Keng林文慶(1869~1957) 싱가포르 개혁가, SCBA 설립 주도

림분화Lim Boon Haw林文虎(1864~1934) 페낭 림콩시 지도자

림친관, Lim Chin Guan林振源 페낭 출신 슬랑오르 사업가

림칭케Lim Tjing Keh 수마트라 빈자이의 카피탄 치나

림텍쉬Lim Tek Swee林德水 수마트라 딜리의 카피탄 치나

림화참Lim Hoa Chiam林花鐕(1835~1912) 평장회관 초대 대표, 림콩시 지도자

보우렌Beow Lean妙蓮(1844~1906) 승려, 페낭 극락사 창건

송옹샹Song Ong Siang宋旺相(1871~1941) 싱가포르 개혁가, SCBA 설립 주역

수아챵Soo Ah Chiang蘇亞昌 객가 출신 페낭 의흥회 지도자

얍초이|Yeap Chor Ee葉祖意(1867~1952) 페낭 반리힌은행 설립자

오위키|Oh Wee Kee胡圍棋 복건 출신 페낭 의흥회 지도자

옹분켕Ong Bun Keng王文慶 페낭 건덕당 지도자

우렌테|Wu Lien Teh伍連德(1879~1960) '역병의 투사' 별명 의사

운간타이|Oon Gan Thay 수마트라 덜리의 카피탄 치나

운곡티아|Oon Geok Teah溫玉錠 운간타이의 누이, 코샹탓의 부인

유통셴|Eu Ton Sen余東璇(1877~1941) 한약회사 '유안상' 기업가. 주석개발업자.

청싱파|Chung Hsing Fah鄭興發 청켕퀴의 부친

청켕퀴|Chung Keng Quee鄭景貴(1821~1901) 페락의 '주석왕', 타이핑의 카피탄 치나

청켕셍Chung Keng Seng鄭景勝 청켕퀴의 형

청타이핀|Chung Tye Phin鄭太平(1879~1935) 청켕퀴의 아들, 페락 카피탄 치나

총아피|Tjong A Fie張阿輝(1861~1921) 객가 출신 메단 카피탄 치나, 총용헨의 동생

총용헨|Tjong Yong Hian張榕軒(1851~1911) 객가, 페낭 주재 2대 중국 부영사

총파츠|Cheong Fatt Tze張弼士(1841~1916) 객가, 페낭 주재 초대 중국 부영사

충쳉키엔|Choong Cheng Kean莊淸建(1857~1916) 커다 아편파머

치아분헨|Cheah Boon Hean謝文賢 페낭 치아콩시 지도자

치아분텟|Cheah Boon Teat謝文吉 페낭 출신 슬랑오르 사업가

치아챵림|Cheah Cheang Lim謝昌霖(1875~1948) 말레이국연방 연방위원회 위원

치아초우판|Cheah Chow Phan謝昭盼 페낭 아편파머

치아춘셍|Cheah Choon Seng謝春生(1848~1916) 객가, 페낭 주재 3대 중국 부영사

치아텍타이|Cheah Tek Thye謝德泰 페낭 아편파머

친아얌|Chin Ah Yam陳亞炎(?~1899) 페락 주석광산업자, 페낭 의흥회 지도자

커부안|Khaw Boo Aun許武安 조주 출신 페낭 의흥회 지도자

커수챵|Khaw Soo Chang許泗漳(1797~1882) 태국 라농부윤

커심비|Khaw Sim Bee許心美(1856~1913) 몬톤 푸켓 최고행정관

커심콩|Khaw Sim Kong許心光 커수챵의 아들, 커심비의 형

커주레이|Khaw Joo Ley許如利 커심콩의 아들

코라이환|Koh Lay Huan辜禮歡(?~1826) 페낭 카피탄 치나

코샹탓|Koh Seang Tatt辜尙達(1833~1910) 코라이환의 증손

코안펭|Koh Aun Peng辜安平 코라이환의 차남

코쳉시엔|Koh Cheng Sian辜禎善(1863~?) 코샹탓의 아들, 홍콩 아편팜 운영

코치훈|Koh Chee Hoon辜紫雲 코라이환의 손자, 고홍명의 부친

코켕옌Koh Keng Yean辜輕烟 코라이환의 손녀

코콕차이Koh Kok Chye辜國彩(?~1849) 코라이환의 장남

코키진Koh Kee Jin辜雨水 코라이환의 4남

코텡춘Koh Teng Choon辜登春(?~1874) 코라이환의 장손

콰벵키Quah Beng Kee柯孟淇(1872~1952) 해운업자, 평장회관 대표

쿠궥차오Khoo Guek Chao邱月照(1784~1857) 쿠텐테익의 부친

쿠섹촨Khoo Sek Chuan邱石泉(?~1871) 건덕당 창설 주역

쿠왓셍Khoo Wat Seng邱悅成 쿠콩시 설립자

쿠쳉림Khoo Cheng Lim邱淸林(1808~1853) 쿠콩시 실력자, 페낭 아편파머

쿠츄퉁Khoo Cheow Teong邱朝仲(1840~1916) 수마트라 아사한의 카피탄 치나

쿠텐테익Khoo Thean Teik邱天德(1826~1891) 건덕당 2대 영수

쿠텐포Khoo Thean Po邱天保 쿠텐테익의 동생. 건덕당 2인자

쿠텡코Khoo Teng Ko 수마트라 라부한의 카피탄 치나

쿠텡팡Khoo Teng Pang邱肇邦 건덕당 초대 영수

쿠퉁포Khoo Teong Po邱忠波 해운업자

타이키윈Tye Kee Yoon臺喜云 객가 출신, 페낭 주재 5대 중국 부영사

탄가익탐Tan Gaik Tam陳玉淡(1802~1877) 푸켓의 카피탄 치나, 주석광산 개발업자

탄위기Tan Wee Ghee陳威儀 푸켓 건덕당 수령

탄차이얀Tan Chay Yan陳齊賢(1870~1916) 싱가포르 원예가, 고무나무 시험재배

탄쳉록Tan Cheng Lock陳禎祿(1883~1960) 말라카 정치가, 말라야화인협회 회장

탄친관Tan Chin Guan(1888~1962) 태국 푸켓 주석광산업자, 홍욕 가문 시조

탄킴자오Tan Kim Jao陳錦灶 푸켓 화승 수령

탄킴칭Tan Kim Ching陳金鐘(1829~1892) 싱가포르 거상

탄톡셍Tan Tock Seng陳篤生(1798~1850) 싱가포르 카피탄 치나

푸아힌룽Phuah Hin Leong潘興隆(1844~1901) 페낭 정미업자, 본명 林資源

푸추춘Foo Choo Choon胡子春(1860~1921) 주석광산업자, 반아편운동 주도

푸타이신Foo Tye Sin胡泰興 주석광산업자, 페낭 명예판사

푸화쳉Foo Wha Cheng胡華淸(1878~1946) 페낭 출신 슬랑오르 사업가

호기슈Ho Ghi Siew何義壽 페낭 의흥회 지도자

호토아Ho Toah何道 페낭 초기 해운업자

후아카이Hoo Ah Kay胡亞基(1816~1880) '왐포아 별명', 싱가포르 주재 초대 중국 영사

히아주상Heah Joo Seang連裕祥(1899~1962) 페낭 보우사 대표, 말레이시아 정치인

찾아보기

아편과 깡통의 궁전: 동남아의 근대와 페낭 화교사회

- ⊙ 2019년 10월 19일 초판 1쇄 발행
- ⊙ 2020년 12월 9일 초판 3쇄 발행
- ⊙ 글쓴이   강희정
- ⊙ 펴낸이   박혜숙
- ⊙ 펴낸곳   도서출판 푸른역사
    우) 03044 서울시 종로구 자하문로8길 13
    전화: 02)720-8921(편집부) 02)720-8920(영업부)
    팩스: 02)720-9887
    전자우편: 2013history@naver.com
    등록: 1997년 2월 14일 제13-483호

ⓒ 강희정, 2020

ISBN 979-11-5612-151-0 93900

· 잘못 만들어진 책은 교환해드립니다.